스가랴

스가랴

초판 1쇄 발행 2007년 5월 31일
개정2판 1쇄 인쇄 2024년 11월 15일
개정2판 1쇄 발행 2024년 11월 20일

지은이 장세훈
펴낸이 허태영
펴낸곳 SFC출판사
등록 제104-95-65000호
주소 (06593) 서울특별시 서초구 고무래로 10-5 2층 SFC출판사
Tel (02) 596-8493
Fax (02) 537-9389
홈페이지 www.sfcbooks.com
이메일 sfcbooks@sfcbooks.com
기획·편집 편집부
디자인편집 최건호
ISBN 979-11-989050-0-0(03230)
값 25,000원

잘못 만들어진 책은 언제든지 교환해 드립니다.

스가랴

스가랴서 주해와 현대적 적용

장세훈 지음

SFC

목차

추천의 글   7
서문   9
개정판 서문   11

개론

1. 스가랴는 누구인가?   14
2. 스가랴서의 시대적 배경   18
3. 스가랴서의 장르: 예언인가, 묵시인가?   22
4. 스가랴서의 통일성과 구조   26
5. 스가랴서의 중심 신학   44
6. 스가랴서와 신약   53

제1부 환상이 전하는 메시지들 (1-6장)

서론_ 여호와의 진노와 회개 촉구 (1:1-6)   64
   A. 첫째 환상_ 붉은 말을 탄 여호와의 사자 (1:7-17)   80
     B. 둘째 환상_ 네 뿔과 네 장인 (1:18-21)   104
        C. 셋째 환상_ 시온의 날과 새 언약 (2:1-13)   113
           D. 넷째 환상_ 여호수아의 의복과 관 (3:1-10)   129
           D′. 다섯째 환상_ 순금 등잔대와 감람나무 (4:1-14)   159
        C′. 여섯째 환상_ 거대한 두루마리와 언약적 저주 (5:1-4)   187
     B′. 일곱째 환상_ 에바의 여인 (5:5-11)   198
   A′. 여덟째 환상_ 네 병거와 말들 (6:1-8)   209
결론_여호와의 싹 (6:9-15)   228

제2부 금식이 변하여 축제로! (7-8장)

1. A-D. 옛 조상들의 불순종과 심판 (7:1-14)   250

    A. 벧엘 사람들의 예루살렘 방문 (7:1-2)   251

       B. 금식에 관한 질문들 (7:3-7)   253

          C. 공의 실현에 실패한 옛 조상들 (7:8-10)   256

             D. 옛 조상들의 불순종과 하나님의 진노 (7:11-14)   260

2. E-A′. 현 세대를 향한 회복의 약속 (8:1-23)   269

             E. 남은 백성들을 위한 회복 (8:1-8)   270

             E′. 남은 백성들을 위한 축복 (8:9-13)   276

          D′. 두려워할 필요 없는 하나님의 진노 (8:14-15)   280

       C′. 공의 실현을 촉구 받는 현 세대들 (8:16-17)   281

    B′. 금식에 관한 응답 (8:18-19)   283

  A′. 열방의 예루살렘 방문 (8:20-23)   286

제3부 왕의 도래와 열방의 구원 (9-14장)

1. 열방의 심판과 왕의 도래 (9-11장)   297
  A. 열방의 심판 (9:1-8)   298
    B. 왕의 도래 (9:9-17)   308
    B′. 왕의 다스림 (10:1-12)   328
  A′. 목자의 심판 (11:1-17)   355

2. 열방의 구원 (12-14장)   371
  A-C. 심판, 애통 그리고 정결 (12:1-13:6)   372
  A. 열방의 심판과 이스라엘의 회복 (12:1-9)   373
    B. 고난 당한 자를 위한 애통 (12:10-13:1)   377
      C. 예루살렘의 정결 (13:2-6)   381
    B′. 목자의 고난 (13:7-9)   392
  A′. 열방의 심판과 예루살렘의 회복 (14:1-21)   401

주(註)   423
참고 문헌   455

추천의 글

　장세훈 교수의 책은 항상 기대를 저버리지 않는다. 스가랴서처럼 구약성경에서 가장 어려운 책조차 누구라도 쉽게 이해할 수 있도록 만드는 능력이 저자에게는 있다. 초판도 그랬지만 이번 개정판은 더더욱 전문적이고 충실하게 본문 주해를 하면서도 독자들에게 버겁지 않게 다가간다. 더군다나 본문 해석으로만 끝나는 것이 아니라 성경신학적인 고찰과 현대적인 적용까지 망라하고 있어서 정말로 알차게 느껴진다. 이 스가랴 해설서는 어떤 배경을 가진 독자에게라도 기꺼이 추천하고 싶은 책이다.

_김성수 고려신학대학원 구약학 교수

　스가랴서에는 선지자가 본 신비한 환상들과 난해한 예언들이 많아 누구라도 이해하기가 쉽지 않다. 물론 관련된 주석과 해설서들이 없지 않지만 대부분이 외국 학자들에 의해 쓰인 것이어서 접근이 어려울 뿐만 아니라 믿고 참고하기에 조심스러운 내용들도 많다. 때문에 저자의 스가랴서 주석이 더욱 가치가 있는 것이다. 이 책은 국내 학자의 작품이라는 점에서 읽기에 편할 뿐 아니라 국내외에서 인정받는 탁월한 학자의 연구결과라는 점에서 학문적으로도 건실하며, 성경을 하나님의 말씀으로 믿는 관점에서 한 땀 한 땀 쓰인 글이기에 영적으로도 유익하다. 무엇보다도 본문을 세밀하게 주석한 다음 "현대적 적용"과 "우리를 위한 메시지"를 친절하게 제시한다는 점에서 매우 탁월하다.

_김진수 합동신학대학원대학교 구약학 교수

이 책은 가뭄에 단비와도 같은 귀한 주석서이다. 어렵다는 선입관 때문에 선지서 읽기를 주저하는 성도나 말씀연구를 훈련하는 신학생, 그리고 선지서를 어떻게 설교해야 하는지를 고민하는 목회자의 갈증을 해소하기에 충분하다. 특히 이 책의 가장 뛰어난 장점은 스가랴서의 히브리어 원전을 분석해서 본문에 담긴 의미를 깊이 있게 분석하면서도 간명하고 간결한 문체를 사용하기 때문에, 누구나 스가랴 선지자가 원전을 통해 전달하려는 의미를 특별한 어려움 없이 확인하고 묵상할 수 있다는 것이다. 따라서 스가랴를 통해 선포된 하나님의 말씀을 읽고 묵상하거나 연구하기를 원하는 이들에게 이 책을 적극 추천한다. 누구든 기대하는 결과를 틀림없이 얻을 수 있을 것이다.

_조 휘 아세아연합신학대학교 구약학 교수

서문

나는 강의 시간마다 학생들 혹은 목회자들로부터 '구약본문을 설교하거나 적용하는 데 필요한 좋은 책들'을 추천해 달라는 요청을 받았다. 이들의 요청은 구약을 가르치는 자로서 언제나 큰 부담이었다. 전문적인 주석류는 학생들이나 목회자들이 소화하기에는 다소 벅찬 듯이 보였고, 그렇다고 본문 분석이 충실치 않은 설교집들을 추천하자니 그 또한 망설여졌다. 그만큼 구약에 관한 도서들은 즐비하지만 막상 본문의 의미를 잘 파악한 후 그 의미를 현대의 상황에 올바로 적용하도록 돕는 책들은 그리 흔하지 않은 듯하다. 그러나 이런 고민은 비단 목회자들만의 몫은 아닐 것이다. 성경을 사랑하는 일반 성도들도 동일한 고민을 호소한다. 특히 예언과 환상이 즐비한 스가랴서와 같은 책들의 경우, 본문의 의미를 파악하여 적절한 적용점을 찾는 작업은 결코 쉬운 일이 아니다.

나는 이런 독자들의 고민을 염두에 두고서 본서를 집필하게 되었다. 내가 스가랴서를 선택한 것은 오늘 한국 교회를 위해 스가랴서의 메시지가 무엇보다도 절실하다고 생각했기 때문이다. 나는 스가랴서의 통일성을 의심하는 기존의 비평학자들의 주장과는 달리 스가랴서를 상호 유기적 통일성을 지닌 본문으로 이해할 뿐만 아니라, 스가랴 선지자가 포로기 후 공동체를 향해 선포한 여호와의 말씀으로 확신한다. 특히 첫 서두부터 등장하는 "돌아오라"1:3는 스가랴의 외침은, 마치 운전 중 목적지를 지나쳤을 때 반드시 '유턴'U Turn을 해야하듯이, 하나님의 말씀으로부터 벗어나는 우리들을 향해 하나님께로의 '유턴'을 강력하게 촉구하고 있다. 그렇기에 이러한 외침은 스가랴 시대의 백성들뿐만 아니라 오늘 우리들을 향한 메시지이기도 하다.

본서는 다음과 같은 특징이 있다. 첫째, 본서는 본문의 구조라는 큰 틀 속에서 본문을 해석하고자 한다. 그러므로 이 구조 분석은 본문의 위치를 올바로 이해하는 데 도움을 준다. 둘째, 본서는 구조라는 큰 틀 속에서 본문의 위치를 살핀 후 보다 구체적인 본문 분석에 초점을 둔다. 특히 다양한 해석들을 소개하며 그 타당성을 살피면서도 본문의 의도를 충실하게 반영하고자 노력한다. 끝으로 본서는 스가랴 본문과 신약과의 상호 연관성을 제시하며 나아가 그 현대적 적용점도 고찰한다. 그러므로 본서에서 제시되는 적용은 구약과 신약의 통일성을 강조하는 성경신학적 관점을 반영한다. 부디 본문 해석과 적용이라는 두 지평을 연결시키려는 나의 노력이 성경을 사랑하는 독자들에게 조금이나마 유익이 될 수 있기를 소망한다.

본서를 집필하면서 마크 보다Mark J. Boda 마빈 스위니Marvin A. Sweeney, 조이스 볼드윈Joyce G. Baldwin과 같은 스가랴서 전문가들이 나의 스가랴서 연구에 큰 도움이 되었다. 특히 마크 보다는 내가 이 메일로 문의할 때마다 친절하게 답신해 주었으며 심지어 자신의 아티클들을 보내 주기까지 했다. 또한 본서의 출판에 관심을 가지고 격려해 준 폴 하우스Paul R. House 박사의 따뜻한 사랑은 잊을 수 없다. 이런 귀한 학자들을 만나도록 인도해 주신 하나님께 감사를 드린다. 본서의 출판을 기꺼이 허락해준 김성민 목사님과 출판을 위해 수고해 주신 SFC출판부 직원들께 고마움을 전하고 싶다. 둘째 아들, 하민이의 출산을 위해 수고하면서도 모든 내용을 꼼꼼하게 교정해준 아내, 사미의 헌신적인 사랑에 감사를 전한다. 끝으로 나로 하여금 스가랴서 연구에 관심을 가지도록 자극해 주신 스승 에드가 콘래드Edgar W. Conrad 박사께 이 책을 헌정하는 바이다.

2007년 5월 1일
신림동 연구실에서 5월의 첫 햇살을 바라보며
장세훈

개정판 서문

　본서를 처음 집필한지 꽤 많은 세월이 흘렀다. 처음 이 책을 저술할 때, 스가랴서의 의미를 제대로 알고 싶으나 해석에 어려움을 겪는 목회자들과 성도들을 염두에 두었다. 그래서 가급적 전문적인 연구나 분석을 지양하고 본문의 의미를 정확히 파악하는 데 필요한 주해를 제공하고자 심혈을 기울였고, 특별히 현대적 상황에 연결가능한 적용점을 살리는 데 최대한 노력을 기울였다. 감사하게도 스가랴서의 주석을 찾는 분들이 아직도 많다는 것을 깨닫고 이전의 내용을 부분적으로 수정하여 다시 개정판을 출간하기로 했다. 부디 본 개정판이 스가랴 선지자가 바라보았던 회복의 환상이 절망 속에서도 낙망하지 않는 한국 교회의 남은 자들에게 새로운 희망의 메시지로 다가오기를 간절히 고대한다. 끝으로 본 개정판의 출간을 위해 수고해 주신 SFC 대표 유동휘 목사님과 이의현 편집장님 그리고 직원분들께 감사의 마음을 전하는 바이다.

2021년 6월 1일
다가오는 여름의 문턱에서
장세훈

개론

1. 스가랴는 누구인가?

스가랴서 1장 1절은 스가랴라는 인물에 대한 신상을 다음과 같이 간략히 소개한다. "다리오 왕 제이년 여덟째 달에 여호와의 말씀이 잇도의 손자 베레갸의 아들 선지자 스가랴에게 임하니라". 하지만 이런 표현은 다소 의문을 던져 준다. 왜냐하면 에스라서 5장 1절과 6장 14절에서는 스가랴를 "잇도의 아들"로 소개하기 때문이다. 과연 스가랴는 누구의 아들인가? 잇도의 아들인가 아니면 베레갸의 아들인가? 또한 구약에서 스가랴는 이름이 많이 등장하며 신약에서도 이 이름이 언급되고 있는데, 과연 스가랴서 1장 1절에서 소개되는 이 사람의 정체는 무엇인가?

(1) 스가랴는 누구의 아들인가?

스가랴가 누구의 아들인가에 대해서는 다양한 견해들이 제시되어 왔다. ① 전통적으로 제롬과 같은 학자들은 베레갸는 육신의 부모인 반면, 잇도는 영적인 부모라는 주장을 제기하였다.[1] 또한 이런 주장을 선호하는 학자들은 사무엘상 1장 1절부터 2장 11절에서 사무엘과 엘리 관계가 이런 이론을 가능케 한다고 믿는다. 그러나 이 이론은 지나친 알레고리적 해석에 빠질 수 있는 위험성을 내포하고 있다. ② 어떤 학자들은 스가랴의 부친이 조기에 사망한 후 조부가 실질적인 부모가 되었다고 주장한다.[2] 그러나 스가랴 부친의 조기 사망에 대한 구체적인 증거가 부재하기 때문에 이런 주장은 객관적인 근거가 없는 추론에 불과하다. ③ 어떤 이들은 두 스가랴가 존재하며 서로 다른 부모가 있다고 해석한다. 즉 그들은 이 두 스가랴가 스가랴서 1-8장과 9-14장을 기록했다고 보며, 1-8장의 저자 스가랴는 잇도의 아들인 반면, 9-14장의 저자 스가랴는 베레갸의 아들이라고 주장한다.[3] 그럼에도 불구하고 추후에 살펴보겠지만, 스가랴서는 단일 저자의 단일 작품으로 이해되기 때문에 1-8장과 9-14장의 저자를 따로 구분하는 것은 설득력을 상실한다. ④ 혹자는 에스라서 5장 1절과 6장 14절의 "아들"이라는 말을 엄격하게 '부모의 자식'이라는 개념으로만 해석하기보다는 보다 넓은 의미로서 '자손' 혹은 '후손'의 개념으로 이해할 수 있다고 주장한다.[4] 그러므로 에스라서 5장 1절과 6장 14절의 "잇도의 아들"이라는 표현은 '잇도의 후손', 즉 '잇도의 손자'라는 의미까지도 함축할 수 있다. 이러한 사례는 구약에서 종종 발견된다. 예를 들면, 열왕기상 19장 16절에서 예후는 "님시의 아들"로 소개되는 반면, 열왕기하 9장 1, 14, 20절에서 예후는 "님시의 손자"로 나타난다. 분명 예후는 "님시의 손자"이지만, 열왕기상 19장 16절의 표현은 엄격한 부친의 아들이라는 개념보다는 '후손' 혹은 '자손'의 의미를 담고 있음이 분명하다. 결론적으로 말하자면, 스가랴의 부모에 관한 여러 해석들 가운데 필자는 ④의 입장이 가장 타당해 보인다.

(2) 스가랴의 정체는 무엇인가?

스가랴라는 이름은 구약에서 많이 등장한다. 이 이름은 '여호와께서 기억하시다'라는 의미를 내포하는데, 특히 포로기 후 시대의 제사장 혹은 레위 가문의 사람들에게 흔하였다. 그런 이유 때문에 스가랴서에 등장하는 스가랴와 다른 본문에 등장하는 스가랴가 혼동될 수 있어 이 인물의 정체를 파악하는 데 다소 어려움이 있는 것도 사실이다. 예를 들면, 신약에서 예수님께서는 성소와 제단 사이에서 죽임을 당한 순교자의 이름을 "바라갸의 아들 사가랴"로 소개하신다마23:35; 눅11:51. 예수님께서 언급하신 이 사람이 스가랴서의 스가랴와 동일 인물인지는 분명치 않다. 어떤 이들은 요시아에 의해 살해당한 대제사장 여호야다의 아들 스가랴대하24:20-22를 예수님께서 언급한 그 인물로 추론한다. 그러나 예수님께서 언급하신 스가랴는 "바라갸의 아들"이지만, 역대하 24장 20-22절의 스가랴는 "여호야다의 아들"이므로, 이 두 사람을 연결시키는 데는 어려움이 있다.[5] 한편, 이사야서 8장 2절에서 이사야의 두 증인 가운데 한 사람도 "여베레기야의 아들 스가랴"로 등장한다. 그리하여 이사야의 증인 "스가랴"와 스가랴서의 "스가랴"를 연장선상에서 해석하는 이들도 있다.[6] 그러나 이런 입장을 받아들이게 되면, 스가랴서의 "스가랴"는 옛 이사야의 증인 "스가랴"의 역할을 수행하는 문학적 장치로 이해될 뿐, 역사적 실존 인물로서의 "스가랴"의 자리는 그 위치를 잃게 된다.

아마도 스가랴서의 스가랴는 역대하 24장의 스가랴나 이사야서의 스가랴와는 다른 사람임이 분명하다. 그는 포로에서 귀환한 인물이며, 유력한 제사장 가문에 속한 상류층 계급의 일원이었던 것 같다. 예를 들면, 포로 귀환 공동체 가운데 레위 족속의 족보를 소개하는 느헤미야서 12장에서 잇도의 가문과 스가랴의 이름이 언급되고 있으며느12:4, 10, 16, 이는 스가랴가 제사장 혹은 레위 출신이며, 이후에 잇도의 가문의 수장이 되었음을 암시해 준다. 아마도 느헤미야서 12장에 언급된 이 스가랴가 바로 스가랴서의 스가랴와 동일 인물이라고 추정된다. 만약 그렇다면 조부 잇도의 신분을 고려해 볼 때, 그는 유력한 제사장 가문에 속한 상류층 계급의 일원이었을 가능성이 크다.[7] 그래서 그는 대제사장 여호수아에게 접근할 수 있었고슥6:9-12, 총독 스룹바벨과

도 만날 수 있었던 것 같다속4:6. 이런 정황들을 감안해 볼 때, 스가랴는 포로 귀환 공동체 가운데 매우 영향력 있는 지도자였을 것이다. 또한 이스라엘이 절망적인 순간에 처해 있을 때, 하나님의 메시지를 선포했던 선지자이기도 했을 것이다.

2. 스가랴서의 시대적 배경

스가랴는 정확한 시대적 배경을 제시한다.[8] 스가랴서 1장 1, 7절 그리고 7장 1절은 다리오 왕 2년 그리고 다리오 왕 4년이라는 연도 공식을 소개한다. 이 시기는 페르시아 황제 다리우스 1세의 초창기 시대를 의미한다.[9] 이 페르시아 황제는 페르시아 제국을 건설한 고레스의 뒤를 이어 왕위에 올랐던 고레스의 아들 캄비세스Cambyses, 주전 530-522년 사후에 페르시아 왕으로 등극했다주전 522-486년. 그는 원래 캄비세스의 군대 장교였다. 다리우스는 캄비세스가 사망한 후 2년간 두명의 왕위 경쟁자를 제거하고 여러 곳의 반란을 진압해야만 했다. 다리우스에 대한 반란은 메대, 엘람, 파르사, 아르메니아 그리고 이란 전 지역에 이르는 먼 동부 지역까지 확대되었으며, 서쪽으로는 이집트와 소아시아에도 영향을 미쳤다. 다리우스는 왕위에 오른 뒤 2년 동안 이런 여러 반란군들을 진압하느라 쉴 틈이 없었다.[10] 그러나 통치 3년 말에 이르러 다리우스의 왕권은 점차 안정을 찾기 시작했으며, 페르시아 제국의 영향력은 더욱 활개를 펴게 되었다. 다리우스 1세주전 522-486년는 페르시아 제국의 영역을 인더스 강에서 에게 해까지, 약사르테스Jaxartes에서 리비아까지, 유럽지역의 트라키아Thrace 지역과 발칸 반도까지 확장시켜 그 통치 영역을 북부의 다뉴브 강까지 확대하였다.

이러한 다리우스의 정복 정책은 마라톤Marathon 전투에서 헬라인들로부터 쓰라린 패배를 맛볼 때까지 계속되었다. 다리우스는 자신의 영토를 20개의 하부 분할 구역satrapy으로 나누었으며, 각 자치 구역에 관할 통치자를 임명하였다. 비록 하부 구역들이 이런 관할 통치자들로부터 통치를 받았지만, 다리우스는 왕의 직속 사령관들을 보내어 이 지역들을 주기적으로 순회 감찰하였다. 그리하여 다리우스는 이 사령관들을 통해 각 분할 구역들의 상황을 보고 받았으며, 이런 보고 체계를 통해 중앙 정부와 지방 자치의 소통을 원활하게 만들어, 균형 잡힌 통치 시스템을 확보하였다. 예루살렘 주변은 이 하부 분할 구역 가운데 하나인 예후드Yehud라는 독자적인 행정 구역에 속하였다.[11] 스가랴는 바로 이 예후드 지역에 살았으며, 특히 예루살렘에서 하나님의 말씀을 선포했던 선지자였다.

예후드라는 이름은 이스라엘의 열두 지파 가운데 하나인 유다라는 이름의 변형어이다. 실제로 유다는 다윗 제국의 중심이었다. 그러나 솔로몬 제국 이후 남북이 분열되면서 유다는 남 왕국의 이름이 되었다. 아마도 대다수 시민들이 이 유다 지파에 속했기 때문에 이런 명칭이 주어진 듯하다. 실제로 다른 남 유다의 영역에 속해 있었던 베냐민과 시므온은 유다 지파에 비해 그 수가 매우 적었다. 하지만 북 이스라엘이 망하고 남 유다도 바벨론에 의해 정복을 당한 후 이 지역은 철저한 멸망을 경험한 곳이었다. 현재 스가랴가 거하는 이 곳은 과거의 그 장엄한 제국의 수도가 아닌, 초라하고 볼품없는 멸망의 장소였다. 더욱이 이곳에는 여러 가지 어려움들이 산재해 있었다.[12]

포로 귀환 공동체가 겪었던 첫 번째 어려움은 재정적 궁핍과 관련된 현실의 문제였다. 이스라엘은 지형상 무역으로 이익을 창출할 수 없었고 대부분 농업에 의존할 수밖에 없었다. 이런 상황 속에서 변덕스러운 기후는 이스라엘의 재정에 치명적인 악조건으로 작용하였다. 특히 가뭄, 우박, 해충과 같은 악천후의 재앙은 이스라엘의 경제적 상황을 더욱 악화시키는 치명적인 원인으로 작용하였다학1:5-11. 예를 들면, 이런 악천후의 위기를 하나님의 심판의 관점으로 보았던 학개의 메시지는 그 당시 포로 귀환 공동체의 경제적 어려움을 충분히 짐작하게 한다.

> "만군의 여호와가 말하노라 내가 너희 손으로 지은 모든 일에 곡식을 마르게 하는 재앙과 깜부기 재앙과 우박으로 쳤으나 너희가 내게로 돌이키지 아니하였느니라"학2:17

그러나 포로 귀환 공동체의 문제는 여기서 끝나지 않는다. 열악한 경제적 상황 속에서도 공동체가 마음을 하나로 모아 문제를 해결해 나간다면 이런 어려움은 분명 해결이 가능했을 것이다. 안타깝게도 포로 귀환 공동체는 경제적 어려움을 극복할 수 있는 민족적 연대와 결속을 이루지 못했다. 다시 말해, 포로 귀환 공동체가 직면했던 두 번째 문제는 바로 사회 정치적 분열의 갈등이었다. 실제로 포로 귀환 공동체 안에서 정치적으로 입장을 달리하는 다양한 부류의 사람들이 존재했다. 불행하게도 이런 상이한 정치적 입장들은 공동체의 연합을 헤치는 큰 장애물로 작용하였다. 예를 들면, 포로에서 귀환한 자들과 원래의 영토에 거주했던 자들, 그리고 유다를 지배했던 페르시아에 우호적인 자들과 페르시아를 적대시하는 자들 간에 큰 갈등이 발생하였다. 결국 이런 갈등의 씨앗들은 이후의 느헤미야의 성벽 재건 사업에서 여실히 드러나게 되었다. 브라이트John Bright는 예후드의 이런 내부적 갈등을 다음과 같이 설명한다.[13]

그들의 이웃 나라들, 특히 사마리아의 귀족들은 유다를 자기네 영토의 일부로 여겨왔기 때문에 유다에 대한 자기들의 특권이 제한받게 되자 분개하여 공공연하게 적대적으로 나왔다. 이러한 적대감이 언제 어떻게 처음으로 표출되었는지 말할 수 없으나 귀환 초부터 있었던 것이 확실하다. 또한 전부터 유다 땅에 살아왔던 유대인들도 이주자들의 유입을 결코 열렬히 환영한 것 같지 않다. 그들은 새로 이주해 온 사람들에게 자리를 내어주거나 조상의 소유지를 되찾겠다는 그들의 주장을 순순히 받아들이려고 하지 않았을 것이다.

마지막으로 포로 귀환 공동체가 직면했던 어려움은 신앙적 위기였다. 유다 땅에 남아있었던 자들 중 많은 이들이 주변 이웃 민족들과 사회적 교류를 시도하면서 급기야 그들의 이방 종교까지 받아들이는 지경에 이르게 되었다. 그러므로 포로 귀환 공동체의 가장 심각한 위기는 바로 여호와만을 하나님으로 믿는 유일신 사상을 버리고 이방신들도 함께 숭배하는 혼합주의의 수용이었다. 그러므로 이후에 살펴보겠지만 스가랴의 메시지는 포로 귀환 공동체가 직면했던 유일신 사상의 변질과 혼합주의의 도전에 맞서 포로 귀환 공동체가 반드시 회복해야 할 언약백성으로서의 신앙적 순결과 그 윤리적 책임을 일깨운다슥1:1-6; 슥7-8장.

이 모든 문제들을 감안해 볼 때, 예후드의 삶은 경제적, 사회적, 정치적 및 신앙적 위기와 난제들의 연속이었다. 백성들은 선지자들이 예언했던 미래의 영광과 현재의 어려움 사이에서 고통스러운 나날을 보내야 했다. 포로 귀환자들은 자신들이 기대했던 영광이 거의 실현되지 못하고 있는 현실에 대해 실망했으며, 여호와를 향한 그들의 신앙적 결속은 점차 무너질 수밖에 없었다. 이런 위의 상황 속에서 선포된 하나님의 말씀이 바로 스가랴서의 메시지이다.

3. 스가랴서의 장르: 예언인가, 묵시인가?

스가랴서를 연구하는 학자들은 스가랴서를 예언보다는 묵시의 장르로 규정해 왔다. 비록 스가랴서에는 다니엘서와 계시록의 본문들에서 발견되는 두드러진 묵시적 특징들이 선명하게 드러나지는 않지만, 아모스서나 예레미야서와 같은 선지서 본문들보다는 훨씬 더 묵시적인 성향들을 내포하고 있다.[14] 볼드윈은 스가랴서에서 '환상' 외에도 그 밖의 다른 특징적인 묵시적 요소들을 언급한다. 그녀는 동물 상징슥1:8-21, 상징의 수2, 4 혹은 7이라는 숫자, 역사와 종말론의 혼합7-8장, 예언적 종말론의 전형적인 이미지 사용9-14장 및 계시록에서 취해진 다른 여러 모티브와 이미지들을 스가랴서의 묵시적 특징들로 제시한다.[15] 여기서 우리는 스가랴서의 장르를 결정하기에 앞서 예언과 묵시의 차이점이 무엇인지, 그리고 묵시라는 장르를 결정해 주는 요소들은 무엇인지 구체적으로 살펴볼 필요가 있다.

묵시에 관해 연구해 온 많은 학자들은 묵시의 정의[16] 및 특징들에 대해 다양한 의견들을 제시해 왔다. 먼저 묵시의 기원과 관련하여 어떤 학자들은 묵시를 예언 사상과 분리시키지 않고 연속선상에서 이해한다. 예를 들면, 몰트만J. Moltmann은 묵시를 예언과 엄격하게 구분하지 않으며, 묵시를 예언 사상의 정당한 확장 개념으로 간주한다.[17] 그러나 몰트만의 주장은 묵시적 요소의 독특성을 다소 간과하고 있는 듯하다. 반면 슈미탈스Schmitals는 몰트만과는 달리 묵시 문헌과 예언 문헌이 엄격하게 구분된다고 이해한다.[18] 그렇지만 슈미탈스는 묵시와 예언의 상호 연관성을 지나치게 부인하려는 경향이 있다. 한편 핸슨Paul D. Hanson은 포로기 후 공동체 가운데 제사장 계열과 선지자 계열의 갈등이 존재했으며, 이 두 계열이 그들의 이데올로기를 반영하는 묵시적 사상들을 발전시켰다고 주장한다.[19] 그러나 이와 같은 핸슨의 이분법적 도식은 증명될 수 없는 매우 추론적인 가설에 의존하고 있다. 비록 학자들은 저마다 묵시의 기원과 정의에 대해 서로 다른 입장을 보이고 있지만, 묵시가 갖는 독특한 특징들에 대해 많은 관심을 기울여 왔다. 예를 들면, 샌디D. Brent Sandy는 묵시의 특징적 예들을 다음과 같이 소개한다.[20]

- 영화와 같은 특수 효과로 시작하는 동물, 강, 산 그리고 별들에 대한 놀라운 장면들단8:2-14; 슥6:1-7
- 심판의 무서운 날을 예고하는 우주적 무질서와 그에 따른 자연적 재해사24:18-20; 겔38:19-22
- 지속적인 위기를 일으키며, 현재의 사건에 대해 절망적인 회의주의를 불러일으키는, 치명적이고도 파괴적인 악사57:3-13; 단7:19-25
- 여하튼 하나님께서 주권적 다스림을 계속 수행하고 계시다는 확고한 신념에 근거한 근본적인 결정론사25:1; 26:1-4
- 하나님께서 개입하시어 예정된 계획에 따라 모든 악을 진압하실 것이라는 황홀한 기대슥14:3-9; 말3:1-5
- 신실한 자들에게 위로와 격려를 주며 의로운 삶을 확증해 주는 데 목적을 둔 윤리적 가르침사56:1-2; 슥7:9-10; 8:16-17
- 다른 세계의 관점을 보여 주는 천상 세계와 존재들에 대한 환상들단10:4-19; 슥3:1-10

- 상징적인 표현으로 장면들을 설명해 주는 천상의 해석가들겔40:3-4; 단8:15-17
- 사물들을 선과 악, 이 세대와 오는 세대와 같은 요소들로 규정하는 이원론적 관점단12:2; 슥1:14-15
- 매우 세련화된 구조를 통해 표현되는 환상들, 순서대로 구성된 사건과 시간, 유사한 배경의 반복겔38-39장; 단9:24-27
- 위의 모든 특징들의 기초가 되는 것으로서, 종말에 백성들을 회복시키고 새롭고 영광스러운 세계의 질서를 세우기 위해 역사하시겠다는 하나님의 약속사27:12-13; 슥8:1-8

어떤 학자들은 묵시의 특징들을 이보다 더 세분화시켜 28개의 특징적 요소들을 규명하고자 한다. 그러나 이 모든 특징적 요소들을 모두 충족시키는 본문들은 없다. 학자들의 의견들을 종합해 볼 때, 예언과 묵시는 대체로 다음과 같은 큰 차이점을 보여 준다. 첫째, 예언과 묵시의 두드러진 차이점은 하나님의 계시의 전달 방식에 있다. 주로 예언의 말씀은 선지자들에게 직접적으로 전달되지만 묵시는 천사와 같은 중간 매개체를 통해 전달된다.[21] 둘째, 예언의 관심 대상은 현 세상과 자연 세계에 집중되지만, 묵시는 종말론적인 구원과 초자연적 세계를 더욱 부각시킨다. 셋째, 예언은 주로 상징과 시적인 표현 방식을 사용하지만, 묵시는 시각적이고 환상적인 체험을 더 부각시킨다.[22] 넷째, 예언은 하나님의 심판과 축복의 사역을 선포하지만, 묵시는 이전에 보지 못했던 선과 악의 대립적 세계를 묘사한다.[23] 이와 같은 묵시적 특징들을 엄격하게 적용해 볼 때, 성경에서 묵시적 장르에 속하는 본문은 다니엘과 계시록을 꼽을 수 있다. 그럼에도 불구하고 스가랴서가 묵시적 특징들을 부분적으로 내포하고 있음은 분명해 보인다. 예를 들면, 볼드윈은 스가랴서 1-8장에 나타나는 묵시적 요소들을 다음과 같이 세 가지로 규정한다. ① 열방의 낮아짐1:21; 2:9; 8:20-23, ② 예루살렘의 높아짐1:17; 2:4, 5, 10-12; 7:3, ③ 싹의 사역3:8; 6:12. 그녀는 이 세 가지의 묵시적 특징들이 9-14장에도 동일하게 등장한다고 주장한다. 나아가 그녀는 9-14장에 등장하는 종말론적 미래에 관한 사상들을 묵시적 특징들로 이해한다. 좀 더 구체적으로 말하자면, 볼드윈은 "지진14:4-6, 여호와의 기적적인 개입9:14; 12:3-4, 종말론적 전투12:1-9; 14:1-15, 예루살렘의 구원9:8; 12:7; 14:1-8, 탄식에 이은 궁극적 기쁨9:9; 14:16"과 같은 요소들을 묵시적 특징으로 해석한다.[24] 한편 힐은 묵시문학이 다음과 같은 세 가지 양식의 메시지와 결부되어 있다고 주장한다.

"첫째는 압제 받는 자를 향한 위로의 메시지이다. 둘째는 압제자를 향한 경고이다. 셋째는 하나님의 진리와 인간의 지혜 사이에서 흔들리는 사람들에게 믿음을 요청한다".[25]

비록 스가랴서는 완전한 묵시 문헌으로 간주될 수는 없지만, 묵시적 요소들을 담고 있는 예언 본문으로 이해될 수 있을 것이다. 그리하여 마크 보다Mark Boda는 스가랴서를 묵시로 전환해 가는 예언 문학으로 이해하며, 원시 묵시proto-apocalyptic 문헌으로 간주하기도 한다.[26] 요약하자면, 스가랴서는 예언에서 묵시적 종말론으로 넘어 가는 사상적 발전 단계를 암시해 주며, 환상과 상징과 종말론적인 표현을 담고 있는 묵시적 예언 본문으로 규정될 수 있다.[27]

4. 스가랴서의 통일성과 구조[28]

(1) 스가랴서에 대한 비평학의 발단과 배경

역사 비평학자들은 오경 및 이사야서와 아울러, 스가랴서의 통일성도 부정해 왔다. 스가랴서의 통일성은 17세기 전까지는 전혀 의심받지 않았다. 그러나 1653년 영국 캠브리지 대학교 교수였던 미드Mede는 스가랴의 단일 저작설과 통일성에 대해 처음으로 의문을 제기하였다. 그는 마태복음 27장 9-10절에 인용된 스가랴서 11장 13절을 예레미야의 저작으로 돌리는 마태복음의 입장에 근거하여 스가랴서 전체가 스가랴 선지자의 저작이 아니라고 주장하였다.[29] 그 이후 스가랴서 9-14장을 포로기 후 시대의 작품으로 간주한 첫 신학자는 코로디Corrodi와 아히혼J. G. Eichhorn이었다.[30] 아이혼은 1824년에 출판한 『구약 서론』의 제4판에서 스가랴서 9-10장의 연도를 알렉산더 대제 이후로 위치시켰으며, 13장 7절에서 14장 21절까지를 마카비 시대의 문헌으로 이해하였다. 아히혼 이후 스테드Bernhard Stede라는 신학자는 1881년에 아히혼의 이론을 발전시켜 스가랴서 9-14장을 알렉산더 대제 시대에 활동했던 한 익명의 저자의 작품으로 간주하였다. 아히혼과 스테드의 역사 비평적 연구는 그 후 많은 비평 학자들에게 영향을 주었으며, 결과적으로 이후 스가

라서 9-14장은 포로기 후 시대의 문헌으로 분류되었다.[31]

(2) 비평학이 제기하는 통일성의 장애물들

이처럼 비평학자들은 스가랴서 1-8장의 저자를 원 스가랴Proto-Zechariah, 스가랴서 9-14장의 저자를 신명기적 스가랴Deutero-Zechariah로 명명한다. 어떤 학자들은 스가랴서 9-14장조차도 스가랴서 9-11장과 스가랴서 12-14장의 저자를 서로 다르게 구분한다. 그리하여 스가랴서 1-8장은 제1스가랴First Zechariah, 9-11장은 제2스가랴Second Zechariah, 12-14장은 제3스가랴Third Zechariah로 불리게 되었다. 그렇다면 왜 비평학자들은 스가랴서의 통일성을 거부하는가? 그들이 주장하는 문서 가설의 배경에는 다음과 같은 이유들이 있다.[32]

① 스가랴서 1-8장의 표제1:1, 7; 7:1와 스가랴서 9-14장의 표제가 다르게 소개된다.
② 스가랴서 1-8장과 9-14장의 문학적 양식과 스타일이 전혀 다르다.
③ 스가랴서 1-8장과 9-14장의 내용도 다르다.
④ 스가랴서 1-8장에는 스가랴의 이름이 언급되지만, 9-14장에는 스가랴의 이름이 언급되지 않는다.
⑤ 스가랴서 9-14장은 1-8장과는 달리 다양한 역사적 배경을 암시하고 있다.[33]
⑥ 스가랴서 9-14장은 1-8장보다 훨씬 더 묵시론적인 성향을 보여준다.

(3) 최근의 비평학적 흐름

나아가 벨하우젠Julius Wellhausen, 오토 플뢰거Otto Plöger와 같은 비평학자들은 사회학적 분석을 통해 본문의 통일성보다는 문헌들 간의 차이들을 규명하는 데 더 많은 관심을 기울여 왔다.[34] 특히 핸슨은 스가랴서 1-8장과 스가랴서 9-14장을 분리한 뒤 이 두 단락들이 페르시아 공동체 안의 깊은 사회적 갈등을 보여준다고 주장한다. 그의 입장에 따르면, 스가랴서 1-8장은 신정론적 관점을, 반면에 스가랴서 9-14장은 종말론적 급진주의적 관점을 제시하고 있으며, 이런 관점들의 차이는 제사장 계열과 선지자 계열의 갈등을 반영해 준다.[35]

보다 최근에는 스가랴서 1-8장을 스가랴서 9-14장과 분리시키되, 학개서와 스가랴서 1-8장을 하나의 편집적 통일체로 해석하려는 학자들이 늘어나고 있다.[36] 대표적으로 노갈스키James D. Nogalski는 학개서와 스가랴서 1-8장의 유사성을 강조하며, 두 단락을 연대에 의해 하나로 결합된 작품으로 취급한다. 그는 다음과 같이 주장한다.[37]

> 스가랴서 1-8장의 저작권 문제와 관련하여, 스가랴서 1-8장의 각각의 주요 세 단락들이 하나의 새로운 구성을 소개하는 연대기적 정보a chronological note로 시작한다는 것을 인식하는 것이 중요하다. 이 연대기적 정보의 소개들은 학개서와 스가랴서 1-8장을 하나의 연대기적 중심의 수집물a single, chronologically-oriented collection로 결합시킨 편집자와 종종 관련되어 있다.

나아가 어떤 이들은 학개서와 스가랴서 1-8장이 주전 515년의 성전 봉헌 이전에 기록되었다고 본다. 왜냐하면 이 두 본문에서 성전 봉헌에 대한 언급이 전혀 없기 때문이다. 예를 들면, 톨링턴Tollington과 같은 학자들은 이 두 단락이 동일 시대에 기록되었다는 주장에 동의하며, 스가랴를 그 저자로 추정한다.[38] 나아가 레딧Paul Redditt과 같은 학자들은 학개서의 최종 편집자를 스가랴서 1-8장의 저자로 간주하되, 스가랴서 9-14장은 주전 6세기 선지자의 후대 작품으로 이해한다.[39] 이처럼 비평학자들마다 스가랴서의 편집과정에 대해서는 다양한 견해들을 피력하지만, 스가랴서 1-8장과 스가랴서 9-14장을 독자적으로 구분하는 일에는 대체로 견해를 같이하고 있다.[40]

(4) 파편화에서 통일성으로

20세기에 등장한 스가랴서의 통일성에 대한 비평학의 도전에 직면한 보수주의 신학자들은 스가랴서의 통일성에 대한 논증을 포기하지 않았다. 배론 D. Baron, 영Edward J. Young 그리고 아처G. L. Archer와 같은 보수주의 구약 신학자들은 통일성에 도전하는 비평학의 입장에 반박하며 스가랴서의 통일성을 강력하게 변호하였다.[41] 특히 볼드윈은 스가랴서 1-8장과 스가랴서 9-14장 사이에 수많은 유사성들이 존재하고 있다는 점과 쿰란에서 발견된 사본에서 스가랴서 8장과 스가랴서 9장 사이에 어떠한 간격도 없다는 점을 통일성의 증거로 제시하였다.[42] 최근에는 호주의 보수적 구약 신학자인 베리 웹Barry G. Webb이 비평학자들의 주장에 대해 명쾌하게 반박한 바 있다.[43]

무엇보다도 비평학의 파편화 작업에 맞서 스가랴서의 구조적 통일성을 증명하는 괄목할만한 연구들이 복음주의 학자들의 손길을 통해 빛을 발하였는데, 특별히 볼드윈J. Baldwin, 하틀James Hartle, 클라인M. G. Kline 등의 연구가 큰 주목을 받았다. 이들의 연구는 비평학의 도전에 반박하는 것에만 초점을 두기보다 오히려 본문의 통일성 그 자체를 논증하는 작업에 더 많은 관심을 기울였다. 볼드윈은 스가랴서 9-14장을 교차대구법으로 분석한 프랑스 신학자 라마르슈P. Lamarche의 해석을 수용하여 이런 입장을 스가랴 전체의 구조로 확대시켰다.[44] 그러나 볼드윈의 구조분석은 스가랴서 전체를 제1부와 제2부로 구분하고 있기 때문에 제1부와 제2부가 어떻게 구조적으로 혹은 사상적으로 연결되고 있는지를 명확하게 전달하지 않는다. 오히려 그녀의 구조분석은 (비록 그런 의도는 없겠지만) 비평학자들의 주장처럼 스가랴서 1-8장과 스가랴서 9-14장을 구분해야 한다는 인상을 남긴다.

볼드윈과는 달리 하틀James A. Hartle과 클라인Meredith G. Kline은 스가랴서의 주제적 연관성과 문학적 구조를 분석하여 스가랴서 전체의 통일성을 논증한다.[45] 하틀은 스가랴서의 문학적 통일성을 규명하기 위해 다음과 같은 논지를 펼친다. 첫째, 하틀은 스가랴서 전체에 걸쳐 문법과 어휘, 그리고 장르와 단어들의 유사성이 확연히 나타나고 있음을 고려해 볼 때, 스가랴서를 문학적 통일체로 이해해야 한다고 주장한다. 둘째, 하틀은 스가랴서 전체에 유기적인 발전을 보여주는 네 가지 주제들에 관심을 집중시킨 뒤, 이 주제들이야말로 스가랴서의 통일성을 입증해 주는 결정적인 증거가 된다고 말한다. 그가 제시하는 네 가지 주요 주제들은 다음과 같다. "언약적 회복", "하나님의 심판", "정결", "하나님의 축복". 이러한 주요 주제들은 서로 긴밀하게 연결되고 있는데, 심판, 정결, 회복 그리고 축복의 순으로 전개된다. 물론 이런 순서들이 엄격하게 고정되어 있지는 않지만, 이 네 가지 주제들이 스가랴서 전체를 하나의 통일된 본문으로 엮어주는 중심적인 역할을 수행한다고 본다.[46] 셋째, 하틀은 하나님의 성령의 사역이야말로 스가랴서의 통일성을 입증해 주는 결정적인 요소라고 단언한다. 하틀에 따르면, 스가랴서에서 하나님의 성령은 주도적인 역할을 수행한다. 하나님의 성령은 스룹바벨로 하여금 성전 건축을 완성하도록 고무시키며4:6, 북방에서 안식을 취하며6:8, 옛 선지자들이 주님의 말씀을 전하도록 감동하신 분으로 묘사된다7:12. 그리고 성령께서는 회개의 심령을 부어주신다12:10. 이처럼 성령의 사역과 중요성은 스가랴서 전체에 결정적인 요소로 작용하기 때문에 통일성을 입증해 주는 주요한 요소가 된다. 그러나 하틀의 분석은 주제분석에 치우친 나머지 구조적 관점에 근거한 문학적 통일성에 대한 논증과 그에 대한 충분한 근거를 제시하지 못하는 아쉬움을 남긴다.

문학적 통일성을 입증하기 위해 주요 주제들의 상호 연관성에 집중한 하틀과는 달리, 클라인은 스가랴서의 문학적 구조, 특히 교차대구법을 통해 스가랴서의 구조적 통일성을 논증한다. 먼저 클라인은 스가랴서 전체 가운데 세 단락이 중심 축the three-hinge framework을 이룬다고 주장한다.[47] 클라인에 따르면, 스가랴서 3장 1-10절, 6장 9-15절 그리고 11장 1-17절은 스가랴서에서 중심 축을 이루고 있으며, 공통적인 특징들을 공유하고 있다. 즉 이 세 단락은 주제적으로 통일되어 있으며, 상징적 행위들을 수반할 뿐만 아니라, 특히 메시아의 왕/제사장직의 위임을 묘사하고 있기 때문에, 매우 중요한 단락으로 취급된다. 스가랴서의 구체적인 구조분석을 위해 클라인은 세 개의 중심 축의 역할을 규명하고자 한다. 클라인에 의하면, 스가랴서 3장 1-10절은 스가랴서 1-6장에 나오는 여덟 환상의 교차대구적 구조의 중심이 되며, 스가랴서 11장 1-17절은 스가랴서 9-14장의 중심을 축을 이루며, 스가랴서 6장 9-15절은 스가랴서 전체의 중심 축이 된다. 클라인의 구조분석을 명료하게 축약하면 아래와 같다.[48]

서론 1:1-6		서론 7-8장
A. 1:7-17		A. 9:1-17
B. 2:1-4		B. 10:1-4
C. 2:5-17		C. 10:5-12
D. 3:1-10	6:9-15	D. 11:1-17
C′. 4:1-14		C′. 12:1-13:1

　　　　B′. 5:1-11　　　　　　　B′. 13:2-9
　　　　A′. 6:1-8　　　　　　　 A′. 14:1-21

　　클라인의 분석에 의하면, A1:7-17; 9:1-17는 도래할 메시아/왕을, B2:1-4; 10:1-4는 유다의 분열과 주님의 심판을, C2:5-17; 10:5-12는 귀환 명령과 회복을, C′ 4:14-12:1-13:1는 온 땅의 승리자이신 주님과 성전/왕국의 완성을, B′5:1-11; 13:2-9는 언약적 심판과 정결을, 끝으로 A′6:6-8; 14:4, 8는 하나님의 보편적인 우주적 통치의 확립을 주요 논점으로 제시한다. 다시 요약하자면, 클라인의 구조분석은 스가랴서 3장 1-10절과 11장 1-17절이 스가랴서 1-6장과 스가랴서 9-14장의 교차대구의 중심 축을 이루며, 스가랴서 6장 9-15절이 전체 두 교차대구의 중심 축을 이룬다고 이해한다.[49]

(5) 통일성의 다양성

　　앞서 살펴본 클라인의 통일성 연구는 비록 몇 가지 한계점을 드러내고 있지만 스가랴서의 구조분석에 새로운 활력을 불어넣어 주었다. 또한 구약학계에서도 스가랴서의 통전성에 대한 이해가 더욱 보편화되기 시작하였다. 물론 클라인의 연구 이전에도 편집비평적 혹은 정경적 관점에서 스가랴서의 통일성이 강조되긴 했지만, 클라인이 보여준 문학적 구조분석은 역사 비평의 한계를 극복할 수 있는 대안적 접근으로 환영받을 만하였다. 더욱이 에드가 콘래드Edgar W. Conrad, 마빈 스위니Marvin A. Sweeney, 플로이드M. Floyd와 같은 구약 학자들은 본문을 파편화시키는 통시적인 접근에서 본문의 통전성에 초점을 두는 공시적인 접근으로 해석학적 방향을 전환시킨다. 물론 스가랴서 1-8장과 스가랴서 9-14장의 상호 연관성을 규명하려는 편집 비평과 정경 비평적 해석도 스가랴서의 통일성 연구에 여전히 영향력을 발휘하고 있음은 의

심의 여지가 없다. 흥미롭게도 최근에 논의되고 있는 스가랴서의 통일성 연구는 다음과 같은 네 가지의 흐름으로 전개되고 있다.

1) 주제적 관점

　스가랴서 1-8장과 스가랴서 9-14장을 분리해서 취급하는 역사 비평학의 입장에 반대했던 대표적인 학자는 브레바드 차일즈Brevard S. Childs이다. 그는 정경적 관점에서 스가랴서 1-8장과 스가랴서 9-14장의 상호 연관성을 탐구하였다.[50] 차일즈는 역사 비평학이 정경으로서 받아들여진 성경 본문의 최종 형태the final form의 중요성을 인식하지 못했음을 지적한 뒤, 주어진 최종 정경 형태 그 자체를 해석의 출발점으로 삼아야 한다고 주장하였다. 먼저 차일즈는 구체적인 역사적 배경을 취하는 스가랴서 1-8장 다음에 역사적 모호성을 지니는 스가랴서 9-14장이 첨가되었음을 지적한다. 그리고는 이러한 역사적 모호성이 있는 본문들의 추가는 스가랴서 전체를 "열방의 궁극적 희망에 대한 보다 성숙되고 발전된 증거"가 되도록 만들어 준다고 주장한다.[51] 결론적으로 차일즈는 위의 주제들을 통해 나타난 스가랴서 1-8장과 스가랴서 9-14장의 상호 연관성이 최종 정경 편집자(들)로부터 생겨난 것이라고 믿는다.[52]

　차일즈의 정경적 접근과 달리 편집 비평적 입장에서 스가랴서 1-8장과 스가랴서 9-14장의 연관성에 집중하는 연구들이 활발히 진행되어 왔는데, 그중에서도 메이슨Rex A. Mason의 연구가 큰 주목을 받았다. 그는 스가랴서 1-8장과 스가랴서 9-14장에 나타난 주제적 사상적 발전과 상호 연관성을 분석하여 스가랴서의 해석에 큰 전환점을 마련해 주었다.[53] 그는 스가랴서 1-8장의 주요 사상들이 스가랴서 9-14장에도 동일하게 등장하고 있음을 면밀하게 살펴본 뒤 스가랴서 9-14장의 저자가 스가랴서 1-8장의 주제들을 더욱 발전시켰다는 결론에 도달하였다. 메이슨에 따르면, 스가랴서 1-8장의 원 저자와 스가랴서 9-14장의 저자는 구별되지만, 스가랴서 1-8장과 스가랴서 9-14장의 주제들은 상호 연관성을 지니고 있으며, 이는 두 저자가 동일한 신학적 사상과 배경을 공유하고 있었음을 암시한다.[54]

2) 통일성의 열쇠로서의 연도 공식

최근에 스가랴서의 통일성을 입증해 주는 주요 열쇠로서 연도 공식의 중요성이 강조되기 시작했다. 마빈 스위니Marvin A. Sweeney와 에드가 콘래드Edgar W. Conrad와 같은 학자들은 스가랴서 1장 1절, 1장 7절, 7장 1절에 등장하는 연도 공식이야말로 스가랴서 전체의 성격을 규정해 준다고 본다. 스위니는 이 연도 공식이 스가랴서 전체가 선지자의 여덟 환상과 두 신탁으로 구성된 구조를 이루고 있음을 암시한다고 주장한다.[55] 스위니에 따르면, 스가랴서의 세 연도 공식은 스가랴서를 1장 1-6절, 1장 7절-6장 15절, 7장 1절-14장 21절로 세분화시키는데, 1장 1-6절은 스가랴서 전체의 서론이 되며, 본론이 되는 1장 7절-6장 15절과 7장 1절-14장 21절은 각각 스가랴의 환상과 신탁oracles을 다루는 주요 단락을 이룬다. 즉 "내레이터the narrator는 독자로 하여금 선지자의 여덟 환상과 두 신탁으로 구성된 하나의 표현a presentation으로 인도해 준다".[56] 나아가 스위니는 스가랴서 전체 구조의 목적은 백성들을 향해 성전 건축의 중요성을 인식하면서 여호와께로 돌아올 것을 촉구하는 데 있다고 이해한다.[57] 스위니에 따르면, 1장1-6절에 나오는 서론적 강론은 백성들이 여호와의 기대를 붙들고 있어야만 한다는 기본적인 주제를 보여준다. 그리고 1장 7절-14장 21절의 전반부와 후반부는 왜 그들이 그렇게 해야만 하는지에 대한 이유를 제공한다.[58] 좀 더 구체적으로 말하자면, 전반부에 해당하는 1장 7절-6장 15절은 성전 건축의 중요성을 보여주는 선지자의 환상을, 후반부에 속하는 스가랴서 7-14장은 성전의 충만한 완성의 때, 즉 의로운 왕이 도래하며 무익한 목자들이 제거되며 열방의 백성들이 초막절의 여호와를 경배하기 위해 예루살렘을 방문하는 때를 즐거워하라는 여호와의 명령을 다

룬다. 종합적으로 스위니는 스가랴서 전체의 구조를 다음과 같이 제시한다.[59]

   I. 책의 서론: 스가랴에게 전달된 여호와의 첫 말씀   1:1-6
   II. 스가랴에게 전달된 이후의 말씀들: 내러티브적 표현   1:7-14:21
     A. 환상들Visions   1:7-6:15
     B. 신탁들Oracles   7:1-14:21

    콘래드는 스위니와 마찬가지로 1장 1절, 1장 7절 그리고 7장 1절의 연도 공식이 다리오 왕 시대에 여호와의 말씀이 스가랴에게 임한 구체적인 시간대를 언급한다는 점에 주목한다. 그러나 콘래드는 1장1절, 1장 7절과 7장 1절의 연도 공식에 나타난 차이점에 더 많은 관심을 기울인다. 1장 1절과 1장 7절에서 스가랴는 잇도의 후손으로 소개되는 반면, 7장 1절에서는 단지 스가랴만 언급될 뿐이다.[60] 다시 말해, 7장 1절에는 스가랴 선지자의 과거에 대한 연결이 전혀 시사되지 않는다. 그 이유는 연도 공식간의 또 다른 차이점을 통해 설명될 수 있다. 우리가 살펴보아야 할 또 다른 중요한 차이점은 1장 1절, 1장 7절과 7장 1절에 나타난 스가랴의 질문과 대답 형식에 있다. 스가랴서 전체의 구조는 서론으로서의 1장 1-6절, 스가랴와 여호와의 사자와의 질문과 대답으로 구성되는 1장 7절-6장 15절, 벧엘 사람들의 질문과 스가랴의 대답으로 구성되는 7장 1절-14장 21절로 이루어진다. 즉 1장 1절과 1장 7절에서 스가랴는 여호와의 사자에게 질문을 던지며 여호와의 사자는 스가랴의 질문에 대답한다. 반면에 7장 1절에서는 벧엘에서 온 사람들이 스가랴에게 질문을 던지며, 스가랴는 그들의 질문에 대답한다. 이것은 7장 1절-14장 21절에서 스가랴가 1장 7절-6장 15절에 등장하는 여호와의 사자처럼 질문에 응답하는 여호와의 사자로 등장하고 있음을 의미한다.

서론(1:1-6)

스가랴의 질문과 여호와의 사자의 대답(1:7-6:15)

벧엘 사람들의 질문과 스가랴의 대답(7:1-14:21)

여기서 콘래드는 여호와의 사자의 출현은 성전이 세워지고 여호와께서 사자를 통해 말씀하시던 옛 시대를 연상시킨다고 주장한다. 다시 말해, 여호와의 사자가 출현하며 심지어 스가랴가 여호와의 사자로 등장하여 여호와의 말씀을 선포한다는 것은, 여호와의 사자가 여호와의 말씀을 선포하던 성전 시대로의 복귀를 의미한다. 그러므로 스가랴서 전체는 성전이 세워지고 여호와께서 그분의 사자들을 통해 말씀하시는 새 시대에 초점을 두고 있는 것이다.[61] 종합하자면, 콘래드는 스가랴서 전체를 여호와의 사자가 전달한 하나님의 말씀으로 보며, 특히 여호와께서 그분의 사자를 통해 말씀을 선포하신다는 것은 하나님의 집이 세워지고 하나님께서 여호와의 사자를 통해 말씀하시던 그 옛 시대로의 복귀를 의미한다고 이해한다.[62]

3) 스가랴서 7-8장의 가교적 역할

최근에 스가랴서의 구조를 연구해 오던 학자들은 스가랴서 7-8장이 스가랴서 전반부와 후반부를 서로 이어주고 있음을 인식하기 시작했다.[63] 특히 보다와 같은 학자들은 스가랴서 1-6장의 결론과 스가랴서 9-14장의 서론 역할을 동시에 수행하는 스가랴서 7-8장의 문학적 기능을 깨닫게 되었다.

① 스가랴서 1-8장의 결론으로서의 스가랴서 7-8장

스가랴를 연구하는 학자들은 전반부를 이루는 스가랴서 1-6장이 스가랴서 1장 1-6절과 스가랴서 7-8장으로 둘러싸여 있는 하나의 문학적 단락으로 이해한다. 즉 스가랴서 1-6장은 서론과 결론의 형식을 취하는 일종의 인클루지오를 이룬다는 것이다.⁶⁴ 실제로 스가랴서 1장 1-6절과 스가랴서 7-8장은 유사한 형식과 주제들을 다루고 있기 때문에, 긴밀한 연관성을 시사한다. 특히 이 두 단락의 강론에 나타난 아래의 요소들은 두 단락의 상호 연관성을 잘 보여준다.⁶⁵

강론에 나타난 요소들	1:1-6	7:1-14
현 세대를 향한 선포	1:2-3	7:5-6
옛 세대에 대한 묘사	1:4-6a	7:7-14
선포, 옛 선지자들, 선언공식	1:4a	7:7, 9a
옛 선지자들을 인용함	1:4b	7:9b-10
옛 세대의 반응에 대한 묘사	1:4c	7:11-12
하나님의 연단에 대한 묘사	1:5-6a	7:13-14
초점이 현 세대로 돌아옴	1:6b	8:14-23

보다의 분석에 따르면 위의 도표에서 나타나듯이, 1장 1-6절은 다음과 같이 세 가지 중요한 기능을 수행한다.⁶⁶ 첫째, 1장 1-6절은 현 세대들에게 옛 조상들의 불신앙을 회상시키며, 멸망과 포로생활이 우연히 아니었음을 인식시킨다. 둘째, 이 단락은 과거의 슬픈 역사가 재현되지 않도록 옛 백성들의 죄악에서 돌이켜 여호와께로 돌아갈 것을 촉구한다. 셋째, 여호와와의 언약적 관계의 중요성을 보여준다. 즉 이 단락은 이스라엘의 성전 건축과 회복이 전적으로 백성들의 신실함에 달려 있음을 시사한다. 마찬가지로 스가랴서 7-8장도 이와 유사한 논점을 제시한다.⁶⁷

7장 1절에서 연도 공식이 소개된 후 7장 3절은 금식에 관한 질문으로 시작한다. 이 질문에 대한 대답은 8장 18-19절에 이르러서야 비로소 제시된다. 그러므로 7-8장은 질문7:3과 대답8:18-19 사이에 스가랴의 메시지를 소개하고 있으며, 이 메시지는 이스라엘의 희망과 회복이 여호와를 향한 신실함에 달려 있다는 중요한 신학적 의미를 전달하고 있다. 1장 1-6절의 방식과 같이 7장 4-14절은 옛 조상들의 불성실을 회상시켜 현 세대들로 하여금 의로운 삶을 촉구하고 있다. 즉 스가랴는 1장 1-6절과 같이 현 세대들로 하여금 여호와를 향한 책임 있는 반응, 즉 윤리적 삶의 필요성을 강변하고 있다. 또한 이 본문은 1장 1-6절의 경고와 같이 만약 현 세대들이 신실한 삶을 잃어버린다면 그들은 옛 조상들과 동일한 운명에 처할 수 있음을 경고하는 것이다. 8장 1-13절과 8장 20-23절은 회복, 번영 및 특권에 초점을 두며 희망과 격려를 제공한다. 그럼에도 불구하고 뒤따르는 8장 14-17절은 책임과 의무를 다시 강조한다. 그러므로 스가랴서 7-8장은 이스라엘의 희망과 회복이 현 세대의 책임적 반응, 즉 여호와를 향한 신실함에 달려 있음을 보여준다.

요약하자면, 1장 1-6절과 7-8장은 동일하게 현 세대를 향해 여호와께 신실할 것을 촉구하고 있으며, 이는 1장 7절-6장 15절에 펼쳐진 성전 건축 및 회복의 프로그램이 현 공동체의 책임적 반응에 달려 있음을 시사해 준다.[68] 그렇다면 "성전 완공은 스가랴 선지자의 목표가 아니었다." 오히려 "스가랴서 7-8장은 진정한 회복을 위해 본질적인 윤리적 갱신에 관심을 기울이고 있다."[69] 이와 같은 관점에서 볼 때, 스가랴서 7-8장의 구조와 메시지는 스가랴서 1-8장 전체를 마무리하는 결론으로서 윤리적 갱신을 통한 언약적 신실성에 초점을 두고 있다.

② 스가랴서 7-14장의 서론으로서의 스가랴서 7-8장

스가랴서 7-8장은 전체 스가랴서에서 1-8장의 서론만이 아니라 7-14장의 결론적 역할도 수행한다. 앞서 살펴본 콘래드와 스위니는 스가랴서 9-14장을 7장 1-3절에 제기된 벧엘 사람들의 질문에 대한 스가랴의 대답의 연속으로 이해한다. 좀 더 구체적으로 말하자면, 콘래드와 스위니는 7장 4절-8장 23절,

9-11장, 12-14장을 7장 1-3절의 질문에 대한 대답의 연속으로 간주한다. 그러므로 스가랴서 7-8장에 등장하는 질문과 대답은 곧 이어 나타나는 스가랴서 9-11장과 스가랴서 12-14장을 해석하는 중요한 서론적 역할을 수행하고 있는 것이다. 특히 스가랴서 7-8장에 두드러진 네 주제들(시온, 공동체의 정결, 보편주의 및 옛 선지자들)이 스가랴서 9-14장에 더욱 구체적으로 발전되고 있음은 스가랴서 7-8장과 스가랴서 9-14장의 연속성을 잘 드러내 준다.[70] 예를 들면, 7장 4절에서 스가랴는 "온 땅"의 백성들을 향해 선포하며, "온 땅"의 백성들이 여호와를 경배할 종말의 미래를 고대한다. 이러한 보편적 개념은 주님께서 "온 땅"의 왕이 되실 것이라는 스가랴서 9-14장의 핵심 사상과 긴밀한 연관성을 지닌다. 그리고 옛 선지자의 메시지를 현재에 적용시키는 스가랴서 7-8장의 방식은 스가랴서 9-14장에서도 두드러진다. 또한 7장 1절에 등장하는 연도 공식은 7장 1절이 새로운 단락의 시작임을 알려준다. 이런 관점들을 종합해 볼 때, 스가랴서 7-8장은 스가랴서 7-14장 전체의 서론으로서 위치하고 있음이 분명하다. 결론적으로 스가랴서 7-8장은 스가랴서 1-8장의 결론이자 스가랴서 7-14장의 서론으로서 스가랴서의 전반부와 후반부를 잇는 중요한 가교적 역할을 수행하고 있다.

4) 재해석의 장르로서의 '맛싸'משׂא

스가랴서의 후반부는 '맛싸'משׂא라는 표제로 시작하는 두 단락(9-11장; 12-14장)을 포함하고 있다. '맛싸'는 한글개역성경에서 '경고'라는 부정적인 의미로 번역되지만 '선언'이라는 표현으로 소개되는 것이 더 적절해 보인다.[71] 최근의 학자들은 이 '맛싸'라는 표제가 본문의 통일성을 암시하는 중요한 열쇠가 된다는 점을 지적하고 있다. 바이스Weis와 플로이드Michael Floyd와 같은 학자들은 스가랴서의 통일성을 시사해 주는 '맛싸'의 역할에 관심을 기울여 왔다.[72] 바이스Weis의 이론을 발전시킨 플로이드는 '맛싸'가 이끄는 본문들이 세

가지 특징적 요소를 포함하는 수사적 패턴을 이룬다고 주장한다. 플로이드에 의하면 '맛싸' 본문의 첫 번째 특징적인 요소는 여호와께서 특정한 역사적 상황 혹은 사건에 직, 간접적으로 개입하신다는 선언이 제시된다는 점이다. 둘째, 이 선언은 이전의 계시에 대한 함의점들을 명료화시킨다. 셋째, 이 선언은 여호와의 개입에 대한 합당한 반응을 촉구하는 근거가 된다. 간단하게 요약하면, '맛싸'는 '이전 계시에 대한 예언적 재해석'prophetic reinterpretation of a previous revelation을 의미한다. 즉 '맛싸'는 재해석의 기능을 갖는 장르 형식으로 정의될 수 있다. 이와 같은 '맛싸'의 장르적 정의에 따르면, '맛싸'가 등장하는 스가랴서 9-11장과 스가랴서 12-14장은 이전 본문의 재해석이 된다. 좀 더 구체적으로 말하면, '맛싸'로 시작하는 스가랴서 9-11장은 이전 본문인 스가랴서 1-8장의 재해석이 되며, 또 다른 '맛싸'로 시작하는 스가랴서 12-14장은 이전 본문인 스가랴서 1-11장의 재해석으로 간주될 수 있다. 그러므로 스가랴서 1-8장, 9-11장, 12-14장은 '맛싸'라는 표제를 통해 서로 긴밀한 연관성을 지니며, 스가랴서 전체는 서로 분리될 수 없는 하나의 통일된 본문a unified book으로 간주될 수 있다.

이상으로 우리는 스가랴서의 통일성에 대한 비평학적 도전들과 보수주의자들의 응전, 그리고 최근에 뜨겁게 논의되는 다양한 접근들을 살펴보았다. 특히 차일즈의 정경적 해석은 본문의 신학적 통일성을 논증하는 주요 해석학적 방법론으로 인정 받아왔으며, 스위니와 콘래드의 방법론은 연도 공식이 본문의 의도를 밝혀주는 문학적 장치가 된다는 점을 논증함으로써 본문 전체의 공시적 접근의 가능성을 열어준다. 또한 스가랴서의 통일성의 열쇠가 되는 스가랴서 7-8장의 역할을 규명하는 보다Boda의 논증은 스가랴서의 통일성에 대한 새로운 근거를 제시하고 있으며, 맛싸의 장르에 근거한 스가랴서 1-8장과 스가랴서 9-14장의 신학적 연결점을 추적하는 플로이드의 입장은 통일성의 또 다른 측면을 밝혀준다. 그러나 이러한 다양한 공시적 접근들의 출현은 이제서야 스가랴서의 깊은 세계로 진입하는 출발점에 서 있음을 인식하게 해준다.

(6) 스가랴서의 구조

앞서 살펴본 대로, 스가랴서의 주제, 연도 공식, 스가랴서 7-8장의 가교적 역할 및 '맛싸'의 수사적 기능은 스가랴서를 통일된 본문으로 읽도록 이끌어 준다. 필자는 이와 같은 통일성 연구의 결실을 인정하며, 스가랴서를 스가랴 선지자가 기록한 하나의 통일된 본문으로 받아들인다. 그럼에도 불구하고 본문의 이해를 위해 통일된 하나의 책으로서의 스가랴서 안에 세부적인 소 단락들의 구분도 필요하다. 특히 스가랴서에 특징적으로 나타나는 연도 공식은 스가랴서의 전체 구조를 주요 세 단락 1장 1-6절, 1장 7절-6장 15절, 7장 1절-14장 21절로 볼 수 있도록 이끈다. 그러나 필자는 스가랴서의 전반부와 후반부를 잇는 교량적 역할을 하는 스가랴서 7-8장의 독특한 위치와 기능에 근거하여 스가랴서 7-8장을 하나의 소 독립 단락으로 구분해서 취급하고자 한다.[73] 또한 필자는 '맛싸'가 등장하는 스가랴서 9-14장9:1; 12:1의 문학적 특징을 고려하여 스가랴서 9-14장을 하나의 주요 단락으로 취급하되, '맛싸'로 시작하는 두 개의 소 단락9-11장과 12-14장으로 구분하고자 한다. 그러므로 필자는 여덟 환상으로 구성된 1장 1절-6장 15절을 제1부로, 금식의 질문과 대답으로 이루어진 7장 1절-8장 23절을 제2부로, 그리로 '맛싸'로 시작하는 스가랴서 9-14장9-11장과 12-14장을 제3부로 나누어 분석하고자 한다. 필자가 나눈 각각의 주요 세 단락들은 유사 표현 혹은 주제의 강조와 반복을 위한 특징적인 구조적 교차대구chiasmus로 분석될 수 있다.

\<제1부\>(1:1-6:15)

서론(1:1-6)

A. 다양한 색깔의 말들과 세상의 평온(1:7-17)

    B. 열방의 심판(1:18-21)

        C. 예루살렘 척량(2:1-5)

            D. 여호수아와 메시아 약속(3:1-10)

            D′. 스룹바벨과 메시아 약속(4:1-14)

        C′. 예루살렘 정화(5:1-4)

    B′. 바벨론에 대한 심판(5:5-11)

A′. 다양한 색깔의 말들과 하나님의 평온(6:1-8)

결론(6:9-15)

\<제2부\>(7:1-8:23)

A. 벧엘 사람들의 예루살렘 방문(7:1-2)

    B. 금식에 관한 질문들(7:3-7)

        C. 공의 실현에 실패한 옛 조상들(7:8-10)

            D. 옛 조상들의 불순종과 하나님의 진노(7:11-14)

                E. 남은 백성들을 위한 회복(8:1-8)

                E′. 남은 백성들을 위한 축복(8:9-13)

            D′. 두려워할 필요 없는 하나님의 진노(8:14-15)

        C′. 공의 실현을 촉구 받는 현 세대들(8:16-17)

    B′. 금식에 관한 응답(8:18-19)

A′. 열방의 예루살렘 방문(8:20-23)

<제3부>(9:1-14:21)

9-11장의 구조

A. 열방의 심판(9:1-8)

    B. 왕의 도래(9:9-17)

    B′. 왕의 다스림(10:1-12)

A′. 목자의 심판(11:1-17)

12-14장의 구조

A. 열방의 심판과 예루살렘의 회복(12:1-9)

    B. 고난당한 자를 위한 애통(12:10-13:1)

        C. 예루살렘의 정결(13:2-6)

    B′. 목자의 고난(13:7-9)

A′. 열방의 심판과 예루살렘의 회복(14:1-21)

5. 스가랴서의 중심 신학

스가랴서는 포로 귀환 공동체뿐만 아니라 미래의 언약 백성들을 향한 회복의 메시지를 놀라운 방식으로 전개한다. 특히 스가랴서는 회개의 은총을 통해 그의 백성들을 정결케 하시는 하나님의 언약의 회복방식을 매우 구체적으로 제시한다. 또한 "싹"으로 묘사된 다윗의 후손 메시아의 도래와 아울러 왕인 동시에 목자로서 고난받을 메시아의 이중적 이미지도 동일하게 강조되고 있다. 뿐만 아니라 스가랴서는 성전 재건에 가장 중요한 역할을 감당하는 성령의 사역을 부각시키고 있으며, 이 성령의 역사는 이스라엘을 회개시켜 회복으로 이끄는 결정적인 원인으로 작용한다.

(1) 하나님

1) 회개를 촉구하시는 하나님

스가랴서를 관통하는 중심 주제는 '회개'repentance다. 1장 1-6절이 전체 스가랴서의 서론으로서 기능하고 있음을 고려할 때, 1장 1-6절에서 강력하게 선포되는 '회개'의 주제가 전체 스가랴서에 깊숙이 스며들어 있음을 짐작할 수 있다. 또한 전반부와 후반부의 결론이자 서론 역할을 하는 7-8장에서도 회개의 촉구가 강력하게 선포되고 있는 것 역시 스가랴서 전체에서 회개가 차지하는 중요성을 시사해 준다. 스가랴서는 현 이스라엘이 당면한 문제들공의상실과 불의, 우상숭배, 거짓 선지자들과 지도자들을 집중적으로 부각시키며, 그 문제의 해결책으로서 '회개'를 촉구한다. 왜냐하면 하나님 나라의 사역을 하기에 앞서 먼저 근본적으로 죄의 문제를 해결해야 했기 때문이다. 그러므로 스가랴서는 성전 재건과 이스라엘의 회복이 포로 귀환 공동체의 참된 회개로부터 시작된다는 점을 분명하게 보여 준다.

2) 회개의 은총을 베푸시는 하나님

한편 스가랴는 이런 회개의 은총이 하나님으로부터 온다는 점을 밝힌다 12:10-14. 이처럼 회개는 양면적 측면을 지닌다. 회개는 필수사항이면서도 하나님의 은총이자 선물이다. 그러므로 스가랴서에 나타난 회개는 인간의 책임적 반응과 하나님의 주권적 은총을 동시에 포함한다. 스가랴는 회개의 메시지를 선포하여 그의 청중들로 하여금 책임적인 반응을 촉구하면서도 참된 회개가 하나님께로부터 온다는 점을 올바로 인식한다. 교만한 인간의 마음과 악한 행위는 오직 하나님의 전적인 은혜를 통해서만 변화될 수 있다겔36:26-27. 스가랴서는 하나님의 은총에 의한 회개의 변화가 없는 한 참된 회복이 요원하다는 것을 일깨워 준다.

3) 언약을 회복시키는 하나님

스가랴서는 하나님과 이스라엘과의 언약 관계의 회복을 다양한 표현 방식으로 소개한다. 예를 들면, 1장 16-17절에서 여호와는 이스라엘에게 돌아왔다고 선언한다. '돌아오다'라는 히브리어 '슈브'가 완료형으로 쓰이고 있음은 하나님의 귀환이 이미 시작되었음을 암시함으로써, 하나님과 이스라엘의 언약관계가 다시 회복되었음을 시사해 준다. 하나님과의 언약 관계의 회복은 2

장 10-11절에도 나타난다. 여기서 하나님께서는 그분께서 그분의 백성들에게 돌아가실 뿐만 아니라 그분의 백성들과 함께 거하실 것이라고 약속하신다히, 베차칸티. '함께 거하다'라는 표현 역시 하나님과의 언약 관계의 회복을 알려 주는 또 다른 암시가 된다.

8장 7-8절은 언약의 회복에 대한 광범위한 진술을 담고 있다. 여기서 하나님께서는 ① 그분의 백성들을 온 만국으로부터 구원하실 것이며, ② 그들을 예루살렘으로 모으실 것이며, ③ 예루살렘에서 그들과 함께 거하실 것이다. 특히 8절은 옛 언약 공식을 재확증한다. "그들은 내 백성이 될 것이며, 나는 그들의 하나님이 될 것이다." 나아가 9장 7절은 회복의 보편적 관점을 잘 드러낸다. 이스라엘의 대적인 블레셋은 유대인과 동등하게 하나님의 남은 자 공동체에 포함될 것이다. 이제 언약 백성의 범위는 민족 이스라엘의 범주를 넘어 온 열방의 백성에게로 확대된다.

13장 9절은 남은 자와의 언약 관계를 강조한다. 13장은 땅의 정화2-6절와 백성들에 대한 심판7-8절을 소개한다. 심판과 정화 작업 이후에도 여전히 삼 분의 일이 남아 있을 것이며, 그들은 깨끗한 남은 자로 구별되며, 하나님의 백성으로서 여호와를 그들의 하나님으로 인정할 것이다. 끝으로 14장 16절은 새 언약의 보편적 범위를 보여 준다. 이 구절은 열방의 백성들이 여호와를 경배하는 종말의 영상을 보여 주며, 아브라함 언약의 궁극적 성취로 인도한다. 아브라함 언약에 나타난 온 열방을 향한 하나님의 계획은 열방의 순례 여행과 초막절 제사를 통해 그 절정에 이른다.

4) 정화시키는 하나님

스가랴서는 정결의 중요성을 강조한다. 이스라엘의 회복을 상징하는 하나님의 임재는 백성들의 정결 혹은 거룩과 연결된다. 그러므로 이스라엘의 회복은 정결 혹은 거룩이라는 책임과 반응을 함께 수반한다. 이 점을 잘 드러내 주는 본문이 대제사장 여호수아의 정결환상을 소개하는 3장 1-10절이다. 여기서 여호수아의 더러운 옷은 이스라엘의 부정을 상징하며, 그 옷이 제거됨은 이스라엘의 부정이 제거됨을 말한다. 대제사장 여호수아가 부정한 옷을 제거한 후 하나님의 임재 앞으로 나아갈 수 있듯이, 이스라엘 백성들도 하나님의 임재에 참여하기 위해서는 반드시 부정을 제거해야 한다. 여기에 중요한 논점이 있다.

대제사장 여호수아는 자신의 부정함을 깨끗하게 하시는 오직 하나님의 은혜로 정결하게 된다. 그리고 대제사장 여호수아의 정결함이 이스라엘 공동체 전체의 정결함을 상징하기 때문에 대제사장 여호수아의 정결은 곧 포로귀환 공동체의 정결을 의미한다. 이것은 포로귀환 공동체의 회복이 죄의 정화를 통해 이루어질 것임을 강조한다. 더욱이 여호수아의 복위와 제사장직은 메시아적 인물인 "싹"8절을 예표하며, 이 싹과 일곱 눈을 가진 돌은 이 땅의 죄악을 제거하는 것과 연결된다9절. 이 땅의 정화는 메시아 시대의 평화, 축복 그리고 풍요의 날보다 선행한다10절.

그러므로 3장 1-10절은 이스라엘의 회복을 위해 반드시 공동체의 정화 및 그 필요성을 시사하고 있다. 5장 1-4절은 심판저주를 상징하는 날아가는 두루마리를 다룬다. 이 심판은 온 땅의 악을 섬멸하려는 목적을 갖고 있다. 하나님의 법을 깨뜨리고 그의 거룩을 무시한 악은 심판에 직면한다. 3절에 사용된 "저주"히, *알라*라는 말은 신명기 29장 12, 14, 19절에서 하나님과의 언약 관계와 관련된 단어이다. 그러므로 이 악한 행위들은 하나님의 언약을 깨뜨리는 행위이며, 결국 그 언약 파기에 따른 저주를 받는다. 여기서 악의 제거와 정화라는 모티브가 동일하게 등장한다. 9장 7절은 이방인 가운데 정화된 민족으로 등장하는 블레셋 족속에 초점을 둔다. 블레셋 족속의 정화는 여호와의 구원이 모든 민족에게로 확대됨을 시사해 준다. 12장 10-14절은 하나님의 성령이 부어질 때, 백성들이 그들의 잘못을 뉘우치고 회개하여 정화된 백성이 될 것임을 강조한다. 특히 13장 1-6절에서 특징적으로 등장하는 "죄와 더러움을 씻는 샘"은 깨끗케 하시는 하나님의 은총을 부각시키고 있다. 이처럼 스가랴서는 여호와께로 돌아오는 모든 백성들을 정결케 하시는 하나님의 놀라운 정화의 축복을 일관되게 부각시키고 있다.

(2) 메시아

1) "싹"으로서의 메시아

스가랴서 본문 가운데 네 단락은 메시아 본문으로서 중요한 기능을 한다. 3장 8-12절, 6장 12-15절, 9장 9-10절, 13장 7-9절과 같은 본문들이 이에 속한다. 3장 8-12절에서 여호수아는 정화되고 복위된다. 여기서 "싹"의 출현이 예고된다. 원래 "싹"히, *쩨마흐*이라는 표현은 선지자들이 종말론적 메시아를 뜻할 때 사용한 단어이다. 특별히 예레미야는 장차 새 시대의 왕국을 회복시킬 다윗과 같은 왕의 도래를 예언할 때, "싹"이라는 표현을 즐겨 사용한 바 있다.

"그 날 그 때에 내가 다윗에게서 한 공의로운 가지[싹]가 나게 하리니 그가 이 땅에 정의와 공의를 실행할 것이라 그 날에 유다가 구원을 받겠고 예루살렘이 안전히 살 것이며 이 성은 여호와는 우리의 의라는 이름을 얻으리라"렘33:15-16

스가랴는 예레미야의 예언대로 이 "싹"의 출현으로 땅의 죄악이 제거되며 3:9, 평화와 번영의 시대가 도래할 것이라고 선포한다3:10. 그러므로 대제사장 여호수아의 임직은 장차 도래할 다윗과 같은 왕, 즉 메시아의 시대를 예고해 준다. 6장 10-15절에서도 "싹"이 등장한다. 여기서 이 "싹"은 제사장적 사역보다는 성전 건축에서 주도적 역할을 수행한다. 나아가 그는 보좌에 앉아 다스릴 것이며, 제사장과도 교통할 것이다. 그러므로 이 "싹"은 제사장과 왕의 직임을 동시에 수행하는 자로 묘사된다. 따라서 1-6장의 맥락에서 볼 때, 이 "싹"이라는 표현은 포로기 후 공동체의 한 역사적 인물인 스룹바벨에게 적용될 수 있다. 스룹바벨은 다윗의 후손으로서 낙담한 포로 귀환 공동체에게 새로운 영적인 활력을 불어넣어 중단된 성전 건축 사업에 다시 박차를 가하여 성전 재건을 이룩하는 데 주도적 역할을 수행하였다. 때문에 스가랴서는 스룹바벨을 성령의 감동을 받아 성전을 건축할 자로 묘사한다4:6-9. 또한 기름 부음 받은 두 사람을 묘사하는 4장 14절도 스룹바벨의 메시아적 위치를 부각시키고 있으며, 이는 예레미야서 33장 17-21절의 메시아적 표현을 연상시킨다. 그럼에도 불구하고 스가랴서는 스룹바벨을 "싹"의 예언을 궁극적으로 성취할 메시아로 이해하지 않았다. 비록 스룹바벨이 성전 건축을 주도한 한 메시아적 인물로서 이해될 수는 있지만, "싹"의 예언을 온전히 성취할 그 메시아는 아니다. 그러므로 스가랴서는 9-14장에서 장차 도래할 그 메시아의 또 다른 이미지들을 제시한다.

2) 왕과 목자로서의 메시아

9장 9절은 장차 예루살렘에 도래할 왕 같은 메시아적 인물을 소개한다. 그는 겸손하고 온유한 왕으로서 묘사된다. 그는 나귀를 타고 올 것이며, 이것은 그의 낮아짐, 즉 겸손을 나타내 준다. 그러나 스가랴는 그의 낮아짐을 통해 세상의 평화가 실현될 것이라고 말한다. 흥미롭게도 신약의 기자들은 이 겸손한 왕을 예수 그리스도에게 적용시킨다. 다시 말해, 신약은 어린 나귀를 타고 예루살렘으로 입성하여 고난을 당하신 예수 그리스도의 사역을 9장 9절의 성취로 이해한다. 신약의 저자들은 예수님의 도래를 스가랴서 9장 9절에 예언된 그 메시아의 시대와 연결시킨다. 아이러니하게도 유대인들이 십자가에 달아놓았던 표는 예수님을 "유대인의 왕"으로 소개한다마27:37. 비록 예수 그리스도께서는 메시아로서 도래하셨으나 백성들은 예수님을 그 메시아적 왕으로 깨닫지 못했으며, 오히려 예수님께서는 십자가의 고난을 당하시고 말았다. 13장 7-9절은 바로 이 고난받는 메시아에 초점을 둔다. 9-14장은 수많은 목자 이미지들을 소개한다10:1-4; 11장; 13:7-9. 특히 11장은 이스라엘 백성들을 멸망으로 인도하는 거짓 목자들의 운명을 묘사하고 있다. 그러나 스가랴서는 거짓 목자들과는 달리 백성들로부터 거절을 당하는 또 다른 한 목자에게 관심을 기울인다. 그는 배척을 받으며 심지어 찔림을 받아 죽임을 당하게 되며, 그의 고난과 죽음은 양 떼들의 분열을 가져온다. 흥미롭게도 스가랴서는 하나님께서 친히 이 목자를 쳐서 그를 죽음에 이르게 할 것이라고 말한다속13:7. 어떻게 하나님께서 그분의 선한 목자를 죽이시며 그분의 양 떼들을 흩으실 수 있는가? 하지만 이 목자는 그의 잘못 때문에 고난을 당하는 것이 아니다. 오히려 이 목자는 다른 이들의 죄악을 담당하는 자이다. 타인의 잘못 때문에 하나님께로부터 공격을 받아 죽임을 당하는 이 목자의 이미지는 예수 그리스도의 고난을 통해서만 이해될 수 있다. 신약은 하나님께서 예수 그리스도로 하여금 십자가의 고난을 당하게 하시어 인류의 죄악을 담당하게 하셨음을 분명히 밝히고 있다. 이런 관점에서 볼 때, 성전을 건축할 "싹" 그리고 왕과 목자로서의 메시아 개념을 제시하는 스가랴서는 신약의 메시아 사상에 중요한 신학적 기초를 제공하고 있다.

(3) 성령

1) 성전 재건을 완성하도록 감동하시는 성령

스가랴서는 성령의 독특한 사역을 강조하고 있다. 먼저 성령께서는 스룹바벨로 하여금 성전 재건의 임무를 완성할 수 있도록 감동시키신다4:6. 성전 재건의 사명을 부여받은 스룹바벨은 "힘"과 "능력"이 아닌 오직 성령의 능력을 의지해야만 한다. "힘"과 "능력"이라는 두 단어는 구약에서 인간의 잠재된 모든 능력, 예를 들면, 육체적전10:10; 삿16:5, 군사적삼하17:10, 경제적욥31:25; 신8:18 혹은 도덕적왕상1:52 능력을 묘사할 때 사용된다. 그러므로 스룹바벨은 성전 건축을 가능케 하는 힘의 원천이 오직 성령께 달려 있음을 깨달아야만 한다. 흥미롭게도 구약에 등장하는 성령의 사역은 이스라엘의 두 직위, 즉 왕과 선지자직과 깊은 관련이 있다. 참 예언의 진위 여부는 선지자와 함께 하는 성령의 임재에 달려 있다느9:30; 욜2:28-32; 미3:8; 슥7:12. 미가는 거짓 선지자들을 공격할 때 성령을 능력의 원천으로 강조한 바 있다미3:8. 성령의 감동을 받았던 이 선지자들은 왕들의 즉위식 때에 기름을 부어 주었으며, 이 기름부음은 성령의 임재를 나타내 주었다삼상10:1, 10; 16:13. 스가랴서는 바로 그 옛적 선지자들처럼 다윗의 후손인 스룹바벨에게 성령의 능력의 필요성을 강조하며, 성령의 인도를 받지 않고는 성전 재건이 불가능함을 일깨워 준다.

2) 회개의 심령을 부어 주는 성령

스가랴서는 이스라엘 백성들의 회개와 죄씻음에 결정적으로 작용하는 성령의 역할을 강조한다. 스가랴서는 12장 10절에서 여호와께서 다윗의 집과 예루살렘 거민을 향해 은총과 간구의 심령을 부어 주실 것이라고 선포한다. 한글개역개정에 "심령"으로 번역된 히브리어 '루아흐'는 어떤 힘이나 감화력을 뜻하기보다는 오히려 하나님의 영으로 이해되어야 한다. 구약에서 하나님의 영, 즉 "성령의 부어 주심"은 대표적으로 에스겔서 39장 29절과 요엘서 2장 28-29절에 나타난다. 여기서 여호와의 성령의 부어 주심은 여호와께서 그분의 백성들 가운데 함께 거하시며, 그로 인해 그분의 백성들이 회복될 것임을 의미한다. 특히 "은총"과 "간구"라는 두 단어는 하나님의 성령의 사역의 두 가지 측면을 암시해 준다. 즉 성령께서는 백성들로 하여금 하나님의 은총을 체험하도록 인도해 주시며, 나아가 회개의 심령으로 반응하도록 이끌어 주신다. 스가랴서는 장차 이스라엘 백성들이 성령의 역사를 통해 하나님의 은혜를 찾으며, 간구하는 심령으로 하나님께 나아와 새롭게 변화될 것임을 강조하고 있다.

6. 스가랴서와 신약

스가랴서는 신약의 저자들에게 많은 영향을 끼친 구약 본문들 가운데 하나이다. 특히 복음서에 나타난 예수님의 공생애 사역과 수난 기사는 스가랴서를 배경으로 펼쳐진다. 이는 스가랴서가 신약의 메시아 사상에 중요한 신학적 기초를 제공해 주고 있음을 의미한다.[74] 신약의 메시아 사상의 신학적 배경이 되는 스가랴서의 영향은 간접적인 암시allusions/echoes나 혹은 직접적인 인용quotations으로 나타난다.

(1) 간접적 암시allusions/echoes

먼저 신약에 간접적으로 암시되어 있는 스가랴서와의 상호 연관성을 살펴보자. 첫째, 마태복음과 누가복음에 등장하는 예수님의 족보는 동일하게 스룹바벨을 소개하고 있다마1:12-13; 눅3:27. 좀 더 구체적으로 말하면, 신약의 기자들은 예수님을 스룹바벨의 후손으로 보았을 뿐만 아니라, 스룹바벨이 성취하지 못한 종말론적 희망의 궁극적 성취자로 이해하였던 것이다. 아마도 신약의 저자들은 스룹바벨을 성전 건축자로서의 "싹"으로 묘사하는 스가랴서의 신학적 전통에 서서 예수님을 성전 건축의 궁극적 성취자로서 강조하고 있는 듯하다.

둘째, 종말의 초막절 예배를 제시하는 스가랴서 14장 8, 16-19절은 성경신학적으로 볼 때 요한복음 7장 38절과 깊은 연관성을 가진다. 원래 초막절 절기에서 가장 중요한 요소는 바로 물이었고 이 초막절의 물은 성전과 관련이 있었다. 초막절 기간에 제사장들은 매일 성전을 돌며 실로암에서 길어온 물을 성전 마당의 큰 항아리에 가득 채웠는데 제7일에는 이 의식을 일곱 번 행하였다. 이처럼 물을 길어와서 성전에서 붓는 행위는 광야시절 이스라엘에게 물을 공급하신 하나님의 인도하심을 기억하기 위함이었다. 특히 초막절의 이 의식은 추수의 시기에 행하여졌는데 추수 때마다 비를 내려주시는 하나님의 은혜를 감사하며 앞으로도 계속해서 그들의 추수를 위해 비를 내려달라는 간청의 의미가 내포되어 있었다. 놀랍게도 요한은 예수 그리스도야말로 이스라엘의 번영과 축복을 가져다 줄 종말의 초막절의 물, 즉 생명의 물을 공급해 주는 메시아임을 강조한다. 다시 말해, 요한은 스가랴서 14장에 묘사된 종말의 회복의 시대를 바라보며 초막절의 생수처럼 생명을 살리시는 성령을 보내주실 예수 그리스도를 그 종말의 회복자로 이해했다. 그러므로 요한은 새 종말론적 성전에서 지켜질 초막절의 절기14:16-21를 예수 그리스도와 연결시키며, 궁극적으로 예수 그리스도를 종말의 새성전으로 강조한다. 비록 요한은 스가랴서 14장을 직접적으로 인용하지는 않지만, 스가랴서 14장의 초막절의 절기를 예수 그리스도를 통해 성취되는 종말론적 관점으로 이해하고 있음이 분명하다.

(2) 직접적 인용quotations

예수 그리스도의 예루살렘 입성을 소개하는 마태복음 21장 5절, 마가복음 11장 1-11절, 누가복음 19장 및 요한복음 12장 15절은 왕의 도래를 선포하는 스가랴서 9장 9절의 성취로 이해된다. 특히, 복음서의 수난 기사는 집중적으로 스가랴서와 연결되고 있다. 복음서의 수난 기사와 스가랴서와의 상호 연관성은 다음과 같다.

사건	스가랴서	복음서
거절 당하는 메시아	11:4-17	마27:51-53; 막12:1-12
은값에 팔리는 메시아	11:12-13	마 26:14-16; 27:1-10
찔리고 죽임 당하는 메시아	12:10; 13:7	요19:37; 계1:7
버림 당하는 메시아	13:7	마26:31, 56; 막14:26-31, 50, 66-72

신약의 저자들은 예수 그리스도의 수난과 죽음의 사건들을 모두 스가랴서 예언의 성취로 이해한다. 여기서 신약의 스가랴서 인용에 대해 다음과 같은 질문이 제기될 수도 있다. ① 과연 스가랴는 자신의 예언의 궁극적 성취신약적 성취를 인식혹은 의도했는가? ② 오히려 신약의 저자들은 스가랴서의 본문을 스가랴의 원 의도에서 벗어나 신약의 새로운 정황 속에서 메시아적으로 해석한 것은 아닌가? 학자들은 이 질문에 답하기 위해 다양한 의견들을 제시해 왔다.[75] 학자들은 '예언과 성취'[76], '구속사'[77], '모형론'[78]과 같은 개념들을 도입하여 이런 질문에 답해 왔다.

특히 모이스Steven Moyise와 비일G. K. Beale의 뜨거운 논쟁은 구약과 신약의 관계성에 대한 관심을 더욱 고조시킨 바 있다.[79] 구약과 신약의 연관성에 관한 이 두 성경 신학자들의 주장은 서로 상반된 입장을 보인다. 예를 들면, 첫째, 모이스는 신약의 저자들이 구약의 본문에 새로운 의미를 부여한다고 믿는 반면에, 비일은 이런 입장에 부정적이다. 비일은 신약의 저자들이 구약의 의미를 변경시키거나 왜곡시키지 않았으며 오히려 그 의미를 확장시켰다고 주장한다. 둘째, 모이스는 '저자의 의도'에 절대적 의미를 부여하는 태도의 위험성을 경계한다. 즉 모이스에 따르면, 학자들마다 '저자의 의도'가 다르게 이해될 수 있으며, 이는 해석자의 주관적 전제가 개입됨을 시사해 준다. 반면에 비일은 허쉬E. D. Hirsch, 밴후저K. J. Vanhoozer 그리고 라이트N. T. Wright 입장에 서서 '저자의 원 의미'의 중요성을 강조한다. 그는 비록 저자의 원 의미는 완벽하게perfectly 파악될 수 없다 하더라도 그 의미를 충분히 이해하는 것은 어렵지 않다고 본다.

이와 같은 모이스와 비일의 해석학적 차이점은 "사과 바구니"와 "사과 샐러드" 비유를 통해 더욱 분명히 제시된다. 비일은 자신의 해석학적 견해를 "사과 바구니"에 비교해서 설명한다.[80] 비일은 신약의 구약 인용을 나무에서 바구니로 옮겨진 사과에 비유한다. 비록 사과는 나무원래의 맥락 혹은 구약의 맥락에서 분리되어 바구니새로운 맥락 혹은 신약의 맥락으로 옮겨졌으나 나무의 사과와 바구니의 사과는 동일한 사과이다. 즉 신약의 저자들이 구약을 인용할 때 그 본문들은 새로운 맥락에 위치하게 되지만, 그럼에도 불구하고 구약의 원 의미는 변질되지 않는다. 오히려 신약의 저자들은 구약의 원 의미를 보다 확장시킨 것이다. 그리하여 비일은 구약에 대한 신약의 관점을 "확장된 의미"라는 개념으로 규정한다.

이와는달리 모이스는 자신의 입장을 "사과 샐러드"에 비유한다.[81] 모이스에 의하면, 과일 샐러드 안에는 사과를 포함한 여러 종류의 과일 조각들과 소스들이 혼합되어 있다. 비록 샐러드 속의 사과는 나무의 사과와 동일한 것이지만 다른 과일 조각들과 함께 혼합되면서 크기와 모양이 완전히 달라진다. 즉 구약의 본문이 신약에서 인용될 때, 구약 본문의 의미는 신약의 맥락 속에서 이전과는 다른 새로운 의미를 갖게 된다.

필자는 모이스의 견해보다는 비일의 입장을 지지한다. 필자는 신약의 저자들이 신약적 맥락에 맞도록 구약 저자들의 의도를 자의적으로 변경시키거나 왜곡시켰다고 믿지 않는다. 오히려 비일의 주장처럼 구약 저자들의 의도는 신약 저자들에 의해 더욱 풍부하게 혹은 더욱 명확하게 드러난다. 물론 구약 저자들이 자신들의 선포 내용과 그 의미들을 모두 완벽하게 이해하고 있었는지는 불분명하다. 아마도 구약 저자들은 그들이 선포한 메시지의 함축적 의미들을 부분적으로만 이해했을 것이다. 이 부분에서 복음주의 학자들은 인간 저자와 함께 '신적 저자' 혹은 '신적 의도' 개념을 도입한다. 즉 그들은 구약 저자들이 신적 저자의 의도를 완전히 이해하지는 못했을 것이며, 이 신적 의도는 신약 저자들에 의해 더 분명하게 드러났다고 본다. 어떤 학자들은 이 개념을 보다 '충만한 의미'sensus plenior로 설명한다. 다시 말해, 신약 저자들은 구약 저자들에게 구체적으로 밝혀지지 않았던 보다 충만한 의미를 성령의 감동으로 깨닫게 된 것이다. 그러므로 신약 저자들의 구약 본문 인용 혹은 해석은 구약 본문의 원 의미를 훼손시키는 것이 아니라, 신약적 상황에 적용된 더 충만한 의미를 전달하고 있는 것이다. 이런 관점에서 볼 때, 신약 저자들의 스가랴서 인용은 스가랴서의 의도와 상충되는 것이 아니라, 스가랴서의 예언에 함축된 깊은 신적 의도를 더욱 분명히 드러내고 있다고 하겠다.

특히 신약의 구약 인용 혹은 해석과 관련하여 최근의 카이저Walter C. Kaiser jr., 복Darrell Bock 및 엔스Peter Enns의 주장들은 각자의 입장 차이를 여실히 드러내 준다. 이 세 사람의 서로 다른 주장들을 연구한 버딩Kenneth Berding과 런드Jonathan Lunde는 신약의 구약 인용과 관련한 이들의 의견들을 비교분석하여 『신약의 구약 인용에 관한 세 가지 관점들』Three Views on the NT Use of the OT이라는 제목으로 한 권의 책을 편집 출간하였다. 무엇보다도 이들은 다섯 가지 질문을 통해 위의 세 학자들의 차이를 분석한 하나의 유용한 도표를 제시한다.[82]

	카이저	복	엔스
센서스 플레니오르 (충만한 의미)는 적절한 것인가?	아니다. 선지자들은 그들의 예언이 지향하는 바를 알고 있었다.	그렇다. 그러나 구약의 저자들은 나중에 이루어질 성취를 항상 알 수 없다는 것을 인정하였다.	그렇다. "그리스도 완결적" 해석은 센서스 플레니오르를 붙든다. 그러나 이 방법이 '해석학적 긴장'을 해결하는 방법은 아니다.
모형론은 어떻게 이해되어야 하는가?	모형론은 시간에 앞서 나타나야만 하며 하나의 모형임을 알려 주는 '신적 암시'를 가지고 있어야만 한다.	모형론은 어려운 사례들을 해결해 주는 근본적인 것이며 전망적일 수도 있고 회고적일 수도 있다.	해석학적 긴장을 해결해 주는 방법이 아니다.
신약의 저자들은 구약의 문맥을 중요시하는가?	그렇다. 근접 문맥과 선행하는 '약속-계획'의 문맥이 중요하다.	그렇다. 근접해 있는 '주해적 문맥'이 중요하지만 '정경적 문맥'이 열쇠이다.	때때로 그럴 수도 있고 그렇지 않을 수도 있다.
신약의 저자들은 제2성전기 해석방식을 사용하는가?	아니다. 그런 비교들은 잘못된 것이다.	때때로 그렇다. 그러나 신약 저자의 정경적 읽기에 의해 제한된다.	그렇다. 그리고 이것이 논의의 중심 이슈이다.
우리는 신약 저자들의 해석방식을 오늘날 반복할 수 있는가?	그렇다. 신약의 저자들이 주의 깊은 해석자들이었기 때문에 우리도 그런 태도를 취해야만 한다.	그렇다. 그러나 신약의 저자들이 정경적 주제들에 강조를 두고 있음을 염두에 두어야 한다.	그렇다. 그러나 그들의 주석적 방식보다는 "그리스도 완결적" 해석 방식에 집중해야 된다.

이 도표에 소개된 세 가지 입장은 신약의 구약 인용에 관한 여러 학자들의 견해들을 함축하고 있으며, 신약의 구약 인용 연구의 해석학적 흐름을 한 눈에 파악하도록 돕는다. 위의 입장 가운데 구약의 저자들이 미래의 성취를 모두 알고 있었다고 추론하는 카이저의 전제는 받아들이기 어렵다. 그보다 구약의 저자들이 미래의 성취를 모두 알 수 없었고 미래에 대한 그들의 지식이 매우 부분적이었다는 복의 주장이 필자의 눈에는 오히려 설득력이 있어 보

인다. 이런 복의 입장은 구약의 저자들이 신약의 성취를 희미하게만 이해했을 것이라고 보았던 비일의 주장과 일맥상통한다. 비일은 이 문제를 설명하기 위해 풍선에 새겨진 글자와 관련된 비유를 사용한다.[83] 예컨대 비일이 제시한 비유에 의하면, 공기를 주입하지 않은 풍선의 글자는 정확히 파악되지 않는다. 그러나 공기를 풍선에 주입시켜 풍선이 점차 그 부피를 더해갈 때 풍선에 새겨진 글자는 어떻게 되는가? 희미했던 풍선의 글자는 부피의 확장에 따라 그 크기도 확장된다. 나중에 풍선의 모양이 최대한으로 확장될 때 처음에는 희미했던 풍선에 새겨진 그 글자는 마침내 모든 사람들의 눈에 선명하게 드러난다.

이처럼 구약 시대에 기록된 본문들의 의미는 그 당시의 저자와 독자의 눈에는 다소 불명확하게 비춰질 수 있으나, 점차 시간이 지나 신약에 이르게 되면 점진적 계시에 의해 구약의 그 희미했던 의미는 더욱 선명하게 파악될 수 있다. 한편 엔스는 제2성전기의 유대교 해석이 신약 저자들의 구약 해석에 결정적인 역할을 했다고 주장하지만 필자는 이런 엔스의 입장에 동의하기 어렵다. 물론 신약 본문들이 중간기 시대의 문헌들과 완전히 무관하다고 볼 수는 없을 것이다. 그럼에도 불구하고 엔스나 모이스의 주장처럼 신약의 저자들이 구약의 원 의미를 변경하거나 혹은 구약의 원 의미에서 탈피하여 신약의 정황 속에서 완전히 새로운 의미를 창조했다고 볼 수는 없다. 오히려 복의 입장과 같이 중간기 시대의 유대교적 해석은 구약과 신약의 정경적 연속성의 관점에서 제한적으로 수용되었다고 보는 것이 타당할 것이다. 이런 관점에서 볼 때, 신약 저자들의 스가랴서 인용은 스가랴서의 의도와 상충되는 것이 아니라, 스가랴서의 예언에 함축된 깊은 신적인 의도를 더욱 분명하고도 점진적으로 확장시키고 있다고 보아야 할 것이다.

제1부
환상이 전하는 메시지들

1-6장

서론에서 다루었듯이, 필자는 스가랴서 전체를 세 개의 주요 단락으로 나누고자 하며, 여덟가지 환상을 소개하는 스가랴서 1-6장은 첫 주요 단락에 해당한다. 스가랴서 1-6장에 등장하는 각 환상의 중심 사상들은 교차 대구 구조를 형성한다.

서론(1:1-6)
  A. 다양한 색깔의 말들과 세상의 평온(1:7-17)
    B. 열방의 심판(1:18-21)
      C. 예루살렘 척량(2:1-5)
        D. 여호수아와 메시아 약속(3:1-10)
       D′. 스룹바벨과 메시아 약속(4:1-14)
     C′. 예루살렘 정화(5:1-4)
    B′. 바벨론에 대한 심판(5:5-11)
  A′. 다양한 색깔의 말들과 하나님의 평온(6:1-8)
결론(6:9-15)

서론에 해당하는 스가랴서 1장 1-6절은 스가랴 전체의 서론인 동시에 제1부 1:1-6:15의 서론이 되며, 스가랴 메시지의 의도와 그 배경을 암시해 준다. 그 다음 등장하는 여덟가지 환상들은 상호 유기적 연관성을 보여 준다. 첫째 환상A과 여덟째 환상A′은 각각 말들의 출현과 평온을 부각시키고 있으며, 둘째 환상B과 일곱째 환상B′은 이스라엘을 괴롭힌 바벨론과 같은 열방의 심판에 초점을 두고 있다. 셋째 환상C과 여섯째 환상C′은 예루살렘의 회복과 정결을 다루면서 하나님의 도성 "예루살렘"에 관심을 기울인다. 넷째 환상D과 다섯째 환상D′은 포로 귀환 공동체의 두 지도자, 여호수아와 스룹바벨에 대한 약속을 제시하며, 특히 "싹"과 "머릿돌"과 같은 메시아적 용어들을 각인시키고 있다. 끝으로 대제사장 여호수아의 상징행위를 보여 주는 6장 9-15절은 성전 건축의 완성을 약속하면서 스가랴 환상을 마무리 짓는다. 그러므로 스가랴서 1-6장은 성전 건축의 중대한 과업에 앞서 아직도 준비되지 못한 포로 귀환 공동체를 향해 그들에게 절실한 것이 무엇인지를 보여주며, 낙담한 백성들에는 희망과 위로의 메시지를 전달하고 있다.

서론
여호와의 진노와 회개촉구 1:1-6

(1) 개요

스가랴서 1장 1-6절은 스가랴서 1-14장 전체뿐만 아니라 환상을 다루는 전반부 1-6장의 서론 역할을 하고 있다. 본문은 옛 조상들을 향한 하나님의 진노 1:2를 언급한 뒤, 현 세대를 향해 다시 여호와께로 돌아올 것을 촉구한다 1:3. 나아가 본문은 옛 선지자들의 회개 촉구에 대한 옛 조상들의 불순종 4절과 그에 따른 옛 조상들의 심판, 그리고 심판을 경험한 그들의 참회적인 고백 5-6절을 소개한다. 그러므로 스가랴서 1장 1-6절은 여호와의 말씀을 듣지 않고 회개를 거부하여 결국 심판에 이르고 말았던 옛 조상들의 실패상을 그 본보기로 제시하면서 현재의 신앙 공동체를 향해 무엇보다도 회개의 자세가 절실히 필요함을 강조한다.

A. 서언적 연도공식(1:1)
B. 옛 조상들을 향한 하나님의 진노(1:2)
C. 현 세대를 향한 회개촉구(1:3)

D. 옛 조상들의 불순종(1:4)

E. 옛 조상들의 심판과 참회(1:5-6)

(2) 본문 분석

1) 1장 1-2절

"¹ 다리오 왕 제이년 여덟째 달에 여호와의 말씀이 잇도의 손자 베레갸의 아들 선지자 스가랴에게 임하니라 이르시되 ² 여호와가 너희의 조상들에게 심히 진노하였느니라"

스가랴서의 첫 시작을 알리는 1장 1절은 하나님의 말씀이 선포된 시기와 그 계시의 수납자의 신원을 분명히 밝히고 있다.¹ 1장 1절은 학개와는 달리 스가랴의 구체적인 족보를 소개한다. 이 족보에 기록된 스가랴의 이름은 "여호와께서 기억하셨다"라는 의미를 지닌다.² 1장 2절은 먼저 어두운 분위기로 시작한다. 여기서 우리가 눈 여겨 보아야 할 단어는 "너희의 조상들"אֲבוֹתֵיכֶם이라는 표현이다. 원래 이 단어는 선지자들이 선포했던 경고의 메시지와 깊은 연관성을 지닌다(렘7:25-26).³ 그렇다면 왜 스가랴서는 옛 조상들에게 임했던 그 하나님의 진노를 언급하고 있는 것일까? 과거의 역사는 언제나 현재의 방향을 설정하는 데 중요한 나침반이 되기 때문에, 스가랴서는 그의 백성들에게 하나님의 메시지를 선포하기에 앞서 먼저 과거의 역사를 회상시킴으로써 현재 우리가 나아가야 할 방향을 제시하려는 의도를 갖고 있는 듯하다. 그렇다면 이 표현은 옛 세대와 현 세대를 구별시켜 주며, 현 세대로 하여금 옛 조상들의 심판을 상기시켜 준다.⁴ 다시 말하자면, 스가랴는 현 세대로 하여금 옛 조상들과 같은 운명에 처할 수 있음을 경고함으로써, 하나님의 진노의 대상이 되어서는 안된다는 점을 경고하고 있는 것이다. 현 세대는 옛 세대처럼 진노를 받고 멸망당하지는 않았지만, 그들과 동일한 운명에 처할 수도 있다. 그러나 현 세대들이 아직 심판에 직면하지 않았기 때문에, 만약 그들이 하나님의 메시지에 대해 옛 조상들과는 다른 반응을 보인다면, 결과는 다르게 나타날 수 있을 것이다. 그러므로 이 경고의 메시지는 아직 어떤 희망을 남아 있음을 암시해 준다.

2) 1장 3절

"³ 그러므로 너는 그들에게 말하기를 만군의 여호와께서 이처럼 이르시되 너희는 내게로 돌아오라 만군의 여호와의 말이니라 그리하면 내가 너희에게로 돌아가리라 만군의 여호와의 말이니라"

1장 3절은 1장 2절에서 암시되고 있는 희망의 근거를 제시한다. 스가랴서는 현 세대가 옛 세대와는 달리 하나님의 진노에서 벗어날 수 있는 유일한 길로서 "회개"를 제시한다. 즉 이스라엘이 여호와께로 돌아가면 여호와께서는 다시 그분의 백성들에게 돌아오겠다고 약속하신다. 그러므로 현 세대가 하나님의 진노로부터 벗어날 수 있는 유일한 길은 여호와께 다시 돌아가는 것뿐이다. 회복을 위한 유일한 길은 회복의 주체가 되시는 여호와께 다시 돌아가는 것이다. 그러나 옛 이스라엘 백성들이 하나님의 진노에서 벗어나지 못한 이유는 무엇인가?

옛 조상들이 하나님의 진노를 사고 심판을 당하게 된 근본적인 원인은 첫째, 여호와의 계명을 어기고 악행을 범했기 때문이며, 둘째, 그런 상황 속에서도 하나님이 보내신 선지자들의 메시지와 "돌아오라"는 경고를 무시하고 여호와를 도외시했기 때문이다4절.

3) 1장 4절

"4 너희 조상들을 본받지 말라 옛적 선지자들이 그들에게 외쳐 이르되 만군의 여호와께서 이같이 말씀하시기를 너희가 악한 길, 악한 행위를 떠나서 돌아오라 하셨다 하나 그들이 듣지 아니하고 내게 귀를 기울이지 아니하였느니라 여호와의 말이니라"

본 절에 등장하는 "옛적 선지자들" הַנְּבִיאִים הָרִאשֹׁנִים이란 표현은 오직 스가랴서에만 등장한다1:4; 7:7, 12. 여기서 스가랴서가 사용하는 여호와의 종으로서의 "옛적 선지자들"이라는 표현과 그들이 선포한 "돌아오라"שׁוּב는 경고는 이사야서 45장 22절과 예레미야서 7장 3절, 11장 8절, 23장 22절, 18장 11절, 25장 5절, 35장 15절, 그리고 에스겔서 33장 11절을 연상시킨다.[5]

> "너희는 각기 악한 길에서 돌이키며 너희 길과 행위를 아름답게 하라 하셨다 하라"렘18:11b
> "그가 이르시기를 너희는 각자의 악한 길과 너희 악행을 버리고 돌아오라"렘25:5a
> "너희는 이제 각기 악한 길에서 돌이켜 행위를 고치고 다른 신을 따라 그를 섬기지 말라"렘35:15b
> "이스라엘 족속아 돌이키고 돌이키라 너희 악한 길에서 떠나라 어찌 죽고자 하느냐 하셨다 하라"겔33:11b

이처럼 스가랴는 "옛적 선지자들"이라는 표현을 사용함으로써 스가랴 당시의 청중들로 하여금 조상들에게 선포했던 옛 선지자들의 외침과 경고를 다시 한번 회상시키고 있음이 분명하다. 나아가 이 표현은 스가랴서의 메시지가 옛 선지자의 예언과 연속선 상에 있음을 암시해 주며, 이것은 스가랴서의 예언이 옛 선지자들의 메시지와 동일한 권위를 지니고 있음을 간접적으로 시사해 주고 있다.

그렇다면 옛 선지자들이 지적한 옛 조상들의 문제는 무엇이었는가? 여기서 1장 4절에서 진단하는 옛 조상들의 문제점을 좀더 구체적으로 살펴볼 필요가 있다.

① 옛 조상들의 악한 길, 악한 행위

1장 4절에 나오는 "길"이라는 히브리어 '데레크'דרך와 "행위"라는 히브리어 '마아랄'מעלל은 옛 조상들의 죄악이 지속적이고 꾸준히 진행되었던 것임을 암시해 준다. 그렇다면 지속적이고도 꾸준히 진행되었던 옛 조상들의 악한 길, 혹은 악한 행위는 구체적으로 무엇을 가리키는가? 옛 조상들이 범했던 죄악들은 다양하게 지적될 수 있겠지만, 마빈 패트 외 학자들C. Marvin Pate, et. al.이 제시하듯이, 옛 선지자들이 지적한 고소의 내용은 다음과 같은 세 가지의 문제들로 요약될 수 있다. ㄱ. 위선적 의식주의 ㄴ. 사회적 불의 ㄷ. 우상숭배.[6] 좀더 구체적으로 말하면 "선지자들은 이스라엘 민족의 언약적 파기가 얼마나 심각한지 그리고 백성들이 신명기모세의 언약을 얼마나 깨뜨렸는지를 강조해 준다. 선지자들은 이러한 비난을 정당화시켜 주는 엄청난 양의 증거들을 제시한다. 이러한 증거들은 신명기에 열거된 세 개의 범주로 구분되며, 이스라엘을 향한 세 가지 주요 고소들을 반영해 준다. 그것은 우상숭배, 사회적 불의 그리고 종교적 의식주의이다."[7] 이러한 이스라엘의 대표적인 악행들은 이사야 선지자의 경고를 통해 잘 드러나고 있다. 예를 들면, 이사야는 1장에서 옛 조상들의 문제점들을 다음과 같이 요약한다. ㄱ. 위선적인 예배11-14절 ㄴ. 공의 상실15-17절 ㄷ. 우상숭배28-31절

② 말씀을 듣지 않음

이스라엘이 심판 받게 된 또 다른 이유는 그들이 여호와의 말씀을 듣기를 원치 않았기 때문이다. 하나님과의 언약 관계속에서 지속적으로 그분의 말씀을 듣고 그 말씀에 순종해야 할 의무가 하나님의 백성들에게 놓여 있었으나 그들은 하나님의 말씀에 귀를 기울이지 않았다. 하나님의 백성들이 하나님의 말씀을 듣기 싫어할 때, 결국 그들은 하나님의 진노를 경험할 수밖에 없다. 이사야 선지자는 소돔과 고모라와 같은 이스라엘 백성들에게 하나님의 말씀을 들을 것을 경고한다.

"너희 소돔의 관원들아 여호와의 말씀을 들을지어다 너희 고모라의 백성아 우리 하나님의 법에 귀를 기울일지어다"사1:10

특히 이사야는 하나님의 말씀을 듣지 않는 이스라엘 백성들의 상태를 "귀머거리"로 비유한다사6:9. 이사야는 듣지 않는 백성들에게 하나님의 메시지를 전하지만, 이스라엘은 "듣기는 들어도 깨닫지 못하며 보기는 보아도 알지 못하는" 영적인 귀머거리와 영적인 맹인이 되고 만다사6:9. 이사야는 더 이상 백성들이 하나님의 말씀을 듣지 않자 자신이 전한 하나님의 말씀을 책에 기록하여 인봉시켜 버린다사8:16. 그러나 비록 이사야는 당대의 백성들의 영적인 상태를 "귀머거리"로 규정하지만, 이 패역한 백성들이 다시 책의 말씀을 듣고자 갈망하는 그 날을 고대한다.

"그 날에 못 듣는 사람이 책의 말을 들을 것이며 어둡고 캄캄한 데에서 맹인의 눈이 볼 것이며"사29:18

하나님의 말씀을 듣지 않는 이스라엘의 상태를 "귀머거리"로 규정한 이사야서의 진단은 분명 스가랴서 1장 4절의 맥락과 깊은 관련이 있어 보인다. 스가랴서는 "귀머거리"로 취급당했던 옛 조상들의 잘못을 환기시키면서 현재의 신앙 공동체에게 새로운 경각심을 불러 일으키고 있다. 즉 스가랴서는 비록 현재의 신앙 공동체가 바벨론 유수의 혹독한 시련을 체험했다 할지라도, 옛 조상들의 잘못된 영적 상태를 답습하게 된다면, 또 다시 하나님의 심판에 직면할 수 있음을 경고하고 있는 것이다.

③ 회개 거부

끝으로 옛 조상들의 심판 원인은 이런 악행이나 말씀에 대한 무관심 때문만은 아니다. 이런 악행이 저질러 질 때마다 하나님께서는 그의 선지자들을 보내어 다시 여호와께로 돌아오도록 권고하셨다. 예를 들면, 역대하 24장 19절은 이 점을 분명히 밝혀 준다.

> "그러나 여호와께서 그들에게 선지자를 보내사 다시 여호와에게로 돌아오게 하려 하시매 선지자들이 그들에게 경고하였으나 듣지 아니하니라"대하24:19

그러나 이스라엘은 여호와께로 돌아오기를 거부했다. 이러한 이스라엘의 불순종은 여호와의 말씀을 듣지 않는 이스라엘의 상태를, 아비에게로 돌아오지 않는 자식 혹은 주인의 통제로부터 벗어나려는 소에 비유하는 이사야서의 메시지를 연상시킨다.

> "2 하늘이여 들으라 땅이여 귀를 기울이라 여호와께서 말씀하시기를 내가 자식을 양육하였거늘 그들이 나를 거역하였도다 3 소는 그 임자를 알고 나귀는 그 주인의 구유를 알건마는 이스라엘은 알지 못하고 나의

백성은 깨닫지 못하는도다 하셨도다"사1:2-3

스가랴서는 이와 같은 옛 조상들의 영적인 문제들을 지적하면서 현재의 신앙 공동체로 하여금 회개를 거부한 강퍅한 옛 조상들처럼 심판에 직면하지 말고, 여호와의 말씀을 다시 듣고 여호와께로 돌아올 것을 촉구하고 있다.

4) 1장 5-6절

"5 너희 조상들이 어디 있느냐 또 선지자들이 영원히 살겠느냐 6 내가 나의 종 선지자들에게 명령한 내 말과 내 법도들이 어찌 너희 조상들에게 임하지 아니하였느냐 그러므로 그들이 돌이켜 이르기를 만군의 여호와께서 우리 길대로, 우리 행위대로 우리에게 행하시려고 뜻하신 것을 우리에게 행하셨도다 하였느니라"

이제 1장 5-6절에서 여호와께서는 두 가지 질문을 나란히 던진다. 첫째, 여호와께서는 조상들이 어디 있는가 라고 묻는다. 이 질문의 대답은 그들이 죽었다는 것이다. 둘째, 여호와께서는 선지자들이 영원히 살 수 있는가 라고 묻는다. 이 질문의 대답은 그럴 수 없다는 것이다. 즉 옛 조상들과 옛 선지자들은 영원한 존재가 아님을 강조해 준다. 그렇다면 영원한 것은 무엇인가? 옛 조상들을 향해 옛 선지자들이 선포했던 그 하나님의 말씀은 영원하며 그 능력은 계속된다. 비록 선지자들은 자신들이 외친 심판의 메시지의 성취를 보지 못하고 죽었지만, 그 말씀은 그대로 성취됨으로써 그 능력은 계속 지속된다. 이 위력적인 말씀의 성취를 목도한 옛 조상들은 그들이 당한 고통이 여호와께서 행하신 심판의 손길임을 고백한다.[8] 특히 6절은 신명기 28장 15절과 45절을 연상시킨다.

"네가 만일 네 하나님 여호와의 말씀을 순종하지 아니하여 내가 오늘 네게 명령하는 그의 모든 명령과 규례를 지켜 행하지 아니하면 이 모든 저주가 네게 임하며 네게 이를 것이니"신28:15

"네가 네 하나님 여호와의 말씀을 청종하지 아니하고 네게 명하신 그의 명령과 규례를 지키지 아니하므로 이 모든 저주가 네게 와서 너를 따르고 네게 이르러 마침내 너를 멸하리니"신28:45

특히 힐의 제안처럼, 스가랴서 1장 6절과 신명기 28장 15절과 45절에서 '임하다'는 히브리어 '히/시/구'히시구가 동일하게 등장하고 있음은 이 두 본문의 연관성을 더욱 뒷받침해 준다.[9] 그러므로 스가랴서는 옛 조상들에게 임한 심판은 신명기 28장 45절의 경고대로 하나님의 계명을 준행하지 못한 결과로 말미암은 것임을 상기시켜 준다. 또한 "우리에게 행하시려고 뜻하신 것을 우리에게 행하셨도다"슥1:6라는 표현은 "여호와께서 이미 정하신 일을 행하시고"라는 예레미야 애가 2장 17절의 탄식을 반영해 준다. 이것은 옛 조상들에게 임한 하나님의 저주가 바벨론 침략으로 나타났음을 말해 준다. 결국 옛 조상들은 이스라엘의 몰락과 바벨론 유수와 같은 일련의 사건들을 통해 자신들의 잘못을 인정하고 회개하는 단계에 도달하게 되었다. 여기서 스가랴는 현 세대를 향해 하나님의 말씀의 위력과 권위를 상기시켜 줌으로써 옛 조상들처럼 심판을 당하기 전에 시급히 회개해야만 함을 강조하고 있는 것이다.[10]

실제로 스가랴서 1장 6절의 '행하시려고 뜻하다' 혹은 예레미야 애가 2장 17절의 '정하신 일을 행하다'라는 표현에는 동일하게 '자맘'자맘이라는 히브리어 동사가 사용되고 있다. 대개 이 동사의 주체는 하나님이 되시며, 주로 심판과 관련된 부정적인 상황 속에서 사용된다렘4:28; 51:12; 애2:17. 그러나 스가랴서 8장 14-15절의 경우와 같이, 이 동사는 긍정적인 상황을 가리킬 수도 있다. 다시 말해, 회개하는 자들과 관련하여 이 동사는 긍정적인 하나님의 계획과 목적을 강조해 준다. 그러므로 3절에서 강조하고 있다시피, 만약 그들이 여호와께로 돌아온다면, 여호와께서도 그들에게로 돌아올 것이다. 그러나 현재의 악행으로부터 돌이키지 않는다면, 심판은 또 다시 포로 귀환 공동체의 운명이 될 수 있다.

(3) 현대적 적용

1) 여호와께로 돌아오라!

스가랴는 동시대 백성들의 문제점을 인식하며 그들에게 다시 여호와께로 돌아올 것을 촉구하였다. 이와 같은 회개 촉구는 신약에서도 중요한 이슈로 다루어진다. 물론 구약과 신약의 회개 개념은 종종 다르게 이해될 수 있다. 특히 신약의 회개는 종종 구약적 의미와는 다른 방식으로 취급된다. 대개 구약의 '회개'는 죄악으로부터 돌이켜 하나님께로 다시 '돌아감'returning을 뜻한다. 그러나 신약에서 '회개'는 다시 돌아가는 것returning보다는 예수 그리스도의 복음에 반응하는 것, 즉 '회심'conversion을 가리킬 수도 있다. 그럼에도 불구하고 복음을 수용한 그리스도인들도 죄의 유혹에 넘어질 수 있으며, 그때마다 회개를 통해 다시 하나님께 나아가는 과정이 필요하다. 그러므로 구약과 신약을 막론하고 죄에서 돌이켜 하나님께로 돌아가는 것, 즉 '회개'는 하나님의 은혜를 향한 언약 백성들의 필수적인 반응이다.

세례 요한은 하나님과의 관계를 단절시키는 악행으로부터 돌이켜 다시 여호와께로 돌아갈 것을 강력하게 촉구하며 회개의 세례를 베풀어 주었다. 세례요한은 이스라엘이 심판자 여호와를 만날 수 있는 유일한 길로서 이스라엘을 정화시키고 깨끗케 해주는 씻음과 정결함, 즉 회개의 세례를 강조한다. 덤브렐은 다음과 같이 진술한다.[11]

세례 요한은 그가 요청했던 회개를 통해 하나님 백성을 향한 언약 갱신의 가능성을 제시하고 있다. 구약과 마찬가지로 여기에서 회개는 '원점으로 되돌아감' 또는 '새로운 방향으로 나아감'을 뜻한다. 세례 요한의 예언적 외침은 이스라엘 민족에게 다시 광야생활로부터 시작하여 요단강을 건너 다시 약속의 땅으로 들어가라고 요청한다.

더욱이 세례 요한은 좋은 열매를 맺지 못하는 나무가 도끼에 잘려나가듯이, 이와 같은 악한 행실에서 돌이키지 못하면, 하나님의 심판에 직면할 것임을 강력하게 선포한다.

"11 대답하여 이르되 옷 두 벌 있는 자는 옷 없는 자에게 나눠 줄 것이요 먹을 것이 있는 자도 그렇게 할 것이니라 하고 12 세리들도 세례를 받고자하여 와서 이르되 선생이여 우리는 무엇을 하리이까 하매 13 이르되 부가된 것 외에는 거두지 말라 하고 14 군인들도 물어 이르되 우리는 무엇을 하리이까 하매 이르되 사람에게서 강탈하지 말며 거짓으로 고발하지 말고 받는 급료를 족한 줄로 알라 하니라"눅3:11-14

회개에 합당한 열매를 강조한 세례 요한은 단지 범죄에 대한 자백만이 아니라 전인적인 삶의 방향 전환까지 회개의 과정에 포함시키고 있다. 그러므로 회개란 죄에 대한 인식과 고백 그리고 나아가 하나님을 향한 전인적인 삶의 방향 전환을 의미한다. 바울 역시 죄악의 행실에서 돌이키지 못하는 성도들을 향해 회개의 필요성을 역설한다고후7:9-10; 12:21.

"또 내가 다시 갈 때에 내 하나님이 나를 너희 앞에서 낮추실까 두려워하고 또 내가 전에 죄를 지은 여러 사람의 그 행한 바 더러움과 음란함

과 호색함을 회개하지 아니함을 인하여 슬퍼할까 두려워하노라"고후 12:21

사도 요한도 그리스도의 복음에서 벗어나 잘못된 길로 행하는 아시아 교회들을 향해 다시 하나님의 말씀으로 돌아올 것을 촉구하며 회개의 필요성을 강조한다계2:5, 16, 21, 22; 3:3, 19.

"그러므로 어디서 떨어졌는지를 생각하고 회개하여 처음 행위를 가지라 만일 그리하지 아니하고 회개하지 아니하면 내가 네게 가서 네 촛대를 그 자리에서 옮기리라"계2:5
"그러므로 회개하라 그리하지 아니하면 내가 네게 속히 가서 내 입의 검으로 그들과 싸우리라"계2:16
"21 또 내가 그에게 회개할 기회를 주었으되 그 음행을 회개하고자 아니하는도다 22 볼지어다 내가 그를 침상에 던질 터이요 또 그와 더불어 간음하는 자들도 만일 그의 행위를 회개하지 아니하면 큰 환란 가운데 던지고"계2:21-22

특히 요한은 "무릇 내가 사랑하는 자를 책망하여 징계하노니 그러므로 네가 열심을 내라 회개하라계3:19"고 경고하면서 회개하지 않는 자들을 회개로 이끌기 위해 징계가 필요하며, 그 징계를 사랑의 표현 방식으로 이해한다. 이와 같은 징계의 관점은 디모데의 서신서에도 발견된다. 디모데는 죄를 깨닫게 하는 징계의 역할을 다음과 같이 언급한다.

"거역하는 자를 온유함으로 훈계할지니 혹 하나님이 그들에게 회개함을 주사 진리를 알게 하실까 하며"딤후2:25

여러 구약 본문들은 하나님의 징계를, 아들을 향한 아버지의 사랑에 비유한다신8:5; 잠3:12. 이사야는 하나님의 심판을, 죄를 정결케 하는 정화작업으로 이해한다사1:25-26a. 즉 이스라엘을 향한 하나님의 심판은 이스라엘을 새롭게 회복시키기 원하는 하나님의 의지를 반영해 준다. 이런 관점에서 볼 때, 이스라엘의 멸망과 바벨론 유수는 이스라엘을 향한 하나님의 사랑에서 비롯된 것이다. 스가랴는 비록 하나님의 심판이 이스라엘에게 엄청난 고통을 안겨다 주었지만, 이런 연단이 이스라엘로 하여금 자신의 잘못을 깨닫도록 이끌어 주었다고 선포한다. 그렇다면 회개를 위한 징계의 필요성을 역설한 디모데와 요한의 관점은 스가랴의 메시지와 무관하지 않다.

이처럼 옛 조상들의 잘못된 전철을 다시 답습하지 말고 오직 여호와께로 돌아올 것을 촉구하는 스가랴의 외침은 하나님과의 언약관계로부터 벗어나 회개의 심령을 상실한 현대의 그리스도인들에게 새로운 각성의 기회를 제공해 준다. 오늘날 한국 교회의 주요 관심사는 '부흥'에 있는 듯하다. 목회자들마다 한국 교회에 새로운 부흥의 물결이 일어나기를 고대하고 있으며, '부흥'과 관련된 찬양들이 성도들의 입을 통해 뜨겁게 불려지고 있다. 또한 교회 부흥을 위한 비결이나 방법을 소개하는 수많은 집회에 세미나들이 기독교 잡지나 매체의 광고란을 가득 메우고 있다. 그러나 회개가 없는 회복은 불가능하다고 외치는 스가랴서의 메시지는 현대를 살아가는 그리스도인들에게 무엇보다도 회개의 각성이 절실함을 일깨워 준다. 요즘 들어 이곳 저곳에서 저마다 한국 교회를 염려하는 목소리가 들려온다. 특히 현대 교회들과 믿음의 가정들이 분열과 갈등의 상처로 고통받고 있는 현실을 바라볼 때, 우리는 한국 교회의 위기감을 느끼게 된다. 만약 현대의 그리스도인이 하나님 나라를 먼저 구하기보다는 자기 중심적인 삶의 패턴에 사로잡혀 있다면, 우리들은 위로와 회복의 메시지를 고대하기보다는 오히려 심판의 심각성을 인식하고 회개의 메시지에 귀를 기울여야 할 것이다. 우리 한국 교회의 회복과 부흥을 위해 무엇보다도 절실한 것은 지난 날의 회개 운동과 영적 각성으로 다시 돌아가는 일이다. 이런 관점에서 볼 때, 스가랴의 회개 선포는 오늘날 우리들에게도 가장 필요한 메시지가 아닐 수 없다. "너희는 내게로 돌아오라 그리하면 내가 너희에게로 돌아가리라."

2) '우리'를 향한 메시지

앞서 살펴보았듯이, 스가랴서의 메시지는 옛 선지자들의 선언 공식을 그대로 채용하고 있으며, 옛 조상들의 잘못을 회상시켜 현 세대를 향해 준엄한 경고를 제시하고 있다. 좀더 구체적으로 말하면 스가랴서는 "너희는 각기 악한 길과 너희 악행에서 돌이키라"렘25:5는 예레미야서의 외침을 그대로 반영하고 있으며, 심지어 독자들에게 "네가 네 하나님 여호와의 말씀을 청종하지 아니하고 네게 명령하신 그의 명령과 규례를 지키지 아니하므로 이 모든 저주가 네게 와서 너를 따르고 네게 이르러 마침내 너를 멸하리니"라고 경고하는 신명기 28장 45절의 저주를 연상시켜 줌으로써 과거와 현재를 연결시키고 있다. 요약하자면, 스가랴의 메시지는 옛 조상들의 과거를 회상시켜 현재의 모습을 반추하도록 촉구하고 역할을 수행하고 있다. 이러한 기법은 구약의 여러 본문들을 통해 나타난다. 예를 들면, 과거의 역사를 회상하는 신명기 1-4장에서 모세는 현 세대를 향해 레위기 26장에 기술된 우상숭배의 위험과 그 결과에 대해 경고의 메시지를 전달한다. 이처럼 과거의 회상과 현재의 경고를 제시하는 모세의 메시지 기법에 대해 세일헤머John Sailhamer는 다음과 같이 말한다.

> 여기서 우리는 모세가 과거를 반추할 때, 거의 예외 없이 이전에 내러티브로 이미 기록된 이야기에 근거하여 그렇게 말하고 있다는 점에 유념해야만 한다. 과거에 대한 모세의 관점은 하나의 "성경적 관점"

scriptural view이다. 그는 이전에 기록되지 않았던 사건들을 말하지 않는다. 달리 말하면, 모세는 성경 이야기 그 자체와 상관없는 이스라엘 역사의 지식을 전제하지 않는다. 그는 오경 독자들의 의식 속에 이미 자리잡고 있는 사건들에 초점을 둔다.[12]

또한 과거의 역사를 통해 현재의 세대에게 경고의 메시지를 전달하는 전형적인 패턴은 시편 78편에서 더욱 두드러진다. 시편 78편은 시작부터 독자들로 하여금 과거의 잘못을 피하며78:1-8, 비극의 주인공이 되어서는 안 된다는 점을 선포한다. 시편 78편은 계속해서 여호와께서 이스라엘을 애굽에서 구출하셨으나 이스라엘은 광야에서 계속해서 반역을 행했음을 기술한다78:9-51; 민14:11-12. 여호와께서는 이스라엘에게 약속의 땅을 그들의 기업으로 주셨으나, 가나안을 기업으로 받은 이스라엘의 태도는 우상숭배로 나타났다78:52-66. 그럼에도 불구하고 여호와께서는 그들에게 다윗 왕을 허락하셨다78:67-72. 그러나 그 이후의 역사는 어떠한가? 시편 78편의 독자들은 다윗 제국의 역사와 그 비극을 분명히 연상할 수 있을 것이다. 분명 독자들은 과거의 역사가 희망적이지 않음을 안다. 그러므로 시편 78편은 여호와의 은혜를 거절한 이스라엘의 잘못된 역사를 연상시켜 독자들에게 경고의 메시지를 전달하고 있다. 이러한 시편의 기법의 역할에 대해 버나드 앤더슨Bernhard W. Anderson은 다음과 같이 평가한다.

이 '내러티브' 형태[시편 속에 소개되는 과거 역사에 대한 이야기]는 시편 전체에 걸쳐 분명히 나타난다. 특히 이스라엘의 찬양이 여호와의 '구원 행위'예를 들면, 시66;5-7; 71:15-16; 75:1; 77:11-15; 98:1-3; 107:31-32; 145:4-6를 재기술하는 형식을 취하는 수 많은 본문들 속에 분명히 나타난다. …… 이런 시편 본문들[과거 역사를 기술하는 본문들]을 읽고 묵상하면 이런 본문들이 교훈적 가르침을 강하게 반영하고 있다는 인상을 가지게 된다. 역사는 그들의 역사의 의미를 백성들에게 가르쳐 주기 위해 재기술된다.[13]

과거의 역사를 재기술하여 현재의 공동체에게 경고를 전달하는 스가랴서의 메시지는 신약에 나타난 바울의 메시지를 연상시킨다. 바울은 고린도전서 10장 1-13절에서 구약 이스라엘 백성들의 문제들을 회상시키면서 고린도 교인들로 하여금 현재를 성찰하도록 촉구하고 있다. 먼저 바울은 우상숭배의 문제를 지적한다. 둘째, 그는 간음으로 삼천 명이 사망한 사건을 소개한다. 셋째, 바울은 여호와를 시험하다가 뱀에게 물려 심판을 당한 아픈 과거를 회상한다. 넷째, 바울은 하나님을 원망하다 멸망 당한 옛 조상들의 허물을 지적한다. 우상숭배, 간음, 여호와를 시험함, 하나님을 원망함과 같은 옛 조상들의 문제를 지적한 바울은 이런 과거의 잘못들이 고린도 교인들에게 현재의 모습을 바라볼 수 있는 거울이 되며, 자신을 성찰할 수 있는 기회가 된다고 말한다. 그러므로 스가랴의 외침은 단지 과거의 '그들'만을 위한 경고의 메시지가 아니라 현재의 '우리'들에게도 살아있는 권위적인 말씀으로 다가온다. 그러므로 우리가 스가랴서의 메시지에 귀를 기울어야 할 이유가 바로 여기에 있다. 스가랴의 외침은 누구를 위한 메시지인가? 그 외침은 바로 '우리'를 위한 메시지이다.

"그들에게 일어난 이런 일은 본보기가 되고 또한 말세를 만난 우리를 깨우치기 위하여 기록되었느니라" 고전10:11

A. 첫째 환상
붉은 말을 탄 여호와의 사자 1:7-17

(1) 개요

　스가랴 선지자가 본 첫째 환상은 주로 스가랴, 붉은 말을 탄 자, 해석 천사 그리고 여호와를 주요 등장인물로 부각시키며, 특히 이들이 주고받는 대화를 중심으로 전개된다. 전형적인 연도 공식으로 시작하는 1장 7절은 본 단락의 서론적 선언이 되며, 1장 8절은 환상의 배경을 제시해 주며, 1장 9-13절은 본격적인 등장 인물들 간의 대화를 소개하며, 마지막 결론에 해당하는 1장 14-17절은 천사가 선포하는 두 개의 메시지14-16, 17절로 구성된다. 특히 등장인물의 대화를 중심으로 전개되는 1장 9-13절에서 1장 9-10절은 스가랴와 해석 천사 간의 대화를, 1장 11절은 붉은 말을 탄 자와 다른 순찰대 간의 대화를, 1장 12-13절은 여호와와 해석 천사 간의 대화를 집중적으로 부각시키고 있다. 그러므로 1장 7-17절은 서론7절, 배경8절, 대화9-13절, 결론적 선언14-17절으로 연결되는 통일 단락을 이루고 있다. 스가랴는 이 환상을 통해 비록 열방이 평온해 보이지만 곧 심판을 받을 것이며, 예루살렘을 향해 질투하시는 여호와께서 다시 예루살렘으로 돌아와 성전의 건축과 도성의 회복을 위해 역사하실 것임을 선포한다.

    A. 서론적 선언(1:7)

    B. 환상의 배경(1:8)

    C. 대화들(1:9-13)

      - 스가랴와 해석 천사의 대화(1:9-10)

      - 붉은 말 탄 자와 순찰대원들 간의 대화(1:11)

      - 여호와와 해석 천사의 대화(1:12-13)

    D. 결론적 선언(1:14-17)

(2) 본문 해석

1) 1장 7절

"7 다리오 왕 제이년 열한째 달 곧 스밧월 이십사일에 잇도의 손자 베레갸의 아들 선지자 스가랴에게 여호와의 말씀이 임하니라"

이 첫째 환상의 메시지는 "다리오 왕 이년 십일월 곧 스밧 월 이십사일"이라는 한 특정한 날짜와 함께 시작한다. 주목할 만한 점은 이 구절에 소개된 날짜가 1장 1절의 날짜보다 더 구체적으로 소개되고 있다는 점이다. 여기서 등장하는 "스밧"이라는 달의 명칭은 바벨론 달력에서 온 말이다. 또 다른 예로서 스가랴서 7장 1절에 등장하는 "기슬레"라는 명칭도 이에 해당된다. 이와 같은 바벨론 달력에 대한 언급은 바벨론의 달력을 채용한 페르시아 제국의 영향력을 그대로 반영해 준다. 실제로 바벨론 멸망 이전의 선지자들은 유다 왕을 중심으로 한 날짜 공식을 사용한 바 있다. 예를 들면, 이사야서 1장 1절의 "유다 왕 웃시야와 요담과 아하스와 히스기야 시대에"라는 표현과 예레미야서 36장 1절의 "유다와 요시야의 아들 여호야김 사년에"라는 표현은 유다 왕조의 존재와 국가의 정체성을 그대로 반영하고 있다. 하지만 스가랴서 1장 7절에서 바벨론 달력이 사용되고 있음은 유다가 독립 국가로서 존재했던 바벨론 멸망 이전과는 상황이 다르다는 것을 말해 준다. 곧 스가랴가 환상을 보고 그 메시지를 선포할 당시는 이스라엘이 스스로 주권과 힘을 전혀 행사할 수 없는 상태, 다시 말해, 페르시아라는 이방 강대국의 통치로부터 결코 벗어날 수 없는 연약한 운명이었을 암시해 준다. 그러나 이런 상황 속에서도 여호와의 말씀이 스가랴에게 임했다는 점은 중요한 의미가 있다. 특히 "스밧"이 바벨론의 봄 신년the spring new year과 밀접한 연관성이 있기 때문에,[14] 1장 7절의 표현은 여호와께서 그의 우주적 통치를 새롭게 시작하실 것임을 암시해 준다. 비록 현재의 이스라엘이 강대국의 통치로부터 완전한 독립을 누리지 못하는 암담하고 절망적인 상태에 놓여 있다 할지라도, 여호와께서는 온 만물을 다스리는 우주의 왕으로서 그의 통치를 다시 수행하실 것이다.

2) 1장 8절

"8 내가 밤에 보니 한 사람이 붉은 말[15]을 타고 골짜기 속 화석류나무 사이에 섰고 그 뒤에는 붉은 말과 자줏빛 말[16]과 백마가 있기로"

스가랴가 환상을 본 때는 밤이었다고 소개된다. 여기서 등장하는 "밤"이라는 표현은 새벽을 기다리는 '파수꾼으로서의 선지자 상'을 암시한다.[17] 예를 들면, 하박국서 2장 1-3절은 망대에 서서 하나님의 말씀을 기다리는 선지자를 소개한다.

"내가 내 파수하는 곳에 서며 성루에 서리라 그가 내게 무엇이라 말씀하실는지 기다리고 바라보며 나의 질문에 대하여 어떻게 대답하실는지

보리라 하였더니"합2:1

또한 에스겔서 3장 17절에서는 선지자가 파수꾼으로서 그 사명을 부여 받는다.

"인자야 내가 너를 이스라엘 족속의 파수꾼으로 세웠으니 너는 내 입의
말을 듣고 나를 대신하여 그들을 깨우치라"겔3:17

그리고 이사야서 21장 8절에서도 마병을 타고 침략하는 자들을 목도하는 파수꾼을 소개한다.

"파수꾼이 사자 같이 부르짖기를 주여 내가 낮에 늘 망대에 서 있었고
밤이 새도록 파수하는 곳에 있었더니"사21:8

그러나 무엇보다도 여기서 주목해 볼 점은 스가랴가 하나님의 계시의 환상을 "보았다"는 것이다. 스가랴가 보았던 환상은 바로 다름 아닌 하나님의 계시의 말씀이다. 그러므로 스가랴는 하나님으로부터 계시의 말씀을 받는 선지자로서 등장한다.[18] 먼저 스가랴는 이 첫번째 환상에서 붉은 말을 탄 한 사람을 본다. 붉은 말을 다루는 앞선 미주에서 언급했듯이, 이 붉은 말의 원어는 '갈색의 말'이라는 의미를 지닌다. 그러므로 정확하게 말하면 이 사람은 적갈색의 말을 타고 있었던 것 같다. 그는 11절에서 여호와의 사자로 묘사되고 있지만, 스가랴에게 말하는 천사해석 천사와는 구별된다. 어떤 학자들은 이 붉은 말을 탄 사람을, 스가랴에게 말하는 천사9, 13절와 동일한 존재로 간주하지만,[19] 본문에는 "화석류나무 사이에 선 자"라는 표현과 "내게 말하는 천사"라는 표현이 계속 구분되어 묘사되기 때문에, 이 두 존재를 동일하게 취급하

는 것은 다소 무리가 있어 보인다. 본문에서 이 두 존재가 서로 다른 표현으로 묘사되고 있음은 두 존재의 상이성을 시사해 준다. 어떤 이들은 붉은 말을 탄 이 여호와의 사자를 성육신 이전의 그리스도로 간주하기도 한다. 하지만 본문 그 자체를 통해 묘사된 이 여호와의 사자의 정체는 그리 분명치 않다. 그런데 이 붉은 말을 탄 자 뒤에는 "적갈색 말"개역에서는 "붉은 말"로 번역됨과 "밤색 말"개역에서는 "자마"로 번역됨과 "흰색 말"개역에서는 "백마"로 번역됨과 같은 세 종류의 말들이 등장한다. 히브리어 본문에는 이 말들이 복수형으로 묘사되어 있기 때문에, 세 마리의 말들보다는 세 종류의 여러 말들이 있었다고 보아야 한다. 비록 이 세 부류의 말들에 타고 있는 자들에 대한 언급은 없지만, 이 붉은 말을 탄 여호와의 사자에게 보고하는 자들10-11절이 있음을 고려해 볼 때, 누군가가 이 말들을 타고 있었던 것 같다. 그러므로 이 여호와의 사자는 이 순찰대원들의 리더였을 것이다.[20]

그런데 본문은 붉은 말을 탄 자의 공간 배경을 "골짜기 속 화석류나무"라고 소개하고 있다. "골짜기"에 해당하는 히브리어 '메쭐라'는 구약에서 대개 바다 혹은 강물의 '깊음'과 관련이 있는 듯하다. 즉 붉은 말을 탄 자의 등장은 물의 깊음을 배경으로 하고 있는 것이다. 그러므로 "골짜기 속 화석류나무"라는 모호한 표현보다는 '깊은 물샘에 뻗은 화석류나무'라는 표현이 더 적절해 보인다. 이 '메쭐라'에 대해 학자들은 서로 다른 해석을 제시해 왔다. 첫째, 어떤 학자들은 이런 표현이 에덴을 풍요롭게 해 주었던 강줄기들창2장, 성전에서 흘러나오는 생명의 물길겔47장, 시온의 강물사33:21; 시46:4을 연상시켜 줌으로써 새 에덴의 회복과 풍요를 반영해 준다고 본다.[21] 둘째, 어떤 이들은 이런 표현이 깊은 물결을 통해 이스라엘의 대적을 무찌르시고 그들을 구원하신 여호와의 구원 사건예를 들면, 홍해 사건과 요단강 사건을 연상시켜 준다고 말한다.[22] 그러나 이 두 가지 해석 가운데 양자 택일의 방식을 취하기보다는, 이 단어가 두 가지 의미를 모두 함축한다고 보는 편이 더 적절할 것이다.

"화석류나무"라고 번역된 '하다스'מֲדַס라는 식물은 그 크기가 2미터 정도이며, 여름에 흰색과 적색의 꽃을 피우는 푸른 식물이다.[23] 이 식물의 뿌리는 깊은 물가에 뻗어서 언제나 물을 공급해 줌으로써 신선한 잎사귀를 자랑하는 풍요로운 식물로 알려져 있다.[24] 이런 맥락에서 볼 때, 이 나무는 물의 깊음과 항상 연결되어 있다. 특히 이사야서에서 등장하는 골짜기의 샘과 화석류라는 표현은 이스라엘의 구원이나 새 에덴의 회복과 밀접한 연관성을 지니고 있다.[25]

"18 내가 헐벗은 산에 강을 내며 골짜기 가운데에 샘이 나게 하며 광야가 못이 되게 하며 마른 땅이 샘 근원이 되게 할 것이며 19 내가 광야에는 백향목과 싯딤 나무와 **화석류**와 들감람나무를 심고 사막에는 잣나무와 소나무와 황양목을 함께 두리니"사41:18-19
"12 너희는 기쁨으로 나아가며 평안히 인도함을 받을 것이요 산들과 언덕들이 너희 앞에서 노래를 발하고 들의 모든 나무가 손뼉을 칠 것이며 13 잣나무는 가시나무를 대신하여 나며 **화석류**는 찔레를 대신하여 날 것이라 이것이 여호와의 기념이 되며 영영한 표징이 되어 끊어지지 아니하리라"사55:12-13

맥코미스키Thamas Edward McComisky와 같은 학자들은 이 화석류의 상징적 의미를 찾는 작업은 무의미하다고 본다.[26] 하지만 첫째 환상에 등장하는 이 식물이 이스라엘의 회복과 연관성을 지니고 있음은 부인하기 어렵다. 특히 스위니의 제안처럼 이 식물이 초막절에 사용되는 대표적인 식물이었다는 점 느8:15은 이 같은 사실을 뒷받침해 준다. 초막절에 사용되던 이 식물들은 이스라엘의 우기가 시작되던 시기에 만물의 재생 또는 회복을 상징해 주었다.[27] 그러므로 앞서 인용했던 이사야서 41장 19절과 55장 13절은 이와 같은 맥락 속에서 화석류를 이스라엘의 회복과 연결시키고 있는 것이다.

다시 말하자면 "초막절에 갱신과 새 창조를 상징해 주는 화석류의 역할은 창조와 우주의 중심이 되는 성전의 역할과 매우 잘 부합하고 있다"라는 스위니의 주장은 눈여겨볼만하다.[28] 그렇다면 화석류가 등장하는 첫째 환상의 배경은 성전을 통한 이스라엘의 회복과 여호와의 우주적 통치를 암시한다고 볼 수 있다. 어떤 이들은 스가랴가 포로기 이전 화석류가 많이 있었던 예루살렘 밖의 기드론 골짜기를 염두에 두고 있다고 주장하지만,[29] 본문의 표현만으로 이스라엘의 어떤 특정한 장소를 결정하기란 다소 무리가 따른다.

이제 우리는 본문에 등장하는 말들의 색깔에 대해 논의해 볼 필요가 있다. 이 말들은 여러 종류의 색깔을 취하고 있다. 과연 이런 색깔들은 실제 말들의 색깔을 가리키는가 아니면 어떤 상징적 의미를 지니고 있는가? 스가랴서 1장 8절에 언급된 이 말들의 색깔과 관련하여 그 상징적 의미를 찾고자 하는 여러 가지 알레고리적 해석들이 제시되었다.[30] 첫째, 어떤 학자들은 이 말들의 기본 색깔을 적색과 흰색으로 간주한 뒤, 적색은 피흘리는 전투를, 흰색은 승리의 번영을 상징해 준다고 주장한다. 둘째, 어떤 이들은 본문에 소개된 세 종류의 색깔이 동이 트기 바로 전의 일출 색깔과 같다고 주장하면서 스가랴의 제사장직과 연결시켜서 해석한다. 이들에 따르면, 스가랴는 제사장으로서 이른 아침에 제사 준비를 했을 것이며, 그때에 태양 빛에 물든 말 형상의 구름을 보았을 것이다. 그러므로 이들은 이 말들의 색깔이 상징하는 바는 이스라엘을 위한 새 날이 밝아오며 이스라엘의 승리와 구원이 다가오고 있다는 것이다. 셋째, 어떤 성경 학자들은 세 종류의 색깔이 하늘, 땅 그리고 바다를 상징해 준다고 주장한다. 하지만 이런 말들을 그저 상징적으로 해석하는 것은 무리가 따른다. 실제로 고대 근동 지역에서도 이런 색깔을 지닌 말들이 존재하고 있었다. 구 바벨로니아 제국에서 신 앗시리아 제국의 기간 동안 말들은 검은색, 흰색, 적갈색, 적색 및 얼룩색과 같은 여러 종류의 색깔들로 분류되었다.³¹ 그렇다면 스가랴는 그의 환상에서 그 당시에 볼 수 있었던 정상적인 말들의 색깔을 보았다고 말할 수 있다. 그러므로 말들의 색깔에 숨겨진 상징적 의미를 찾는 시도는 무의미한 일로 여겨진다.³²

그렇다면 색깔의 수 역시 상징적 의미를 갖지 않는 것인가? 많은 학자들은 말들의 색깔과는 달리 그 색깔의 수에는 상징적 의미가 있다고 본다. 첫째, 혹자는 세 가지의 색깔들은 고대에 잘 알려진 세 대륙(아시아, 유럽, 아프리카)을 가리킨다고 본다. 하지만 이 세 가지 색깔들을 이 세 대륙과 연결시킬 만한 구체적인 근거는 없다. 둘째, 또 어떤 학자들은 첫 환상의 색깔 수 3이라는 숫자와 마지막 환상의 4라는 숫자를 대조시킨 뒤, 3이라는 숫자는 완전함을 상징하는 4라는 숫자에 미치지 못함으로 '불완전함'을 뜻한다고 주장한다. 그렇다면 첫째 환상에 나오는 세 가지 색깔들은 비록 세상이 평온해 보이지만 그것이 온전치 못한 상태에 있음을 뜻할 수도 있다.³³ 하지만 맥코미스키의 주장처럼, 색깔의 수에 어떤 상징적 의미를 부여하려는 시도는 무의미해 보인다.³⁴ 셋째, 웹과 같은 학자들은 말들의 색깔의 수보다는 말을 탄 네 종류의 무리들에 관심을 집중한다. 스가랴서 1장 8절은 "화석류나무 사이에서 붉은 말을 타고 있는 자"와 그의 배후 뒤에 있는 세 부류의 그룹들을 보여 준다. 그러므로 본문은 그 리더를 포함한 네 부류의 그룹이 있음을 말해 준다. 그리하여 웹은 본문이 붉은 말을 탄 여호와의 사자와 함께 세 부류의 그룹이 각각 색깔별로 사방을 둘러보고 있음을 강조하는 것이라고 주장한다.³⁵ 그러나 본문에서 색깔의 수가 어떤 특정한 의미를 상징하고 있는지는 명확치 않다.

3) 1장 9-11절
"⁹ 내가 말하되 내 주여 이들이 무엇이니이까 하니 내게 말하는 천사가 내게 이르되 이들이 무엇인지 내가 네게 보이리라 하니 ¹⁰ 화석류나무 사이에 선 자가 대답하여 이르되 이는 여호와께서 땅에 두루 다니라고 보내신 자들이

나라 11 그들이 화석류나무 사이에 선 여호와의 천사에게 말하되 우리가 땅에 두루 다녀 보니 온 땅이 평안하고 조용하더이다 하더라"

이제 스가랴는 해석해 주는 천사에게 자신이 본 환상에 대해 질문한다. 스가랴에게 말을 건네며 해석해 주는 이 천사의 존재는 스가랴서뿐만 아니라 구약의 다른 본문들에도 등장한다(예를 들면, 단8:10). 그러나 여기서 이 천사는 다른 본문에 등장하는 해석 천사들과는 달리 스가랴의 질문에 대한 해석을 제공하기보다 오히려 "이들이 무엇인지 내가 네게 보이리라"라고 대답함으로써, 환상의 내용을 계속 소개하는 방식을 택한다. 그리고 계속되는 환상 가운데 붉은 말을 탄 그 사자가 스가랴의 질문에 대답한다. 그는 스가랴가 질문한 이들의 정체를 "여호와께서 땅에 두루 다니라고 보내신 자들"이라고 설명한다. '두루 다니다'라는 말의 히브리어 '레히트할레크'להתהלך는 '걷다'라는 의미의 동사 '할라크'הלך의 히트파엘(재귀) 형태로서 '이리저리로 이동하다'는 뜻이다. 따라서 이 단어는 여호와를 위해 감시하거나 감독하는 이들의 역할을 암시한다. 이런 관점에서 볼 때, 온 땅을 두루 감찰하는 이들은 말을 이용하여 전역에 벌어지는 사건 사고들을 보고하는 페르시아 제국의 기마 순찰대의 역할을 연상시킨다.[36]

역사가 헤로도투스Herodotus는 페르시아 제국에서 말의 운송 기능이 차지하는 중요성을 강조한 바 있다.[37] 페르시아의 관리자들은 말을 타고 정기적으로 광대한 제국을 순찰했으며 그 상황을 최고 통치자에게 보고하였다. 이 순찰대는 거대한 제국을 감독하고 중요한 정치적 정보를 습득하는데 결정적인 역할을 수행하였다. 페르시아의 식민지 백성들은 이 순찰대를 볼 때마다 그들의 통치자를 인식하게 되었으며, 그들이 언제나 그 통치자로부터 감독을 받고 있음을 새삼 절감하게 되었다. 하지만 본문에 등장하는 이 순찰대는 누구로부터 보냄을 받았는가? 그들은 여호와의 싹찰대이다. 그러므로 본문은 여호와께서 온 세상의 통치자요 왕이심을 강조한다. 비록 페르시아 제국이 명성을 떨치고 있다 하더라도, 온 열방의 참된 통치자는 바로 여호와시다. 그는 온 땅에서 벌어지는 모든 일들을 다 알고 계시는 우주의 왕이시다.

온 땅을 두루 다니고 온 이들은 여호와의 사자에게 "온 땅이 평안하고 조용하더이다"³⁸라고 보고한다. 스가랴가 메시지를 선포하기 시작했던 다리오 왕 제2년주전 520년 후반부는 다리오 왕이 캄비세스의 사망주전 522년 이후에 발생했던 여러 반역들을 모두 물리침으로써 그의 권력이 안정권에 들어서던 때였다. 아마도 이 순찰대의 보고는 이런 역사적 정황과 연관성이 있어 보인다. 캄비세스 사망 이후에 일어난 반역들은 페르시아 제국의 멸망을 초래하지는 못했다. 오히려 다리오 왕은 그의 통치를 더욱 확고히 하였다. 이 보고를 전해 들은 여호와의 사자는 의문에 빠진 듯하다. 왜냐하면 여호와께서 열방을 향해 심판을 선포하셨지만사13-23장; 34장; 47장; 렘46-51장; 겔28-32장, 아직도 그 심판은 이루어지지 않은 데다가 오히려 열방이 여전히 평안한 삶을 영위하고 있기 때문이다. 더욱이 여호와로부터 심판을 받은 하나님의 백성들은 아직도 온전한 회복을 경험하지 못한 상태였기 때문에 여호와의 사자는 12절에서 아래와 같은 질문을 던진다.

4) 1장 12-13절

"¹² 여호와의 천사가 대답하여 이르되 만군의 여호와여 여호와께서 언제까지 예루살렘과 유다 성읍들을 불쌍히 여기지 아니하시려 하나이까 이를 노하신 지 칠십 년이 되었나이다 하매 ¹³ 여호와께서 내게 말하는 천사에게 선한 말씀, 위로하는 말씀으로 대답하시더라"

"언제까지 … 하시렵니까?"עַד־מָתַי라는 질문은 시편의 탄식시에서 많이 등장하는 표현들이다시6:3; 13:1-3; 79:5; 80:4; 90:13. 그래서 피터센은 개인이나 공동체가 성전에서 탄식을 아뢰었던 고대 이스라엘의 관습에 근거하여 비록 성전 건축이 완성되지 않았지만 현재의 질문과 대답이 성전을 배경으로 하고 있다고 주장한다.[39] 하지만 올렌버거의 주장대로, 여기에 소개되는 이 질문의 형식은 전형적인 탄식의 형태로 보기는 어렵다.[40] 오히려 이 표현은 이사야서의 소명기사에 나오는 여호와와 이사야 사이에 주고받는 대화 형식과 매우 흡사하다사6장.[41] 이 소명기사에서 여호와는 이사야에게 이스라엘의 심판을 알려 준다. 여기서 이사야의 사명은 "이 백성의 마음을 둔하게 하며 그 귀가 막히고 눈이 감기게" 하는 것이며, 그로 인해 "그들이 눈으로 보고 귀로 듣고 마음으로 깨닫고 다시 돌아와 고침을 받게"하는 것이다사6:10. 그러자 이사야 선지자는 "주여 어느 때까지이니이까?"라고 질문을 던진다. 이사야서 6장 11-13절에 나타난 여호와의 응답에 따르면, 하나님의 심판은 성읍들이 황폐화되고 거민이 사라지며 토지는 전폐하며 사람들이 여호와께로부터 멀리 옮겨질 때까지, 그리고 십분의 일에 해당되는 남은 자들이 유다의 회복의 기초가 될 때까지 수행될 것이다. 그러므로 여호와의 사자는 그 옛날 여호와께서 이사야에게 말씀하신 그 심판의 종식과 회복의 때를 염두에 두고 있었던 것 같다. 게다가 이 질문에 언급된 "칠십 년"이라는 표현은 예레미야의 예언도 반영해 준다.

"11 이 모든 땅이 폐허가 되어 놀랄 일이 될 것이며 이 민족들은 칠십 년 동안 바벨론의 왕을 섬기리라 12 여호와의 말씀이니라 칠십 년이 끝나면 내가 바벨론의 왕과 그의 나라와 갈대아인의 땅을 그 죄악으로 말미암아 벌하여 영원히 폐허가 되게 하되"렘25:11-12
"여호와께서 이와 같이 말씀하시니라 바벨론에서 칠십 년이 차면 내가 너희를 돌보고 나의 선한 말을 너희에게 성취하여 너희를 이곳으로 돌아오게 하리라"렘29:10

여기서 여호와의 사자가 언급하는 "칠십 년"이란 기간은 예루살렘의 멸망주전 587년으로부터 스가랴 환상의 때주전 520년까지를 포함하는 시기일 수도 있고, 혹은 예루살렘 제1성전 멸망의 때주전 587 또는 586년로부터 제2성전 완성의 때주전 516년; 에6:15 참조까지의 기간을 뜻할 수도 있다. 하지만 어떤 학자들은 이 "칠십 년"이라는 말을, 예루살렘의 심판의 시기를 뜻하는 상징적 표현으로 보아야 한다고 주장한다.[42] 예를 들면, 두로의 심판을 예고하는 이사야 선지자는 이런 맥락 속에서 "칠십 년"이라는 말을 사용한다사23:15-17. 또한 예레미야는 열방에 대한 바벨론의 통치시기를 70년이라는 기간으로 묘사한다렘25:11. 이런 점에서 볼 때, "칠십 년"이라는 표현을 너무 엄격하게 문자적으로 접근하는 태도는 바람직해 보이지 않는다.[43] 하지만 비록 이 표현을 너무 문자적으로 적용하는 것도 무리가 있지만, 그렇다고 하나님의 심판의 때를 가리키는 상징적 표현으로만 간주하는 입장도 그리 만족스러워 보이지는 않는다. 오히려 여호와의 사자가 가리키는 이 "칠십 년"이라는 표현은 예루살렘의 멸망주전 587년으로부터 시작하여 현재 스가랴 환상의 시대에 이르기까지 하나님의 백성들이 겪어왔던 고통의 세월을 가리키는 역사적 기간으로 보는 편이 가장 바람직해 보인다.[44] 이스라엘은 포로 생활로 고통을 받았으며, 이제 죄값을 치르고 본토로 귀환했지만 그들에게 약속되었던 회복은 아직 현실로 이루어지지 않고 있다. 반면 심판받아 마땅한 열방은 계속 평온한 삶을 영위하고 있다. 과연 이스라엘을 향한 하나님의 진노가 끝이 나고 그분의 긍휼을 입을 때는 언제인가?

이와 같은 탄식의 질문에 대해 여호와께서는 "선한 말씀, 위로하는 말씀" דְּבָרִים טוֹבִים דְּבָרִים נִחֻמִים으로 응답하신다. 의심할 나위 없이, "위로하는 말씀"이라는 표현은 이사야서 40장 1절의 "위로하라 위로하라"라는 말을 연상시킨다. 이사야서 40장 1절은 바벨론 유수의 때가 이제 끝나게 되었음을 알려 주는 선언이라고 말할 수 있다. 이것은 곧 이스라엘의 회복이 시작될 것임을 의미하기도 한다. 그러므로 여호와께서 이사야서 40장 1절의 "위로하라"라는 말과 동일한 표현을 사용하고 있음은 이스라엘 백성들을 위한 새로운 회복의 때가 곧 다가올 것임을 암시해 준다.

5) 1장 14-16절

"**14 내게 말하는 천사가 내게 이르되 너는 외쳐 이르기를 만군의 여호와의 말씀에 내가 예루살렘을 위하며 시온을 위하여 크게 질투하며 15 안일한 여러 나라들 때문에 심히 진노하나니 나는 조금 노하였거늘 그들은 힘을 내어 고난을 더하였음이라 16 그러므로 여호와가 이처럼 말하노라 내가 불쌍히 여기므로 예루살렘에 돌아왔은즉 내 집이 그 가운데에 건축되리니 예루살렘 위에 먹줄이 쳐지리라 만군의 여호와의 말이니라**"

여호와의 응답을 소개하는 이 천사의 선언은 두 개의 메시지14-16절과 17절로 구성되어 있다. 또한 이 각각의 메시지는 "외치라"קרא라는 명령형으로 시작하고 있으며, 그 말씀의 출처를 "만군의 여호와"라고 강조하고 있다. 먼저 14절에서 스가랴는 하나님의 말씀을 "외치라"는 명령을 부여받았다. 흥미롭게도 이 "외치라"라는 명령형은 바벨론 포로생활의 종식을 고하며 새로운 회복의 때를 알려 주는 이사야서 40장 1-11절에서 부각되고 있다. "말하는 자의 소리여 이르되 외치라 대답하되 내가 무엇이라 외치리이까 하니 이르되 모든 육체는 풀이요 그의 모든 아름다움은 들의 꽃과 같으니 풀은 마르고 꽃이 시듦은 여호와의 기운이 그 위에 붊이라 이 백성은 실로 풀이로다 풀은 마르고 꽃은 시드나 우리 하나님의 말씀은 영원히 서리라 하라"사40:6-8 이 외치는 자의 소리가 바벨론 유수로부터의 해방을 알려 주었던 것처럼, 이제 스가랴는 절망에 빠진 그의 백성들에게 새로운 희망의 메시지를 선포하게 된다.

스가랴가 선포한 첫 번째 희망의 메시지는 "여호와께서 예루살렘/시온을 위하여 크게 질투하신다"는 것이다14절. 여기서 '질투하다'라는 의미의 히브리어 '카나'קנא는 '질투'jealousy라는 뜻과 '열심'zeal이라는 뜻을 모두 함축하고 있다.[45] 이것은 여호와의 질투와 그분의 열심이 분리될 수 없음을 말해 준다. 즉, 여호와께서는 질투하시기까지 이스라엘을 향해 그분의 열심을 나타내시는 분이다. 그러므로 이 단어는 여호와와의 특별한 관계를 묘사할 때 사용된다출20:5; 34:14; 렘2:2.[46] 특히 시온을 향한 여호와의 열심은 회복의 약속과 연결되고 있다예를 들면, 사37:32; 겔39:25; 욜2:18을 참조해 보라. 이처럼 스가랴서는 여호와께서 시온을 향해 질투하시며, 예루살렘을 향한 여호와의 열심이 상심한 그분의 백성들에게 회복의 시대를 열어줄 것임을 선포하고 있다.

스가랴가 선포한 두 번째 희망의 메시지는 여호와께서 열방을 향해 진노하고 계신다는 것이다15절. 여기서 이스라엘을 향한 여호와의 열심과 열방을 향한 여호와의 진노가 대조되고 있음은 주목해 볼 만하다. 여호와께서 열방을 향해 진노하시는 까닭은 하나님의 도구에 불과한 자신의 분수를 파악하지 못하고 오히려 교만하여 하나님의 의도보다 더 큰 심판을 촉발시켰기 때문이다. 그리하여 선지자들은 하나님의 심판의 도구로서 부름받은 자신의 역할을 망각한 열방을 향해 심판을 선포하였다사13-23; 렘46-51; 겔28-32; 나훔; 오바댜. 특히 이와 같은 표현은 앗수르와 바벨론의 심판을 선포한 이사야의 메시지를 연상시켜 준다사47:6.

물론 앗수르와 바벨론은 각각 심판을 받고 멸망당했지만, 아직 열방이 하나님의 심판을 모두 경험한 것은 아니다. 이스라엘을 향해 진노하신 여호와께서는 숱한 고통의 세월을 보낸 이스라엘에게 이제 긍휼을 베푸실 것이다. 반면에 그분의 진노는 이제 열방들에게 임할 것이다. 비록 그들의 현재의 모습은 평온해 보이지만 여호와의 심판은 곧 이루어질 것이다.

이어서 여호와께서는 예루살렘을 불쌍히 여기신다고 말씀하신다16절. 예루살렘을 향한 여호와의 불쌍히 여기심은 이사야서 54장 7-8절의 표현을 연상케 한다.

> "7 내가 잠시 너를 버렸으나 큰 긍휼로 너를 모을 것이요 8 내가 넘치는 진노로 내 얼굴을 네게서 잠시 가렸으나 영원한 자비로 너를 긍휼히 여기리라 네 구속자 여호와께서 말씀하셨느니라" 사54:7-8

이 표현에서 나타나듯이, 이스라엘을 향한 여호와의 진노는 일시적일 뿐이다. 이제 여호와께서는 고통 중에 있는 그분의 백성들에게 영원한 자비로 긍휼을 베풀어 주실 것이다. 그렇다면 그의 자비로운 긍휼은 어떻게 나타날 것인가? 여호와께서는 그분의 긍휼하심을 나타내기 위해 그분의 백성들의 거처로 다시 돌아오신다고 선포하신다. 그리고 그분께서 거하실 처소가 건축될 것임을 약속하신다. 여호와의 진노는 성전의 파괴를 초래했지만, 이제 여호와의 긍휼이 성전의 건축을 보장해 줄 것이다. 이스라엘을 향해 진노하사 그들로부터 얼굴을 가리신 여호와께서는 그들에게 긍휼을 베푸시며, 그들에게로 다시 돌아오셨음을 선포하고 계신다. 여기서 "불쌍히 여기심"이라는 단어 '라하밈'רחמים은 '긍휼히 여기지 않는다'라는 여호와의 사자의 탄식에 대한 응답으로 사용되고 있다. 또한 '돌아오다'라는 의미의 동사 '슈브'שוב가 1인칭 완료형태שבתי로 소개되면서 여호와께서 이미 돌아오셨음을 강조하고 있다.

실제로 이 "불쌍히 여기심"이란 뜻의 히브리어 '라하밈'과 '돌아오다'라는 뜻의 '슈브'는 언약적 배경과 밀접한 연관이 있다신13:17; 시71:29; 85:7; 렘12:15; 미7:19-20; 슥8:15. 그러므로 본 단락에서 이 두 단어가 등장하고 있음은 여호와와 그분의 백성 간에 언약 관계의 회복이 이루어지고 있음을 나타낸다. 뿐만 아니라 '라하밈'이라는 히브리어는 어머니의 '자궁'을 뜻하는 단어와 동일한 어근을 취하기 때문에 회개하여 돌아오는 자에게 베푸시는 어머니의 사랑과도 같은 하나님의 언약적 사랑을 반영한다.[47] 이와 같은 언약 관계의 회복은 여호와의 임재를 보장해 주기 때문에, 여호와께서는 이제 그분의 임재 처소인 성전의 건축을 선포하신다. 여호와의 언약을 저버림으로써 성전을 상실한 이스라엘 백성들은 이제 다시 그 언약 관계를 회복하게 되었으며, 이제 잃어버렸던 하나님의 집도 다시 건축하게 될 것이다.

특히 여호와께서는 "예루살렘 위에 먹줄이 치어지리라"라고 말씀하신다. "먹줄"로 번역된 히브리어 '카베'קָו는 부정적인 문맥과 긍정적인 문맥에서 다 사용되는 단어이다. 예를 들면, 이사야서 28장 17절은 '카베'의 부정적인 용법을 잘 보여 준다.

"나는 정의를 측량줄로 삼고 공의를 저울추로 삼으니 우박이 거짓의 피 난처를 소탕하며 물이 그 숨는 곳에 넘칠 것인즉"사28:17

여기서 여호와께서는 시온을 심판하기 위해 공평과 의를 그 판단 기준으로 삼는다. 한편, 히브리어 '카베'는 부정적인 용법뿐만 아니라 긍정적인 용법으로도 사용된다. 특히 예레미야서 31장 38-40절에 등장하는 이 표현은 시온의 회복과 밀접한 연관을 지니고 있다.

"38 보라, 날이 이르리니 이 성은 하나넬 망대로부터 모퉁이 문에 이르기까지 여호와를 위하여 건축될 것이라 여호와의 말씀이니라 39 측량줄이 곧게 가렙 언덕 밑에 이르고 고아로 돌아 40 시체와 재의 모든 골짜기와 기드론 시내에 이르는 모든 고지 곧 동쪽 마문의 모퉁이에 이르기까지 여호와의 거룩한 곳이니라 영원히 다시는 뽑거나 전복하지 못할 것이니라"렘31:38-40

그렇다면 본 단락에 나타난 이 단어는 시온의 회복과 관련된 긍정적인 용법으로 사용되고 있음을 알 수 있으며, 시온을 향한 여호와의 열심이 곧 회복으로 이끌어 줄 것임을 암시하고 있다.

6) 1장 17절
"17 그가 다시 외쳐 이르기를 만군의 여호와의 말씀에 나의 성읍들이 넘치도록 다시 풍부할 것이라 여호와가 다시 시온을 위로하며 다시 예루살렘을 택하리라 하라 하니라"

천사의 두 번째 메시지가 선포되는 17절에는 "다시"יעוד라는 말이 4회 등장하고 있으며, 이것은 이스라엘의 회복을 위한 여호와의 역사하심이 다시 새롭게 시작될 것임을 강조해 준다. 여기서 '위로하다'라는 의미의 '나함'נחם은 언약적 회복을 강조하는 본문들 속에서 자주 등장하며사49:13; 51:1-3; 52:9; 61:1-2, '선택하다'라는 의미의 '바하르'בחר는 백성들을 향한 여호와의 무조건적인 선택을 가리킬 때 주로 사용된다신4:37; 왕상8:16; 11:34; 대상28:4, 5, 6; 대하6:6; 시33:12; 사41:8; 겔20:5; 학2:23; 슥2:12; 3:2. 특히 '바하르'בחר가 예루살렘의 선택과 관련이 있을 때, 이 단어는 여호와의 성전 임재와도 연결된다왕상11:13, 32, 36; 왕하21:7; 시78:68. 즉 여호와께서 예루살렘을 선택하신다는 것은 여호와께서 성전에 임재하여 그분의 백성들과 함께하심을 의미한다.[48] 반대로, 여호와께서 예루살렘을 버리신다는 것은 여호와께서 그분의 백성들을 떠나신다는 것을 말해 준다. 그러므로 여호와께서 다시 예루살렘을 선택하신다는 것은 성전이 건축되어 여호와께서 그분의 백성들 가운데 다시 거하실 것임을 시사해 준다. 이와 같은 여호와의 예루살렘 선택과 성전 건축의 주제는 스가랴서 2장 12절과 3장 2절에서 다시 거듭 강조될 것이다. 예루살렘은 다시 선택될 것이며, 하나님께서는 그분의 백성들에게 다시 돌아오실 것이다.

(3) 현대적 적용

1) 만왕의 왕은 누구인가?

　스가랴는 환상을 통해 말을 타고 온 땅을 순찰하는 자들이 여호와의 천사에게 그들이 본 것들을 보고하는 장면을 본다. 이것은 여호와께서 세상의 모든 일들을 주관하시며 다스리고 계심을 시사해 준다. 그러므로 본문은 온 우주를 주관하는 진정한 왕은 페르시아 황제가 아니라 여호와이심을 강조한다. 비록 하나님의 백성들이 이방인의 통치로 고난을 겪고 있다 할지라도, 하나님께서는 여전히 온 땅의 주관자로서 만유의 왕이시라는 사실을 결코 포기하지 않으신다.

　이러한 신학적 선언은 스가랴서뿐만 아니라 신약의 기자들에 의해서도 더욱 강화된다. 복음서 기자들은 로마의 황제 가이사보다 더 높으신 하나님의 절대 권위를 높인다(마22:17-21; 막12:14-17; 눅5:22). 예수님 시대에 유대를 다스렸던 왕은 헤롯의 후예 아켈라오였다(마2:22). 그의 통치권은 전적으로 로마 정부로부터 온 것이며, 그는 로마 황제의 권위를 대행하는 자에 불과했다. 특히 유대인들은 1년에 1데나리온의 세금을 바쳐야 했다. 그러나 유대인들은 로마 정부의 세금 정책에 대해 심한 반감을 가졌다. 그것은 세금의 양이 과중했기 때문이 아니었다. 실제로 1데나리온은 농부의 하루 노동 값에 해당하기 때문에 그다지 과중한 분량은 아니었다. 유대인들의 반감은 과중한 세금액보다는 세금 자체가 이방 황제의 통치를 의미하는 것이기 때문이었다. 더욱이 유대인들이 바치는 데나리온 동전 속에는 가이사의 그림이 새겨져 있었고, 이것은 유대인을 다스리는 실질적인 통치자가 누구인가를 말해 주는 것이었다.[49] 심지어 데나리온의 한편에는 "거룩한 아우구스투스신의 아들 디베리우스 시저" TI CAESAR DIVI AUGF AUGUSTUS라는 글귀가 새겨져 있었고, 다른 한편에는 "대제사장" PONTF MAXIM이라는 글귀가 새겨져 있었다(막12:16).[50] 이것은 로마 황제의 절대적 권위를 나타내 주는 것이기 때문에 유대인들은 로마의 세금 정책에 대해 저항하지 않을 수 없었다. 이런 상황에서 바리새인들은 예수님을 넘어뜨리기 위해 가이사에게 세금을 바칠 수 있는지를 물어본다. 만약 세금을 바치라고 하면 유대인들의 반감을 살 것이고, 만약 세금을 내지 말라고 하면 아켈라오의 정책을 위반하는 결과를 초래하기 때문에 이 질문은 매우 난처한 질문이 아닐 수 없다. 그러나 예수 그리스도는 다음과 같이 대답한다.

> "이에 예수님께서 이르시되 가이사의 것은 가이사에게, 하나님의 것은 하나님께 바치라 하시니 그들이 예수께 대하여 매우 놀랍게 여기더라"막12:17

마가는 로마 정부에 대항해서는 안 되지만, 가이사의 형상은 궁극적으로 하나님께서 창조하신 인간의 형상이므로 하나님께 속한다고 보았다. 그러므로 로마의 독자들은 비록 로마의 통치와 로마 황제의 권위를 절감했지만, 이방 황제보다 더 높은 권위자이신 하나님의 절대적 왕권을 올바로 인식할 수 있었다. 그리스도를 전파하지 말라는 위협 속에서도 초대교회의 제자들은 오직 온 우주를 주관하시는 분이 누구이신지를 확신하였기에 두려움 없이 담대하게 복음을 전파할 수 있었다. 그들은 현재의 고난과 핍박조차도 온 만물을 주관하시는 하나님의 계획과 섭리 아래 있음을 고백한다행4:23-30.

> "23 사도들이 놓이매 그 동료에게 가서 제사장들과 장로들의 말을 다 알리니 24 그들이 듣고 한마음으로 하나님께 소리를 높여 이르되 대주재여 천지와 바다와 그 가운데 만물을 지은 이시요 25 또 주의 종 우리 조상 다윗의 입을 통하여 성령으로 말씀하시기를 어찌하여 열방이 분노하며 족속들이 허사를 경영하였는고 26 세상의 군왕들이 나서며 관

리들이 함께 모여 주와 그의 그리스도를 대적하도다 하신 이로소이다"

행4:23-26

여기서 예수님의 제자들은 시편 2편의 사상에 근거하여 시온에서 다스리는 우주의 왕을 예수 그리스도로 보았으며, 그리스도의 복음을 대적하는 자들을 우주의 대왕을 거스르는 반역자들로 해석하고 있다. 이와 같은 제자들의 담대한 선포와 태도는 열방의 권세자들보다 더 높은 권위를 지닌 예수 그리스도의 왕권에 대한 올바른 인식에서 비롯된다. 이처럼 스가랴 시대의 백성들뿐만 아니라 신약 시대의 백성들도 하나님께서 온 만물의 주관자이시며 세상의 모든 사건들이 그분의 섭리 아래 있음을 확신하였기에 이방 제국의 통치 아래서도 하나님의 절대적 권위와 왕권에 대한 믿음을 결코 포기하지 않았다.

그리스도인들 가운데 친미 혹은 반미 이데올로기 때문에 서로 대립하며 갈등을 겪는 듯 보일 때가 있다. 어떤 이들은 미국과의 유대관계를 더욱 돈독히 해야 한다고 주장하는 반면, 다른 이들은 미국의 영향에서 벗어나 자주적인 위치를 보다 확보해 나가야 한다고 강조한다. 그러나 이 땅에 일어나는 모든 일들이 여호와의 통치 아래 있다는 스가랴의 신학적 관점에서 볼 때, 한국의 안보는 궁극적으로 미국에 달려 있는 것도 아니요 한국의 자주 국방에 달려 있는 것도 아니다. 오히려 이 세상의 모든 일들을 주관하며 다스리는 만왕의 왕 여호와께 달려 있는 것이다. 스가랴서는 오늘 우리들을 향해 눈에 보이는 절대 권력보다는, 보이지 않지만 온 땅을 다스리는 만왕의 왕을 전적으로 신뢰할 것을 촉구하고 있다.

2) 악인의 평안

스가랴서 1장 11절에서 온 땅을 살피고 돌아온 천사들은 열방의 백성들이 평안한 삶을 누리고 있다고 보고한다. 하나님의 계획에서 벗어나 이스라엘에게 과중한 고통을 안겨 준 열방의 제국들속1:16이 심판을 당하기보다는 오히려 안락한 삶을 영위하고 있다는 사실은 여호와의 천사로 하여금 고민에 빠지게 한다. 하나님께서는 이사야를 통해 이스라엘을 괴롭힌 앗수르와 바벨론의 심판과 멸망을 분명히 약속하신 바 있다.

"24 그러므로 주 만군의 여호와께서 이르시되 시온에 거주하는 내 백성들아 앗수르가 애굽이 한 것처럼 막대기로 너를 때리며 몽둥이를 들어 너를 칠지라도 그를 두려워하지 말라 25 내가 오래지 아니하여 네게는 분을 그치고 그들은 내 진노로 멸하리라 하시도다"사10:24-25
"4 너는 바벨론 왕에 대하여 이 노래를 지어 이르기를 압제하던 자가 어찌 그리 그쳤으며 강포한 성이 어찌 그리 폐하였는고 5 여호와께서 악인의 몽둥이와 통치자의 규를 꺾으셨도다"사14:4-5

그러나 그들의 심판은 아직 이루어지지 않았다. 왜 하나님은 악인들을 그대로 내버려 두시는가? 왜 하나님께서는 악인에 대한 심판을 수행하지 않는 것인가? 하박국도 이와 같은 이슈를 심각하게 취급한다.

"주께서는 눈이 정결하시므로 악을 차마 보지 못하시며 패역을 차마 보지 못하시거늘 어찌하여 거짓된 자들을 방관하시며 악인이 자기보다 의로운 사람을 삼키는데도 잠잠하시나이까"합1:13

바벨론의 침략과 성공을 목도하며 현실의 부조리를 절감한 하박국의 탄식은 매우 처절하다. 과연 하나님께서는 그분의 의로운 백성들을 버리셨단 말인가? 왜 하나님께서는 이런 악인들의 범죄와 잘못에 대해 방관하시며 침묵으로 일관하고 있는 것인가? 시편 기자도 승승장구하는 악인의 성공에 대해 "여호와여 악인이 언제까지, 악인이 언제까지 개가를 부르리이까"시94:3라고 반문하며 악인의 번영에 의문을 제기한다. 이와 마찬가지로 요한계시록 6장 10절에서도 죽임을 당한 순교자들은 땅에서 범죄한 악인들의 심판 집행이 유보되고 있음에 대해 탄식의 간구를 올린다.[51]

"큰 소리로 불러 이르되 거룩하고 참되신 대주재여 땅에 거하는 자들을 심판하여 우리 피를 갚아 주지 아니하시기를 어느 때까지 하시려 하나이까 하니"계6:10

여기서 순교자들은 재판관에게 항소하듯이[52] 어떻게 의로우신 하나님께서 악인들의 범죄와 악행을 방관하실 수 있는지에 대해 항변하고 있다. 그러나 열방의 평안에 대해 의문을 품었던 천사에게 악인들의 심판에 대한 메시지슥1:15가 전달되었듯이, 요한은 악인들의 심판이 반드시 이루어진다는 점을 의심치 않는다.

"하늘과 성도들과 사도들과 선지자들아, 그로 말미암아 즐거워하라 하나님이 너희를 위하여 그에게 심판을 행하셨음이라 하더라"계18:20

그러므로 스가랴서는 악인의 평안에 대해 의문을 품는 현대인들을 향해 다음과 같은 분명한 입장을 전달한다. 비록 악인이 이 땅에서 평안을 누릴 수 있지만, 비록 심판받아야 할 자들이 도리어 영광을 누릴 수 있지만, 하나님께서는 그들에 대한 준엄한 심판을 반드시 수행하실 것이다.

3) 기다림이 필요한 때

　스가랴 시대의 백성들은 칠십 년의 식민지 생활이 끝이 나고 독립 국가의 새 날이 오기를 고대해 왔다. 그러나 여전히 그들은 페르시아의 다리오 왕의 통치 아래 있었고, 새로운 독립 국가의 시대를 맞보지 못했다. 또한 무너졌던 성전은 아직도 다시 건축되지 않아 하나님의 회복의 때가 분명 이루어지는지에 대한 의심이 생겨나기 시작했다. 1장 12절에서 회복의 때를 갈망하는 천사의 질문과 항변은 이런 맥락에서 이해될 수 있다. 그러나 하나님께서는 이스라엘 백성들을 괴롭혔던 이방 나라의 심판이 반드시 이루어질 것이며, 그들이 고대했던 성전이 다시 건축될 것임을 약속하신다. 그렇다면 현재 이스라엘 백성들에게 필요한 것은 무엇인가? 그것은 기다림이다. 하나님께서는 백성들의 고난을 보고 계시며, 그들의 탄식을 듣고 계신다. 또한 그들에게 회복을 약속하셨다. 이스라엘 백성들이 해야 할 일은 오직 그분의 약속하심을 믿고 기다리는 것이다. 주님의 때에 회복이 성취될 것임을 믿고 고대하는 것이다.

　그러나 오늘날 현대인들에게 가장 힘든 일이 바로 기다림이다. 현대 사회는 속도가 지배하는 세상이다. 컴퓨터 기술의 속도는 너무도 빨라져 감히 상상을 초월한다. 또한 인터넷 경쟁사들은 저마다 빠른 속도를 내는 장치를 마련하여 인터넷 사용자들을 더욱 즐겁게 해 준다. 어디 이뿐인가? 요즘 모든 도로마다 퀵 서비스 마크를 단 오토바이들이 즐비하게 지나다닌다. 이처럼 빠른 속도감에 익숙해진 현대인들은 상대적으로 '기다림'이라는 단어에 민감하지 못하다. 오늘날 우리의 기도는 대체로 즉각적인 응답만을 기뻐할 뿐 기다림을 바라지는 않는다. 그러나 우리가 조급하면 조급할수록, 우리의 기도는 하나님의 뜻보다는 자신의 뜻에 얽매일 가능성이 더 커진다. 우리가 서두르면 서두를수록, 우리의 사역은 하나님 나라와는 상관없이 자신의 일에 집착하는 것이 될 수 있다. 오히려 속도감에 사로잡힌 현대인들에게 주님의 때를 고대하는 '기다림'의 기도가 매우 절실한 것 같다. 비록 현실의 고통이 우리를 힘들게 해도, 우리에게 필요한 자세는 주님의 약속을 고대하며 그 약속이 성취될 때까지 온전히 인내하는 것이다. 기다림! 어쩌면 그것은 하나님의 약속 성취를 가장 빨리 목격할 수 있는 지름길인지도 모른다.

B. 둘째 환상

네 뿔과 네 장인 1:18-21

(1) 개요

　　첫째 환상에 나타난 열방의 심판 모티브와 주제는 둘째 환상에서 더욱 구체화된다. 스가랴는 먼저 이스라엘과 유다를 흩어버린 네 뿔들을 본다. 또한 그는 이 뿔들을 깨뜨리기 위해 등장한 네 장인들을 본다. 이 환상은 뿔과 장인의 등장18절과 20절과 그에 대한 설명19절과 21절으로 이루어진 구조를 보여준다. 이 환상은 이스라엘과 유다를 괴롭힌 온 열방을 향한 여호와의 심판 계획과 그 의지를 분명히 전달하고 있다. 이와 같은 열방의 심판 메시지는 열방으로부터 고난당한 하나님의 백성들에게 위로와 소망을 제시한다.

　　A. 네 뿔의 등장(1:18)
　　　　B. 뿔에 대한 스가랴의 질문과 천사의 대답(1:19)
　　A′. 네 장인의 등장(1:20)
　　　　B′. 장인에 대한 스가랴의 질문과 천사의 대답(1:21)

(2) 본문 분석

1) 1장 18-21절

"¹⁸ 내가 눈을 들어 본즉 네 개의 뿔이 보이기로 ¹⁹ 이에 내게 말하는 천사에게 묻되 이들이 무엇이니이까 하니 내게 대답하되 이들은 유다와 이스라엘과 예루살렘을 흩뜨린 뿔이니라 ²⁰ 그때에 여호와께서 대장장이 네 명을 내게 보이시기로 ²¹ 내가 말하되 그들이 무엇하러 왔나이까 하니 대답하여 이르시되 그 뿔들이 유다를 흩뜨려서 사람들이 능히 머리를 들지 못하게 하니 이 대장장이들이 와서 그것들을 두렵게 하고 이전의 뿔들을 들어 유다 땅을 흩뜨린 여러 나라의 뿔들을 떨어뜨리려 하느니라 하시더라"

스가랴는 둘째 환상에서 먼저 네 뿔을 본다. 스가랴가 이 뿔에 대한 정체에 대해 여호와의 천사에게 질문을 던지자 여호와의 천사는 이들이 유다와 이스라엘과 예루살렘을 헤친 뿔이라고 대답한다. 구약에서 히브리어 '케렌'קרן은 다양한 용도로 사용된다. 첫째, 뿔은 종종 힘 혹은 권력을 상징하는 말로 사용되곤 한다. 예를 들면, 이 단어는 개인삼상2:1; 시18:2이나 왕삼상2:10 혹은 나라애2:3를 가리킬 때 사용된다. 특히 신명기 33장 17절에서 요셉의 운명과 관련된 모세의 축복은 뿔과 함께 상징적으로 묘사된다.

"그는 첫 수송아지 같이 위엄이 있으니 그 뿔이 들소의 뿔 같도다 이것으로 열방을 받아 땅 끝까지 이르리니 곧 에브라임의 만만이요 므낫세의 천천이리로다"신33:17

둘째, 뿔은 전투에서의 승리를 상징한다. 예를 들면, 열왕기상 22장 11절에서 그나아나의 아들 시드기야 선지자는 철로서 뿔을 만든 뒤, 길르앗 라못 전투의 승리를 예언한다. 여기서 이 뿔은 임박한 전투의 승리를 상징해 주는 역할을 한다. 이처럼 뿔은 어떤 군사적 정치적 힘이나 행동을 묘사하기 위해 사용되는 상징적 표현이다.[53] 셋째, 뿔은 짐승들이 대상을 공격하기 위해 사용하는 수단이기 때문에, 매우 거친 군사적 공격을 상징한다. 스가랴서 1장 18-21절은 이 세 번째 의미와 밀접한 연관성이 있다. 본문에 따르면, 이 뿔들은 유다뿐만 아니라 북 이스라엘을 포함한 전 이스라엘을 거칠게 공격한 군사적 세력들을 상징한다고 볼 수 있다. 아마도 네 뿔들은 어느 한 특정한 국가들이라기보다는 유다와 이스라엘을 괴롭힌 이방 제국 전체를 포괄적으로 가리킨다고 볼 수 있다.[54]

20-21절에서 네 뿔을 보고 그 뿔의 정체에 대한 설명을 들은 스가랴는 계속해서 네 명의 대장장이들חָרָשִׁים을 본다. 스가랴가 본 이 대장장이들은 그 뿔들을 파괴하는 자들로 나타난다. 개역개정에서 "대장장이들"로 번역된 히브리어 '하라심'חָרָשִׁים은 때때로 나무를 조련하는 목공삼하40:20; 44:13; 렘10:3; 에3:7; 삼하5:11; 왕하24:16이나 돌을 다듬는 석공출28:11; 삼하5:11을 가리키기도 한다. 흥미롭게도 이 단어는 출애굽기에서 성막을 건축하고 재련하기 위해 부름을 받는 유다 지파 훌의 손자요 우리의 아들인 브살렐출35:30-35과 단 지파 아히사막의 아들 오홀리압출38:22-23의 사역을 묘사할 때 사용되고 있다. 이와 같은 관점에서 볼 때, 히브리어 '하라심'חָרָשִׁים은 개역성경의 "공장"이나 개역개정과 NRSV의 "대장장이"blacksmiths와 같은 한 특정한 기술자로 번역되기보다는 여러 다양한 기술자들을 포괄하는 보다 넓은 의미로 번역되는 것이 바람직하다. 그러기에 히브리어 '하라심'חָרָשִׁים은 '공장' 혹은 '대장장이'라는 표현보다는 '장인'craftsman 혹은 '숙련된 기술자'artisan라는 말로 표현되는 것이 더 적절해 보인다.[55]

그런데 스가랴가 본 이 장인들의 역할은 네 뿔들을 두렵게 하며 결국 그 뿔들을 깨뜨리는 데 있다. 이 뿔은 유다 백성들을, "머리를 들지 못하는 자들"로 만들었다. 피터센의 진술처럼, "머리를 들지 못한다"는 말은 군사적 행동과 밀접한 연관성이 있다시83:2. 한 족속이 전투에서 패배하면 그 족속은 머리를 들 수 없었다삿8:28. 즉 이것은 철저한 복종 관계에 들어감을 말한다. 고대 근동의 유물에도 패배한 대적의 머리를 밟고 있는 한 왕의 그림이 발견되기도 한다.[56] 이런 관점에서 볼 때, "머리를 들지 못한다"라는 표현은 철저한 패배와 멸망을 암시하고 있다. 그러므로 네 뿔들이 유다의 머리를 들지 못하게 했다는 표현은 유다가 이 뿔들로 인해 철저하게 멸망 당하게 되었음을 의미한다.

그러나 네 장인들은 이제 이 뿔들의 행위에 대한 심판을 수행한다. 먼저 네 장인들은 이 뿔들을 두렵게 할 것이다. "두렵게 하다"라는 말은 히브리 동사 '하라드'הרד의 히필형으로 소개되고 있으며, 이는 네 장인들로 인해 네 뿔들이 큰 두려움을 겪게 될 것임을 보여 준다. 특히 이런 표현은 이스라엘을 침략한 앗수르나 다른 열방의 거친 공격을 나타낼 때사10:29 혹은 여호와의 심판으로 이 열방이 공포를 느낄 때사19:16; 32:11 사용되곤 한다.[57] 그러므로 장인들의 출현은 열방을 향한 여호와의 심판과 그 임박성을 암시한다. 장인들은 네 뿔들에게 공포를 가져다 줄 뿐만 아니라 그 뿔들을 제거할 것이다.[58] 만약 레딧의 제안대로, 뿔을 제거하는 장인의 역할이 시편 75편 11절의 맥락과 유사하다면, 이 뿔은 깨뜨려지는 것보다는 베어진다고 볼 수도 있다.[59] 하지만 이 뿔들이 어떻게 제거되는가 하는 문제보다는 어떤 방식으로든 그 뿔들이 제거된다는 점이 강조되어야 할 것이다.[60]

그렇다면 이 네 장인들의 구체적인 정체는 무엇인가? 혹자는 역사적으로 볼 때 이 네 장인들이 바벨론을 멸망시킨 페르시아인, 특히 다리오 왕을 가리킨다고 말한다.[61] 하지만 스가랴가 본 환상은 스가랴 당시의 역사적 정황으로 제한되어 해석될 수 없다. 오히려 스가랴가 본 이 환상은 스가랴 시대뿐만 아니라 그 시대를 초월한 우주적 관점으로 확장된다. 맥코미스키는 다음과 같이 말한다.

시간에 제약 받지 않는 이 환상의 특성은 포로기 후 유다를 향해 위협적인 태도를 취하는 어떤 민족도 포함할 뿐만 아니라 하나님께서 모든 세대에 걸쳐 그의 나라를 위협하는 세력들과 맞서 이 세상 가운데 역사하고 있음을 확증시켜 준다. 이런 이유로 인해, 이 환상은 그 범위에 있어서 우주적이다.[62]

그러므로 이 장인은 역사적으로 볼 때 바벨론을 멸망시킨 다리오 왕을 가리킬 수 있지만, 종말론적으로 볼 때 하나님의 백성을 괴롭힌 이방 세력을 무찌르는 하나님의 심판의 도구로 해석될 수 있을 것이다. 그렇다면 본문은 비록 이방의 세력들이 하나님의 백성들을 핍박하며 고통을 안겨다 줄 수 있지만, 하나님께서는 그분의 손에 있는 장인들을 통해 그들을 반드시 심판하실 것임을 확증해 준다.

(3) 현대적 적용

1) 열방을 심판하실 장인, 예수 그리스도를 찬양하라!

스가랴는 여호와께서 장인들을 통해 그분의 백성을 괴롭힌 뿔들을 제거하실 것임을 보여 준다. 이것은 바벨론과 같이 이스라엘을 괴롭힌 열방의 세력들이 페르시아와 같은 나라를 통해 심판을 맛보게 될 것임을 강조해 준다. 실제로 이사야는 이스라엘을 괴롭힌 열방을 심판하기 위해 여호와께서 페르시아를 일으키며, 페르시아의 왕이 여호와의 도구라는 사실을 일깨워 준다.

"여호와께서 그의 기름 부음을 받은 고레스에게 이같이 말씀하시되 내가 그의 오른손을 붙들고 그 앞에 열국을 항복하게 하며 내가 왕들의 허리를 풀어 그 앞에 문들을 열고 성문들이 닫히지 못하게 하리라"사45:1

여기서 고레스가 여호와의 "메시아"מְשִׁיחוֹ로 소개되고 있음은 흥미로운 일이다. 대개 이 "메시아" 칭호는 이스라엘을 대표하는 지도자들 특히 왕에게 주어진 바 있다. 그러나 여호와께서는 이스라엘을 바벨론의 손에서 구원하시기 위해 이스라엘의 왕이 아닌, 이방의 왕 고레스를 그분의 메시아로 사용하신다. 다시 말해, 이사야는 페르시아의 고레스 왕이 여호와의 심판과 구원의 도구로서 바벨론을 심판하고 이스라엘을 구원할 여호와의 메시아적 역할을 수행할 것임을 역설하고 있는 것이다. 그러나 비록 페르시아의 왕들고레스나 다리오이 뿔을 깨뜨릴 장인들처럼 여호와의 심판을 수행하며, 하나님의 백성들에게 해방과 구원을 이끌어주겠지만, 궁극적으로 그들은 여호와의 메시아적 사역을 성취하지 못했다. 바벨론으로부터 귀환한 이스라엘 공동체는 여전히 다윗과 같은 메시아를 필요로 했으며, 스룹바벨을 다윗 계열의 약속된 메시아로 고대하였다. 그러나 스룹바벨 역시 이스라엘의 회복과 구원을 이루지 못하고 역사의 뒤안길로 사라지고 말았다.

다니엘서 7장에 나오는 뿔들과 인자의 강림에 관한 환상은 본 단락의 해석을 위한 소중한 통찰력을 제공해 준다. 다니엘서 7장에 의하면, 비록 뿔들로 상징되는 여러 제국들의 왕들이 출현하여 세상을 다스린다 할지라도, 궁극적으로 인자의 도래는 뿔들의 세력을 제압하고 영원한 나라를 가져다 줄 것이다단7:7-14. 비록 스가랴 당시의 페르시아인들이 이스라엘의 원수인 앗수르 혹은 바벨론과 같은 강대국들의 뿔을 제거한 장인들로서 이해될 수 있다 하더라도, 하나님의 백성들을 괴롭히는 뿔들의 세력은 메시아의 도래를 통해 멸망당할 것이다. 그렇다면 열방을 심판하며 하나님의 백성들의 구원을 온전히 이루실 메시아는 누구인가? 신약의 복음서 기자들은 이 메시아적 사역이 예수 그리스도를 통해 궁극적으로 성취되고 있음을 분명히 밝히고 있다. 마태는 예수님을 "아브라함과 다윗의 자손"마1:1으로 규정하고 있으며, 마태복음 9장 27절에서 예수님을 따라가던 두 소경은 그분을 향해 "다윗의 자손이여 우리를 불쌍히 여기소서"라고 외치며, 귀신 들린 딸을 위해 예수님을 찾아간 가나안 여인 역시 이 소경과 동일한 소리로 도움을 간청한다마15:22. 누가도 예수님의 탄생을 다윗 계열 출신의 메시아의 도래와 연결시키며눅1:31-32; 1:69-70, 요한 역시 예수 그리스도가 다윗의 계열의 메시아임을 분명히 밝힌다.

> "나 예수는 교회들을 위하여 내 사자를 보내어 이것들을 너희에게 증언하게 하였노라 나는 다윗의 뿌리요 자손이니 곧 광명한 새벽 별이라 하시더라"계22:16

예수 그리스도께서 다윗의 후손으로 이 땅에 오신 목적은 구약에서 예언된 그의 메시아적 사명삼하7:12-14; 시118:22-23; 단7:9-14을 감당하기 위함이다. 즉 예수 그리스도의 오심의 목적은 악의 세력을 몰아내고 하나님 나라의 통치를 이루기 위함이다. 바울은 "그가 우리를 흑암의 권세에서 건져내사 그의 사랑의 아들의 나라로 옮기셨으니"라고 말한다골1:13. 구약 백성들을 침략하며 그들에게 커다란 시련과 환란을 안겨다 주었던 (뿔로 대변되는) 열방의 제국들이 하나님의 도구로 대변되는 장인들에 의해 심판을 당하듯이, 모든 악의 세력들은 궁극적으로 그리스도의 통치를 통해 무너지고 말 것이다계20장. 그러므로 비록 현재의 성도들이 죄와 악의 세력으로부터 도전을 받는다 하더라도, 다윗 왕으로 오신 그리스도는 우리를 어둠의 세력으로부터 지켜주실 것이며, 궁극적으로 이 악의 세력을 심판하실 것이다. 예수 그리스도! 그분이야말로 우리를 대항하는 모든 뿔들을 깨뜨릴 진정한 장인이시다.

2) 정해진 복음의 승리

스가랴서는 뿔과 대장장이의 환상을 통해 이스라엘을 괴롭힌 열방의 심판과 하나님 나라의 궁극적 승리를 잘 나타내 주고 있다. 이와 같은 스가랴서의 승리의 신학은 하나님 나라의 승리가 이미 정해져 있음을 시사해 준다. 권세자들로부터 핍박을 당했던 신약의 사도들도 하나님 나라의 승리가 이미 정해져 있음을 의심치 않았다. 사도들은 오순절의 성령으로 충만함을 입은 뒤 담대히 예수 그리스도의 복음을 전파하였다. 그들은 그리스도의 복음을 싫어하는 유대 권세자들의 방해 공작으로 어려움을 겪을 수밖에 없었다행3-4장. 그러나 사도들과 초대 교회의 그리스도인들은 그리스도의 복음에 대한 유대 권세자들의 대항과 공격, 그리고 핍박 속에서도 포기하지 않는 복음 전파를, 열방의 도전에 대한 제왕의 승리를 다루고 있는 시편 2편의 사상과 연결시킨다.

"25 또 주의 종 우리 조상 다윗의 입을 통하여 성령으로 말씀하시기를 어찌하여 열방이 분노하며 족속들이 허사를 경영하였는고 26 세상의 군왕들이 나서며 관리들이 함께 모여 주와 그의 그리스도를 대적하도다 하신 이로소이다 27 과연 헤롯과 본디오 빌라도는 이방인과 이스라엘 백성과 합세하여 하나님께서 기름 부으신 거룩한 종 예수를 거슬러 28 하나님의 권능과 뜻대로 이루려고 예정하신 그것을 행하려고 이 성에 모였나이다"행4:25-28

여기서 사도들은 시편 2편에 등장하는 "세상의 군왕"을 헤롯에게, "관원들"을 빌라도에게 그리고 하나님의 "기름 부음 받은 자"를 그리스도에게 적용시키고 있다. 흥미롭게도 사도들과 초대 교회 그리스도인들은 기름 부음 받은 자에 대한 도전이 결국 실패로 끝날 수밖에 없음을 강조하는 시편 2편의 사상에 근거하여 그리스도를 대적하는 모든 시도들이 궁극적으로 실패할 수밖에 없으며, 예수 그리스도의 복음으로 승리할 것임을 확신하였다. 다시 말해, 그들은 복음의 승리가 이미 정해진 것으로 보았던 것이다. 과거 한국 교회도 일본 제국주의의 신사 참배 강요로 인해 숱한 고난을 겪은 바 있다. 그러나 일제가 제거하려던 유일신론적 신앙관은 말살되기는커녕 오히려 한국 교회의 소중한 유산이 되었다. 현대를 살아가는 그리스도인들도 복음에 대한 도전과 핍박을 경험한다. 때로는 그리스도인이라는 이유만으로 조롱과 멸시를 당할 때도 있다. 필자는 불신의 가정에서 자라나 가족으로부터 많은 핍박을 당했기 때문에, 가정의 복음화는 상상할 수 없었다. 그러나 20년이 지난 지금 대부분의 가족들이 예수 그리스도를 영접하여 하나님의 자녀들로 거듭났으며, 지금은 필자의 든든한 기도의 후원자들이 되었다. 하나님께서는 필자의 가정을 향해 이미 예정하신 일을 이루신 것이다. 하나님께서는 연약한 필자에게 이미 정해진 복음의 승리를 깨닫게 해주셨다.

C. 셋째 환상
시온의 날과 새 언약 2:1-13

(1) 개요

　셋째 환상에 해당하는 2장 1-13절은 대개 2장 1-5절과 2장 6-13절로 분리되어 취급된다. 2장 1-5절의 전달 대상은 포로 귀환자들인 반면, 2장 6-13절의 전달 대상은 아직 귀환하지 않은 백성들이기 때문에, 많은 학자들은 스가랴 2장을 분석할 때 전자와 후자를 개별적으로 취급해 왔다.[63] 그러나 2장 6-13절 가운데 9절, 11a절, 11b절, 12절, 13절에서 화자의 1인칭 화법을 강조해 주는 '그가 나를 보냈다'라는 히브리어 '쉘라하니'שְׁלָחָנִי의 반복적 등장과 여호와를 3인칭으로 묘사하는 표현들은 2장 6-13절의 화자가 다름 아닌 2장 1-5절의 화자, 즉 스가랴 선지자임을 시사한다. 이것은 2장 1-5절의 화자인 스가랴가 이어서 천사로부터 전해 받은 하나님의 말씀을 계속해서 선포하고 있음을 의미한다.[64] 그러므로 2장 1-13절을 1-5절과 6-13절로 각각 따로 구분해서 다루기보다는 서로가 연결되어 있는 한 단락으로 취급하는 것이 바람직해 보인다. 그러나 2장 1-13절을 하나의 독립 단락으로 본다면, 1-5절과 6-13절을 전체의 세부 단락으로 나누는 것은 큰 무리가 없어 보인다. 2장의 전반부에서 여호와께서는 예루살렘의 회복을 약속하며, 특히 그분께서 친히 예루살렘의 불성곽이 되어 하나님의 도성을 보호할 것이라고 단언하신다. 후반부는 여호와와 이스라엘과의 언약적 관계가 온전히 회복될 것임을 강조한다. 시온의 재건과 언약 관계의 복원! 이것이야말로 포로 귀환 백성들뿐만 아니라 세대를 초월한 모든 하나님의 백성들에게 가장 필요한 위로의 메시지가 아니겠는가!

    A. 예루살렘의 불성곽 (2:1-5)
        1. 측량줄 잡은 자(2:1-2)
        2. 여호와의 불성곽과 영광(2:3-5)
    B. 시온의 재건 (2:6-13)
        1. 출바벨론 촉구(2:6-7)
        2. 보호의 약속(2:8-9)
        3. 시온의 회복과 언약의 복원(2:10-13)

(2) 본문 분석

1) 2장 1-2절

"**1 내가 또 눈을 들어 본즉 한 사람이 측량줄을 그의 손에 잡았기로 2 네가 어디로 가느냐 물은즉 그가 내게 대답하되 예루살렘을 측량하여 그 너비와 길이를 보고자 하노라 하고 말할 때에**"

스가랴는 셋째 환상에서 측량줄을 손에 잡고 있는 한 사람을 본다. "측량줄"로 번역된 히브리어 '헤벨 믿다'חֶבֶל מִדָּה 는 개인이나 지파의 기업이나 재산을 지정해 주는 경계선을 측정할 때 사용되는 도구로 쓰인다. 하지만 이 단락에서는 성전과 예루살렘의 재건과 밀접한 연관이 있는 듯하다. "너비"와 "길이"로 번역된 히브리어 '오렠'אֹרֶךְ과 '로합'רֹחַב 역시 구약에서 성막이나 성전 혹은 궁전을 묘사할 때 사용되며, 특히 에스겔에 나오는 미래의 예루살렘 도성과 성전겔40:5, 11; 41:1, 5을 묘사할 때에도 사용된다. 종합해 보면, 이 단어는 예루살렘과 성전의 건축과 밀접한 연관이 있으며, 여기서도 역시 예루살렘과 성전의 재건과 결부되어 있는 듯하다.

2) 2장 3-5절

"³ 내게 말하는 천사가 나가고 다른 천사가 나와서 그를 맞으며 ⁴ 이르되 너는 달려가서 그 소년에게 말하여 이르기를 예루살렘은 그 가운데 사람과 가축이 많으므로 성곽 없는 성읍이 될 것이라 하라 ⁵ 여호와의 말씀에 내가 불로 둘러싼 성곽이 되며 그 가운데에서 영광이 되리라"

여기서 등장인물은 화자인 스가랴, 스가랴에게 말하는 천사, 스가랴에게 말하는 천사에게 명령을 전달하는 천사, 그리고 소년이다. 스가랴에게 말하는 그 천사는 다른 한 천사의 명령에 따라 소년에게 달려가서 메시지를 전달한다. 여기서 "소년"으로 번역된 히브리어 '나아르'는 누구를 가리키는가? 어떤 이들은 이 소년을, 측량줄을 잡은 자로 간주한다.[65] 하지만 다른 이들은 이 소년을 스가랴로 이해한다.[66] 이 소년에게 메시지를 전달하는 천사는 스가랴에게 말하던 바로 그 천사이기 때문에, 후자의 입장이 더 타당해 보인다. 그러나 여기서 중요한 것은 소년의 정체보다도 소년에게 전달된 하나님의 메시지이다. 이 천사가 소년에게 전달한 하나님의 메시지는 다음과 같다.

첫째, 천사를 통해 전달된 여호와의 말씀은 예루살렘이 "성곽 없는 성읍"과 같다는 것이다. "성곽 없는 성읍"으로 번역된 히브리어 "페라조트"פְּרָזוֹת는 대개 큰 성벽으로 무장한 대도시와는 대조되는, 요새화되지 않은 작은 마을을 가리키는 말이다삼상6:18; 겔38:11; 에9:19. 실제로 스가랴 시대의 예루살렘은 주전 587/6년의 바벨론 침략 이후 줄곧 요새화되지 않은 도시로 남아 있었다. 예루살렘 성벽은 주전 445년 느헤미야 시대 때까지는 건축되지 않았다느 2-6장. 여기서 여호와는 재건될 예루살렘이 더 이상 요새화될 필요가 없음을 강조한다. 둘째, 여호와는 이 도성에 사람과 짐승들이 많이 거할 것이라고 말씀하신다. 예루살렘에 사람과 짐승이 다시 거한다는 뜻은 예루살렘의 회복을 의미한다. "사람"과 "짐승"은 모든 살아있는 생명체를 묘사하기 위해 사용되는 상투적인 표현으로서 "사람"과 "짐승"이 없다는 것은 심판의 의미를, "사람"과 "짐승"이 많다는 것은 회복의 의미를 나타낸다. 예를 들면 열국을 향한 부정적인 심판의 메시지를 전달하는 이사야서 34장은 황폐화되어 사람들이 살 수 없는 상태를 부각시킨다. 이와는 반대로 "사람"과 "짐승"이 많이 거할 것임을 예고하는 스가랴의 메시지는 예루살렘을 향한 회복의 의미를 부각시킨다.

셋째, 여호와께서는 그분께서 예루살렘의 불 성곽이 되실 것이라고 말씀하신다. 학자들은 이런 사상의 기원을 몇 가지로 설명한다. 하나는 에덴동산 그룹들의 불 칼의 이미지이다창3:24. 두 번째 제안은 페르시아 아케메니드 왕조의 도성인 파사르가다에Pasargadae를 그 기원으로 제시한다. 이 도성은 성벽 없이 건축되었고, 주변에는 수 많은 불 제단이 있었으며, 이것들은 우주의 신 아후라 마즈다Ahura Mazda를 상징해 주었다. 특히 아후라 마즈다는 천상과 지상 세계에 질서를 가져다주며, 이 신이 거하는 파사르가다에 성은 온 우주의 통치 중심지로 인식되었다. 세번째 입장은 출애굽 때에 등장했던 불기둥의 이미지를 그 기원으로 해석한다. 예를 들면 바커Kenneth L. Barker는 다음과 같이 말한다: "'불로 둘러싼 성곽'은 출애굽 때의 '불기둥'출13:21을 연상시킨다. '불'과 '영광' 이 두 가지는 하나님과 그의 보호하심과 인도하심을 상징한다사4:5-6. 실상 이 두 가지는 출애굽을 상기시킨다출13:22; 14:20; 40:34."[67] 끝으로 어떤 학자들은 이 불 성곽의 이미지를 엘리사를 둘러싼 불말과 불병거와 연결시킨다. 힐의 주장에 의하면, "하나님의 보호에 대한 상징적인 표현인 불로 둘러싼 성곽은 이집트에서 나올 때 히브리인들을 인도한 불기둥을 생각나게 하며출13:21-22, 하나님의 선지자 엘리사를 잡으려고 아람 왕이 군대를 보냈을 때 엘리사를 둘러싸서 보호하기 위해 둘러싼 불말과 불병거를 형성했던 원을 생각나게 한다왕하6:17."[68]

위의 네 입장들은 각각의 장점들을 갖는다. 다만 필자는 하나님의 우주적 통치와 보호하심을 강조하는 두 번째 입장과 세번째 입장이 본문의 의미와 더 깊은 연관성을 갖는다고 믿는다. 여호와께서는 예루살렘의 불 성곽이 되셔서 온 우주의 통치자로 그분의 왕권을 수행하실 것이다. 여기서 "불로 둘러싼 성곽"은 여호와의 보호하심을 상징하며, "영광"כָּבוֹד이라는 말은 성전에 거하는 신적인 임재를 나타내 주는 일반적인 용어이다출24:16, 17; 왕상8:11; 겔 1:28; 8:4; 43:2, 4, 5. 이처럼 여호와께서는 그분께서 예루살렘 가운데 영광이 되실 것이라고 선언하신다. 이와 같은 선언은 에스겔의 성전 중심의 신학과 차별성을 갖는다. 다시 말해, 스가랴서는 에스겔서와는 달리 성전의 범위를 벗어나 도성 전체가 여호와의 임재 처소임을 밝히고 있다.

3) 2장 6-7절

"6 오호라 너희는 북방 땅에서 도피할지어다 여호와의 말씀이니라 이는 내가 너희를 하늘 사방에 바람 같이 흩어지게 하였음이니라 여호와의 말씀이니라 7 바벨론 성에 거주하는 시온아 이제 너는 피할지니라"

6절의 첫 서두는 "오호라"로 번역되는 히브리어 '호이'הוֹי[69]라는 표현으로 시작한다. 이 단어는 새로운 단락의 시작을 나타내 주는 표현이다. 그럼에도 불구하고 개요에서 설명했듯이, 이 단락은 1-5절과 마찬가지로 천사를 통해 전달된 하나님의 말씀으로 소개되기 때문에, 1-5절과는 완전히 독립된 부분으로 취급되어서는 안 된다. 그러므로 1-5절이 천사를 통해 전달된 하나님의 말씀의 첫 번째 부분에 해당된다면, 6-13절은 두 번째 부분에 해당되는 내용이라고 말할 수 있다.[70] 여기서 히브리어 '호이'는 앞으로 전달될 메시지에 관심을 집중시키는 역할을 한다. "도피할지어다"라는 히브리어 동사 '누쓰' נוס는 군사적 전투 장면을 연상시켜 주는 표현으로서 사태의 긴박함을 암시해 준다. 이런 히브리어 단어의 뉘앙스를 고려해 볼 때, 스가랴서 2장 6절의 "도피할지어다"라는 표현은 이스라엘 백성들을 향한 하나님의 구원이 긴급히 실행될 것임을 암시한다. 그러므로 바벨론에서 아직도 귀환하지 못한 포로들에게 이 명령형은 매우 긍정적인 뉘앙스를 전달한다. 이런 긍정적인 용법은 다음과 같은 예레미야서 46장 6절에 등장하는 부정적인 용법과 대조를 이룬다.

"발이 빠른 자도 도망하지 못하며 용사도 피하지 못하고 그들이 다 북쪽에서 유브라데 강 가에 넘어지며 엎드러지는도다"렘46:6

이 구절은 바벨론 포로생활로부터 도피하지 못한 이스라엘의 운명을 묘사해 주고 있다. 이스라엘의 비극은 북방의 바벨론으로부터 도피할 여력이 없다는 것이다. 하지만 스가랴서 2장 6절은 이런 상황이 변화될 것임을 강조해 준다. 그렇다면 스가랴서 2장 6절에서 "북방"으로 소개된 이 지역은 '바벨론'을 가리키는 것인가? 언뜻 중동 지역의 지도를 살펴보면, 바벨론이 유다의 북부 지역이 아니라 동부 지역에 해당된다는 점을 쉽게 발견할 수 있을 것이다. 또한 스가랴 시대에 바벨론은 이미 멸망을 당했기 때문에, 포로생활로부터의 도피는 다소 현실과는 거리가 먼 과거의 개념이다. 그래서 학자들은 "북방"이라는 표현을 상징적으로 취급한다.[71]

하지만 어떤 학자들은 이 "북방"이라는 단어를 바벨론을 가리키는 표현으로로 간주한다.[72] 실제로 고대 근동인들은 메소포타미아로 여행할 때 여러 가지 지형적 제약 때문에 반드시 북쪽 시리아를 경유해야만 한다. 그러므로 바벨론인들이 이스라엘을 향할 때에도 역시 북쪽을 경유해야만 했다. 이런 관점에서 볼 때, 예레미야 선지자가 바벨론을 북방의 원수로 묘사하고 있음은 이해할만하다. 그렇다면 스가랴서 2장 6절의 "북방" 역시 '바벨론'을 가리키는 표현일 수도 있다. 하지만 스가랴서 2장 6절에서 "북방"이란 말과 "하늘의 사방 바람"이란 표현과 같이 사용되고 있기 때문에, "북방"과 "사방"이라는 표현은 서로 매우 밀접한 연관이 있는 듯하다. 예를 들면, 예레미야는 엘람의 멸망을 예고할 때 이와 유사한 표현을 사용한다.[73]

"하늘의 사방에서부터 사방 바람을 엘람에 오게 하여 그들을 사방으로 흩으리니 엘람에서 쫓겨난 자가 가지 않은 나라가 없으리라"렘49:36

여기서 함께 배열되고 있는 "북방"과 "사방"이라는 표현은 이스라엘 백성들이 포로로 잡혀 가던 방향을 뜻하는 듯하다.[74] 이런 관점에서 볼 때, "북방"이란 말과 "사방"이라는 말은 이스라엘 백성들이 바벨론 포로로 잡혀가 흩어진 모든 방향을 나타내 주는 상징적 표현이라고 말할 수 있다.[75] 그러므로 스가랴는 이스라엘 백성들이 잡혀갔던 그 방향으로부터 다시 시온으로 귀환할 것임을 암시해 주고 있다.[76] 그렇다면 7절은 바벨론으로 잡혀가 사방으로 흩어진 이스라엘 백성들 가운데 아직 귀환하지 못한 자들에게 예루살렘으로의 귀환을 촉구하고 있는 것이다.[77] 하나님의 백성들에게 도피하라는 명령은 첫째 환상과 둘째 환상에서 강조되었듯이, 이스라엘을 괴롭힌 열방들이 곧 심판에 직면할 것임을 암시하고 있으며, 새로이 회복될 시온으로의 귀환을 간접적으로 촉구한다.

4) 2장 8-9절

"8 만군의 여호와께서 이같이 말씀하시되 영광을 위하여 나를 너희를 노략한 여러 나라로 보내셨나니 너희를 범하는 자는 그의 눈동자를 범하는 것이라 9 내가 손을 그들 위에 움직인즉 그들이 자기를 섬기던 자들에게 노략거리가 되리라 하셨나니 너희가 만군의 여호와께서 나를 보내신 줄 알리라"

더욱이 하나님께서는 그분의 백성들을 그분의 눈동자와 동일시하신다. 여기서 "눈동자"라는 표현은 '입구'gate를 가리키는 말인데 눈의 가장 민감한 부분으로서 특별한 보호가 필요한 중요한 신체 부위를 의미한다. 이처럼 이스라엘 백성들은 하나님께는 매우 중요한 존재이기 때문에 그분의 백성들을 괴롭히는 행위는 그분의 눈동자를 공격하는 것과 같다.[78] 그러므로 하나님의 백성들을 노략하는 행위는 하나님의 눈동자를 공격한 것이기 때문에, 그들은 여호와의 심판을 불러일으키게 된다. 하나님은 친히 손을 움직여 이 노략자들을 심판하시되 그들을 섬겼던 노예들로부터 노략을 당하게 만들 것이다. 스위니는 "손을 움직이다"라는 히브리어 동사 '메니프'מניף, 원형은 נוף가 성전 희생 제사와 관련되어 있음을 지적하면서, 이 표현을 성전 희생 제사의 맥락 속에서 해석하고자 한다. 그에 의하면, 9절은 여호와께서 예루살렘을 위한 희생 제물로서 열방을 받치실 것임을 의미한다. 즉 열방은 이제 예루살렘에서 여호와를 섬기게 될 것이다.[79]

하지만 9절의 이 표현은 출애굽 모티브출3:21-22; 11:2-3; 12:35-36와 더욱 밀접한 연관성이 있는 듯하다.[80] '움직이다'라는 히브리어 동사 '누프'נוף는 성전 제사를 집행하는 제사장의 행위에도 사용되지만, 하나님께서 행하시는 심판과 관련된 맥락 속에서도 사용된다사10:32; 11:15; 13:2; 19:1; 욥31:21. 그러므로 이스라엘을 괴롭힌 열방은 노예로 다스렸던 이스라엘에게 재물을 주면서 떠날 것을 요구했던 애굽과 같은 운명에 처하게 될 것이다출12:36; 겔39:10, 호1:7. 이와 같은 출애굽과 열방의 심판 사상은 이사야서에 더욱 분명하게 드러난다사 45:3, 14; 49:22-23; 60:5-6, 10, 16, 17; 65: 13-16.[81]

특히 2장 8절의 "영광을 위하여"라는 히브리어 '아할 카보드' אַחַר כָּבוֹד 는 다양하게 해석되거나 혹은 수정되어 왔다.[82] 예를 들면, 이 표현은 '영화롭게 한 후에', '영광 이후', '그의 영광 이후', '영광의 등', '심판 이후에', '집요하게'와 같은 다양한 뜻으로 번역된다. 그러나 필자가 보기에 '아할 카보드'는 어떤 목적을 나타나는 표현이라고 볼 수 있으며, 개역개정의 입장대로 "영광을 위하여"로 번역되는 것이 타당해 보인다.

2장 10-13절

"**10 여호와의 말씀에 시온의 딸아 노래하고 기뻐하라 이는 내가 와서 네 가운데에 머물 것임이라 11 그날에 많은 나라가 여호와께 속하여 내 백성이 될 것이요 나는 네 가운데에 머물리라 네가 만군의 여호와께서 나를 네게 보내신 줄 알리라 12 여호와께서 장차 유다를 거룩한 땅에서 자기 소유를 삼으시고 다시 예루살렘을 택하시리니 13 모든 육체가 여호와 앞에서 잠잠할 것은 여호와께서 그의 거룩한 처소에서 일어나심이니라 하라 하더라**"

포로로부터 해방된 시온의 백성들은 이제 노래하며 기뻐할 것이다. 왜냐하면 여호와께서 그들을 구출하시고 이제 그들과 함께 거하실 것이기 때문이다. 여기서 예루살렘이 "시온의 딸"로 소개되고 있음은 주목해 볼만하다. 예레미야는 그의 애가에서 예루살렘의 몰락과 멸망을 애도하면서 이 도성을 "시온의 딸"로 묘사한 바 있다렘1:1-11; 2:13.[83] 그러나 스가랴서는 이제 그 슬픔의 동일한 장소가 즐거움과 기쁨의 도성으로 변화될 것임을 강조하기 위해 애가에 사용되었던 동일한 표현을 사용하고 있다. "머물다"라는 히브리어 동사 '샤칸' שָׁכַן 은 출애굽의 성막과 그 임재 신학을 연상시킨다. 성막의 건축 목적은 여호와께서 그분의 백성들 가운데 머물기 위함이었다출25:8.[84] 또한 이 성막에 거하는 여호와의 임재는 여호와께서 이스라엘의 하나님이심을 나타내 주었다출29:45-46. 그러므로 하나님의 임재는 하나님과 그분의 백성간의 언약 관계를 명백히 드러내 준다. 특히 11절의 "내 백성이 될 것이다"라는 표현은 하나님과의 언약 관계의 회복을 뜻하는 전형적인 공식이다출6:6-7; 신 26:17-19; 27:9; 28:9; 29:13; 삼하7:24; 호1:9; 1:10; 렘7:23; 11:4; 24:7; 31:1, 33; 32:38. 이 언약 공식은 원래 민족 이스라엘에게로 제한되었다. 그러나 스가랴서 2장 11절은 이사야서 2장 2-4절과 56장 6-7절에 묘사되고 있듯이 이 언약 관계가 열방에게로 확대될 것임을 시사한다. 11절에 등장하는 "많은 나라"를 가리키는 '고임 라빔' רבים גוים은 여러 나라들 가운데 거하는 포로된 백성들을 의미하기보다는 말 그대로 수많은 족속들을 뜻하는 말이다.[85] 그렇다면 본문은 하나님과 이스라엘 민족 간에 체결된 언약 공식이 여호와를 경배하는 뭇 나라 열방에게까지 확대될 것임을 강조해 준다. 이것이야말로 아브라함 언약의 종말론적 성취가 아닌가!

나아가 12절에 등장하는 '나할' נחל이라는 히브리어 동사는 원래 소유 혹은 재산을 뜻하는 말로 사용되었다.[86] 이 동사는 땅을 가리킬 때 넓은 의미로서 '온 땅'을 여호와의 소유로 강조하며출19:5, 좁은 의미로서는 가나안 땅을 '여호와의 소유'로 묘사한다. 스가랴는 여기서 예루살렘을 여호와의 '나할'로 강조하고 있다. 여호수아 시대에 가나안의 땅들이 지파의 기업이 되었듯이수 13-23장, 이제 여호와께서는 유다의 땅을 여호와의 특별한 기업으로 지명하실 것이다. 제사장과 레위인들이 성전에서 이스라엘을 위한 희생 제사를 집행했듯이, 이스라엘의 백성들은 열방의 중심에 선 거룩한 백성으로서 그 역할을 수행할 것이다. 또한 12절은 아브라함 언약의 종말론적 성취를 더욱 분명히 보여 준다. 특별히 12절에 강조되는 여호와의 '예루살렘 선택'은 유다의 중요성과 아울러 다윗의 왕권 선택을 부각시킨다. 13절의 "모든 육체는 여호와

앞에서 잠잠하라"라는 명령은 스바냐서 1장 7절과 하박국서 2장 20절과 같은 본문에도 등장한다.[87]

"주 여호와 앞에서 잠잠할지어다 이는 여호와의 날이 가까웠으므로 여호와께서 희생을 준비하고 그가 청할 자들을 구별하셨음이니라"습 1:7
"오직 여호와는 그 성전에 계시니 온 땅은 그 앞에서 잠잠할지니라 하시니라"합 2:20

위의 구절에 소개되듯이, 스바냐서 1장 7절은 여호와의 날과 그 신현 사상을, 그리고 하박국서 2장 20절은 여호와의 임재 앞에서 온 만물이 취해야 할 반응을 소개하는데, 스가랴서 2장 17절에는 이런 두 사상이 함께 결합되어 있다. 다시 말해, 스가랴서 2장 13절은 스바냐서 1장 7절의 여호와의 날, 즉 신현에 대한 예언을 묘사하고 있을 뿐만 아니라, 하박국서 2장 20절에 나타나듯이 여호와 앞에 있는 온 만물들의 반응을 보여 준다. 이제 하늘 성소에 거하시던 여호와께서는 시온의 백성들과 함께 하시기 위해 그 성소에서 일어나실 것이다. 모든 육체히, '바사르' בשר는 풀과 같이 마르고 시들 수밖에 없는 연약한 존재이기에, 전능자의 임재 앞에 잠잠해야 할 것이다사 40:6-7. 회복될 시온의 백성들은 한편으로는 여호와의 임재를 맛보며 즐거워하겠지만, 다른 한편으로는 그의 임재 앞에서 피조물의 한계성을 인식하며 잠잠함으로 그의 경외심을 나타내야 할 것이다. 기쁨과 경외! 이것이야말로 하나님의 임재에 대한 우리들의 합당한 반응이라고 할 수 있다.

(3) 현대적 적용

1) 종말의 아브라함 자손과 시온의 새 백성

스가랴는 2장 4절에서 예루살렘의 거민들이 넘쳐 날 것이라고 예언하며, 2장 11절에서는 장차 뭇 나라 열방들이 여호와의 백성들이 될 것임을 선언한다. 이러한 자손 번성의 축복은 이미 아브라함 언약을 통해 약속된 바 있다창 12:2-3 18:18; 22:18; 26:4; 28:14. 그렇다면 신약의 기자들은 아브라함 언약의 성취를 어떻게 이해하고 있는가? 마태는 첫 시작부터 예수님의 족보를 소개하는데 여기서 예수님을 "아브라함의 자손"이라고 묘사한다.

이 족보는 아브라함 언약의 축복의 흐름을 보여 주고 있으며, 아브라함 언약의 축복이 궁극적으로 예수 그리스도를 통해 성취되고 있음을 알려 주고 있다. 특히 이 족보에는 네 명의 여인들의 이름이 언급되고 있는데, 이 여인들은 모두 이방인들로서 전통적인 혈통적 유대인들과는 거리가 멀다. 덤브렐은 다음과 같이 진술한다.

> 마태가 여인들을 족보에 포함시킨 것은 중요한 의미를 시사해 준다. 왜냐하면 전통적인 족보 형식으로부터 벗어나고 있기 때문이다. 왜 이 여인들의 이름이 족보에 포함되었을까? 이 네 여인들이 이방인이었기 때문에, 아마도 이들은 예수의 보편적인 사역을 미리 예고해 주든지, 아니면 하나님께서 이스라엘의 역사를 지속해 오셨던 놀라운 방식을 나타내 주고 있는 듯하다.[88]

달리 말하자면, 이것은 아브라함의 언약적 후손이 육체적 혈통의 순결성에 의해 유지되는 것이 아님을 암시해 준다. 오히려 이것은 이방인들을 아브라함 언약의 축복에 참여시키는 하나님의 놀라운 섭리를 보여 준다.

마태의 예수님 족보는 아브라함과의 육체적 혈통 관계만으로는 아브라함 언약의 수혜자가 될 수 없으며, 하나님을 향한 참된 믿음이 전제되어야 함을 강조한다. 그리하여 세례 요한은 "스스로 아브라함이 우리 조상이라고 생각지 말라 내가 이르노니 하나님이 능히 이 돌들로도 아브라함의 자손이 되게 하실 수 있다"마3:9라고 경고하였다. 바울 역시 아브라함의 참 자손인 예수 그리스도를 통해서 아브라함의 언약이 궁극적으로 성취된다고 단언한다.

> "8 또 하나님이 이방을 믿음으로 말미암아 의로 정하실 것을 성경이 미리 알고 먼저 아브라함에게 복음을 전하되 모든 이방인이 너로 말미암아 복을 받으리라 하였느니라 9 그러므로 믿음으로 말미암은 자는 믿음이 있는 아브라함과 함께 복을 받느니라"갈3:8-9

그러므로 오늘날 진정한 아브라함의 자손들은 구약과 마찬가지로 육체적 혈통의 자손들이 아닌 예수 그리스도의 복음을 믿는 언약의 자손들을 의미한다. 인종, 나이, 혈통, 성별과는 상관없이 오직 믿음으로만 아브라함의 자손이 될 수 있다. 그러나 어떤 이들예를 들면, 세대주의자들은 여전히 국가 이스라엘의 재건을 구약의 종말론적 성취로 해석하며, 유대인들을 선택받은 하나님의 백성으로 취급한다. 그러나 우리는 아브라함과 다윗의 후손으로 오신 예수 그리스도의 복음만이 구약의 종말론적 성취의 중심이 되며, 오직 예수 그리스도 안에서 아브라함 언약의 성취를 경험할 수 있음을 기억해야 한다.

> "너희가 그리스도의 것이면 곧 아브라함의 자손이요 약속대로 유업을 이을 자니라"갈3:29

나아가 스가랴는 2장 11-12절에서 장차 종말의 회복의 날에 예루살렘, 즉 시온이 열방의 중심 처소가 될 것이며, 열방의 백성들이 새로운 시온의 백성으로 참여할 것임을 선포한다. 이러한 열방의 시온 중심 사상은 이사야서 2장 1-4절에서 잘 묘사되고 있다. 이사야서 2장 1-4절에 따르면, 종말에 열방의 백성들이 여호와의 말씀을 듣기 위해 시온으로 순례를 떠날 것이며, 여호와의 우주적 통치를 체험하게 될 것이다. 이사야서 60장 9절과 60장 14절도 새로운 시온의 백성들과 우주적 예배를 소개한다. 여호와의 우주적 통치가 온 세상에 알려지고 모든 민족이 그분의 주 되심을 인정하게 될 때, 온 열방의 배들은 값진 예물을 싣고 여호와를 경배하기 위해 순례의 길을 떠날 것이다60:9. 그리하여 여호와를 향한 종말의 예배에 참여한 이방인들은 여호와의 보편적 통치와 그 구원의 절정을 온전히 체험하게 될 것이다.

그 옛날 교만한 건축자들은 지상과 천상을 잇는 바벨탑을 쌓으려다 세계 도처로 흩어졌으며, 그 이후로 인류의 참된 연합의 정신은 불가능하게 되었다. 그러나 여호와께서는 종말의 그 날에 친히 지상과 천상을 잇는 우주의 중심지를 세우고, 온 열방의 주로 섬김을 받으실 것이다. 또한 바벨탑 사건 이후 인류의 삶의 특징인 혼돈과 반목의 그림자는 사라지고 이 곳에서 참된 연합을 실천할 거룩한 백성이 창조될 것이다. 그때 시온은 과거와 같은 이스라엘의 배타적인 도성으로 존재하지 않을 것이다. 종말의 시온은 여호와를 경배할 온 열방의 예배 처소로 회복될 것이다. 흥미롭게도 신약의 오순절 성령 강림 사건행2장은 언어, 종족 및 국가를 초월한 백성의 연합, 즉 새 이스라엘의 연합을 암시한다. 또한 계시록에서 요한은 어린양 앞에서 찬양하는 "각 나라와 족속과 백성과 방언에서 아무라도 능히 셀 수 없는 큰 무리"계7:9를 보면서, 언어와 종족의 한계를 뛰어넘는 영적인 연합과 그 연합을 성취할 하나님의 백성을 바라본다. 이것이야말로 스가랴서에서 나타난 시온 사상의 궁극적인 성취이다.

2) 여호와 우리의 안식처!

스가랴서는 회복될 예루살렘에는 성벽이 존재하지 않을 것이며, 여호와께서 친히 불 성곽이 되실 것이라고 선언한다. 여호와께서 예루살렘의 불 성곽이 되실 것이라는 말은 그분께서 친히 예루살렘을 보호하고 지키실 것임을 강조하고 있다. 칼빈은 여호와의 불 성곽에 대해 다음과 같이 진술한다.

> 사실 우리는 성벽이 아무리 높고 두텁다 할지라도 적에 의해 떨어져 나갈 수 있음을 알 수 있다. 그러나 누가 감히 자신을 불 속에 내던지려 하겠는가? 따라서 이것은 마치 하나님께서 "예루살렘을 지키기 위해 세워 놓은 파수꾼이나 병사가 없다 할지라도, 다시 말해서 아무런 보호자나 감시인이 없다 할지라도 내가 적의 접근을 저지하는 성벽이 될 뿐만 아니라 그들을 공포에 떨게 할 불이 될 것이므로 나 혼자만으로도 충분할 것이다"라고 말씀하는 것과 같다.[89]

이와 같은 여호와의 보호하심은 현대를 살아가는 우리들에게 놀라운 신학적 의미를 던져 준다. 비록 우리는 현재 옛 이스라엘처럼 외세로부터 침략을 당하거나 강대국으로부터 식민지 통치를 경험하지는 않지만, 우리들의 삶에는 수많은 위험들이 도사리고 있다. 끊임없이 발생하는 범죄들은 우리 사회를 더욱 불안하게 만들고 있으며, 빈번하게 발생하는 테러 사건들은 평화와 번영을 추구하는 현대인들에게 절망감을 안겨다 준다. 예를 들면, 미국의 9.11 테러 사건, 영국의 7.7 테러 사건 그리고 최근 유럽에서 자행된 이슬람 극단주의자들의 잔혹한 민간인 학살 테러사건은 이러한 현대인들의 불안심리를 더욱 가중시킨다. 또한 소위 돈이나 성, 혹은 권력과 같은 행복의 조건들이 정작 현대인들에게 더 큰 절망과 고통을 안겨다 주고 있음은 아이러니가 아닐 수 없다. 그러나 하나님의 백성들은 이런 절망의 환경 속에서도 언제나 소망과 위로를 얻을 수 있다. 그 이유는 참된 평안과 기쁨의 안식처가 되시는 여호와께서 우리의 불 성곽이 되시기 때문이다.

"13 만군의 여호와 그를 너희가 거룩하다 하고 그를 너희가 두려워하며 무서워할 자로 삼으라 14 그가 성소가 되시리라"사8:13-14a
"평안을 너희에게 끼치노니 곧 나의 평안을 너희에게 주노라 내가 너희에게 주는 것은 세상이 주는 것과 같지 아니하니라 너희는 마음에 근심하지도 말고 두려워하지도 말라"요14:27

D. 넷째 환상
여호수아의 의복과 관 3:1-10

(1) 개요

　넷째 환상에 해당하는 본 단락은 선행 환상들과 비교해 볼 때, 여러 가지 차이점을 보여 준다. 피터센이 분석하듯이, 본 단락은 이전의 단락들과는 달리 전형적인 환상의 서문 형식인 "내가 보니"1:8, 8; 2:1라는 표현, 해석 천사, 설명을 필요로 하는 난해한 상징이나 인물들 및 선지자의 질문이 등장하지 않는다.[90] 특히 본 단락의 배경이 천상의 법정을 배경으로 하고 있음은 독자들의 큰 관심을 불러일으킨다. 그럼에도 불구하고 넷째 환상은 선행 환상들과 구조적, 주제적 연속성을 지닌다.[91] 선행하는 세 환상들이 시온의 회복을 강조하고 있다면, 넷째 환상은 후속 환상인 다섯째 환상과 아울러 새 시대의 시온 공동체의 지도자들에 초점을 맞추고 있다.[92] 본 단락은 크게 두 부분, 즉 3장 1-5절과 3장 6-10절로 나누어진다.[93] 전자는 여호수아에 대한 고소 사건이 벌어지는 천상을 배경으로 하는 반면, 후자는 여호수아와 그의 동료들에게 전달되는 하나님의 메시지에 초점을 둔다. 이 단락에서 이스라엘 공동체의 대리자로서 하나님 앞에 선 대제사장 여호수아는 더럽혀진 옷 때문에 사탄의 고소를 당하지만 여호와께서는 사탄의 고소를 일축하시며 여호수아에게 새로운 예복을 입혀주신다. 또한 여호와께서는 여호수아와 그의 동료들에게 회복될 성전에서 행해야 할 새로운 임무를 부여하신다. 흥미롭게도 본 단락은 제사장의 직무와 성전의 회복이 "싹"으로 상징되는 다윗과 같은 메시아의 도래와 새 시대의 평화와 번영을 예고한다.

A. 재판 받는 여호수아(3:1-5)
B. 새로운 사명을 위임 받는 여호수아(3:6-10)

(2) 본문 분석

1) 3장 1-5절

"¹ 대제사장 여호수아는 여호와의 천사 앞에 섰고 사탄은 그의 오른쪽에 서서 그를 대적하는 것을 여호와께서 내게 보이시니라 ² 여호와께서 사탄에게 이르시되 사탄아 여호와께서 너를 책망하노라 예루살렘을 택한 여호와께서 너를 책망하노라 이는 불에서 꺼낸 그슬린 나무가 아니냐 하실 때에 ³ 여호수아가 더러운 옷을 입고 천사 앞에 서 있는지라 ⁴ 여호와께서 자기 앞에 선 자들에게 명령하사 그 더러운 옷을 벗기라 하시고 또 여호수아에게 이르시되 내가 네 죄악을 제거하여 버렸으니 네게 아름다운 옷을 입히리라 하시기로 ⁵ 내가 말하되 정결한 관을 그의 머리에 씌우소서 하매 곧 정결한 관을 그 머리에 씌우며 옷을 입히고 여호와의 천사는 곁에 섰더라"

3장 1절은 천상의 법정을 그 배경으로 삼고 있다. 이 천상 법정에서 여호와의 사자는 재판관으로, 사탄은 죄인을 고발하는 검사로, 여호수아는 피고로 등장하고 있다. 특히 여호수아와 사탄은 여기서 처음으로 등장한다. 그러므로 우리는 대제사장 여호수아와 사탄의 정체에 대해 보다 구체적으로 살펴볼 필요가 있다.

① 대제사장 여호수아

본문에 등장하는 여호수아는 어떤 인물인가? 지금까지 선행 환상들에는 어떤 한 특정한 역사적 인물이 등장하지 않았기 때문에, 특정한 이름으로 거론되는 이 인물의 등장은 우리의 관심을 끈다. 스가랴서뿐만 아니라 학개서와 에스라-느헤미야서에서 여호수아는 여호사닥의 아들로 소개된다. 여호수아의 부친인 여호사닥은 예루살렘의 멸망 시기에 대제사장*"하코엔 하라쉬"* כֹּהֵן הָרֹאשׁ이었으며 대제사장 스라야의 아들이었다왕하25:18-19; 렘52:24. 대제사장 스라야는 바벨론 왕에게 사로잡혀 립나에서 죽임을 당했으며, 그의 아들 여호사닥은 바벨론의 포로로 이송되고 말았다. 그는 바벨론의 포로생활을 하면서 그의 아들 여호수아를 낳은 것 같다. 그런데 포로기 이후 본문에서 '대제사장'*"하코엔 하가돌"*, הַכֹּהֵן הַגָּדוֹל[94]이라는 호칭이 여호수아에게 적용되고 있음을 고려해 볼 때학1:1, 12, 14; 2:2, 4; 슥3:8; 6:11, 여호수아는 포로 귀환 후 이스라엘의 대제사장으로서의 역할을 주도적으로 수행했던 것 같다느12:1, 7. 또한 그의 손자로 추정되는 엘리아십도 느헤미야 시대에 그의 할아버지의 사역을 이어받아 대제사장의 사역을 계속 감당하였다느3:1; 12:10. 여하튼 이 호칭이 포로기 이후 본문에서 여호수아에게 적용되고 있음은 포로 귀환 공동체 가운데 그의 정치적 영적인 리더십을 시사해 주는 듯하다.[95]

② 스가랴서 3장 1절의 사탄

스가랴서 3장 1절에 등장하는 사탄에 대해 살펴보기에 앞서 우리는 구약의 사탄에 대해 올바르게 이해할 필요가 있다. 따라서 우리는 구약에 등장하는 사탄의 용법을 먼저 살펴본 뒤에 스가랴서 3장 1절의 사탄의 정체를 다루어 볼 것이다. 먼저 구약의 사탄의 용법에 대한 전반적인 연구를 다루고 있는 아래의 난외주를 참조하라.

난외주: 구약의 사탄[96]

1. '사탄'의 정의

히브리어 명사 '사탄'שטן은 동사형 '사탄'שטן과 연관이 있음에 틀림없다. 이 동사는 구약에서 단지 여섯 번 등장한다(시38:20; 71:13; 109:4, 20, 29; 슥3:1. 각각의 단락에서 이 동사는 대체로 '고소하다' accuse, '비난하다' slander와 같은 의미로 해석된다. 그런데 유의해야 할 점은 '고소하다'라는 말과 '비난하다'라는 말은 비슷한 의미로 쓰일 수 없다. '고소'라는 행위는 잘못된 것일 수도 있고 적법한 것일 수도 있다. 그러나 '비난'이라는 행위는 언제나 거짓된 것을 뜻한다. 그러므로 이 동사는 주로 '비난하다' slander의 의미를 더욱 많이 함축하고 있다.[97] 하지만 이 단어의 명사형은 이와 같이 언제나 부정적인 의미를 내포하고 있는 것만은 아니다.[98] 때때로 이 명사형은 '비난자'라는 뜻뿐만 아니라, '고소자'라는 의미를 나타내기도 하며, 어떤 경우에는 '대적자'라는 뜻을 지니기도 한다. 그러므로 이 명사형 '사탄'שטן의 의미는 문맥에 따라서 이해되어야 할 것이다.[99]

2. '사탄'שטן의 다양한 용례들

(1) 지상적 존재로서의 '사탄'שטן

구약에 나타난 명사형 '사탄'שטן은 다양한 용례로 쓰이고 있으며

총 26회 등장하는데, 대체로 지상적 존재와 천상적 존재로서 구분될 수 있을 것이다. 먼저 지상적 존재로서의 '사탄'에 대해서 살펴보도록 하자. '사탄'이 지상적 존재를 가리키는 경우는 먼저 다윗에게 해당된다. 사무엘상 29장 4절에서 블레셋 사람들은 그들과 함께 있는 다윗이 결국 그들의 대적(שטן)이 될 것이라고 말한다. 여기서 다윗은 블레셋의 대적으로 묘사되고 있다. 둘째, 다윗을 저주했던 시므이를 처치해야 한다고 주장하는 아비새에게 다윗은 나의 '대적'이라는 표현을 사용한다삼하19:18-20. 세 번째 경우는 솔로몬의 시대와 관련이 있다. 솔로몬이 성전 건축을 계획할 당시 평화의 시대가 이루어진다. 열왕기상 5장 4절은 이 때를 '대적'이 없는 시대로 소개한다. 여기서 '사탄'은 군사적 대적들을 가리킨다. 솔로몬 왕국의 후기 때에 여호와는 솔로몬을 대항하는 두 '사탄'을 일으킨다. 하나는 에돔의 하닷이며왕상11:14, 또 다른 대적은 아람의 르손이다왕상11:23, 25. 이처럼 '사탄'은 지상의 대적자들로서 이해되고 있다. 끝으로 시편 109편 6절도 지상의 대적자를 소개하고 있다.

(2) 천상적 존재로서의 '사탄'(שטן)

'사탄'(שטן)이 천상적 존재로서 표현되고 있는 구절은 역대상 21장 1절을 제외하면 민수기 22장 22, 23절, 욥기 1-2장, 그리고 스가랴서 3장 1-2절뿐이다. 대체로 천상적 존재를 가리키는 '사탄'은 총 18회 등장하며, 그중 두 가지 경우대상21:1은 제외는 정관사가 빠져 있다민22:22, 32) 14회 등장하는 욥기 1-2장과 스가랴서 3장 1-2절에는 이 정관사를 수반한다. 그러므로 대체로 천상적 존재로 등장하는 '사탄'은 대체로 정관사를 수반하여 '그 대적자'the Accuser/the Adversary라는 의미로 이해되기도 하지만,[100] 때로는 정관사가 없이도 사용된다. '사탄'이 정관사가 없이 천상적 존재로 소개되는 첫 번째 경우는 민수기 22장 22, 32절에 등장한다. 여기서 여호와의 천사는 발람을 견책하는 '사탄'שטן으로 묘사된다. 이 천상적 존재로 묘사되고 있는 두 번째 경우는 욥기 1-2장에 잘 나타나고 있다. 여기서 이 '사탄'שטן이 천상회의에 속한 합법적 존재인가 아니면 외부 침입자인가에 대해서는 논란의 여지가 있으나, 여호와께서 사탄에게 "네가 어디서 왔느냐"라는 질문을 던지고 있음욥1:7을 고려해 볼 때, 후자의 해석이 더 타당한 듯하다. 하지만 세상의 일들을 감찰하는 여호와의 천사의 역할을 고려해 볼 때, 그는 단지 여호와의 싹찰대원 가운데 하나로서 천상회의의 합법적인 한 일원으로 이해될 수도 있다.

(3) 역대상 21장 1절의 사탄: 천상적 존재인가, 지상적 존재인가?

끝으로 우리는 논쟁의 핵심이 되는 역대상 21장 1절의 사탄의 정체에 대하여 논의해 볼 필요가 있다. 역대상 21장 1절의 사탄의 정체를 규명할 때, 학자들은 대체로 두 가지 견해로 나누어진다. 어떤 학자들은 이 사탄을 천상적 존재로 보는 반면, 어떤 이들은 이 사탄을 지상적 존재로 간주한다. 대체로 많은 학자들은 전자의 입장을 취하고 있다. 그러나 최근 들어 후자의 입장을 취하는 학자들도 점차 늘어나고 있다. 여기서 우리는 이 두 견해를 잠시 살펴본 뒤 그 타당성의 여부를 진단해 볼 것이다.

앞서 살펴본 대로, 여러 학자들은 역대상 21장 1절에 나오는 사탄을 고유명사a proper name로 취급한다. 그 이유는 이 단어가 욥기 1-2장과 스가랴서 3장 1절과는 달리 정관사를 수반하지 않기 때문이다. 이런 근거로서 그들은 역대상 21장 1절의 표현들과 욥기 1-2장 및 스가랴서 3장 1절의 표현들과의 유사성에 집중한다. 예를 들면, 역대상 21장 1절은 욥기 2장 3절에 등장하는 동사, '격동하다'מות를 사용할 뿐만 아니라, 스가랴서 3장 1절에 나오는 '서다'עמד라는 표현도 함께 사용한다. 이 점에 주목한 학자들은 역대상 21장 1절의 사탄이 이 두 본문과 밀접한 연관성을 암시해 주고 있을 뿐만 아니라, 역대기 기자가 정관사를 생략시켜 고유명사화시켰다고 주장한다. 그리하여 이들은 이런 용법이 천상적 존재로서의 사탄을 고정화시켜 줌으로써 (사탄의 개념에 대한) 후대의 발전된 신학적 단계를 보여 주고 있다고 결론짓는다.[101]

그러나 과연 역대상 21장 1절의 사탄을 고유명사로 보는 것은 타당한 해석인가? 근래에 몇몇 학자들은 역대상 21장 1절의 사탄을 고유명사로 보는 입장에 회의적인 견해를 피력한다. 이들은 보통명사가 고유명사로 전환되는 과정이 21장 1절의 경우에는 해당되지 않는다고 주장한다. 만약 천상적 존재를 뜻한다면 욥기 1-2장과 스가랴서 3장 1절의 경우처럼 정관사가 있어야 하지만, 역대상 21장 1절의 경우에는 정관사가 없기 때문에 사탄을 불특정명사an indeterminate noun로 취급하는 것이 바람직하다고 이해한다.[102] 또한 그들은 역대상 21장 1절의 배경과 욥기 1-2장 및 스가랴서 3장의 배경과의 차이점에 주목한다. 실제로 욥기 1-2장과 스가랴서 3장에서는 사탄이 천상적 존재로서 천상 회의에 등장하여 인간을 고소하고 하나님을 자극시키지만, 역대상 21장 1절에는 그 배경이 지상이며 사탄의 충동 대상은 하나님이 아닌 인간이다. 이런 차이점은 역대상 21장 1절의 사탄을 욥기 1-2장과 스가랴서 3장에 나타난 천상적 존재와 동일시하는 데 어려움을 던져 준다.[103]

여기서 우리는 역대상 21장 1절의 사탄의 정체에 관하여 또 다른 가능한 해석에 주목해 볼 필요가 있다. 즉 역대상 21장 1절의 사탄을 천상적 존재보다는 지상적 존재로 이해하는 것이다. 앞서 살펴보았듯이, 구약에서 사탄의 용법은 천상적 존재에게만 적용되는 것이 아니라, 지상의 대적들을 뜻하는 의미로 쓰이기도 한다. 무엇보다도 역대상 21장 1절의 사탄을 지상적 존재로 볼 수 있는 중요한 암시들이 역대상 본문에 나타나고 있다.

첫째, 역대상 21장은 다윗 왕의 치적에 대한 기사대상14:3-22:1에서 다윗 왕 통치 말기대상22:2-29:30로 넘어가는 전환점으로 기능한다.[104] 주목해야 할 점은 역대상 21장의 근접 선행 단락인 역대상 18-20장이 다윗의 군사적 정복 및 도전들과 결부되어 있다는 점이다. 특히 여기서 기술되는 전투들은 대부분 이방 대적자들과 관련되어 있음은 주목해 볼만하다. 예를 들면, 이 단락에 나타난 다윗의 이방 대적자들은 다음과 같다. 블레셋대상18:1, 모압18:2; 소바 왕 하닷에셀18:3-8, 에돔18:12-13, 암몬과 아람19:1-19, 암몬20:1-3, 블레셋20:4-8.

나아가 역대상 21장 1절에 나오는 "일어나 대항하고"־עַל וַיַּעֲמֹד 라는 표현은 여기서 '---을 대항하다' 혹은 '---에게 반역하다'라는 의미를 뜻할 수 있다.[105] 이것은 다분히 군사적 의미를 함축하고 있다. 물론 וַיַּעֲמֹד עַל의 용법은 이런 군사적 의미로만 제한될 수는 없다. 그러나 역대상의 문맥은 이와 같은 군사적 뉘앙스를 시사해 준다. 다시 말하자면, 이스라엘의 어떤 이방 대적자가 다윗을 향해 반역을 시도한 것임을 암시해 준다. 또한 앞서 살펴보았듯이, '사탄'שטן이라는 명사는 천상적 존재만을 가리키는 것이 아니라 군사적 대적자들을 뜻할 수도 있다. 그러므로 이 사탄을 군사적 대적으로 볼 수 있는 가능성은 언제나 열려 있다. 또한 역대상 21장 13절에서 다윗은 자신이 대적의 손에 빠지지 않도록 해 달라고 간구한다. 이것은 21장 1절의 사탄이 군사적 대적과 관련되어 있음을 간접적으로 말해 주고 있다.

뿐만 아니라 세일헤머John H. Sailhamer가 지적하고 있듯이, 구약 역사서에서 하나님의 진노와 이방의 군사적 대적은 밀접한 연관성을 지니고 있다.[106] 예를 들면, 열왕기상 11장 9-14절은 "솔로몬이 마음을 돌이켜 이스라엘 하나님 여호와를 떠나므로, 여호와께서 저에게 진노하심이니라 ויתאנף יהוה בשלמה … 여호와께서 에돔 사람 하닷을 일으켜 솔로몬의 대적שטן이 되게 하시니"라고 말한다. 열왕기상 11장 25절도 "솔로몬의 일평생에 … 르손이 수리아 왕이 되어 이스라엘을 대적שטן하고 미워하였더라"라고 말한다. 이처럼 사탄은 이스라엘의 왕에게 도전하는 이방의 군사적 대적을 가리킬 수도 있다. 로버트 치솜Robert B. Chisholm Jr.은 역대상 21장 1절에 나오는 사탄의 정체에 대해 다음과 같이 결론을 내린다.

"사탄"으로 번역된 이 단어는 실제로 "대적자"adversary를 의미한다. 여기서 이 단어는 관사가 없이 사용되고 있다. 그 밖의 본

> 문에서 이 단어가 관사 없이 사용될 때, 이 단어는 대개 지상의 인간 혹은 민족의 대적자를 가리킨다민22:22, 32에서 주의 천사는 발람의 대적자 역할을 하고 있는 듯하다. 그 밖에 사탄으로 알려진 영적 실체를 가리킬 때 이 단어는 정관사를 수반하며, "그 대적자"the Adversary라는 호칭으로 사용된다욥1:6-9, 12; 2:1-4, 6-7; 슥3:1-2. 그러므로 역대상 21장 1절의 사탄은 이스라엘을 대항하여 다윗을 격동시켜 인구조사를 하도록 자극시킨 이웃 근방의 민족을 가리킬 수 있다.[107]
>
> 종합해 보자면, 역대상의 본문 배경과 타 본문에 나타난 사탄의 용례를 고려해 볼 때, 역대상 21장 1절의 사탄은 천상적 존재라기보다는 지상적 존재, 특히 다윗에게 도전하는 이방의 군사적 대적자로 해석할 수 있는 가능성도 배제할 수 없다.

지금까지 난외주에서 살펴 본 대로 스가랴서 3장 1절은 천상을 배경으로 하기 때문에, 스가랴서 3장 1절에 등장하는 사탄은 지상적 존재라기보다는 천상적 존재임이 분명하다. 더욱이 앞서 설명한 대로, 사탄에 해당하는 히브리어 '사탄'שטן에 정관사가 붙어 있을 경우, 이 명사는 지상의 대적자를 가리키기보다는 천상적 존재를 뜻하기 때문에, 정관사를 수반하는 스가랴서 3장 1절의 사탄 역시 천상적 존재로 해석하는 것이 바람직하다. 더욱이 스가랴서 3장 1절이 천상의 법정을 그 배경으로 하기 때문에, 여기 등장하는 사탄은 피고를 송사하며 고소하는 검사로서의 역할을 수행하고 있음을 추론해 볼 수 있다.[108] 이런 고소자요 검사로서의 사탄의 역할은 시편 109편 6절에 잘 반영된다.

"악인이 그를 다스리게 하시며 사탄이 그의 오른쪽에 서게 하소서"

여기서 "오른편에 서다"라는 말은 법정의 오른편을 뜻하며, 피고를 고소하는 검사의 역할을 암시해 준다. 이와 마찬가지로 스가랴서 3장 1절의 사탄은 법정 재판관인 여호와의 사자의 우편에 서서 피고인 여호수아를 '고소'하는 검사의 역할로서 등장하고 있다.

3장 2절에서 사탄에게 말하는 화자의 정체는 분명치 않다.[109] 아람 역본은 이 화자를 여호와의 사자로 해석하는 반면, 맛소라 본문은 이 화자를 여호와로 간주한다. 대부분의 영역본들은 이 화자를 여호와로 해석하는 반면, 어떤 학자들은 이 화자를 여호와의 사자로 해석하기도 한다.[110] 실제로 여호와의 사자가 재판관으로 묘사되고 있음은 이 화자가 여호와의 사자를 가리키고 있음을 시사해 준다. 더욱이 3장 2절에 나오는 "여호와가 너를 책망하노라"라는 표현은 여호와를 3인칭으로 묘사하여 화자와 여호와를 구별시키고 있기 때문에, 이 화자는 여호와의 사자를 가리킬 수도 있다. 비록 이 화자가 여호와의 사자를 뜻할 수 있다 하더라도, 그는 여호와의 대리자일 뿐만 아니라 그의 메시지는 여호와의 말씀 그 자체와 다름없기 때문에,[111] 화자의 정체에 관한 이슈는 본문의 의미에 그리 큰 변화를 주지는 않는다.[112] 오히려 이 화자의 정체를 규명하는 것보다는 이 화자를 통해 전달되는 여호와의 선포 그 자체에 초점을 맞추는 것이 더 중요한 일이다.

그렇다면 사탄은 왜 여호수아를 고소하는가? 비록 본문에는 사탄의 고소 내용이 소개되지 않지만, 3절에 묘사된 여호수아의 더러운 제사장 복장이 사탄의 고소 내용을 짐작하게 한다. 다시 말해, 사탄은 더러운 복장을 한 여호수아가 대제사장으로서의 자격이 없음을 고소하고 있는 듯하다. 실제로 여호수아가 입고 있는 그 "더러운 옷"의 히브리어 '베가딤 쪼임'בְּגָדִים צוֹאִים은 여호수아의 불결함을 부각시킨다. '더러운'이라는 히브리어 형용사 '쪼이'צוֹא는 인간의 구토나 배설물을 묘사할 때 사용되는 '오물'이라는 뜻의 '쪼아'צוֹאָה라는 히브리어에서 파생된 말이다사28:8; 왕하18:27. 또한 이 형용사는 '오물'이라는 뜻의 '쩨아'צֵאָה라는 히브리어와 연관성이 있는데, 이 '쩨아'는 이스라엘 군대의 진영을 더럽히거나 음식물을 오염시키는 배설물을 묘사할 때 사용된다신23:14; 겔4:12.[113] 그러므로 여호수아의 옷은 오물이 묻은 극도의 더러운 옷으로 취급받고 있는 것이다. 이와 같은 대제사장 여호수아의 더러운 복장은 독자들에게 큰 충격을 안겨다 준다. 그 이유는 무엇인가? 구약의 이스라엘 공동체 가운데 가장 거룩한 하나님의 성전을 맡아 섬기는 자들이 제사장들이었고 이런 거룩한 신분은 그들의 복장을 통해 구별되었는데, 지금 여호수아의 더러운 복장은 대제사장의 거룩한 복장과는 너무도 극명한 대조를 보여주기 때문이다. 특히 구약의 제사장들은 금색, 청색, 자색, 홍색실과 가늘게 꼰 베실로 공교히 짠 에봇을 입어야 했으며, 에봇 위에 띠를 매고 가슴에는 흉패를 달아야 했다. 이 흉패는 12보석으로 12지파의 이름을 새겨넣었으며, 머리에는 "여호와께 성결"이라는 관을 섰다출28장. 오직 제사장들은 이런 복장을 취하고서 여호와의 임재 처소에 접근할 수 있었다. 즉 그들의 복장은 여호와의 임재에 접근할 수 있는 그들만의 구별된 신분과 상태를 상징해 주었다.

하지만 본문에 등장하는 여호수아의 복장은 이런 구약의 제사장들의 복장과는 너무도 대조적이다. 그의 복장은 오히려 오염시키고 부패시킬 수 있는 더러운 오물 덩어리와도 같다. 이것은 여호수아의 현재 신분과 그 상태뿐만 아니라 여호수아가 대표하는 이스라엘 공동체의 더러워진 상태도 상징한다. 사탄은 바로 이와 같은 여호수아의 부정함과 아울러 이스라엘의 더러움을 고소하고 있는 것이다. 이런 사탄의 고소에 대해 여호와의 반응은 매우 놀랍다. 여호와께서는 사탄의 고소에 대해 어떻게 반응하시는가? 오히려 여호와께서는 여호수아의 부정함과 아울러 이스라엘의 더러움을 고소하는 사탄을 책망하신다. 흥미롭게도 사탄을 책망하시는 여호와께서는 자신을 "예루살렘을 택한 자"로 소개하신다. 여기서 '택하다'는 히브리어 동사 '*바하르*'בחר는 선행 환상의 "예루살렘 선택"슥2:12을 연상시킨다. 비록 이스라엘은 죄악으로 인해 더러워져서 하나님의 심판을 받아 바벨론 유수의 혹독한 심판을 경험했지만 이제 포로귀환 공동체는 다시 새로운 회복을 경험하게 될 것이다. 놀랍게도 그들의 회복은 한 때 여호와의 영광이 떠나버렸던 예루살렘의 회복으로부터 시작될 것이다. 이제 여호와께서는 이전처럼 예루살렘을 그분의 임재 처소로 선택하실 것이며, 그분의 임재 처소에서 사역할 제사장을 다시 세우실 것이다.

더욱이 여호와께서는 사탄을 향해 여호수아를 "불에서 꺼낸 그슬린 나무"에 비유하신다. 이 표현은 아모스서 4장 11절의 이미지와 매우 흡사하다.

"내가 너희 중의 성읍 무너뜨리기를 하나님인 내가 소돔과 고모라를 무너뜨림 같이 하였으므로 너희가 불붙는 가운데서 빼낸 나무 조각 같이 되었으나 너희가 내게로 돌아오지 아니하였느니라 여호와의 말씀이니"

여기서 피터센은 "불에서 꺼낸 그슬린 나무"가 함축하는 다양한 상징적 의미를 다음과 같이 세 가지로 요약한다.[114] 첫째, 문자적으로 이 표현은 큰 불길 속에서도 타지 않고 남아 있는 그 무엇을 의미한다. 둘째, 뜨거운 불길 속에서 살아 남는다는 것은 혹독한 시험 혹은 시련을 통과했음을 의미한다. 그러므로 혹독한 시련을 경험한 남은 자들은 이런 시험을 통과했기 때문에 정결한 자들로 간주될 수 있다. 셋째, 불에서 타고 남았다는 것은 더러움을 의미한다. 원래 불에서 타고 남은 재들은 악취가 나거나 쓸모없는 더러운 찌꺼기에 불과하다. 스가랴서 3장의 배경은 바로 이와 같은 의미를 시사하고 있는 듯하다. 다시 말해, 스가랴서 3장 2절에서 여호수아가 "불에서 꺼낸 그슬린 나무"로 묘사되고 있음은 여호수아가 심판을 당한 뒤 생존한 이스라엘의 남은 자들을 대표하고 있음을 의미한다. 좀 더 구체적으로 말하자면, 여호수아는 바벨론 유수의 '불길'로부터 생존하여 다시 예루살렘으로 귀환하여 시온의 회복과 성전 건축을 준비하는 남은 자들을 대표하고 있는 것이다. 힐의 말처럼, "'이는 불에서 꺼낸 그슬린 나무가 아니냐'가 생생하게 표현하는 그림은 '하나님의 은혜의 행위'에 의하여 히브리 백성들과 여호수아가 바벨론 포로로부터 돌아온 것을 가리킨다".[115] 그러므로 여호와는 여호수아를 포함한 이 남은 자들이 '불' 같은 포로 생활의 심판을 이미 경험했기 때문에, 여호수아의 복장을 비난하는 사탄을 향해 여호수아가 더 이상 또 다른 심판의 정죄를 당할 필요가 없음을 강조하고 있는 것이다.

3장 4-5절에서 오물로 더럽혀진 여호수아의 복장은 그의 부정한 상태를 상징해 주는 바, 좀더 구체적으로 그의 죄악을 상징해 준다. 여기서 죄악을 뜻하는 히브리어 '아본'עון은 여호수아의 제사장으로서의 자격과 관련이 있어 보인다. 일반적으로 죄를 뜻하는 이 단어는 윤리적 범죄나 그 이후의 범죄 상태를 가리킬 때에 사용된다. 하지만 이 단어는 개인의 직접적인 범죄보다는 이전 조상들의 죄를 뜻하는 표현으로도 사용된다삼상25:24; 사53:6, 11.[116] 예를 들면, 예레미야 애가 5장 7절은 이 점을 잘 반영한다.

"우리의 조상들은 범죄하고 없어졌으며 우리는 그들의 죄악עון을 담당하였나이다"

그렇다면 여호수아가 담당하고 있는 이 죄악은 구체적으로 무엇인가? 첫째, 이 '아본'은 옛 제사장들의 타락과 부패를 가리킬 수 있다. 실제로 예루살렘 멸망의 원인 가운데 하나는 제사장들의 타락과 부패였다. 예레미야 애가

4장 11-12절은 예루살렘 멸망의 원인을 선지자들과 제사장들의 죄악과 연결시킨다.

> "11 여호와께서 그의 분을 내시며 그의 맹렬한 진노를 쏟으심이여 시온에 불을 지르사 그 터를 사르셨도다 12 대적과 원수가 예루살렘 성문으로 들어갈 줄은 세상의 모든 왕들과 천하 모든 백성이 믿지 못하였었도다 13 그의 선지자들의 죄들과 제사장들의 죄악יהוה들 때문이니 그들이 성읍 안에서 의인들의 피를 흘렸도다"

이처럼 여호수아는 예루살렘의 멸망을 초래했던 옛 조상들, 특히 옛 제사장들의 죄악을 담당하고 있다고 볼 수 있다. 하지만 구약에서 히브리어 '아본'은 어느 특정한 범죄자들보다는 백성 전체의 죄를 묘사할 때 사용되기도 한다. 실제로 제사장들은 어느 특정한 범죄자들보다는 전체 이스라엘 백성들의 죄악을 담당하는 자들로 구별되어 있었다.[117] 예를 들면, 민수기 18장 1절은 백성들의 죄를 짊어진 제사장들의 역할을 분명히 보여 준다.

> "여호와께서 아론에게 이르시되 너와 네 아들들과 네 조상의 가문은 성소에 대한 죄를 함께 담당할 것이요 너와 네 아들들은 너희의 제사장직분에 대한 죄를 함께 담당할 것이니라"

그러므로 여호수아는 백성들의 '아본'을 담당하는 대제사장으로서 여호와의 사자 앞에 서 있는 것이다. 그렇다면 대제사장 여호수아의 죄는 포로기 이후 이스라엘의 남은 자 공동체의 죄악을 상징해 주고 있는 것이다. 그러므로 이 '아본'은 대제사장 여호수아의 개인적인 죄악을 뜻하기보다는 전 이스라엘 공동체의 죄악과 관련이 있다.

여기서 여호와께서는 이런 죄악들을 모두 제하여 버렸다고 선언하신다. 이 본문에서 사용된 죄악을 '제하다'라는 뜻의 히브리어 동사 '헤에바르티' הֶעֱבַרְתִּי는 '넘어가다' pass over는 뜻의 히브리어 동사 '아바르' עבר의 히필형으로 소개되고 있다. 이것은 죄악을 제하시는 분이 누구인가를 강조해 주며, 죄악의 제거가 오직 여호와의 은혜로 말미암은 것임을 분명히 드러내 준다.[118]

죄악이 제거된 후, 여호수아는 아름다운 옷을 입게 되며, 정한 관을 쓰게 된다. "아름다운 옷"으로 번역된 히브리어 '마할라쪼트' מַחֲלָצוֹת는 그 밖의 구약 본문 가운데 오직 이사야서 3장 22절에만 등장한다. 이사야서 3장 22절에서 이 단어는 시온의 딸들이 치장한 "세마포 옷"으로 묘사되고 있다.[119] 그러므로 이 표현은 일반적으로 제사장의 복장을 묘사할 때 사용되는 말이 아니라 왕족이나 귀인의 복장, 즉 최상의 예복을 묘사해 주는 표현이라고 말할 수 있다. 그러므로 여호수아에게 '마할라쪼트'를 입혀 주셨다는 것은 이스라엘을 대표하는 여호수아에게 가장 고상한 예복을 입혀 주셨음을 의미하며, 이것은 이스라엘이 여호와 앞에서 가장 존귀한 존재들로 다시 회복될 것임을 암시한다. "관"이라는 단어 또한 이 점을 더욱 분명히 해 준다. '관'이라는 뜻의 히브리어 '짜니프' צָנִיף는 매우 이례적인 표현이다. 왜냐하면 보통 대제사장의 관을 뜻하는 표현으로는 '미쯔네페트' מִצְנֶפֶת라는 말이 사용되기 때문이다출 29:6; 레8:9.[120] 구약에서 '짜니프' צָנִיף라는 표현은 스가랴서 본문을 제외하곤 2회만 등장한다.[121] 욥기 29장 14절에서 이 단어는 욥의 도적적 가치를 상징하는 표현으로 사용된다.

"내가 의를 옷으로 삼아 입었으며 나의 정의는 겉옷과 모자 צָנִיף 같았느니라"

또한 이 단어는 이사야서 62장 3절에서 회복될 시온의 미래적 지위를 상징해 주는 표현으로 사용된다.

"너는 또 여호와의 손의 아름다운 관, 네 하나님의 손의 왕관וּצְנִיף מְלוּכָה
이 될 것이라"

이처럼 욥기 29장 14절과 이사야서 62장 3절에서 '짜니프'צָנִיף는 회복의 영광을 상징하고 있다. 이와 같은 '짜니프'צָנִיף의 용법을 고려해 볼 때, 스가랴서 3장 5절에 등장하는 '짜니프'צָנִיף 역시 회복의 영광을 상징해 주며, 특히 왕족의 지위와 같은 고상한 신분을 암시한다. 대제사장 여호수아가 귀환한 남은 자 공동체의 대리자로서 등장하고 있음을 고려해 볼 때, 여호수아의 머리에 씌어진 관은 시온의 영광스러운 회복을 상징한다. 부정한 의복에서 아름다운 옷으로 갈아 입혀진 대제사장 여호수아처럼, 이제 귀환한 남은 자 공동체는 여호와 보시기에 정결한 백성이 되었으며, 장차 여호와께서 거하실 성전 건축을 수행하는 데 부족함이 없을 것이다. 특히 볼드윈은 이 단락을 스가랴서 1장 1-6절의 맥락과 연결시킨다. 그렇다면 이 본문은 회개한 남은 자 공동체에게 그들의 죄악이 제거되었고 하나님께로부터 용납을 받게 되었음을 확증해 주고 있는 것이다.[122]

지금까지 살펴 본 여호수아의 새로운 예복과 영광스러운 의관은 그의 대제사장 임직식을 가리키기보다는 그의 사명 위임과 더 깊은 관련이 있어 보인다. 물론 본문에 묘사된 여호수아의 새로운 예복과 의관은 구약에 나타난 제사장의 임직 의식을 연상시켜 준다(레8:6-10). 하지만 본문에 등장하는 여호수아는 바벨론 유수 기간 동안 성전의 부재로 말미암아 정상적인 임직식의 절차를 거치지는 않았으나 포로 귀환 당시에 이미 대제사장으로서 인식되고 있었다고 볼 수 있다. 그렇다면 본문에 나타난 여호수아의 새 복장과 의관의 착용은 대제사장으로서의 임직 정결 의식을 가리키기보다는 그의 새로운 사명 위임과 관련이 있어 보인다. 이런 관점에서 볼 때, 본문에 등장하는 여호수아의 정결 의식은 이사야의 소명 기사를 연상시킨다사6:1-7.[123] 실제로, 이사야 선지자는 천상의 보좌에 좌정하신 여호와의 거룩하신 임재를 체험한 뒤, 자신의 부정한 입술로 인해 탄식한다. 그러나 제단의 숯불로 그의 부정한 입술이 정결케 됨으로써 이사야 선지자는 여호와께로부터 자신이 감당해야 할 새로운 소명을 위임받는다. 이와 마찬가지로 오물로 뒤덮인 더러운 옷 대신에 여호와의 정결한 예복과 찬란한 영광의 의관을 쓰게 된 대제사장 여호수아는 이제 귀환한 남은 자 공동체를 향한 그의 새로운 임무를 부여받는다.

2) 3장 6-10절

"**6 여호와의 천사가 여호수아에게 증언하여 이르되 7 만군의 여호와의 말씀에 네가 만일 내 도를 행하며 내 규례를 지키면 네가 내 집을 다스릴 것이요 내 뜰을 지킬 것이며 내가 또 너로 여기 섰는 자들 가운데에 왕래하게 하리라 8 대제사장 여호수아야 너와 네 앞에 앉은 네 동료들은 내 말을 들을 것이니라 이들은 예표의 사람들이라 내가 내 종 싹을 나게 하리라 9 만군의 여호와가 말하노라 내가 너 여호수아 앞에 세운 돌을 보라 한 돌에 일곱 눈이 있느니라 내가 거기에 새길 것을 새기며 이 땅의 죄악을 하루에 제거하리라 10 만군의 여호와가 말하노라 그날에 너희가 각각 포도나무와 무화과나무 아래로 서로 초대하리라 하셨느니라**"

3장 6-7절에서 여호와께서는 새로운 예복과 의관을 정제한 여호수아에게 권고의 말씀을 전하신다. 여호와의 권고는 두 개의 조건절과 두 개의 귀결절로 구성된다. 또한 각각의 조건절과 귀결절은 유사 단어들, 특히 유사 동사들 예를 들면, שׁמר קדה의 반복을 통해 서로 교차대구를 이룬다.

A. 만약 네가 내 길로 행한다면תֵּלֵךְ,

   B. 만약 네가 나의 계명을 지킨다면תִּשְׁמֹר

      C. 너는 나의 집을 다스릴 것이며

   B'. 너는 나의 뜰을 지킬 것이며תִּשְׁמֹר

A'. 너는 나의 존전에 출입מַהְלְכִים할 수 있을 것이다

    제일 먼저 등장하는 "만약 내 도를 행하면"אִם־בִּדְרָכַי תֵּלֵךְ이라는 조건은 구약의 전형적인 언약 조건 공식과 그 맥락을 같이한다. 먼저 '도'라는 말의 히브리어 '데레크'דֶּרֶךְ는 '길'이라는 뜻으로서 언약적 헌신을 가리키는 단어이다. 그렇다면 이 '데레크'라는 말은 여호와의 언약적 규례 혹은 명령을 뜻하는 하나의 메타포로서 작용한다.[124] 예를 들면, 신명기 8장 6절은 "네 하나님 여호와의 명령을 지켜 그 길을 따라가며 그를 경외할지니라"라고 명령한다. 잘 알려진 신명기 10장 12절의 명령 속에서도 "도를 행하라"라는 권고가 수반된다. 또한 신명기 28장 9절도 "네가 네 하나님 여호와의 명령을 지켜 그 길로 행하라"라는 명령을 부각시킨다. 이처럼 본문에 등장하는 '길'이라는 단어는 신명기의 언약적 사상을 강하게 반영한다. 그러므로 여호수아에게 전달된 "도를 준행하면"이라는 조건적 진술은 여호와와의 언약적 맥락 속에서 이해되어야만 한다. 즉 이것은 여호수아가 반드시 여호와의 계명을 준수해야만 함을 암시하고 있다. 여호와의 언약에 헌신하지 못하고 도리어 이스라엘의 멸망을 초래했던 옛 제사장들과는 달리, 이제 여호수아는 언약의 계명에 헌신하고자 다짐함으로써 이스라엘의 회복과 재건에 주도적인 역할을 수행하는 자로 부름 받는다.

    여호와께서는 여호수아에게 "만약 내 규례를 지키면"이라는 두 번째 조건을 제시한다. 여기서 '규례'라는 말의 히브리어 명사 '미스메레트'מִשְׁמֶרֶת는 '지키다, 준수하다'라는 의미를 지닌 동사 '샤마르'שָׁמַר와 관련이 있기 때문에 하

나님의 말씀을 지키는 신실한 태도를 반영한다.[125] 특히 이 명사가 여호와의 요구 조건을 가리킬 때는 그의 백성들이 반드시 준수해야 할 그분의 계명을 뜻한다. 더욱이 이 단어는 제사장의 사역과 관련하여 성전의 제사 사역 혹은 성소의 구체적인 임무 혹은 책임을 가리킬 때에도 사용된다례8:35; 22:9. 그러므로 이 표현은 여호수아가 대제사장으로서 준수해야 할 그 직분과 임무를 나타내 주는 듯하다.

이 두 개의 조건절이 소개된 후, 여호수아는 다음과 같은 특권을 약속 받는다. 첫째, 여호수아는 여호와의 집을 다스릴 것이다. "집"으로 번역된 히브리어 '베트'בית는 스가랴서에서 다양한 의미로 사용된다. 먼저, 이 단어는 성전1:16; 4:9; 7:2, 3; 8:9, 거처5:4; 6:10, 숙소5:11를 가리키며, 심지어 하나님의 백성8:13, 15, 19; 9:8; 10:3, 6을 뜻하기도 한다.[126] 스가랴서에서 '나의 집'으로 번역된 히브리어 '베티'ביתי는 성전1:16과 백성들9:8을 뜻하는 말로 사용되고 있다. 특히 3장 7절의 배경은 대제사장 여호수아의 사역과 관련이 있기 때문에, 이 집은 성전을 의미하는 것이 분명하다. '다스리다'라는 말로 번역된 히브리어 '딘'דין은 대체로 '판결하다'라는 의미를 갖고 있다. 특히 이 동사는 법률 판결과 관련하여 사람이나 소송 사건을 그 대상으로 한다. 그러므로 이 동사는 판결을 담당하는 제사장들의 일반적인 사역을 가리킬 수 있다신17:8-13; 겔44:24. 그러나 스가랴서 3장 7절에는 이 동사의 목적 대상이 성전이기 때문에, '판결하다'라는 의미로 사용될 수는 없다. 왜냐하면 성전 자체가 판결의 대상이 될 수는 없기 때문이다. 히브리어 '딘'דין은 '판결하다'라는 의미 외에도 때때로 '다스리다'라는 의미를 나타내기도 한다시72:2; 렘21:12. 그러므로 본 단락에서도 이 동사는 '판결하다'라는 의미보다는 '다스리다, 감독하다'라는 의미로 사용되고 있는 듯하다.[127] 그렇다면 이 동사는 성전을 감독해야 할 여호수아의 대제사장으로서의 위치와 역할을 암시해 주고 있다.

둘째, 여호수아는 여호와의 뜰을 지킬 것이다. "뜰"로 번역되는 히브리어

'하쩨르'חצר는 일반적으로 둘러싸여 있는 곳을 뜻한다. 그러므로 이 명사는 때때로 마을이나 정착지를 묘사할 때 사용되기도 한다. 하지만 본문에서 이 단어는 성전을 가리키는 "내 집"이라는 명사와 병행을 이루고 있기 때문에, 성전 바깥 뜰을 의미하고 있는 것 같다.[128] 그러므로 이 단어는 성전의 내부뿐만 아니라 성전의 외부 지역도 함께 다스리고 감독해야 할 대제사장의 총괄적 임무를 암시해 주고 있다.

셋째, 여호수아는 "여기 섰는 자들 가운데 왕래"하게 될 것이다. 여기서 우리는 '섰는 자들'로 번역되는 '하요므딤'העמדים은 누구이며, '왕래'로 번역되는 '마흐레킴'מהלכים의 의미는 무엇인지 살펴볼 필요가 있다. 본문에 언급된 "섰는 자들"은 누구를 가리키는가? 스가랴서 3장의 배경이 천상 회의임을 고려해 볼 때, 이들의 정체는 천상 회의의 천사들로 이해될 수 있을 것이다. 아마도 이들은 스가랴서 3장 4절에서 천상 보좌 앞에 서 있는 그 천사들העמדים과 동일한 자들로 간주될 수 있을 것이다. "왕래"로 번역되는 '마흐레킴' מהלכים은 '통로'passageways 혹은 '여행'journey의 뜻을 지닌 히브리어 명사 '마하라크'מהלך의 복수형이기 때문에, 여러 번 지나가는 행위를 뜻하는 '출입' 혹은 '왕래'의 의미를 암시해 준다.[129] 그렇다면 이와 같은 출입은 천상의 천사들과 같이 여호와의 존전에 나아갈 수 있는 여호수아의 특권을 시사해 준다. 또한 이것은 여호와의 임재를 상징해 주는 지성소에 유일하게 출입할 수 있는 대제사장의 특권도 상징한다레16장.

나아가 천상 회의에 출입할 수 있는 여호수아의 특권은 천상 회의에 참여했던 옛 선지자들의 사역을 연상시켜 준다.[130] 미가야는 천상 회의에 참여하여 천상 회의의 일들을 알 수 있었고왕상22장, 이사야는 여호와의 거룩한 임재가 나타난 천상 회의를 목격했으며사6장, 예레미야는 자신의 예언의 신빙성을 강조하기 위해 자신이 천상 회의에 참여한 자임을 강조한다.

"누가 여호와의 회의에 참예하여 그 말을 알아들었으며 누가 귀를 기울여 그 말을 들었느냐"렘23:18

이처럼 천상 회의에 출입할 수 있는 여호수아의 특권은 옛 선지자들처럼 하나님의 뜻을 분별할 수 있는 특별한 권위가 여호수아에게 주어질 것임을 암시해 준다.

3장 8절에서 여호와께서는 지금까지 여호수아에게 조건적인 약속을 제시했으나 이제 무조건적인 약속을 허락하신다. 흥미롭게도 8절에서 선포되는 예언의 수신자는 여호수아와 그의 동료들도 포함되고 있다. "동료"로 번역되는 히브리어 '레아'רֵעַ는 일반적으로 '친구', '이웃', '동반자' 혹은 '동료'를 가리킨다.[131] 더욱이 여호와께서는 이들을 "예표의 사람"들로 간주하신다. "예표"로 번역되는 히브리어 '모페트'מוֹפֵת는 장차 하나님께서 행하실 일을 미리 보여 주는 징조로서 이해될 수 있다. 예를 들면, 이사야서 8장 18절에서 이사야의 아들들은 장차 다윗 왕조를 위해 행하실 여호와의 역사하심을 상징해 주는 예표로서 소개되고 있다. 이런 관점에서 볼 때, 포로기 후 시대에 회복된 제사장직은 장차 도래할 메시아 시대를 보증해 준다고 볼 수 있다.[132]

그렇다면 이들은 구체적으로 누구를 가리키는가? 대체로 학자들은 이들을 여호수아와 함께 성전에서 사역하는 레위 제사장들로 이해한다.[133] 반면에 어떤 이들은 '레아'라는 단어를 해석할 때 제사장직 계열의 인물들을 구체적으로 지칭하는 말보다는, 포로 귀환한 남은 자들을 총칭하는 표현으로 취급한다.[134] 스가랴서 3장의 배경이 성전 재건과 관련된 여호수아의 대제사장직의 사명 및 그의 사역과 연관되어 있음을 고려해 볼 때, 전자의 입장이 더 타당해 보인다. 그렇다면 여호수아를 포함한 제사장들의 역할과 임무는 이스라엘을 회복시키고 다시 부흥시키실 여호와의 사역을 상징해 준다고 볼 수 있다.

더욱이 여호와는 그의 "종"을 보낼 것이며 그는 "싹"으로서 돋아날 것이라고 약속하신다. 이 싹은 누구를 가리키는가? 개역개정에서 "싹"으로 번역된 히브리어 '쩨마흐'צֶמַח는 '가지'로 번역될 수도 있는데, 대체로 선지서에서 메시아적 용어로서 사용된다. 특히 이 단어는 장차 시온을 다스릴 다윗과 같은 왕the Davidic King을 가리킬 때 사용되는 메타포적 용어이다. 예를 들면, 이사야서 11장 1절은 장차 시온을 다스릴 의로운 다윗 왕의 도래를 예언하고 있다.[135] 하지만 이런 메시아적 인물의 도래에 관한 예언은 예레미야서 23장 5절과 33장 15절을 더욱 연상시킨다.[136] 특히 스가랴서 3장 8절에 소개된 '쩨마흐'צֶמַח가 이런 본문들 속에 동일하게 등장하고 있음은 우리의 관심을 끈다.

"여호와의 말씀이니라 보라 때가 이르리니 내가 다윗에게 한 의로운 가지צֶמַח를 일으킬 것이라 그가 왕이 되어 지혜롭게 다스리며 세상에서 정의와 공의를 행할 것이며"렘23:5

"그날 그때에 내가 다윗에게서 한 공의로운 가지צֶמַח가 나게 하리니 그가 이 땅에 정의와 공의를 실행할 것이라"렘33:15

분명 이 본문들은 이스라엘의 미래 회복과 관련이 있으며, 여기서 예언된 "가지"צֶמַח는 회복된 이스라엘을 다스릴 메시아적 인물로 묘사되고 있다. 그러므로 스가랴서 3장 8절의 '쩨마흐'도 이런 맥락에서 이해될 수 있을 것이다. 즉 본문은 대제사장의 새로운 임무와 역할이 메시아의 도래를 예고하고 있음을 강조해 주는 것이다. 그렇다면 이 "쩨마흐"는 누구를 가리키는 것일까? 그의 정체는 과연 어떻게 이해해야 하는가? 그의 정체에 대한 다양한 해석은 다음과 같다.

① 역사적 접근
   a. 스룹바벨

어떤 학자들은 선지서에 예언된 이 가지가 다윗의 계열로 소개되기 때문에, 스가랴서 3장 8절에 묘사된 이 가지 역시 다윗 계열에 속한 메시아적 인물을 지칭한다고 본다. 특히 이 가지의 역할은 성전 재건과 밀접한 관련이 있기 때문에6:12-13, 아마도 이 '*쩨마흐*'는 스가랴서의 맥락에서 볼 때, 다윗 왕조의 후손인 스룹바벨을 가리킨다고 볼 수 있다. 또한 학개서 2장 23절에서 스룹바벨은 "내 종"으로 묘사되기 때문에, 스가랴서 3장 8절의 '*쩨마흐*'를 가리키는 것으로 이해될 수 있다.[137]

b. 여호수아

비록 스룹바벨이 다윗 왕조의 후손으로서 성전 재건을 주도할 영적인 지도자로 부각되지만, 여호수아 역시 이와 같은 사역을 함께 수행하게 된다학1:1; 12, 14. 더욱이 스가랴서 3장의 전체 문맥은 여호수아의 소명과 그 직무에 초점을 두고 있기 때문에, 이 '*쩨마흐*'는 장차 이스라엘의 갱신을 주도한 영적인 지도자로서 여호수아를 염두에 두고 있다고 볼 수 있다.[138]

② 종말론적 접근

어떤 학자는 이 '*쩨마흐*'는 어떤 역사적 인물로 규정될 수 없다고 본다. 이 '*쩨마흐*'를 여호수아라든지 혹은 다른 어떤 특정한 인물로 간주하는 것은 바람직하지 못하며, 미래의 종말론적인 관점으로 이해되어야 한다고 본다.[139]

필자는 역사적 접근과 종말론적 접근 가운데 양자 택일을 시도하기보다는 이 두 해석을 함께 취하는 종합적인 접근이 필요하다고 본다. 실제로 '*쩨마흐*'의 예언은 여호수아가 아닌, 스가랴 당시의 다윗의 후손 스룹바벨의 귀환으로 부분적인 성취가 이루어졌다고 본다. 그럼에도 불구하고 그의 귀환과 사역이 성전의 재건과 이스라엘의 온전한 회복에 미치지 못했기 때문에, 이 '쩨마흐'의 도래에 대한 예언은 아직 완전한 성취를 이루지 못했다. 이후의 현대적 적용에서 살펴보겠지만, 필자는 이 예언이 다윗의 후손으로 오신 예수 그리스도의 도래를 통해 궁극적으로 성취된다고 믿는다. 그러므로 이 '쩨마흐'의 정체는 역사적으로는 '스룹바벨'을, 그리고 종말론적 관점으로는 '예수 그리스도'와 연결된다고 볼 수 있다. 즉 구약의 메시아 예언은 점진적으로 성취되며, 이런 점진적 성취 과정은 마치 씨가 자라 점차 나무로서의 구체적인 모양을 갖추는 과정으로 비유될 수 있을 것이다.

3장 9절은 여호수아 앞에 있는 일곱 눈을 가진 돌과 그 돌의 목적을 묘사하고 있다. 여기서 다음과 같은 질문이 제기된다. 이 돌은 무엇을 가리키는가? 그리고 일곱 눈은 무엇을 뜻하는가? 여기서 언급된 '돌'אֶבֶן의 정체에 대해 대체로 두 가지 해석이 제시되어왔다. 첫째, 어떤 학자들은 이 돌이 성전 건축의 초석을 가리킨다고 주장한다. 실제로 돌은 장차 성전을 짓고 구속을 완성할 메시아적 인물을 가리키는 그림 언어로 사용된다. 예를 들면, 메시아는 처음에는 거친 돌, 넘어뜨리는 돌시118:22-23; 사8:13-15; 마21:34; 벧전2:7-8로 취급되지만, 나중에 교회의 머릿돌엡2:19-22이 된다. 이와 같은 종말론적인 관점에서 볼 때, 이 돌은 장차 하나님의 성전을 건축할 미래의 메시아적 인물을 상징해 준다.[140] 둘째, 어떤 이들은 이 돌을 대제사장의 관에 달린 금패와 연결시킨다출28:36-38. 실제로 스가랴서 3장의 배경이 대제사장 여호수아의 사역과 긴밀한 연관을 맺고 있음을 고려해 볼 때, 이 돌은 대제사장의 관에 달린 금패를 뜻할 수 있다. 특히 "여호수아 앞에"라는 표현은 이 돌이 여호수아와 관계되고 있음을 암시한다. 또한 대제사장의 금패에는 "여호와께 성결"이라는 문구가 새겨졌기 때문에, 출애굽기 28장 36-38절에 등장하는 대제사장의 금패는 새겨지는 돌을 묘사하는 스가랴서 3장 9절의 문맥과 잘 어울린다.[141]

만약 이 돌이 대제사장의 의관에 달린 금장식을 가리킨다면, 일곱 눈은 무엇을 가리키는가? 이 일곱 눈에 대한 해석은 대체로 두 가지로 나누어진다. 첫째, 어떤 이들은 이 일곱 눈을 온 땅을 감찰하는 "여호와의 눈"으로 해석하며, 둘째, 혹자는 이 일곱 눈을 금장식에 새겨진 문구, 즉 "여호와께 성결"이라는 문구의 일곱 자음수를 가리킨다고 본다. 셋째, 어떤 학자들은 일곱 눈을 금패에 달린 보석의 일곱 빛깔로 해석한다.[142] 넷째, 스미스는 "눈"이라는 표현을 '샘'으로 번역하여 '일곱 눈'을, 광야에서 솟아난 반석의 물처럼 온 땅을 정결케 하는 메시아의 사역과 연결시킨다.[143]

문맥상 필자는 "돌"의 정체와 관련하여 성전의 기초석으로 보는 첫 번째의 해석을 취하고자 한다. 또한 필자는 일곱 눈의 정체와 관련해서도 이 일곱 눈을 기초석 위에 세워진 성전에서 온 땅을 다스리는 여호와의 감찰하심을 상징해 주는 표현으로 보는 첫 번째의 입장을 선호한다. 실제로 스가랴서 4장 1-14절에서 일곱 눈이 여호와의 눈으로 묘사되고 있음이 이를 증명한다. 그럼에도 불구하고 이 돌의 정체가 무엇이든 간에 중요한 것은 이 돌이 대제사장의 새로운 직무와 그 역할의 회복을 강조해 준다는 점이다. 새롭게 회복된 제사장의 직무와 역할은 이스라엘의 죄악을 제거해 줄 것이다. 특히 보다는 '(죄를) 제거하다'라는 히브리어 동사 '무쉬'מושׁ의 용법에 관심을 기울인다. 그는 이 동사의 용법의 중요성을 다음과 같이 강조한다.

"죄"아본라는 단어는 4절에서 천사가 사용한 그 단어와 동일하며, 속죄일에 사용되는 그 단어와도 같은 말이다. 그렇지만 '제거하다'라는 동사는 속죄일 의식에 사용된 단어들과는 구별된다레16:30, 33. 속죄일 의식에 사용되지 않고 스가랴서 3장 9절에 사용된 이 동사의 용법은 이 행위를, 대제사장의 의식으로부터 구별시켜 주는 듯하다. 속죄일은 죄를 속하고 백성들과 성소를 의식적으로 정결케 하는데 그 목적이 있었던 반면, "싹"의 도래와 관련된 그 날은 죄가 영원히 제하여 질 것이며, 속죄일이 쓸모없도록 만들 것이다.[144]

3장 10절은 메시아의 사역이 가져다 줄 축복을 보여 준다. "포도나무"와 "무화과나무"는 대개 뛰어난 통치자의 다스림 아래 있는 평화와 번영을 나타내는 상징적인 표현이다. 한 때 솔로몬이 뛰어난 통치력을 발휘할 때 이스라엘의 삶은 포도나무와 무화과나무 아래 있는 삶으로 비유된다.

"솔로몬의 사는 동안에 유다와 이스라엘이 단에서부터 브엘세바에 이르기까지 각기 포도나무 아래와 무화과나무 아래서 안연히 살았더라"
왕상4:25

미가는 장차 미래의 메시아의 도래로 이루어질 평화와 번영의 시대를 묘사할 때 포도나무와 무화과 나무의 메타포를 사용한다.

"3 그가 많은 민족들 사이의 일을 심판하시며 먼 곳 강한 이방 사람을 판결하시리니 무리가 그 칼을 쳐서 보습을 만들고 창을 쳐서 낫을 만들 것이며 이 나라와 저 나라가 다시는 칼을 들고 서로 치지 아니하며 다시는 전쟁을 연습하지 아니하고 4 각 사람이 자기 포도나무 아래와 자기 무화과나무 아래에 앉을 것이라 그들을 두렵게 할 자가 없으리니 이는 만군의 여호와의 입이 이같이 말씀하셨음이라"미4:3-4

또한 "포도나무"와 "무화과나무"는 히스기야를 반역하는 자들에게 번영을 보장해 주겠다는 랍사게의 말을 연상시켜 준다사36:16.[145] 이런 관점에서 볼 때, 스가랴는 장차 "싹", 즉 다윗의 후손으로 올 메시아의 통치와 그로 인한 새 시대의 번영과 축복을 강조하고 있다. 종합하자면, 스가랴서 3장은 제사장 나라로 부름 받은 이스라엘의 대리자 여호수아의 정결과 대제사장 즉위식을 통해 성전의 회복, 도래할 메시아 시대 그리고 이스라엘의 번영을 약속한다.

(3) 현대적 적용

1) 우리의 대제사장 예수 그리스도!

스가랴 시대의 포로기 후 공동체는 예루살렘 멸망 이후 줄곧 성전 파괴와 제사장 직무의 중단으로 인해 정체성의 위기를 느꼈을 것이다. 하나님께서 시내산에서 이스라엘을 선택 받은 민족으로 불렀을 때, 그들은 '제사장 나라'로 부름을 받았으며, 특별히 레위인을 구별하여 성전을 봉사하게 하였고, 제사장들은 성별된 자들로서 제사를 주관함으로써 하나님과 백성들을 화목시키는 역할을 감당하였다. 그러나 성전의 붕괴는 제사장 직무를 불가능하게 만들었으며, 백성들의 죄를 사해 주는 제사 의식은 더 이상 지속될 수 없었다. 더욱이 70년 동안 지속된 포로 생활은 그들의 정체성에 대해 더욱 의문을 가중시켰다. 그러나 스가랴는 여호와께서 제사장의 기능을 새롭게 회복시킬 것이며, 옛 조상들처럼 죄악을 용서받을 수 있는 속죄의 기회를 다시 허락해 주실 것임을 선언한다. 나아가 스가랴서 3장에 나타난 대제사장 여호수아의 사역과 임무는 완전한 대제사장이신 예수 그리스도의 사역을 바라보게 한다. 이스라엘의 죄악을 제거하는 사역을 담당했던 대제사장 여호수아와 그의 동료 제사장들은 장차 온 인류의 죄를 담당하실 "싹"의 도래, 즉 메시아적 인물을 예표한다.

신약의 저자들은 인류의 죄악을 대속해 줄 이 대제사장적 메시아를 예수 그리스도로 증거한다. 먼저 복음서 기자들은 예수님의 죽음으로 성소 휘장이 찢어진 사건을 소개한다. 이것은 더 이상 성전의 제사의식이 필요치 않음을 말해 주며, 예수님의 십자가의 죽으심이 모든 인류의 죄악을 속하는 대속의 희생임을 강조해 준다. 또한 요한은 요한복음 17장에서 대제사장으로서 기도하시는 예수의 모습을 담고 있으며, 바울은 하나님께 직접 나아가실 수 있는 예수 그리스도의 제사장적 이미지를 강조한다롬5:2; 엡2:18; 3:12. 더욱이 히브리서 기자는 인류의 죄악을 담당하실 예수 그리스도의 대제사장 직과 그 우월성을 구체적으로 논증한다. 히브리서 기자에 따르면, 예수 그리스도의 대제사장 직은 아론 계열의 제사장들과는 달리, 멜기세덱의 계보를 잇고 있다히5:6. 창세기 14장에 등장하는 멜기세덱은 "살렘의 왕", "지극히 높으신 하나님의 제사장"으로 묘사되고 있다. 예수 그리스도께서 멜기세덱의 반차를 좇는 제사장이라는 점은 예수 그리스도의 제사장 직이 인류에서부터 비롯된 것이 아니라 신적인 기원을 지니고 있음을 암시해 주고 있다. 다시 말해, 예수님께서는 왕과 제사장의 역할을 모두 수행한 멜기세덱처럼 "왕 같은 제사장"the priest-king으로 오신 것이다. 이제 "완전한 중보자이신 새 대제사장은 더 크고 더 완전한 성막이 되시며, 지상 성막의 천상적 혹은 영적 원형으로 이해될 수 있다."[146] 히브리서 기자는 속죄의 날로 제한되었던 성소의 출입이 이제 새 언약에 참여한 그리스도인 들에게도 가능케 되며, 어떤 의미에서 볼 때, 우리는 대제사장 예수 그리스도의 희생으로 이미 하늘 성소에 참여하고 있다고 선언한다9:24-28. 결론적으로 신약의 기자들은 오직 대제사장이신 그리스도와 그분의 희생을 통해서만 하나님께 나아갈 수 있으며, 스가랴가 본 대제사장직의 역할이 오직 예수 그리스도 안에서 궁극적으로 성취됨을 확증하고 있다.

2) 사역의 첫 출발점은 어디에

스가랴서 3장의 환상에서 여호와께서는 배설물과 같이 더러운 여호수아의 옷을 벗기시고 가장 귀한 예복을 그에게 입히셨다. 여호수아가 전체 이스라엘의 대리자로 등장하고 있음을 고려해 볼 때, 이 환상은 전체 이스라엘의 부정함을 보여줄 뿐만 아니라, 이 부정한 백성들을 다시 정결케 해 주시는 여호와의 전적인 은혜를 강조한다. 특히 스가랴는 성전 건축이라는 중대한 하나님 나라의 사역을 시작하기에 앞서 사역의 첫 출발점이 무엇인지를 밝혀 준다. 다시 말해, 스가랴는 대제사장 여호수아의 사역의 첫 출발점이 "더러운 옷"*브가딤 쪼암*의 인식으로부터 시작한다는 점을 강조한다. 스가랴는 배설물처럼 더러운 옷을 입은 자신의 실존을 먼저 올바로 인식할 때, 하나님의 사역을 감당할 수 있음을 시사해 준다. 이사야는 여호와 앞에서 입술의 부정함을 깨달은 후 자신의 죄악으로 인해 탄식한다. 그러나 여호와는 자신의 죄로 인해 애통해 하는 이사야를 하나님의 말씀 선포자로 부르신다. 하나님께서는 자신만만하던 젊은 모세를 이스라엘의 지도자로 부르시지 않고 오히려 자신의 연약함으로 인해 절망하는 노년의 모세를 출애굽의 영도자로 삼으신다. 예레미야는 자신을 어린 아이라고 고백하며 하나님의 사역을 감당하기에 부족하다고 고백한다. 그러나 하나님께서는 예레미야를 열방을 위한 메신저로 파송하신다. 하나님께서는 육체의 약함으로 탄식하며 자신의 약점 때문에 고뇌하는 바울을 향해 "약한 그 때에 강함이라"는 메시지로 바울을 위로하신다 고후12:9-10. 우리는 주의 일을 하기에 앞서 얼마나 자신의 연약함을 온전히 인식하고 있는가? 우리는 자신의 약점과 부족함에 대해 얼마나 올바로 깨닫고 있는가? 주님을 향한 열심과 헌신이 너무 앞선 나머지 자신의 연약한 실존에 대한 인식이 결핍되어 있지는 않은가? 스가랴는 우리의 사역이 올바른 자기 성찰과 인식으로부터 시작된다는 점을 다시 한번 확인시켜 준다.

D′. 다섯째 환상
순금 등잔대와 감람나무 4:1-14

(1) 개요

스가랴서 4장은 스가랴 선지자의 재 등장과 그의 환상으로 시작한다. 스가랴는 금으로 된 등잔대의 환상과 그 등잔대 곁에서 기름을 공급해 주는 두 감람나무의 가지를 본다. 특히 스가랴는 이 순금 등잔대 곁에 있는 두 감람나무의 의미를 알고자 천사에게 질문을 던진다. 천사가 이 질문에 대답하기에 앞서 이 환상과 깊은 관련이 있는 스룹바벨에 대한 여호와의 말씀이 전달되며, 천사는 순금 등잔대에 기름을 공급하는 이 두 감람나무의 의미를 밝혀 준다. 이 환상은 성전 건축의 방식과 성전 건축을 이끄는 두 지도자들의 중요성을 강조해 주고 있으며, 나아가 하나님 나라의 사역을 위한 영적인 원리들을 우리들에게 잘 제시해 주고 있다. 특히 스가랴서 4장은 성전 건축의 사역이 오직 성령의 능력에 의존할 때에만 가능하다는 점을 분명히 밝힌다.

대다수의 학자들은 스가랴서 4장 6-10절이 전후 문맥과 잘 부합하지 않기 때문에, 이 부분을 후대의 삽입 단락으로 간주한다. 그래서 이들은 4장의 순서를 다르게 배열시킨다.[147] 하지만 6-10절은 스가랴 환상들의 중심을 차지하는 두 인물 가운데 스룹바벨을 통한 성전 재건의 약속을 전달하기 때문에 4장의 핵심적 단락으로 작용한다. 4장의 중앙에 있는 이 단락의 위치가 이와 같은 본문의 의도를 잘 암시해 준다. 특히 이 단락은 천사와 선지자의 질문과 대답으로 진행되는 전후 단락의 표현 방식과는 달리 하나님의 말씀이 선포되는 신탁 형식을 이루기 때문에 그 중요성을 더해 주고 있다. 이런 관점에서 볼 때, 스가랴서 4장은 4장 6-10절을 중심축으로 세 단락으로 세분화될 수 있다. 4장 1-5절은 순금 등잔대와 감람나무에 대한 스가랴와 천사와의 대화를 다루고 있으며, 4장 6-10절은 스룹바벨에 대한 약속의 말씀을 소개하고 있으며, 4장 11-14절은 순금 등잔대와 감람나무에 대한 스가랴와 천사와의 대화가 다시 재현된다. 그러므로 4장 전체의 구조는 다음과 같이 구성된다.

   A. 순금 등잔대와 감람나무(4:1-5): 스가랴와 천사의 대화
     1. 순금 등잔대와 감람나무를 보는 스가랴(4:1-3)
     2. 감람나무에 대한 질문(4:4-5)
       B. 스룹바벨에 대한 약속의 말씀(4:6-10): 스룹바벨에 대한 신탁
         1. 하나님의 영(4:6)
         2. 성전 건축의 방해와 스룹바벨의 역할(4:7)
         3. 스룹바벨의 성전 완공 사역(4:8-9)
         4. 스룹바벨과 함께 하시는 하나님(4:10)
   A'. 순금 등잔대와 감람나무(4:11-14): 스가랴와 천사와의 대화
     1. 감람나무에 대한 스가랴의 질문(4:11-12)
     2. 감람나무에 대한 천사의 대답(4:13-14)

(2) 본문 분석

1) 4장 1-5절

"1 내게 말하던 천사가 다시 와서 나를 깨우니 마치 자는 사람이 잠에서 깨어난 것 같더라 2 그가 내게 묻되 네가 무엇을 보느냐 내가 대답하되 내가 보니 순금 등잔대가 있는데 그 위에는 기름 그릇이 있고 또 그 기름 그릇 위에 일곱 등잔이 있으며 그 기름 그릇 위에 있는 등잔을 위해서 일곱 관이 있고 3 그 등잔대 곁에 두 감람나무가 있는데 하나는 그 기름 그릇 오른쪽에 있고 하나는 그 왼쪽에 있나이다 하고 4 내게 말하는 천사에게 물어 이르되 내 주여 이것들이 무엇이니이까 하니 5 내게 말하는 천사가 대답하여 이르되 네가 이것들이 무엇인지 알지 못하느냐 하므로 내가 대답하되 내 주여 내가 알지 못하나이다 하니"

4장 1절에서 1-2장의 환상에서 주도적으로 등장하던 천사가 다시 스가랴에게 나타난다.[148] 특히 이 천사는 마치 잠자는 자를 깨우듯이 스가랴를 깨운다. '깨우다'는 히브리어 동사 '우르'עור는 대개 어떤 행동을 취하도록 감동시키거나 고무시키는 문맥에서 사용된다.[149] 또한 이 동사는 선행 본문과 타 본문에서도 등장한다. 예를 들면, 스가랴서 2장 13절은 "여호와께서 성소에서 일어나심이니라"고 표현하고 있는데, 여기서 히브리어 동사 '우르'עור가 '일어나다'라는 뜻으로 쓰이고 있다. 또한 학개서 1장 14절에 보면, 여호와께서는 이스라엘 백성들로 하여금 성전 건축에 참여하도록 그들의 마음을 '흥분시키신다'. 여기서 '흥분시키다'라는 동사도 역시 히브리어 동사 '우르'עור로 표현된 말이다. 이처럼 히브리어 '우르'는 어떤 행동을 취하도록 감동시키거나 고취시키는 것을 암시한다.[150] 그러므로 이 동사가 스가랴에게 적용되고 있음은 이제 스가랴가 어떤 행동을 취하고자 고무되고 있음을 뜻한다. 그렇다면 스가랴는 무엇을 위해 감동을 받고 있는 것인가? 그것은 바로 하나님의 말씀을 선포하는 것이다. 좀 더 구체적으로 말하자면, 이스라엘 백성들에게 성전 건축의 완성을 촉구하며, 스룹바벨로 하여금 그 사역을 완성하라는 하나님의 말씀을 선포하기 위해 감동을 받고 있는 것이다. 그러므로 천사가 스가랴를 깨운 것 그 자체는 스가랴의 사역과 깊은 관련이 있어 보인다.

4장 2절에서 우리는 천사의 등장에 대해 또 다른 흥미로운 점을 살펴 볼 필요가 있다. 지금까지 이 천사는 주로 스가랴의 질문에 대답하거나 해석해 주는 역할을 했으나, 여기서는 주도적으로 질문을 던진다. 스가랴는 천사의 질문을 받고 그가 본 것을 묘사한다. 스가랴가 본 것은 순금 등잔대2절와 그 곁에 있는 두 감람나무3절이다. 먼저 우리는 스가랴가 본 순금 등잔대에 대해 좀더 관심을 기울일 필요가 있다. 본문에 묘사된 대로, "순금 등잔대가 있는데 그 위에는 기름 그릇이 있고 또 그 기름 그릇 위에 일곱 등잔이 있으며 그 기름 그릇 위에 있는 등잔을 위해서 일곱 관"4:2이 있다. 여기서 순금 등잔대히, 메노라, מְנוֹרָה의 "기름 그릇"히, 굴라, גֻּלָּה[151]과 "일곱 관"히, 쉬브아 무짜코트, מוּצָקוֹת שִׁבְעָה[152]의 등장은 성막의 금 촛대 혹은 솔로몬 성전의 금 촛대와 비교해 볼 때, 매우 두드러져 보인다. 본문에 묘사된 이 순금 등잔대의 모양은 나무 모양을 한 성막 혹은 성전의 등잔대출25:31-40; 37:17-24와는 다르기 때문에[153] 이 순금 등잔대에 대한 해석은 많은 어려움을 수반한다. 학자들은 이 순금 등잔대를 설명하기 위해 여러 가지 의견을 제안해 왔다. 이런 의견들은 대체로 다음과 같은 두 가지 입장으로 대변된다.

① 비역사적인 상징적 해석

먼저 이 순금 등잔대를 상징적으로만 해석하는 입장을 살펴보자. 역사가 요세푸스Josephus는 순금 등잔대의 일곱 등잔을 태양을 포함한 일곱 행성들로 이해했으며 오웬스J. J. Owens도 이런 해석에 동조한 바 있다.[154] 드라이버S. R. Driver는 이 순금 등잔대를 상징적으로 해석하는 데 많은 위험이 따르지만, 대체로 이 등잔대가 하나님의 진리의 빛을 비추는 이스라엘 백성들을 상징해 준다고 해석한다.[155] 결론적으로 이들은 본문에 그려진 이 순금 등잔대를 실제 등잔대가 아닌 비역사적인 상징적 실체로 이해한다.

② 역사적 해석

이 순금 등잔대를 해석하는 두 번째 입장은 이 등잔대를 역사적 배경에 근거하여 접근하는 것이다. 이런 역사적 해석은 솔로몬 성전 입구에 위치한 두 기둥의 관점에서 보는 입장과 팔레스타인 지역에 발굴된 등잔대의 관점에서 보는 입장으로 구분된다. 첫째, 올렌버거는 이 순금 등잔대를 솔로몬 성전 입구의 두 기둥의 관점에서 해석하려 한다.[156] 비록 올렌버거는 본문에 묘사된 순금 등잔대와 솔로몬 성전 입구의 두 기둥과의 차이를 인정하지만, 그 유사성에도 관심을 기울인다. 특히 올렌버거는 스가랴가 본 순금 등잔대가 솔로몬 성전, 즉 하나님의 임재 처소를 연상시켜 준다고 주장한다. 실제로 솔로몬은 성전 입구에 거대한 두 기둥을 세웠으며, 그 이름을 각각 야긴과 보아스왕상7:21라고 지었다. 그리고 이 기둥 꼭대기에는 백합화 형상의 등잔이 있었다왕상7:23-26. 그러므로 올렌버거의 주장에 의하면, 스가랴가 본 그 등잔대는 이런 솔로몬 성전 기둥을 연상시키며, 결국 하나님의 임재 처소를 상기시켜 준다.[157] 하지만 성전 안의 순금 등잔대와 성전 입구의 두 기둥을 연결시키는 해석은 다소 비약적인 느낌을 받는다.

그리하여 몇몇 학자들은 역사적인 고고학적 유물에 근거하여 본문의 순금 등잔대를 비교 분석해 왔다.[158] 학자들은 본문의 순금 등잔대와 비견될만한 고고학적 유물로는 대개 두 가지를 그 사례로 제시한다. 첫째, 어떤 학자들은 로마 티투스의 기념문에 그려진 등잔대를 이 순금 등잔대의 배경으로 이해한다. 이 문은 로마의 티투스 장군이 주후 70년에 유대 이스라엘을 정복하여 그 승리를 축하하기 위해 세운 기념문으로서 여기에 일곱 개의 촛대를 지니고 있는 등잔대가 새겨져 있다.¹⁵⁹ 이것은 주전 1세기 당시 유대인들이 이런 등잔대를 계속 사용했던 것으로 추측해 볼 수 있다. 하지만 이 등잔대는 주전 1세기 이전에는 나타나지 않기 때문에, 스가랴가 본 순금 등잔대의 역사적 배경으로 이해하는 데는 어려움이 있다.¹⁶⁰

둘째, 로버트 노스Robert North와 같은 학자들은 이집트와 팔레스타인의 고고학자들이 발굴한 여러 형태의 등잔대와 등잔에 대해 연구한 바 있다.¹⁶¹ 고고학자들이 단Dan, 게제르Gezer 그리고 라기스Lachish에서 발굴한 이 등잔대는 대략 주전 1400-700년대의 것으로 추론되며, 둥근 형태의 접시 받침대가 있으며, 그 끝에는 일곱 개의 관이 있는 도자기 형태를 취하고 있다. 그리하여 학자들은 이 고고학적 유물로 발굴된 도자기 등잔대가 스가랴가 본 등잔대의 배경이 된다고 주장한다.

이런 고고학적 유물로 발굴된 도자기 형태의 등잔대는 비록 스가랴서 4장에 등장하는 순금 등잔대와 동일하다고 볼 수는 없지만, 가장 유사한 면을 보여 준다고 말할 수 있다. 그리하여 볼드윈은 고고학적 유물로 발굴된 도자기 등잔대의 형태를 염두에 두면서 스가랴가 본 순금 등잔대의 모양에 대해 다음과 같이 결론 내린다. "아마도 스가랴의 등잔대는 위쪽으로 갈수록 약간 뾰족해지며 그 꼭대기에는 접시가 있는, 도자기 형태의 기둥 모양을 한 물건이었을 것이다."¹⁶² 이처럼 우리는 스가랴가 본 순금 등잔대는 그 당시 이스라엘 시대에 사용되던 도자기 형 등잔대의 모양과 밀접한 관련이 있음을 확인할 수 있다. 그럼에도 불구하고 이 순금 등잔대는 중요한 상징적 의미를 지니고 있음이 분명하다. 그렇다면 이 순금 등잔대는 과연 무엇을 상징하고 있는 것일까? 학자들은 이 순금 등잔대의 상징적 의미에 대해 주로 다음과 같은 네 가지 입장을 제시해 왔다.

첫째, 학자들은 대체로 이 순금 등잔대를 여호와 혹은 여호와의 임재로 이해한다.[163] 학자들이 이런 입장을 취하는 이유는 10절의 표현에 근거하고 있다. 만약 10절에 등장하는 여호와의 눈이 순금 등잔대의 일곱 등잔과 동일하다면, 순금 등잔대는 여호와를 가리키게 된다.[164] 또한 14절은 순금 등잔대 좌우에 있는 두 감람나무를 "온 세상의 주" 앞에 서 있는 자들로 표현하기 때문에, 학자들은 이 순금 등잔대를 여호와로 해석하는 데 주저하지 않는다. 하지만 이와 같은 해석을 받아들이면, 여호와께서 두 감람나무의 기름을 공급받아 빛을 비추는 자가 되기 때문에 상당한 문제를 야기시킨다. 다시 말해, 여호와께서 두 감람나무의 기름에 의존하시는 분으로 오해될 수 있다.

둘째, 스미스는 스가랴가 본 이 순금 등잔대가 하나님의 백성 이스라엘을 상징해 준다고 믿는다. 그는 이런 주장의 근거로서 12절의 해석을 강조한다. 그에 따르면, 12절에 등장하는 두 감람나무 가지는 스룹바벨과 여호수아를 가리키기 때문에, 이 두 감람나무로부터 기름을 공급받는 순금 등잔대는 이 두 지도자들로부터 영향을 받는 이스라엘 공동체를 의미한다.[165] 웹도 이런 입장을 취한다. 그는 이 순금 등잔대를 스룹바벨과 여호수아 이 두 지도자들과 함께 성전 재건에 참여하는 이스라엘 공동체로 이해한다.[166] 특히 그는 순금 등잔대의 빛은 세상의 빛의 역할을 감당해야 할 하나님의 백성의 사명을 연상시켜 준다고 본다(사60:1-3; 62:1; 마5;16; 눅12:35).[167] 하지만 본문의 강조점은 과연 이스라엘 공동체에 있는가? 필자가 보기에, 본문의 초점은 성전 재건에 있는 듯하다. 특히 3장과 4장에서 강조되고 있는 여호수아와 스룹바벨의 역할은 성전 재건과 긴밀한 연관성이 있음을 확인할 수 있다. 그러므로 순금 등잔대를 이스라엘 공동체로 해석하는 것은 다소 의문의 여지를 남겨둔다.

셋째, 스위니는 본문의 순금 등잔대를 성전과 결부시킨다. 그는 이 순금 등잔대를 회복될 여호와의 임재 처소인 성전으로 본다.[168] 또한 맥코미스키와 치슴과 같은 학자들도 순금 등잔대가 성전을 의미한다고 해석한다.[169] 이들은 본문 전체의 맥락이 성전 재건과 관련이 있으며, 본문의 중심부에 위치하는 스룹바벨에 대한 신탁도 성전 건축의 완성에 대한 약속을 제시하고 있으므로 순금 등잔대가 새로이 건축될 성전을 상징한다고 보는 것이 바람직하다고 생각한다.

넷째, 볼드윈은 본문의 순금 등잔대가 이스라엘과 성전 이 두 대상을 모두 상징해 준다고 믿는다.[170] 그녀에 의하면, 두 감람나무 가지에 해당되는 두 지도자, 곧 여호수아와 스룹바벨의 사명은 성전을 건축할 뿐만 아니라 이스라엘 공동체로 하여금 빛으로서 사명을 감당하도록 그들을 격려하는 데 있다. 그러므로 볼드윈은 순금 등잔대가 이스라엘이나 성전 중 어느 한 가지를 상징한다기보다는 이 둘 모두를 나타낸다고 주장한다.

지금까지 우리는 순금 등잔대의 의미에 대해 여러 가지 해석들을 간략히 살펴보았다. 여기서 필자의 견해를 나름대로 피력하고자 한다. 필자의 견해로는, 순금 등잔대를 성전으로 해석하는 세 번째의 견해가 가장 타당해 보인다. 앞서 살펴보았듯이, 여덟가지 환상의 전체 구조 가운데 3-4장이 그 중심적인 축을 이루고 있다. 그것은 3-4장이 성전 건축의 완성을 위해 공동체를 이끌어 나가야 할 두 지도자들의 역할과 사명에 초점을 두기 때문이다. 더욱이 앞서 언급했던 바와 같이, 4장 중심부에 위치한 스룹바벨을 향한 신탁은 성전 건축의 완성에 대한 약속을 제시하고 있기 때문에, 4장 전체는 성전 건축과 밀접한 연관성이 있다. 이와 같은 본문의 전체적인 맥락에서 볼 때, 순금 등잔대는 재건되어 완성될 성전과 깊은 관련이 있다고 결론지을 수 있다.

3절에서 순금 등잔대를 본 스가랴는 그 곁에 있는 두 감람나무를 본다. 이 두 감람나무에 대한 논의는 11-14절을 다룰 때 보다 구체적으로 제시될 것이다. 여기서 우리는 두 감람나무의 위치에 대해서만 간략히 살펴볼 것이다. 앞서 살펴본 대로, 만약 본문의 순금 등잔대가 둥근 접시를 받치고 있는 도자기 형태의 등잔대라면, 아마도 이 등잔대의 크기는 2미터 가량 되는 감람나무의 크기와 비슷했을 것이다. 만약 등잔의 기름이 감람나무 가지로부터 공급되었다면, 이 나무의 가지는 등잔대보다 더 높았을 것이라 추측해 볼 수 있다.[171] 즉 이 두 감람나무의 가지에서 나오는 등잔의 기름은 위의 가지로부터 아래의 등잔으로 흘러 내려왔을 것이라 추론해 볼 수 있다.[172]

4장 4-5절에서 스가랴는 천사에게 "이것들이 무엇입니까?"라고 질문을 던진다. 여기서 스가랴의 질문의 대상은 무엇인가? 스가랴가 보고 질문을 던진 대상은 순금 등잔대인가, 아니면 감람나무인가? 아니면 "이것들"이란 표현은 스가랴가 본 순금 등잔대와 감람나무에 대한 이상 전체를 모두 포함한 지시 대명사인가? 11-13절에 또 다시 등장하는 스가랴의 질문을 고려해 볼 때, "이것들"은 두 감람나무를 가리킴이 분명하다.[173]

2) 4장 6-14절

"6 그가 내게 대답하여 이르되 여호와께서 스룹바벨에게 하신 말씀이 이러하니라 만군의 여호와께서 말씀하시되 이는 힘으로 되지 아니하며 능력으로 되지 아니하고 오직 나의 영으로 되느니라 7 큰 산아 네가 무엇이냐 네가 스룹바벨 앞에서 평지가 되리라 그가 머릿돌을 내놓을 때에 무리가 외치기를 은총, 은총이 그에게 있을지어다 하리라 하셨고 8 여호와의 말씀이 또 내게 임하여 이르시되 9 스룹바벨의 손이 이 성전의 기초를 놓았은즉 그의 손이 또한 그 일을 마치리라 하셨나니 만군의 여호와께서 나를 너희에게 보내신 줄을 네가 알리라 하셨느니라 10 작은 일의 날이라고 멸시하는 자가 누구냐 사람들이 스룹바벨의 손에 다림줄이 있음을 보고 기뻐하리라 이 일곱은 온 세상에 두루 다니는 여호와의 눈이라 하니라 11 내가 그에게 물어 이르되 등잔대 좌우의 두 감람나무는 무슨 뜻이니이까 하고 12 다시 그에게 물어 이르되 금 기름을 흘리는 두 금관 옆에 있는 이 감람나무 두 가지는 무슨 뜻이니이까 하니 13 그가 내게 대답하여 이르되 네가 이것이 무엇인지 알지 못하느냐 하는지라 내가 대답하되 내 주여 알지 못하나이다 하니 14 이르되 이는 기름 부음 받은 자 둘이니 온 세상의 주 앞에 서 있는 자니라 하더라"

4장 6절에서 여호와께서는 먼저 스룹바벨에게 "이는 힘으로 되지 아니하며 능력으로 되지 아니하고 오직 나의 영으로 되느니라"라고 선포하신다. 여기서 "힘"으로 번역된 히브리어 '*하일*'חיל은 막강한 노동력을 뜻하는 말로서 솔로몬이 성전을 건축할 때 고용되었던 많은 노동자들의 노동력을 가리킬 때 사용된다왕상5:13-18. '능력'이라는 뜻의 히브리어 '*코아흐*'כח는 노동자들의 강한 '힘'을 가리킬 때 사용되는 말이다. 또한 이 두 단어는 전쟁터의 군대 혹은 군사들의 힘을 나타낼 때 사용되기도 한다대하14:11; 20:12; 26:13; 단8:22, 24; 11:25. 이 두 단어가 동시에 등장하는 시편 33편 16절은 눈여겨 볼만하다.[174]

"많은 군대로 구원 얻은 왕이 없으며 용사가 힘이 세어도 스스로 구원하지 못하는도다"

그러므로 이 메시지는 성전 재건이 인간의 힘이나 노력으로 완성되는 것이 아님을 강조한다. 오히려 성전 재건은 오직 하나님의 성령히, *루아흐*, רוח으로만 가능하다. 그러므로 스룹바벨은 성전 건축을 위해 인간의 노동력이나 짐꾼들의 힘에 의존해서는 안 된다. 오히려 그는 천지를 창조하셨고창1:2, 홍해를 가르셨으며출15:8, 왕과 선지자들과 같은 지도자들을 감동시켜 그들을 하나님의 도구로 사용하신민24:2; 느9:30 여호와의 성령רוח의 능력만을 의존해야만 한다.

또한 여호와께서는 "큰 산아 네가 무엇이냐 네가 스룹바벨 앞에서 평지가 되리라"라고 선포하신다. 여기서 이 큰 산히, *하르-하가돌*, הָהַר־הַגָּדוֹל은 무엇을 뜻하는 것인가? 학자들은 이 산의 의미에 대해 여러 가지 의견을 제시해 왔다. 대체로 이 산의 의미에 대한 견해로는 다음과 같다. ① 대제사장 여호수아 ② 성전 재건을 방해했던 사마리아 총독 닷드내 ③ 성전 재건 시 스룹바벨이 직면할 어려움들 ④ 황폐하게 쌓여진 제1 성전의 잔재들 ⑤ 재건 건축에 대한 실망감 ⑥ 이스라엘 공동체의 내부적 갈등. 필자의 생각으로는 세 번째의 견해가 본문의 문맥상 타당해 보인다스4-6장.[175] 이처럼 스룹바벨에게 전달된 성전 건축에 대한 약속은 4년 후 다리오 왕 육년 아달 월 삼 일에 성취된다스 6:15. 그러나 성전 건축에는 내적인 문제와 외적인 문제들이 뒤따라온다. 바벨론 포로 귀환민들은 처음 성전 건축을 시작할 때 그것을 "작은 일의 날"이라고 말하며 성전 건축 사역을 하찮은 것으로 취급하였다학2:3. 한편, 사마리아의 닷드내는 지속적으로 성전 건축 사역을 방해하여 성전 건축을 좌절시키고자 했다. 이처럼 본문은 스룹바벨의 성전 건축 사역이 공동체 내부의 산과 공동체 외부의 산에 직면하게 될 것임을 예고하고 있다. 하지만 본문은 인간의 힘과 능력이 아닌, 성령의 능력에 의존할 때, 내외부로부터 밀려오는 산더미 같은 문제들이 해결될 것이며, 마침내 성전 건축이 완성될 것임을 약속하고 있다. 그러므로 성전 건축을 시작하는 이스라엘 백성들에게 이 같은 약속의 메시지는 가장 큰 위로의 말씀이 아닐 수 없다. 큰 산이 평지가 될 것이라는 여호와의 선포는 비록 성전 재건에 많은 반대와 난관들이 뒤따라 온다 하더라도, 인간의 힘과 능력이 아닌 여호와의 성령의 능력에 의존할 때, 하나님의 임재 처소인 성전의 건축이 반드시 성취될 것임을 강조해 주고 있다.

특히 7절에서 스룹바벨은 성전 건축을 시작하여 완성하는 자로 묘사되고 있다. 먼저 그는 성전의 머릿돌을 놓아 성전 건축을 시작하는 자로 나타난다. 여기서 우리는 머릿돌히, *하 에벤 하로샤*, הָאֶבֶן הָרֹאשָׁה에 대해 좀더 구체적으로 살펴볼 필요가 있다. 피터센은 스가랴서 4장 7절에 나오는 이 머릿돌을 고대 근동, 특히 메소포타미아와 셀류시드 시리아ancient Mesopotamia and Seleucid Syria의 건축 의식의 관점에서 해석한다.[176] 고대 근동의 메소포타미아 지역에서는 새 성전을 건축할 때 건축자는 옛 성전의 돌을 떼어 새로운 성전 건축에 사용하도록 그 돌을 제물과 함께 구별해 두었다. 이것은 옛 성전과 새 성전간의 연속성을 강조해 주는 중요한 기능을 보여 준다. 그렇다면 스룹바벨이 이 머릿돌을 새 성전 건축의 시작 때에 사용하고 있음은 분명 새롭게 건축될 성전과 옛 성전과의 연속성을 암시해 준다.

또한 스룹바벨이 머릿돌을 놓을 때 무리들은 "은총, 은총이 그에게 있을지어다"라고 외칠 것이다. 은총이라는 말로 번역된 히브리어 '헨'חן은 호의와 용납의 의미를 전달하는 긍정적인 뉘앙스를 함축한다. 그러므로 맥코미스키의 해석대로, 이 단어는 "성전의 완성으로 이끄는, 백성들을 향한 하나님의 호의를 확언한다".[177] 예를 들면, 제왕시에 속하는 시편 45편에서 히브리어 '헨'חן은 이런 의미로 사용된다.

"왕은 사람들보다 아름다워 은혜חן를 입술에 머금으니 그러므로 하나님이 왕에게 영원히 복을 주시도다"시45:2

또한 이와 같은 외침은 솔로몬이 새로운 왕으로 등극할 때 그를 향해 소리치던 백성들의 외침을 연상시킨다.

"제사장 사독이 성막 가운데에서 기름 담은 뿔을 가져다가 솔로몬에게 기름을 부으니 이에 뿔나팔을 불고 모든 백성이 솔로몬 왕은 만세수를 하옵소서 하니라"왕상1:39

더욱이 '헨'이라는 히브리어의 두번 반복은 전형적인 히브리어의 최상급 강조용법이다. 그러므로 이 표현은 스룹바벨의 건축사역이 하나님이 보시기에 매우 좋은 것임을 의미한다.[178]

8-9절에서 하나님의 말씀이 또 다시 선포된다. 여호와께서는 스룹바벨이 성전 건축을 시작할 뿐만 아니라 성전 건축을 완성할 것임을 약속하신다. 하지만 이와 같은 약속은 성전 건축의 완성을 기록하는 에스라서 6장과는 다소 차이점을 나타낸다. 실제로 성전 건축의 기사를 다루고 있는 에스라서 6장은 스룹바벨에 대해 전혀 언급하지 않는다. 그로 인해 학자들은 에스라서 6장의 성전 건축 기사에 스룹바벨에 대한 언급이 나타나지 않는 현상에 대해 여러 가지 의견을 제시해 왔다. 첫째, 어떤 학자들은 스룹바벨이 장차 독립될 유다 왕국의 새 다윗 왕으로 옹립될 것을 염려한 페르시아 사람들이 스룹바벨을 살해했거나 아니면 감옥에 수감시켰을 것이라고 추론한다. 그러나 이러한 주장은 어떤 분명한 증거를 결여하고 있다.[179]

한편, 메이어스와 메이어스Meyers and Meyers와 같은 학자들은 이와 같은 성전 건축 완성의 약속을 스룹바벨의 딸인 쉘로밋Shelomith의 사역과 연결시킨다.[180] 6세기 후반 예루살렘 근처에서 발견된 한 비문에는 쉘로밋이라는 이름을 지닌 한 여인이 스룹바벨을 승계한 총독 엘나단의 조력자로 묘사되고 있다. 이 여인은 실제로 스룹바벨의 딸이었다대상3:19. 그러므로 학자들은 스룹바벨을 향한 성전 건축 완성 약속이 그의 딸을 통해 성취되었다고 이해한다. 여하튼 본문의 강조점은 스룹바벨의 지도력을 통해 성전 건축의 사역이 시작될 뿐만 아니라 그 건축 사역이 반드시 완성된다는 것이다.

10절은 본문 구성의 모호성 때문에 학자들로부터 해석학적 난제로 취급되어 왔다. 10절에 대한 해석은 '기뻐하다'라는 동사의 주어를 무엇으로 보느냐에 따라 대개 다음과 같이 세 가지 입장으로 나누어진다. 첫째, "작은 일의 날이라고 멸시하는 자"로 보는 입장, 둘째, 포로기 후 이스라엘 백성으로 보는 입장, 셋째, '여호와의 일곱 눈'으로 보는 입장. 필자가 보기에 첫 번째의 입장¹⁸¹보다는 두 번째나 세 번째의 견해가 가장 바람직해 보인다.¹⁸² 그렇다면 '기뻐하다'의 주어는 과연 누구를 가리키는가? 이스라엘의 일반 백성들을 가리키는가 아니면 여호와의 일곱 눈을 뜻하는가? 히브리 본문의 문법적 구조를 고려해 볼 때, '기뻐하다'의 주어를 익명의 사람들로 간주하기보다는 본문에 등장하는 여호와의 일곱 눈으로 보는 것이 가장 바람직해 보인다. 그러므로 필자의 사역에 의하면 10절은 다음과 같이 번역될 수 있다.

"작은 일의 날이라고 멸시하는 자가 누구인가? 스룹바벨의 손에 있는 다림줄을 볼 때 기뻐하는 이 일곱은 온 세상을 두루 행하는 여호와의 눈이다."

"다림줄"로 번역된 히브리어 '*하에벤 하브딜*' הָאֶבֶן הַבְּדִיל은 문자적으로 번역하면 '주석'이 된다. 그러므로 "다림줄"이란 말은 히브리 원본보다는 영문 번역본에 의존한 표현으로서 정확한 번역으로 볼 수 없다. 실제로 구약에서 이 단어가 다림줄을 뜻하는 말로 사용된 곳은 그 어디에도 없다. 원래 히브리어 '하브딜'이란 단어는 '구별되다, 분리되다'라는 동사로부터 파생된 수동형 명사이기 때문에 '찌꺼기' 혹은 '혼잡물'로부터 '구별된 그 무엇'을 뜻하는 말이다.¹⁸³ 이 단어는 주석을 가리키는 말로서 다른 금속들과 나열되기도 하지만 예를 들면, 민31:22; 겔22:18, 때때로 '찌꺼기'나 '오물'로부터 정화됨을 가리킬 때 사용된다. 예를 들면, 이사야서 1장 25절은 이런 의미를 잘 반영한다.

"내가 또 나의 손을 네게 돌려 너의 찌꺼기를 잿물로 씻듯이 녹여 청결하게 하며 네 혼잡물을 다 제하여 버리고"

여기서 이사야는 부정한 예루살렘의 심판으로부터 살아남은 정결한 남은 자의 출현을 더러운 찌꺼기로부터 정화되는 과정으로 설명하고 있다. 이런 관점에서 볼 때, 스룹바벨의 손에 있는 "정결한 돌"은 예루살렘의 정화와 다윗 왕조의 회복을 암시한다.

한편, 피터센은 바벨론-페르시아 시대의 건축 관습에 근거하여 이 돌을 건물의 기념비석a building deposit으로 해석한다. 예를 들면 피터센에 의하면, 코르사바드에 위치했던 사르곤 2세의 궁정에서 발견된 비문은 금과 은과 고토석의 서판에 기록되어 있는데 그 내용은 다음과 같다.

> 나는 나의 이름을 금과 은과 주석과 청금석과 줄마노로 만든 비문에 기록하였으며, 나는 (그것들을 몇몇 궁정들의) 기초들 안에 놓아 두다.[184]

이처럼 새로운 건축물을 금과 은과 귀한 보석 위에 건축하고자 한 것은 새 건축물에 대한 긍정적인 가치와 그 중요성을 뜻하였다. 이와 같은 고대 근동의 관점에서 볼 때, 스룹바벨의 손에 있는 이 돌은 새롭게 건축될 제2 성전이 하찮은 것이 아니라 매우 소중하고 가치 있는 건축물이 될 것임을 암시해 주고 있다. 그러므로 스룹바벨의 손에 있는 이 돌을 강조하고 있는 스가랴의 관점은 성전 건축의 날을 "작은 일의 날"이라고 멸시하는 이들의 관점과는 정면으로 대립되고 있음을 보여 준다. 비록 사람들의 눈에는 보잘 것 없는 초라한 성전으로 비춰질 수 있으나, 하나님이 보시기에 새 성전은 가장 고귀하고 가치 있는 성소가 될 것이다.

이제 우리는 여호와의 눈을 상징하는 "일곱"히, 쉬브아, הָעֵינַ֤יִם에 대해 논의할 필요가 있다. 학자들은 대체로 이 '일곱'이 일곱 등잔을 뜻한다고 해석한다.[185] 다시 말해, 이들은 4절의 질문에 대한 대답이 이제 10절에서 제시되고 있다고 보는 것이다. 그러므로 이들은 일곱 등잔의 빛처럼 여호와의 눈이 온 세상을 두루 비추는데, 이는 온 세상을 감찰하는 여호와의 임재를 상징하는 것이라고 해석한다. 하지만 이들의 해석은 10절을 10a절과 10b절로 나누어서, 전자를 6-9절과 함께 하나의 독립된 단락으로 보는 반면,[186] 10b절을 4절의 연속으로 해석한다. 결국 이들의 구조 분석은 4장의 구조적 통일성을 인정하지 않는 셈이 된다. 그러므로 필자는 이 '일곱'을 일곱 성전 등잔대로 해석하는 입장에 대해서는 부정적이다. 오히려 볼드윈의 제안처럼, 이 '일곱'은 '완전함'을 상징하는 말로서 성전 건축의 과정을 온전히 지켜 보시는 여호와의 감찰하심을 시사한다.[187] 즉 하나님께서 성전 건축의 전 과정을 지켜 보시며 모든 어려움으로부터 이스라엘을 지켜 주실 것임을 강조한다. 실제로 에스라서 5장 5절은 "하나님의 눈"이 유다 장로들을 지키셔서 성전 건축 방해자인 닷드내와 스달보스내의 반대로부터 그들을 보호하셨음을 강조하고 있다. 이런 관점에서 볼 때, 이 '일곱'은 성전 건축을 도우시며 건축의 전 과정을 감찰하시는 여호와의 세심한 눈길을 의미한다.

이제 두 감람나무 가지에 집중하고 있는 11-14절로 우리의 눈길을 돌려보자. 11-14절은 4-5절의 질문과 대답을 보다 구체화시킨다. 스가랴는 순금 등잔대 좌우에 있는 두 감람나무 가지가 무엇을 뜻하는지 질문하며, 천사는 이 가지를 "기름 부음 받은 자"로 설명한다. "기름 부음 받은 자"로 묘사되는 이 두 감람나무 가지가 여호수아와 스룹바벨을 가리키고 있음은 의심의 여지가 없다. 하지만 우리는 다음과 같은 질문을 던질 수 있다. 첫째, 여호수아와 스룹바벨은 왜 감람나무에 비유되고 있는가? 둘째, 감람나무로부터 공급되는 금 기름은 무엇을 뜻하는가? 셋째, "기름 부음 받은 자"라는 표현이 내포하고 있은 상징적 의미는 무엇인가?

먼저 우리는 두 지도자가 왜 감람나무의 이미지로 묘사되고 있는지 고찰해 볼 필요가 있다. 구약에서 감람나무를 의인화법으로 묘사한 표현들은 적어도 다음과 같은 본문들에 등장한다.

"감람나무가 그들에게 이르되 내게 있는 나의 기름은 하나님과 사람을 영화롭게 하나니 내가 어찌 그것을 버리고 가서 나무들 위에 우쭐대리요 한지라"삿9:9

"그의 가지는 퍼지며 그의 아름다움은 감람나무와 같고 그의 향기는 레바논 백향목 같으리니"호14:6

"여호와께서는 그의 이름을 일컬어 좋은 열매 맺는 아름다운 푸른 감람나무라 하였었으나 큰 소동 중에 그 위에 불을 피웠고 그 가지는 꺾였도다"렘11:16

"그러나 나는 하나님의 집에 있는 푸른 감람나무 같음이여 하나님의 인자하심을 영원히 의지하리로다"시52:8

"네 집 안방에 있는 네 아내는 결실한 포도나무 같으며 네 식탁에 둘러앉은 자식들은 어린 감람나무 같으리로다"시128:3

"포도 열매가 익기 전에 떨어짐 같고 감람 꽃이 곧 떨어짐 같으리라"욥15:33

여기서 욥기 15장 33절[188]을 제외한 모든 구절들은 감람나무를 의인화법으로 묘사할 때 긍정적인 관점에서 접근하고 있다. 특히 감람나무는 풍요와 아름다움과 중요한 가치를 강조해 준다. 즉 한 사람이 감람나무의 이미지로 그려질 때, 그 사람은 아름답고 생산적이며 매우 중요한 인물임을 말해 준다. 이런 관점에서 볼 때, 스가랴서 4장에 등장하는 두 감람나무 가지는 여호수아와 스룹바벨이 이스라엘 백성들에게 풍성한 결실을 안겨다 줄 중요한 영적인 지도자임을 상징적으로 보여 주고 있다. 그렇다면 스가랴서 4장에 등장하는 감람나무의 등장은 두 지도자의 특징과 가치를 암시한다.

특히 '가지'라는 말의 히브리어 '쉽볼렛'שִׁבֹּלֶת은 문자적으로 '곡식 혹은 열매의 이삭'을 의미하며, '물의 줄기'를 뜻하기도 한다.[189] 그러므로 히브리어

'쉽볼렛'תלֶּבֹּשִׁ은 곡식과 과일의 풍성한 결실의 의미를 함축한다. 따라서 이 단어가 이 두 지도자를 가리키는 단어로 비유적으로 사용되고 있음은 의미심장하다. 즉 스룹바벨과 여호수아는 이스라엘 백성들에게 놀라운 결실을 가져다 줄 영적인 지도력을 발휘할 것임을 시사한다.

한편, '기름 부음 받은 자'에 해당하는 히브리어는 '베네 하이쯔하르'רָהְצִּיַה יֵנְבּ인데, 문자적으로 번역하면 '기름의 아들들'이 된다.[190] 하지만 스룹바벨과 여호수아가 감람나무의 가지에 비유되고 있음을 고려해 볼 때, 메시아에 부어지는 기름을 뜻하는 히브리어 '쉐멘'ןֶמֶשׁ보다는 나무의 기름에 해당하는 히브리어 '이쯔하르'רָהְצִי가 사용되고 있음은 매우 적절하다고 볼 수 있다. 비록 본문에서 메시아와 관련된 용어들이 등장하지 않지만, 이 두 가지가 상징하는 스룹바벨과 여호수아가 다윗의 후손이자 대제사장의 직분을 갖고 있기 때문에, '기름의 아들들'이란 말에는 메시아적 뉘앙스가 함축되어 있음은 의심의 여지가 없다. 그러므로 '기름의 아들들'이라고 번역될 수 있는 "기름 부음 받은 자 둘"이란 표현은 왕적인 인물인 스룹바벨과 제사장적인 인물인 여호수아를 가리킴이 분명하다. 이처럼 스가랴는 여호수아와 스룹바벨의 상호 협력 사역을 통한 성전 건축의 완성과 그에 따른 이스라엘의 회복을 고대한다.

(3) 현대적 적용

1) 순금 등잔대, 감람나무 그리고 교회

순금 등잔대와 그 좌우에 서 있는 감람나무를 소개하고 있는 스가랴서 4장은 스룹바벨과 여호수아를 통해 여호와의 성전이 건축될 것이며, 성전 건축을 방해하는 악의 세력들이 성령의 능력으로 제거될 것임을 강조하고 있다. 특히 성전 건축의 전 과정을 감찰하는 하나님의 눈길은 여호와의 보호하심을 시사해 준다. 이와 같은 순금 등잔대와 감람나무의 이미지는 요한 계시록 11장 1-5절의 사상적 배경을 마련해 준다.

> "1 또 내게 지팡이 같은 갈대를 주며 말하기를 일어나서 하나님의 성전과 제단과 그 안에서 경배하는 자들을 측량하되 2 성전 바깥 마당은 측량하지 말고 그냥 두라 이것은 이방인에게 주었은즉 그들이 거룩한 성을 마흔 두 달 동안 짓밟으리라 3 내가 나의 두 증인에게 권세를 주리니"

스가랴서 4장에서 다윗 왕의 후손과 대제사장, 이 두 사람이 성령의 능력을 받아 대적들의 방해 공작을 물리치고 성전 재건을 이룩하듯이, 요한계시록 11장 1-2절에서 두 증인들은 성령의 인도함을 받아 하나님의 백성들을 대적하는 원수를 심판하는 특별한 사역을 수행한다. 비록 하나님의 교회를 대항하는 원수들의 세력이 강할지라도, 주로 촛대로 묘사되는 교회 공동체는 두 증인들의 역할을 통해 하나님의 성전으로서 그 입지를 더욱 확고히 해 나갈 것이다. 비일은 다음과 같이 진술한다.

> 지상에 세워진 하나님의 영적인 성전 즉 새 이스라엘인 교회는 세상의 저항에 맞서 하나님의 보좌 앞에서 하나님의 임재하심, 즉 성령으로부터 능력을 받아야만 한다. 이처럼 하나님께서 그의 성소인 종말의 공동체 가운데 임재하시며, 이것을 예언한 증거들의 효력을 입증해 준다는 사상은 요한계시록 11장 1-3절에서 계속된다.[191]

특히 감람나무와 촛대의 두 그림을 묘사하는 요한계시록 11장 4절의 표현은 스가랴서 4장 14절에서 온 것이다. 즉 요한은 하나님께서 교회의 신실한 증인들에게 능력을 입히시어 하나님의 교회를 대적하는 원수를 물리치실 것이며, 이 교회를 통해 하나님의 성전이 계속해서 확장될 것임을 선포한다.

실제로 아람어 성경의 스가랴서 4장 7절은 세상의 반대에도 불구하고 성전의 성공적인 건축이 온 나라를 다스릴 "기름 부음 받은 자"를 통해 궁극적으로 성취될 것이라고 예언한다. 요한은 바로 이 성전 건축자를 예수 그리스도로 이해하고 있으며, 그리스도께서 죽음과 부활을 통해 새 성전의 기초를 놓으며, 성령을 통해 그 성전을 건축하실 것임을 증거한다계1:5-6. 요약하자면, 요한은 궁극적으로 하나님께서 스가랴서 4장 14절에 예고된 제사장이요 왕적인 한 인물, 즉 메시아를 통해 악의 세력을 제압하고 교회의 승리를 이끌어 주실 것임을 분명히 밝힌다.

2) 스룹바벨의 머릿돌

스가랴서 4장 7절은 스룹바벨이 성전의 머릿돌을 내어 놓을 것이라고 말한다. 스룹바벨의 사명이 성전을 건축하는 일이라면, 이 머릿돌은 성전의 초석을 의미할 것이다. 놀랍게도 신약의 기자들은 예수 그리스도를 새 성전의 건축자로 묘사할 뿐만 아니라 새 성전의 머릿돌로도 표현한다. 예를 들면, 마가는 버림 당하신 예수 그리스도를 "건축자의 버린 돌"로 묘사하는 반면, 높임을 당하신 예수 그리스도를 "모퉁이의 머릿돌"이라고 표현한다막12:10. 이것은 시편 118편 22-23절의 신약적 성취를 보여 준다.

> "22 건축자의 버린 돌이 집 모퉁이의 머릿돌이 되었나니 23 이는 여호와의 행하신 것이요 우리 눈에 기이한 바로다"

그러나 마가복음 12장 10절에 등장하는 메시아적 '돌'은 시편 118편 22-23절뿐만 아니라 스가랴서 4장 7절의 '머릿돌'과도 깊은 연관이 있다. 스가랴서 4장 7절의 머릿돌이 새 성전을 건축할 스룹바벨의 사명을 암시해 주고 있다면, 예수님을 머릿돌로 묘사하는 마가의 표현은 분명 스가랴서 4장 7절의 관점에 근거하여 예수님을 새 성전의 건축자로서 강조하고 있음이 분명하다.[192] 바울도 예수 그리스도를 성도들이 세워 나가야 할 성전의 모퉁이 돌로 해석한다엡2:20-21. 베드로 역시 이사야서 28장 16절에 묘사된 "시온의 돌"을 예수 그리스도께 적용시킨다.

"6 성경에 기록되었으되 보라 내가 택한 보배로운 모퉁잇돌을 시온에 두노니 그를 믿는 자는 부끄러움을 당하지 아니하리라 하였으니 7 그러므로 믿는 너희에게는 보배이나 믿지 아니하는 자에게는 건축자들이 버린 그 돌이 모퉁이의 머릿돌이 되고"벧전 2:6-7

비록 이 본문은 이사야서 28장 16절에 근거하여 예수 그리스도를 시온의 모퉁잇돌로 묘사하고 있지만, 이 본문에 묘사된 시온의 돌은 시편 118편 22-23절과 스가랴서 4장 7절의 "머릿돌"과도 연관성을 지닌다. 종합하자면, 마가, 바울 그리고 베드로와 같은 신약의 기자들은 예수 그리스도를 새 성전을 건축할 성전의 "머릿돌"로 이해했으며, 스가랴서 4장의 "머릿돌" 개념은 이러한 신약의 사상에 중요한 신학적 기초를 마련해 준다.

3) 극복되어야 할 장애물

스가랴는 성전 건축에 방해가 되는 장애물을 "산"에 비유한다. 즉 비록 성전 건축의 장애물들이 산처럼 높다 하더라도, 하나님의 능력에 의지할 때 그 장애물들이 "평지"처럼 제거될 것임을 선포한다. 그러므로 스가랴서 4장에 등장하는 "산"은 성전 건축 과정에서 극복되어야 할 장애물로 묘사되고 있다. 이와 같은 메타포 기법은 이사야서 40장 3-4절에 잘 나타난다.

"3 외치는 자의 소리여 이르되 너희는 광야에서 여호와의 길을 예비하라 사막에서 우리 하나님의 대로를 평탄하게 하라 4 골짜기마다 돋우어지며 산마다, 언덕마다 낮아지며 고르지 아니한 곳이 평탄하게 되며 험한 곳이 평지가 될 것이요"

이사야서 40장은 바벨론 포로들이 곧 시온으로 회복될 것이며, 시온으로의 귀환에 방해가 되는 모든 요소들이 제거될 것임을 시사한다. 실제로 바벨론 포로들이 시온으로 귀환하는 데는 여러 가지 지형적인 장애물들이 많았다. 높은 산들을 지나야 하고, 사막을 지나야 하며, 사막의 갈증도 겪어야 했다. 그러나 이사야서는 높은 산들이 평탄케 되며, 사막은 오아시스가 되며, 물이 없는 곳에 생수가 솟아날 것이라고 선포한다사43:19. 여기서 이사야서가 사용하는 "산" 혹은 "사막"은 장애물을 의미하는 상징적인 표현들이며, "평지", "대로" 혹은 "강"은 장애물의 극복을 의미한다. 그러므로 산들이 평지가 될 것이라는 이사야의 표현은 시온의 귀환에 방해가 되는 요소들이 해결될 것이라는 점을 회화적인 상징적 기법으로 설명하고 있는 것이다. 신약의 복음서 기자들도 세례 요한의 사역을 이런 상징적 기법으로 묘사한다.

"4 선지자 이사야의 책에 쓴 바 광야에서 외치는 자의 소리가 있어 이르되 너희는 주의 길을 준비하라 그의 오실 길을 곧게 하라 5 모든 골짜기가 메워지고 모든 산과 작은 산이 낮아지고 굽은 것이 곧아지고 험한 길이 평탄하여질 것이요"눅3:4-5

복음서 저자들은 하나님 나라의 도래를 위해 필연적인 준비 과정으로서 세례 요한의 세례 사역을 부각시킨다마3:2, 8, 11; 막1:4, 5; 눅3:3. 그들은 세례 요한의 사역을 바벨론 포로 귀환 사건, 즉 제2출애굽의 구원 사건에 비교한다.[193] 이사야서 40장 3-4절에 묘사된 "산"이 제2출애굽의 구원, 즉 시온으로의 귀환에 방해가 되는 요소를 상징해 준다면, 신약의 본문에 등장하는 "산"은 도래할 주님의 구원에 방해가 되는 요소들을 상징해 준다. 그러므로 세례 요한은 하나님 나라의 도래에 방해가 되는 요소들을 제거함으로써 "산"을 "평지"로 바꾸어야 할 사명을 부여받은 것이다. 다시 말해, 그는 하나님 나라의 도래를 선포하며, 이스라엘 백성들에게 세례를 베풀며, 잘못된 악행들을 버리게 함으로써 주님의 구원의 도래를 예비했던 것이다3:3, 7-14. 이처럼 "산"은 스가랴서 4장에서는 성전 건축의 장애물을, 이사야서 40장 3-4절에서는 제2출애굽의 구원의 장애물을, 누가복음 3장 4-5절에서는 도래할 주님의 구원의 장애물을 상징한다. 그러므로 이 세 본문에 등장하는 "산"이라는 표현은 극복되어야 할 장애물을 상징해 주는 독특한 메타포로서 기능한다.

4) 여호와의 눈

스가랴서 4장 10절은 "여호와의 눈"이 스룹바벨의 모든 건축 과정을 감찰할 것임을 강조한다. 이것은 하나님 나라의 모든 일들이 여호와의 눈길로부터 벗어날 수 없음을 말해 준다. 역대하 기자는 여호와의 눈이 온 땅을 두루 감찰한다고 선언하며대하16:9, 잠언 기자는 모든 인생의 길이 여호와의 눈 앞에 있다고 말한다잠5:11. 시편 기자는 "여호와께서 그 성전에 계시니 여호와의 보좌는 하늘에 있음이여 그 눈이 인생을 통촉하시고 그 안목이 저희를 감찰하시도다"시11:4라고 고백한다. 예레미야 선지자도 여호와의 세밀한 눈길을 다음과 같이 표현한다.

"주는 책략에 크시며 하시는 일에 능하시며 인류의 모든 길을 주목하시며 그의 길과 그의 행위의 열매대로 보응하시나이다"렘32:19

나아가 신약의 기자들도 온 땅의 모든 일들을 감찰하시는 하나님의 세심한 눈길을 강조한다고전4:5; 히 4:13. 요한은 십자가에 못 박히고 부활하신 그리스도를 다음과 같이 묘사한다.

> "내가 또 보니 보좌와 네 생물과 장로들 사이에 한 어린양이 서 있는데 일찍이 죽임을 당한 것 같더라 그에게 일곱 뿔과 일곱 눈이 있으니 이 눈들은 온 땅에 보내심을 받은 하나님의 일곱 영이더라"계5:6

예수 그리스도를 일곱 눈을 가진 어린 양으로 묘사하는 요한의 표현 방식은 분명 스가랴서 4장에 등장하는 "여호와의 눈"과 밀접한 연관성이 있다. 요한은 스가랴서 4장에 나오는 "여호와의 눈"을 어린 양, 즉 예수 그리스도의 눈과 동일시한다. 이런 관점에서 볼 때, 스가랴에 나오는 하나님의 눈길은 스가랴 시대의 백성들뿐만 아니라 신약의 백성들, 나아가 현대의 그리스도인들과도 무관하지 않다. 다시 말해, 스가랴의 시대와 요한의 시대 그리고 오늘 현대에 이르기까지 하나님의 백성들을 향한 주님의 눈길은 변함이 없다. 성전 건축의 모든 과정을 지켜 보셨던 하나님의 눈길은 오늘 우리의 모든 삶도 지켜 보신다.

5) 장애물을 만날 때

스가랴는 포로 귀환 공동체의 숙원이었던 성전 건축에 장애물이 뒤따를 것임을 예고한다. 실제로 포로 귀환 공동체는 성전 재건을 수행하는 가운데 내, 외적으로 많은 장애물을 만나게 되었고, 이 어려움을 극복함으로써 결국 성전 건축을 완성할 수 있었다. 이것은 하나님 나라의 사역에는 반드시 어려움들이 수반된다는 점을 시사해 준다. 초대 교회의 그리스도인들도 내적인 장애물과 외적인 장애물들을 만나게 된다. 초대 교회의 성장에 방해가 되는 장애물은 먼저 교회 내부로부터 발생했다. 초대 교회는 성령의 감동을 입어

가진 재산들을 하나님께 바쳐 재물을 나누는 삶을 실천하였다. 이러한 삶의 패턴은 불신자들에게 더욱 경외심을 심어 주었으며, 세속 공동체와의 차별성을 부각시켜 주었다. 그러나 아나니아와 삽비라는 자신의 소유를 속임으로써 초대 교회의 순결성에 치명적인 상처를 입혔다. 그러자 베드로는 이들의 죄를 신속히 지적하여 해결함으로써 초대 교회의 성장에 방해가 되는 요소들을 즉각적으로 제거하였다.

또한 초대 교회는 공동체의 연합을 깨뜨리는 또 다른 내적인 장애물을 만나게 된다. 공동체 안에 헬라파 유대인들과 히브리파 유대인들의 갈등이 표면적으로 노출되면서 초대 교회는 또 다른 내홍을 겪게 되었다행6:1. 그러나 사도들은 집사들을 세워 사역을 서로 분담함으로써 이 문제를 슬기롭게 극복하였다. 바울의 서신들은 이러한 교회 내부의 문제들예를 들면, 윤리, 은사, 교리와 관련된 문제들을 극복하기 위한 올바른 대처 방안들을 상세히 다루고 있다예를 들면, 고린도전서를 참고하라.

이러한 내적인 장애물과는 달리 초대 교회는 외적인 장애물도 만나게 된다. 사도들은 복음을 전파할 때마다 유대인들로부터 위협을 당했으며, 초대 교회는 큰 핍박으로 흩어질 수밖에 없었다행8:1. 그러나 이러한 외적인 탄압에도 불구하고, 초대 교회의 그리스도인들은 성령의 능력에 의지하여 복음을 담대히 선포함으로써 하나님 나라를 더욱 확장시켰다. 초대 교회 그리스도인들은 그들에게 엄습한 내, 외적인 문제들을 피할 수 없었다. 그러나 그 문제들은 극복될 수 있었다.

오늘날 그리스도인들도 하나님 나라의 사역을 감당할 때 숱한 장애물들에 직면한다. 우리는 초대 교회의 경우처럼 신앙 공동체 내부와 외부의 문제로 홍역을 겪는다. 우리는 신앙 공동체 내부의 문제로 인해 연합하지 못하고 반목과 갈등에서 벗어나지 못하는 불행한 교회들의 소식을 접하기도 한다. 최근 선임 목사님과 후임 목사님 간의 충돌, 담임 목사님과 장로님들 간의 다툼으로 분열된 몇몇 대형 교회들의 사례는 공동체 내부의 문제와 그 심각성을 잘 드러내 준다. 뿐만 아니라 교회 밖으로부터 기독교를 폄하하며 기독교의 진리를 부정하는 사상적 공격은 기독교의 정체성을 더욱 위협하고 있다. 최근 들어 예수 그리스도의 유일성을 부정하는 종교다원주의 사상은 그 영향력을 더욱 떨치고 있으며, 기독교의 복음을 부정하고 도전하는 책들이 젊은 이들의 호기심을 더욱 자극시킨다. 이와 같은 신앙 공동체 외부로부터 오는 도전들은 하나님 나라의 확장을 위해 반드시 극복되어야 할 장애물이라고 볼 수 있다.

스가랴는 "산"이 나타날 때 그것을 피하라고 말하지 않는다. 오히려 "산"이 "평지"가 될 것이라고 선포하면서 성령의 능력으로 이런 장애물들이 극복될 수 있음을 강조하고 있다. 그렇다면 우리가 장애물을 만날 때 그것을 회피하려는 태도는 바람직하지 않다끝나지 않은 길. 오히려 그 장애물들과 직면해야 하며, 성령의 능력에 의지하여 그 문제들을 슬기롭게 극복해야 한다. "산"은 피할 수 없지만 평지로 변화될 수 있듯이, 우리는 장애물들을 피할 수 없지만 그것들을 극복할 수 있다.

> "사람이 감당할 시험 밖에는 너희가 당한 것이 없나니 오직 하나님은 미쁘사 너희가 감당하지 못할 시험당함을 허락하지 아니하시고 시험당할 즈음에 또한 피할 길을 내사 너희로 능히 감당하게 하시느니라"고전 10:13

6) 오직 성령으로!

스가랴는 성전 건축의 사역이 인간적인 노력이나 기술 혹은 힘으로 완성될 수 없음을 단언한다. 오히려 그는 성령의 능력에 의존할 때에만 성전 건축이 가능함을 알려 준다. 이와 같은 스가랴의 선언은 하나님 나라의 일들이 오직 하나님께서 공급하시는 성령의 능력으로만 가능하다는 사실을 우리들에게 일깨워 준다. 성령에 의존하는 삶의 중요성을 인식한 바울은 "성령으로 속 사람이 강건"하게 되기를 기도했으며엡3:16, 술취하기보다는 오히려 "성령의 충만"함을 입으라고 명령한다엡5:18. 또한 그는 "성령을 좇아 행할 것"갈 5:16, 18, 25을 촉구하며, 성령을 좇아 행하지 않는 것은 육체의 욕심을 이루는 것이며, 그 결과는 하나님 나라의 일을 이루지 못한다고 말한다갈5:21. 이와 같은 스가랴와 바울의 강조점은 성령의 능력보다는 육체적인 방식을 따르는 현대의 그리스도인들에게 커다란 도전을 던져 준다. 우리들은 종종 '숫자'를 성공의 절대기준으로 삼아 복음 전도를 마치 세속적인 세일즈로 전락시키는 경우들을 목격한다. 이것은 한국 교회 안에 '부흥'이라는 가면을 쓴 육체적인 방식이 뿌리를 내리고 있음을 암시해 준다. 그러나 칼빈의 주장대로, "하나님께서 교회를 세우시고, 그것을 온전한 상태로 붙드시는 것은 힘으로 되지 아니하며 능으로 되지 아니하고 오직 하나님의 신, 곧 하나님께서 세상적인 도움과 혼합하지 아니하시는 은밀하고 놀라운 능력으로만 가능하다."[194]

7) 상호 협력으로 완성되는 하나님 나라

스가랴는 순금 등잔대의 기름을 공급해 주는 두 감람나무의 역할에 관심을 집중시킨다11-14절. 이 두 감람나무는 포로 귀환 공동체의 성전 건축을 이끌며, 나아가 이스라엘의 회복을 주도할 두 지도자들을 상징해 준다. 앞서 살펴본 대로, 이 두 감람나무는 포로 귀환 공동체의 대표적인 두 지도자, 스룹바벨과 여호수아를 가리킴이 분명하다. 그렇다면 스가랴의 순금 등잔대와 감람나무 환상은 두 지도자들의 상호 협력을 통해 이루어질 신앙 공동체의 회복의 과정을 보여 준다. 스룹바벨은 총독의 위치에서, 그리고 여호수아는 제사장의 위치에서 자신의 소임에 충실하면서도 성전 건축의 과업을 위해서는 함께 협력해야 할 사명을 부여받았다. 이것은 성전 건축과 같은 하나님 나라의 과업들이 상호 협력을 통해 완성될 수 있음을 보여 준다. 초대 교회는 히브리파와 헬라파 유대인 간의 갈등으로 어려움을 겪고 난 뒤 교회 지도자들의 역할 분담과 상호 협력 체제를 강화시킴으로써 이 문제로부터 벗어날 수 있었다행6장. 오늘날 우리가 속한 신앙 공동체 안에도 다양한 형태의 지도자들이 존재하며, 이들의 상호 협력은 교회의 성숙과 발전에 중요한 기초를 이루고 있다. 그러나 각각의 지도자들이 각자의 역학과 위치를 올바로 인식하지 못하고 상대방의 사역에 대해 존중하지 못할 때, 공동체의 연합은 무너지며 결국 갈등과 분열로부터 벗어나지 못할 것이다.

필자가 한 교회의 교육부서 담당 교역자로 부임했을 때, 그 당시 한 교육부서의 부장이었던 장로님의 경계 어린 눈빛을 느낄 수 있었다. 시간이 조금 지난 후 필자는 그 이유를 곧 알게 되었다. 이 장로님은 이전에 사역했던 교육부서 교역자와 다소 갈등이 있었다. 이 교역자는 말씀 선포와 교육의 사역 외에도, 재정의 수입과 지출에 대한 회계의 업무도 모두 총괄하려고 했다. 부장 장로님은 회계의 업무를 자신에게 맡겨 달라고 부탁했으나 그 교역자님은 부장 장로님의 제안을 전혀 수용하지 않았고, 결국 두 사람 사이에 갈등이 빚어지고 말았다. 이 두 지도자의 반목은 교사들의 연합을 무너뜨렸고, 결국 교사들은 부장을 지지하는 부장파와 교역자를 지지하는 교역자파로 양분되기에 이르렀다. 이러한 교사들의 양분 현상은 교육부서 전체의 영적 성장에 악영향을 미쳤을 뿐만 아니라 이 상처를 치유하는 데에는 상당한 시간이 소유되었다. 스가랴는 이처럼 지도자들의 갈등과 분열로 몸살을 앓고 있는 한국 교회를 향해 하나님 나라의 과업들이 상호 협력과 조화를 통해 완성될 수 있음을 다시 한번 일깨워 주고 있다.

C′. 여섯째 환상
거대한 두루마리와 언약적 저주 5:1-4

(1) 개요

　순금 등잔대의 환상이 지난 후, 스가랴는 계속해서 날아가는 두루마리의 환상을 본다. 이 두루마리는 율법에 기록된 언약의 저주를 연상시키며, 그 언약의 계명을 깨뜨린 죄인들의 심판을 반영해 준다. 이것은 스가랴의 환상이 성전 건축과 아울러, 성전 건축을 수행할 이스라엘 공동체의 순결에 그 초점을 돌리고 있음을 의미한다. 이 두루마리의 규모는 일반적인 두루마리보다 매우 크게 묘사되고 있으며, 이것은 이스라엘 공동체 안에 만연된 죄악의 심각성과 그들에게 임할 심판의 거대한 파괴력을 시사해 준다. 또한 이와 같은 장면은 바벨론 유수의 혹독한 경험에도 불구하고 포로 귀환 이후 언약을 버리고 여전히 죄악에 물든 이스라엘 사회의 한 단면을 암시해 준다. 그러므로 이 두루마리 환상은 성전 건축을 감당하는 이스라엘 공동체의 언약 준수 의무와 언약 백성으로서의 순결성을 강조한다.

A. 날아가는 두루마리(5:1)

B. 두루마리의 크기(5:2)

C. 온 지면의 저주(5:3)

D. 여호와의 심판(5:4)

(2) 본문 분석

1) 5장 1-4절

"¹ 내가 다시 눈을 들어 본즉 날아가는 두루마리가 있더라 ² 그가 내게 묻되 네가 무엇을 보느냐 하기로 내가 대답하되 날아가는 두루마리를 보나이다 그 길이가 이십 규빗이요 너비가 십 규빗이니이다 ³ 그가 내게 이르되 이는 온 땅 위에 내리는 저주라 도둑질하는 자는 그 이쪽 글대로 끊어지고 맹세하는 자는 그 저쪽 글대로 끊어지리라 하니 ⁴ 만군의 여호와께서 이르시되 내가 이것을 보냈나니 도둑의 집에도 들어가며 내 이름을 가리켜 망령되이 맹세하는 자의 집에도 들어가서 그의 집에 머무르며 그 집을 나무와 돌과 아울러 사르리라 하셨느니라 하니라"

5장 1절은 "내가 다시 눈을 들어 본즉"אשוב이라는 표현으로 시작한다. "다시"라는 말로 번역된 히브리어 '*아슈브*'는 '계속해서' 무엇이 진행되고 있음을 함축한다.¹⁹⁵ 그러므로 이 표현은 5장의 환상이 4장의 환상과 계속해서 연결되고 있음을 암시한다. "두루마리"로 번역된 히브리어 '*메길라*'מגלה는 둥글게 말 수 있는 책을 가리킬 때 사용되는 용어이다. 다른 구약 본문에도 두루마리에 대한 언급들이 나타난다. 예를 들면, 에스겔은 소명을 받을 때 여호와로부터 두루마리를 받고 그것을 먹어야 했고겔2:1-3:11, 서기관 바룩은 예레미야의 메시지를 두루마리에 기록하였다렘36장. 여기서 에스겔서와 예레미야서에 등장하는 두루마리들은 선지자들의 메시지를 기록한 책임을 알 수 있다. 본 단락에 나오는 '메길라'는 선지자들의 예언 메시지보다 더 광범위한 여호와의 율법이 기록된 두루마리로 볼 수 있다. 이후에 우리는 이 점에 대해 보다 구체적으로 논의할 것이다.

5장 2절에 등장하는 여호와의 천사는 스가랴에게 "네가 무엇을 보느냐?"라는 질문을 던지자, 스가랴는 날아가는 두루마리의 크기를 구체적으로 묘사한다. 스가랴가 본 두루마리의 크기는 길이가 이십 규빗이었고, 넓이가 십 규빗이었다. 규빗은 고대 근동 세계에 통용되던 표준 측량 단위이다. 이 단위는 손 끝에서 팔꿈치까지의 팔 길이를 근거로 하며 대략 45센티미터에 해당한다. 이와 같은 표준 측량 단위에 근거해 볼 때, 스가랴가 본 두루마리는 대략 길이가 9미터요, 넓이가 4.5미터에 달하는 크기를 지닌다. 이와 같은 규모는 일반적인 두루마리의 크기와는 비교될 수 없을 만큼 큰 것이다. 그렇다면 이 두루마리의 크기는 과연 무엇을 의미하는 것일까? 스가랴가 본 두루마리의 크기가 지니는 의미에 대해 학자들은 몇 가지 의견을 제시해 왔다. 첫째, 스위니는 이 두루마리의 크기가 예루살렘 성전의 문과 지성소에 위치한 스랍의 크기와 일치한다는 점에 관심을 집중시킨다.[196] 그에 따르면, 예루살렘 성전 문과 스랍의 크기가 일치하는 것은 이 두루마리가 구약의 율법과 연관되어 있음을 암시해 준다. 실제로 율법은 예루살렘 성전의 문에서 읽혀졌으며, 스랍이 지키는 지성소에서 보관되었다. 그러므로 두루마리의 크기가 예루살렘 성전의 문과 스랍의 크기와 일치하고 있음은 날아가는 두루마리와 율법과의 긴밀한 연관성을 말해 주고 있다.[197] 둘째, 스미스는 스가랴의 두루마리를 예루살렘 성전 문과 연결시키는 것은 다소 비약적인 시도라고 본다. 그는 이 두루마리의 비정상적으로 크게 나타나고 있음은 엄청난 저주의 파괴력을 보여 주기 위함이라고 주장한다.[198] 다시 말해, 거대한 두루마리의 등장은 두루마리에 기록된 저주의 무서운 심판을 연상시켜 준다고 본다. 셋째, 어떤 학자들은 이 두루마리의 크기를 백성들이 저지른 무수한 죄악 혹은 그 죄악이 퍼져 있는 방대한 지역을 상징해 준다고 본다.[199] 필자가 보기에, 첫 번째의 해석도 가능하지만, 본문의 문맥에서 볼 때 두 번째나 세 번째의 해석이 더 무난해 보인다. 5장 1-4절은 포로기 후 귀환 공동체 안에 여전히 만연되어 있는 죄악의 심각성을 부각시키며, 그 죄에 대한 심판을 강조하고 있기 때문에, 두루마리의 거대한 크기는 백성들의 죄악의 만연함과 그에 대한 저주의 엄청난 심판을 반영한다고 볼 수 있다.

5장 3절에서 스가랴가 천사의 질문에 대답하자, 여호와의 천사는 이 두루마리에 대한 설명을 제시한다. 그는 이 두루마리를 "온 지면에 두루 행하는 저주"라고 설명한다. '저주'라고 번역된 히브리어, '알라'אָלָה는 여러 가지 의미를 내포한다. 피터센은 이 단어의 대표적인 세 가지 용례를 다음과 같이 자세히 제시한다. 첫째, 이 단어는 익명의 범죄자에게 임할 저주를 가리킬 때 사용된다(레5:1; 29:24).[200] 둘째, 이 단어는 익명의 범죄자가 아닌 정체가 분명한 누군가가 범죄자로 고소를 당했으나 그 죄가 입증될 수 없는 경우에 사용된다.[201] 셋째, '알라'אָלָה는 계약적 맹세를 뜻할 때 사용된다. 창세기 26장 28절에서 아비멜렉은 이삭에게 "우리의 사이 곧 우리와 너의 사이에 맹세אָלָה를 세워 너와 계약을 맺으리라"라고 말한다. 에스겔서 17장 13절에서에서 여호와께서는 "그 왕족 중에 하나를 택하여 언약을 세우고 그로 맹세케 하라"라고 명하신다. 여기서도 언약과 '알라'אָלָה가 함께 연결된다.[202]

그렇다면 스가랴서 5장 3절에 등장하는 '알라'는 어떤 의미로 이해될 수 있는가? 필자가 보기에, 3절의 '알라'אָלָה는 범죄자에 대한 저주를 뜻하는 첫 번째와 두 번째의 부정적인 뉘앙스와 계약적 맹세를 강조하는 세 번째의 뉘앙스 가운데, 부정적인 뉘앙스가 더 강하게 반영되고 있는 듯하다. 실제로 5장의 문맥은 백성들에게 만연되어 있는 죄악들에 초점을 맞추기 때문에, 3절의 '알라'는 계약을 어긴 자에 대한 저주를 뜻하는 말로 이해되어야 한다. 그러므로 3절의 '알라'는 신명기에 등장하는 언약의 저주를 연상시킨다신19:19; 29:12; 29:20-21. 예를 들면, 신명기 29장 20절은 "이 책에 기록된 모든 저주אלה로 그에게 더하실 것이라"라고 말한다. 여기서 책에 기록된 저주는 21절에 보다 구체적으로 소개된다. "여호와께서 곧 이스라엘 모든 지파 중에서 그를 구별하시고 이 율법책에 기록된 언약의 모든 저주대로 그에게 화를 더하시리라". 힐은 본문에 등장하는 '알라'의 용법에 대해 다음과 같은 결론을 내린다.

> "여기서는 저주라는 단어는 모세 언약의 명령을 어긴 자에게 임할 저주를 가리킨다. 마치 언약을 어긴 것에 대한 심판에 있어서 법을 집행하는 관리가 한라님의 명령을 행하듯이 문학 장치인 의인화를 통하여 '저주'가 풀어 놓여진다4절; 시147:15; 사55:11 참조."[203]

이처럼 우리는 스가랴의 날아가는 두루마리에는 여호와와 이스라엘 간에 맺어진 언약의 계명 중 저주의 내용이 기록되어 있었을 것이라 추론해 볼 수 있다.

이제 필자는 3절에서 '끊어지다'로 번역되는 매우 중요한 히브리어 동사 '나카'נקה의 용법에 관심을 돌리고자 한다. 대체로 이 동사는 '비어지다', '정화되다' 혹은 '면제되다'는 의미를 지닌다. 그런데 문제는 이 동사를 미래형으로 보느냐 아니면 과거형으로 보느냐에 따라 해석이 판이하게 달라진다는 점이다. 그리하여 이 동사의 용법에 대해서는 주로 두 가지의 입장으로 나누어진다. 첫째, 개역개정을 포함한 대부분의 역본들은 3절의 '나카'נקה를 미래형으로 취급하여 '추방당할 것이다' 혹은 '쫓겨날 것이다'로 해석한다.[204] 그러므로 이런 입장을 취하면, 3절은 죄를 범한 자들이 장차 언약의 저주에 따라 '쫓겨나게 될 것'임을 강조한다. 둘째, 어떤 학자들은 이 동사를 문법의 구성에 따라 과거형으로 해석해야 한다고 주장한다.[205] 이들에 따르면, 이 '나카יִּנָּקֶה동사는 3절에서 니팔 완료형으로 소개되기 때문에, 미래형으로 취급되어서는 안 되며, 완료형으로써 언약의 계명을 범했으나 여전히 심판을 받지 않은 상태를 의미한다고 본다. 즉 이 동사는 3절에서 "여전히 심판에서 면제 받아오다"라는 의미를 지닌다.

필자가 보기에, 첫 번째와 두 번째의 해석은 각각의 장점을 지니고 있으나, 두 번째의 해석이 더 타당해 보인다. 왜냐하면 본문의 문법적 구성이 두 번째의 견해를 지지할 뿐만 아니라 5장 1-4절의 문맥은 이스라엘 공동체 안에 아직 해결되지 않은 죄악의 심각성과 밀접한 연관성이 있기 때문이다. 그러므로 3절은 심판을 받고 바벨론 포로의 생활을 경험하여 다시 예루살렘으로 귀환한 이스라엘 공동체 안에서 아직도 죄악의 요소들이 만연해 있으며, 그 죄악들이 여전히 심판을 받지 않은 상태로 남아 있음을 강조해 주고 있는 것이다. 그렇다면 날아가는 두루마리는 언약의 계명을 어겼음에도 불구하고 여전히 심판을 받지 않은 자들을 향해 여호와께서 보내시는 심판의 메시지를 담고 있음을 짐작할 수 있다.

5장 4절에서 여호와께서는 이제 언약의 계명을 깨뜨렸음에도 불구하고 여전히 심판의 대가를 경험하지 못한 자들을 향해 장차 임할 심판을 선언하신다. 특히 3절과 4절은 언약의 파괴자들 가운데 도적질하는 자들과 거짓 맹세하는 자들에게 초점을 둔다. 흥미롭게도 이 두 가지 유형의 죄악은 십계명 중 제3계명 혹은 제8계명과 제9계명을 연상시킨다.

"너는 네 하나님 여호와의 이름을 망령되이 부르지 말라"출20:7
"도둑질하지 말라"출20:15
"네 이웃에 대하여 거짓 증거하지 말라"출20:16

이처럼 스가랴의 환상에 나오는 두 유형의 범죄는 십계명의 제3/8계명과 제9계명을 연상시켜 주며, 이것은 스가랴가 속한 이스라엘 공동체에 퍼져 있는 언약적 불순종으로 인한 사회적 불의와 죄악의 심각성을 함축한다. 특히 이 두 유형의 범죄는 이웃에 대한 이스라엘의 올바른 자세를 말하고 있는 레위기 19장 11-18절과 밀접한 연관성을 지닌다.[206] 레위기 19장 11-18절에서 이 두 유형의 죄악은 다음과 같이 엄격히 금지된다.

> "11 너희는 도둑질하지 말며 속이지 말며 서로 거짓말하지 말며 12 너희는 내 이름으로 거짓 맹세함으로 네 하나님의 이름을 욕되게 하지 말라 나는 여호와이니라" 레19:11-12

이처럼 레위기 19장 11-18절은 이스라엘 백성들이 이웃에 대해, 특히 가난하고 연약한 자들에 대해 어떤 태도를 취해야 하는가를 집중적으로 다루고 있으며, 특히 18절은 "원수를 갚지 말며 동포를 원망하지 말며 이웃 사랑하기를 네 몸과 같이 하라"라는 여호와의 명령으로 마무리된다. 만약 스가랴의 환상에 언급되는 두 유형의 범죄가 레위기 19장 11-18절과 그 맥락을 같이한다면, 아마도 스가랴가 속한 이스라엘 공동체는 가난한 자와 연약한 자를 억압하고 핍박하는 잘못된 사회적 불의에 물들어 있었던 것으로 보인다. 이러한 무법의 상태는 여호수아와 스룹바벨의 귀환 이전 시대에 나타난 공동체의 문제점을 보여 준다. 그러나 여호수아와 스룹바벨의 귀환, 그리고 그들의 지도로 이루어질 성전의 건축은 이러한 무법 시대가 끝이 나고 하나님과의 언약 관계가 다시 회복될 새 시대가 도래할 것임을 예고한다.

이제 여호와께서는 이 두 유형의 죄악을 범한 자들을 심판하고자 그들의 집으로 들어가겠다고 선언하신다. 여기서 언약 파괴자들의 심판은 그들이 거하는 집의 멸망으로 나타난다. 심판을 집의 멸망으로 묘사하는 표현들은 구약의 여러 본문에도 잘 반영되고 있다. 예를 들면, 언약 파괴자에 대한 심판을 다루고 있는 신명기 28장 30절은 "네가 여자와 약혼하였으나 다른 사람이 그와 같이 잘 것이요 집을 건축하였으나 거기 거하지 못할 것이요"라고 선언한다. 다니엘서 2장 5절에서 느부갓네살 왕은 갈대아 술사들에게 자신의 꿈을 해몽해 주지 못하면 심판을 내리겠다고 엄포하면서 다음과 같은 표현을 사용한다. "내가 명령을 내렸나니 너희가 만일 꿈돠 그 해석을 내게 알게 하지 아니하면 너희 몸을 쪼갤 것이며 **너희 집으로 거름더미로 만들 것이요**". 특히 성전 건축을 허락하는 다리오 왕의 조서의 일부 내용을 소개하는 에스라 6장 11절은 심판을 집의 철저한 파괴로 묘사한다. "내가 또 명령을 내리노니 누구를 막론하고 이 명령을 변조하면 **그 집에서 들보를 빼내고 그를 그 위에 매어달게 하고 그의 집은 이로 말미암아 거름더미가 되게 하라.**"

이처럼 집의 철저한 파괴와 붕괴의 이미지는 준엄한 심판을 나타내는 표현으로 나타난다. 그러므로 여호와께서 언약 파괴자들의 집으로 들어가시겠다는 말은 죄인들에게 임할 혹독한 심판을 의미한다. 언약을 준행치 않고 악행을 저지르면서도 여전히 심판을 맛보지 못한 언약 파괴자들은 이제 거대한 두루마리에 예고된 엄청난 심판의 파괴력을 경험하게 될 것이다. 여호와께서는 성전 건축을 위해 대제사장 여호수아와 총독 스룹바벨을 이스라엘의 영적인 지도자로 세워 주실 뿐만 아니라 이스라엘 공동체 안에 퍼져 있는 죄악을 청결케 하심으로써 이스라엘 백성들을 다시금 옛 언약의 백성들의 모습으로 회복시켜 주실 것이다.

(3) 현대적 적용

1) 언약 백성의 순결성

스가랴서는 포로 귀환 공동체가 언약을 준수하지 못함으로 인해 여전히 언약의 저주 아래 놓여 있음을 보여 준다. 이것은 포로 귀환 공동체에게 성전 건축이 절실하지만 언약 백성으로서의 순결성이 먼저 전제되어야만 함을 일깨워 준다. 실제로 이스라엘의 율법 준수는 언약 백성으로서의 표지가 되며, 이방인과의 차별성을 부각시켜 주는 거룩의 신학적 근거가 되었다. 불법을 행하는 이방인들과는 달리, 이스라엘은 하나님의 계명을 준수함으로써 언약 백성으로서의 정체성을 확보할 수 있었다. 특히 스가랴서는 제8계명과 제9계명에 나오는 '도적질'과 '거짓 증거'의 죄악을 포로 귀환 공동체의 순결성을 파괴하는 치명적인 요소들로 경고한다. 그 외 구약 본문들도 이러한 죄악들을, 신앙 공동체를 파괴하는 부정적인 요소들로 간주한다레19:11; 신5:19; 사1:29; 렘7:9. 신약의 기자들도 '도적질'과 '거짓 증거'를, 신앙 공동체의 순결을 헤치는 대표적인 죄악들로 규정하고 있다. 예수 그리스도께서는 '도적질'과 '거짓 증거'를, 인간의 마음으로부터 나오는 죄악들로 지적하고 있으며마15:19, 바울은 토색, 탐람, 술취함, 후욕, 토색과 아울러 '도적질'을, 하나님 나라의 유업을 가로막는 죄악 가운데 하나로 규정한다고전6:10. 특히 바울은 에베소 교인들을 향해 제8계명의 중요성을 다시 한번 일깨워 준다.

"도둑질하는 자는 다시 도둑질하지 말고 돌이켜 가난한 자에게 구제할 수 있도록 자기 손으로 수고하여 선한 일을 하라"엡4:28

아마도 도적질은 모세 시대뿐만 아니라 그 이후 시대에도 지속적으로 자행되어 온 죄악의 대명사였는데, 주후 1세기 시대에도 예외는 아니었을 것이다. 그레코 로마 시대 당시에도 도적질은 사회 전반에 만연되어 있었던 것 같다.[207] 그러므로 도적질은 과거 그리스도인들의 죄악된 본성을 상징해 주었다. 그리스도인이 된 자들에게 도적질과 같은 옛 죄악의 습성으로부터 벗어나는 일은 매우 힘든 일이었을 것이다.[208] 그러나 바울은 "만약 도적질이 그리스도인들이 회심하기 이전에 행했던 옛 생활 방식의 일부였다면, 그리스도인들은 더 이상 도적질을 해서는 안 된다."[209]라는 것을 강력하게 경고한다. 다시 말해, 그리스도인이 되기 이전의 죄악된 생활 방식을 청산하고 복음으로 변화된 새로운 삶의 방식을 준수해야 한다는 것이다. 스가랴 시대에 도적질과 거짓 증거와 같은 죄악들이 언약 백성의 순결성을 무너뜨리는 요소였듯이, 바울 시대에도 이러한 불법들은 회심 이전의 옛 생활 방식을 가리키며, 그리스도인이 된 이후에도 이런 죄악들을 범하는 것은 새 언약 백성으로서의 순결성을 파괴하는 행위였다. 그러므로 바울은 독자들에게 죄악된 옛 생활 방식으로 되돌아가지 말고 오히려 변화된 새로운 생활 패턴으로 살아갈 것을 권고하고 있는 것이다롬2:21; 고전6:10; 벧전4:15.

2) 끝없는 죄의 유혹

스가랴서는 성전 건축을 시작하기에 앞서 포로 귀환 공동체에 만연했던 불법의 심각성을 인식한 뒤 신앙의 순결성을 촉구한다. 스가랴 시대의 백성들은 오랜 기간 동안 포로 생활을 경험했으며, 귀환 이후에도 식민지 통치에서 벗어나지 못했다. 그들은 이 모든 고통과 연단이 하나님과 맺은 언약을 파기함으로 말미암아 발생했음을 깨닫게 되었다. 스가랴서 1장 6절에서 나타나듯이, 바벨론의 침략과 예루살렘의 멸망을 목도한 이스라엘 백성들은 그들의 잘못된 행위 때문에 이러한 비극이 발생했다고 고백하였다. 특히 기나긴 바벨론 포로 생활은 이스라엘 백성들로 하여금 옛 과거의 잘못을 성찰하며 다시 하나님의 구원과 회복을 고대하는 연단의 시간이 되었다. 바벨론의 포로 백성들에게 예루살렘으로의 귀환이 허락되었을 때, 오랜 기간의 연단을 거친 하나님의 백성들은 옛 조상들과는 달리 하나님의 언약에 신실하고자 다짐했을 것이다. 그러나 옛 조상들을 끊임없이 따라다녔던 죄의 유혹들은 어김없이 포로 귀환 공동체에게도 찾아왔다. 아마도 기나긴 연단의 세월을 거친 포로 귀환 공동체는 처음에는 죄의 유혹에 쉽게 넘어가지 않았을 것이다. 하나님의 언약 준수의 중요성을 올바로 인식했을 것이며, 불법에 대해 단호한 태도를 보였을 것이다. 그러나 죄악의 손길은 쉽게 물러나지 않았다. 세월이 점점 흐르자 포로 귀환 공동체는 또 다시 불법에 넘어지기 시작했다. 기나긴 고난과 연단의 세월을 통해 죄악의 무서운 결과를 경험했음에도 불구하고, 포로 귀환 공동체는 아픈 과거의 상처를 잊어버리고 또 다시 무서운 불법의 늪에 빠지고 말았다.

죄의 유혹은 믿음의 공동체를 쉽게 무너뜨릴 수 있다. 심지어 한번 실패하여 연단을 받은 자에게도 죄의 유혹은 계속해서 찾아오며, 이전보다 더 비참한 결과를 안겨다 주기도 한다. 이처럼 죄의 유혹은 지속적이며 언제나 기회를 엿보고 있다. 하나님의 백성으로서의 신분과 그 의무를 망각할 때, 자신의 연약함을 바라보며 늘 경건의 훈련에 힘쓰지 않을 때, 그리스도인들은 곧바로 죄의 유혹에 직면하게 된다. 언젠가 필자는 유명한 스포츠 선수의 간증을 접할 수 있었다. 그는 과거의 잘못된 삶을 회개하며 그리스도인으로서 새로운 삶을 시작했다고 고백했다. 그에게는 하나님을 위해 열심히 일하겠다는 굳은 의지가 엿보였고, 더 이상 과거의 옛 생활로 돌아가지 않겠다는 결연한 자세가 있었다. 그러나 세월이 지난 후 필자는 가정이 파탄에 이르고 신앙에서 멀어진 그 스포츠 선수에 대한 불행한 소식을 접하게 되었다. 그는 끝없는 죄의 유혹에 결국 무너지고 말았던 것이다. 우리는 모두 약점을 지니고 있다. 그러므로 누구나 죄의 유혹에 쓰러질 수 있다. 노아는 술에, 모세는 혈기에, 다윗은 음란에, 가룟 유다는 물질에 현혹되어 죄를 범하였다. 스가랴 시대의 공동체는 도적질과 거짓 증거로 타락하였다. 그러나 이러한 실패의 역사는 오늘 우리들과 무관하지 않다. 만약 우리들도 깨어있지 않는다면, 그들과 같은 또 다른 실패의 역사를 재현하게 될 것이다. 스가랴의 메시지는 우리들에게 끝없는 죄의 유혹의 위험성에 대해 다시 한번 경각심을 일깨워 주고 있다.

B′. 일곱째 환상
에바의 여인 5:5-11

(1) 개요

본 환상은 문법적 구조와 기이한 표현들로 인해 스가랴서의 환상들 가운데 가장 난해한 본문 가운데 하나로 이해된다.[210] 날아가는 두루마리의 환상을 본 스가랴 선지자는 또 다른 독특한 환상을 경험한다. 스가랴는 에바 안에 앉아 있는 한 여인과 이 여인을 시날 땅으로 데려가는 두 여인에 관한 환상을 경험한다. 5-8절은 스가랴가 본 환상에 대한 여호와의 천사의 설명과 그 의미를 소개하고 있으며, 9-11절은 에바의 여인을 옮기는 날개를 단 두 여인의 행위와 그 의미를 다루고 있다. 흥미롭게도 본 환상에는 두 번째 환상과 매우 유사한 특징들이 나타난다. 첫째, 두 환상은 모두 "내게 말하는 천사"의 등장과 그의 환상 해석으로 진행된다1:19, 21; 5:5, 8, 10. 둘째, 스가랴 선지자는 자신의 본 환상을 이해하지 못해 그 천사에게 설명을 요청한다1:19; cf. 5:6. 셋째, 이 두 환상은 모두 이방 제국을 언급한다. 즉 두 번째 환상은 유다를 괴롭힌 이방인들을, 일곱 번째 환상은 바벨론 제국을 중점적으로 취급하고 있다. 하지만 본 환상은 두 번째 환상에서 강조되는 열방의 심판보다는 이스라엘의 정결에 더 큰 초점을 두고 있다. 즉 여인으로 상징되는 악의 요소가 에바에 갇혀 바벨론으로 옮겨지는 것은 이스라엘에 만연된 죄악의 요소가 제거될 것임을 의미한다. 이런 관점에서 볼 때, 본 환상의 주제는 죄악의 제거에 초점을 두는 여섯째 환상과 연결되고 있다고 볼 수 있다.

    A. 에바의 여인(5:5-8)
      1. 에바의 출현(5:5-6)
      2. 에바의 여인(5:7)
      3. 감금되는 에바의 여인(5:8)
    B. 에바를 옮기는 날개달린 두 여인(5:9-11)
      1. 날개를 단 두 여인의 출현(5:9)
      2. 에바를 시날로 옮기는 두 여인(5:10-11)

(2) 본문 분석

1) 5장 5-8절

"5 내게 말하던 천사가 나아와서 내게 이르되 너는 눈을 들어 나오는 이것이 무엇인가 보라 하기로 6 내가 묻되 이것이 무엇이니이까 하니 그가 이르되 나오는 이것이 에바이니라 하시고 또 이르되 온 땅에서 그들의 모양이 이러하니라 7 이 에바 가운데에는 한 여인이 앉았느니라 하니 그때에 둥근 납 한 조각이 들리더라 8 그가 이르되 이는 악이라 하고 그 여인을 에바 속으로 던져 넣고 납 조각을 에바 아귀 위에 던져 덮더라"

본 환상의 전개 과정은 스가랴가 환상의 내용을 천사에게 질문하는 형식으로 시작된다. "이것이 무엇이니이까?"라는 스가랴의 질문에 대해 천사는 스가랴가 본 환상이 에바와 관련이 있다고 대답한다. 또한 천사는 이 에바를 "그들의 모양"이라고 해석해 준다. 여기서 우리는 스가랴가 본 에바와 그 상징적 의미를 좀더 구체적으로 살펴볼 필요가 있다. 에바로 번역된 히브리어 '에파'איפה는 고대 이스라엘 사회에서 주로 곡식이나 다른 물질의 양을 재는 측량 기준 단위였다.[211] 예를 들면, 이 단위는 추수 곡물룻 2:17, 희생 제물의 가루레5:11, 그리고 복은 곡식삼상17:17을 잴 때 사용되었다. 그러므로 바구니, 단지 혹은 다른 여러 용기들이 에바의 측량 도구로서 사용되었다. NRSV와 NIV와 같은 역본들은 에바를 '바구니'basket로 번역하지만, 단지와 같은 다른 용기들도 에바의 측량 도구로 사용되었기 때문에, 에바를 '바구니'로만 해석하는 NRSV와 NIV의 번역은 그리 바람직해 보이지 않는다. 오히려 개역개정의 번역"에바"처럼 히브리어의 명칭을 그대로 살려두는 것이 더 적절해 보인다.

그렇다면 이 에바는 무엇을 뜻하는가? 이 에바에 대한 천사의 해석에 대해 학자들은 여러 가지 견해를 제시해 왔다. 첫째, 학자들은 히브리어를 수정해서 본문의 의미를 해석하고자 한다.[212] 천사는 에바를 "그들의 모양"이라고 해석한다5:6. "그들의 모양"으로 번역된 히브리어 '에남'עינם은 원래 '그들의 눈'이란 뜻을 의미한다. '그들의 눈'을 '그들의 죄'로 수정하려는 대다수의 학자들은 히브리어 '에남'עינם의 '요드'를 '바브'로 대체하여 '에남'עינם을 '아보남'עונם으로 수정한다. '아보남'עונם은 '그들의 죄'로 번역되기 때문에, 만약 이런 수정작업을 받아들이면, 천사의 해석은 다음과 같이 번역될 수 있다. "이것은 온 땅에 있는 그들의 죄이다". 학자들은 이처럼 수정된 의미가 본문의 문맥에 더 적절하다고 주장하며, '에남'을 '아보남'으로 수정해서 번역한다.[213] 둘째, 메릴은 본문의 단어를 수정하지 않고 그대로 해석하여 '그들의 눈'의 정체를 구체적으로 밝히려 한다. 그는 스가랴서에서 "눈"이라는 단어가 "온 세상에 이르는 통치"4:10를 상징하는 말로 사용되고 있음에 주목한다. 그리하여 메릴은 '그들의 눈'을, 여호와의 통치에 맞서 온 세상을 통치하려는

'악의 권세'를 상징해 준다고 말한다.[214] 셋째, 스위니는 본문의 단어 수정을 반대하지만 메릴과는 다른 해석을 제시한다. 그는 '그들의 눈'을 바벨론에서 유다를 다스렸던 페르시아의 권세자들을 상징하는 표현으로 해석한다.[215] 넷째, 올렌버거와 같은 학자는 '그들의 눈'이라는 표현을 유다를 착취하는 이방의 열국들을 상징하는 말로 해석한다.[216]

앞서 열거된 해석들은 각각의 장점들을 갖고 있으며, 나름대로의 타당성을 지닌다. 특히 첫 번째의 해석이 많은 역본들로부터 지지를 받아왔다. 하지만 필자가 보기에, 본문의 단어를 수정하려는 시도는 그리 바람직해 보이지 않는다. 오히려 본문의 단어와 그 의미를 그대로 살리는 것이 더 적절해 보인다. 그렇다면 원문에 나오는 '그들의 눈'은 무엇을 가리키는 것인가? 이 질문에 답하기 위해 먼저 우리는 구약의 에바가 무엇을 상징하는지를 관찰해 볼 필요가 있다. 구약에 등장하는 에바는 규범화된 측량 단위이기 때문에, 정확성 혹은 공정성을 의미한다. 만약 에바를 정확하게 적용하지 않는다면, 그것은 상대를 속이는 행위이다. 그러므로 여러 구약 본문들은 공정한 에바 사용을 촉구하고 있다. 예를 들면, 공정한 에바 사용을 촉구하거나 불법적인 에바 사용을 경고하는 대표적인 본문들은 다음과 같다.

"오직 온전하고 공정한 저울추를 두며 온전하고 공정한 되를 둘 것이라 그리하면 네 하나님 여호와께서 네게 주시는 땅에서 네 날이 길리라"신 25:15

"너희가 이르기를 월삭이 언제 지나서 우리가 곡식을 팔며 안식일이 언제 지나서 우리가 밀을 내게 할꼬 에바를 작게 하고 세겔을 크게 하여 거짓 저울로 속이며"암8:5

"한결같지 않은 저울 추와 한결같지 않은 되는 다 여호와께서 미워하시느니라"잠20:10

"너희는 공정한 저울과 공정한 에바와 공정한 밧을 쓸지니"겔45:10

이처럼 여러 구약 본문들이 부정직한 에바 사용을 경고하고 있음은 이스라엘 사회 가운데 이런 불의한 에바 사용이 자행되고 있었음을 전제한다. 이런 관점에서 볼 때, 스가랴서 5장 6절의 에바는 이와 같은 불의한 행위를 시사한다. 그렇다면 이런 부정직한 행위들은 이스라엘 사회에 만연된 이스라엘 백성들의 죄악만을 가리키는 것인가? 스가랴서 5장 6절에 나오는 "온 땅에 있는 그들의 눈"이란 표현은 이러한 죄악이 이스라엘 밖의 여러 지역에서 자행되고 있음을 시사한다.[217] 그러므로 스가랴서 5장 6절의 에바를 뜻하는 "그들의 눈"은 온 세상에서 부정직한 행위를 일삼는 이방 제국의 죄악상을 가리킨다. 그들의 불의한 행위들은 세상의 공의를 세우신 여호와의 섭리에 맞서 온 세상을 불의로 물들이고자 했으며, 심지어 포로 귀환 공동체의 위협이 되었던 것이다.[218] 그러므로 스가랴서 5장 6절의 "온 땅에 있는 그들의 눈"은 유다 백성들을 포함한 세상 전역에 그 영향력을 떨치고 있는 이방 세력의 죄악을 의미하며, 궁극적으로는 하나님의 주권에 도전하는 악의 세력을 상징한다.

7-8절에서 스가랴는 환상 속에서 이 에바 가운데 앉아 있는 한 여인을 본다. 천사는 이 여인의 정체를 "악"이라고 규정한다. 그렇다면 왜 "악"이 여인으로 상징되고 있는가? 학자들은 이 질문에 대해 여러 가지 의견을 제시해 왔다. 첫째, 피터센은 창세기 3장에 나오는 하와의 타락과 죄에 대한 개념에서 비롯된 부정적인 여성관이 스가랴서 5장 8절에서 반영되고 있다고 주장한다. 피터센은 스가랴의 저자가 이와 같은 전통적인 여성관을 염두에 두고서 "악"을 여성에 비유한다고 추론한다.[219] 둘째, 볼드윈은 "악"으로 번역된 히브리어 '리슈아'הָרִשְׁעָה가 문법상 여성형이기 때문에, 여성으로 비유된다고 주장한다.[220] 셋째, 어떤 학자들은 스가랴가 이방 여신을 섬기는 우상숭배를 악으로 규정한 이전 선지자들의 표현법을 그대로 사용하고 있다고 주장한다

호2:2; 렘23:1; 겔16:1.²²¹ 필자가 보기에 셋째 견해가 가장 설득력이 있어 보인다.

"악"으로 번역되는 히브리어 '리슈아'רשעה는 사회적 종교적 의식적 범위를 포괄하는 모든 류의 잘못된 행실을 의미하며, 특히 이방인들과의 관계에서 드러나는 악행을 가리킬 때 사용되기도 하며, 이방의 우상 숭배의 죄악을 가리킬 때도 있다. 특히 스가랴서 5장 8절의 여인은 예레미야서 44장 17-18절에 등장하는 하늘 여신을 연상시킨다.

> "17 우리 입에서 낸 모든 말을 반드시 실행하여 우리가 본래 하던 것 곧 우리와 우리 선조와 우리 왕들과 우리 고관들이 유다 성읍들과 예루살렘 거리에서 하던 대로 하늘의 여왕에게 분향하고 그 앞에 전제를 드리리라 그때에는 우리가 먹을 것이 풍부하며 복을 받고 재난을 당하지 아니하였더니 18 우리가 하늘의 여왕에게 분향하고 그 앞에 전제 드리던 것을 폐한 후부터는 모든 것이 궁핍하고 칼과 기근에 멸망을 당하였느니라 하며"

스위니에 의하면, 구약에 등장하는 "하늘 여신"은 종종 메소포타미아의 여신인 이스타르Ishtar와 동일시되었으며, 이 여신은 다산, 열정 혹은 전투의 신으로 이해되었다.²²² 반면에 올렌버거는 이 "하늘 여신"을, 페니키아의 여신 아스타르테Astarte로 해석한다. 이 여신은 개역개정에는 시돈의 "아스다롯"으로 소개되는 바 솔로몬이 받아들인 대표적인 여신이다왕상 11:5-7. 본문에 등장하는 "하늘 여신"이 이 두 여신 가운데 누구를 가리키는지는 분명치 않다. 다만 "하늘 여신" 숭배를 향한 예레미야 선지자의 강력한 경고를 감안해 볼 때, 이런 여신 숭배사상은 바벨론의 침략이 시작되었을 무렵 이스라엘 사회 안에 만연되어 있었음을 짐작케 한다.²²³ 뿐만 아니라 포로로 귀환한 이스라엘 사회 가운데에도 여전히 이와 같은 여신 숭배 행위가 잔존해 있었으며, 성전 건축을 통한 이스라엘의 회복에 큰 장애 거리로 작용했던 것 같다. 그러므로 스가랴는 이 바벨론 여신이 바벨론의 시날 땅으로 옮겨질 것이라고 선언한다. 여호와께서 이스라엘 공동체를 회복시키시는 그 날, 이스라엘은 더 이상 에바의 곡물과 작물을 세금으로 바치지 않을 것이다. 오직 그들의 죄악만이 에바에 담겨져 바벨론으로 보내어 질 것이다. 스룹바벨과 여호수아를 통해 성전을 건축하여 이스라엘 백성들 가운데 거하기 원하는 여호와께서는 이제 그들의 삶 속에 배여 있는 불의한 행위들과 우상숭배의 요소들을 모두 제거하실 것이다.

2) 5장 9-11절

"9 내가 또 눈을 들어 본즉 두 여인이 나오는데 학의 날개 같은 날개가 있고 그 날개에 바람이 있더라 그들이 그 에바를 천지 사이에 들었기로 10 내가 내게 말하는 천사에게 묻되 그들이 에바를 어디로 옮겨가나이까 하니 11 그가 내게 이르되 그들이 시날 땅으로 가서 그것을 위하여 집을 지으려 함이니라 준공되면 그것이 제 처소에 머물게 되리라 하더라"

스가랴는 "악"으로 상징되는 한 여인이 에바에 갇혀 이동되고 있음을 본다. 흥미롭게도 이 여인은 학의 날개를 지닌 두 여인에 의해 옮겨진다. 학의 날개를 지닌 이 두 여인은 과연 무엇을 상징하며, 이들의 정체는 무엇인가? 이들의 정체와 그 상징적 의미에 대해 학자들은 다양한 의견을 제시해 왔다. 첫째, 어떤 학자들은 이 두 여인의 사역이 악을 제거하는 성령의 사역과 깊은 관련이 있다고 본다.[224] 이들은 이 두 여인의 날개에 있는 바람에 관심을 집중시킨다. 바람으로 번역된 히브리어 '루아흐'רוח는 '영'으로도 번역될 수 있다. 그러므로 이 두 여인의 날개에 바람이 함께 있다는 점은 이 두 여인의 사역이 죄를 정결케 하는 성령의 사역으로 해석될 수 있다고 본다. 둘째, 어떤 이들은 스가랴서 5장 9절의 날개를 단 두 여인이 에스겔서 1장의 "케루빔" cherubim과 유사하다고 본다. 스가랴서 5장 9절의 두 여인과 에스겔서 1장의 케루빔과의 유사성은 다음과 같다. ㉠ 인간의 형상을 취하며 날개를 달고 있는 외형, ㉡ 신을 운송하는 그들의 사역, ㉢ 유다에서 바벨론으로 이동.[225] 필자가 보기에, 이 두 견해 가운데 두 번째의 해석이 바람직해 보인다.

개역개정에는 NRSV와 같이 두 여인이 "나온다"라고 표현된다5:9. 하지만 '나온다'로 번역된 히브리어 '요쯔오트' יֹצְאוֹת 는 '나가다' 혹은 '떠나다'로 번역되어야 한다. 그러므로 이 단어는 두 여인이 어디로부터 떠난다는 것을 암시한다. 아마도 이들은 성전을 떠나고 있다고 볼 수 있다.[226] 또한 두 여인이 날개를 달고 있다는 점은 성전의 율법을 지키는 케루빔을 연상시킨다. 그러므로 날개를 단 두 여인이 한 여인을 에바에 가두어 옮기고 있는 스가랴서 5장 9절의 장면은 여호와의 천사들이 이스라엘의 죄악을 제거하고 있음을 의미한다. 흥미롭게도 두 여인의 날개는 "학의 날개"로 비유된다. 레위기에서 새들은 문둥병의 부정을 제거하기 위해 상징적인 방식으로 사용된다레14:1-7, 48-53. 한편, 구약에서 학은 부정한 짐승레11:19; 신14:18으로 분류되기 때문에 본문에 등장하는 두 여인은 "하늘 여신"이 상징하는 그 악의 존재를 수종드는 천사와 같은 부정적인 존재들로 해석되기도 한다. 필자는 이 두 가지 해석 가운데 전자의 입장을 취한다. 이 두여인이 어떻게 해석되든지간에 "학의 날개"와 같은 날개를 달고 있다는 것은 이 두 여인이 악을 옮기는 역할을 수행하고 있음을 의미한다.[227] 학은 큰 날개를 가지고 높이 날아 올라 이동할 수 있는 능력을 가진 새였기 때문에, 스가랴는 에바의 여인을 옮기는 이 두 여인의 날개를 "학"의 날개로 비유하고 있는 듯하다.[228] 그러므로 스가랴서 5장 9절의 두 여인은 악을 신속히 제거하는 천사들의 사역을 상징적으로 묘사해 주는 표현이라고 볼 수 있다. 그런데 천사는 스가랴에게 이 에바의 여인이 시날 땅으로 옮겨질 것이며, 그 곳에서 이 에바를 위한 처소가 세워질 것이라고 말한다.

시날은 고대의 수메르와 아카드를 가리키는 지명으로서 바벨, 에렉, 악갓 및 갈레와 같은 고대의 옛 도시들이 위치한 곳이었다창10:10. 특히 시날이라는 명칭은 점차 바벨론이라는 명칭과 동일하게 이해되었다. 아마도 예루살렘에서 바벨론으로 귀환한 유다 백성들은 바벨론 땅에서 행해지던 우상숭배로부터 완전히 자유롭지 못했던 것 같다.[229] 여호와는 시날 땅의 우상숭배를 제거하며, 이스라엘을 다시 새롭게 정화시키고자 하신다. 스가랴는 이스라엘 백성들이 사회적 불의와 종교적 타락으로부터 벗어나 정결한 백성으로 다시 회복될 것임을 바라보고 있는 것이다.

(3) 현대적 적용

1) 우상숭배의 본질

비록 포로 귀환 공동체는 바벨론 유수의 혹독한 시련을 끝마치고 마침내 예루살렘으로 귀환했지만 바벨론의 잔재들을 완전히 청산하지는 못했다. 특히 그들은 페르시아로부터 계속적인 식민 통치를 받으면서 여호와의 유일성에 대한 확고한 신념에서 떠나 다시 바벨론의 우상숭배에 사로잡혔던 것 같다. 아마도 스가랴 시대에 바벨론의 잔재들, 특히 우상숭배는 성전 건축의 큰 장애물이었음에 틀림없다. 그러나 스가랴는 시날 땅으로 옮겨지는 에바의 환상을 본다. 이 환상은 이스라엘 사회에 배여 있는 바벨론의 정신들, 특히 우상숭배가 모두 제거될 것임을 상징해 준다. 이것은 성전 건축을 수행하기에 앞서 먼저 과거 죄악의 잔재들이 청산되어야만 함을 말해 준다. 신약의 기자들도 우상숭배의 심각성을 잘 나타내 주고 있다. 바울은 이방 신들을 숭배하는 행위를, 극악한 비윤리적 죄악들과 동일하게 취급한다고전5:10; 6:9; 벧전4:3; 계22:15. 나아가 바울은 우상을 이방의 신들로만 제한하지 않고 마음의 탐심까

지도 우상으로 규정한다골3:5.

> "그러므로 땅에 있는 지체를 죽이라 곧 음란과 부정과 사욕과 악한 정욕 과 탐심이니 탐심은 우상 숭배니라"골3:5

바울은 로마서 1장 18-25절에서 이와 같은 우상의 본질적 의미에 대해 구체적으로 논의한다. 바울에 따르면, 창조주보다는 피조물로 만든 신상들을 경배하고 예배하는 행위는 하나님을 인정하기를 거부하는 것이며, 진리를 거짓으로 바꾸는 죄악에 해당된다롬1:25. 다시 말해, 우상숭배는 하나님의 영광을 인정하지 않고 오히려 자신의 영광을 추구하는 인류의 미련함을 나타내 준다. 인류가 하나님을 인정하지 않은 결과는 자기 중심적인 삶으로 전락하는 것이다. 즉 인류는 하나님을 인정하지 않기 때문에 자신의 육체적인 정욕대로 도덕적 타락을 일삼게 된다롬1:28-32. 그러므로 이방 신을 숭배하는 짓이나 자기 중심적인 삶의 태도는 동일하게 하나님을 인정하지 않은 행위이며 그것은 곧 우상숭배가 된다. 이런 관점에서 볼 때, 신약의 우상숭배는 이방 신을 숭배하는 행위뿐만 아니라 모든 죄악들을 가리키는 포괄적인 의미로 이해된다엡5:5; 골3:5; 요일5:21.

2) 목적인가 수단인가?

이스라엘 공동체는 오직 여호와만을 유일한 신으로 믿고 경배하는 예배 공동체이다. 이스라엘이 여호와를 예배하는 이유는 어떤 목적이나 조건을 충족시키기 위함이 아니라, 하나님의 백성으로 부르신 여호와의 은혜에 대한 자발적 반응 때문이다. 이스라엘은 예배를 통해 애굽의 속박에 사로잡혔던 이스라엘을 구출하시고 약속의 땅으로 인도하신 그분의 구속에 대해 감사와 찬양을 고백했던 것이다. 그러므로 이스라엘의 예배는 수단이 아닌 목적 그 자체였다. 그러나 이방인들은 물질적 풍요를 위해 제사를 드렸기 때문에, 이방인의 우상숭배는 다산의 축복을 매개하는 일종의 수단에 불과하였다.

이스라엘이 예물을 여호와께 바치는 것은 어떤 축복을 얻기 위함이 아니라 받은 축복에 대한 자발적인 감사의 반응이었다. 그러나 이방인들은 그들의 목적을 이루기 위한 방편으로서 제물을 이방 신들에게 바쳤다. 이런 관점에서 볼 때, 이스라엘과 이방인은 예배의 방식에 따라 그들의 정체성이 확연히 구별되었다. 스가랴 시대의 공동체는 이방인들과 같이 물질적 축복을 목적으로 삼아 바벨론의 우상들을 그 축복의 매개수단으로 삼고 있었다. 이것은 순수한 예배 공동체인 이스라엘의 영적인 위기를 암시해 준다.

오늘 우리들에게도 이러한 위기들이 찾아올 수 있다. 한국의 많은 교회들은 대입 수능 고사가 다가오면 특별 새벽기도회 혹은 철야 기도회를 시작한다. 개인적으로 수능을 앞둔 자녀들을 위해 기도하며 하나님께 지혜를 간구하는 모습은 아름다운 일이며, 그리스도인 수험생들을 위해 열심히 기도해야 할 것이다. 그러나 수험생들을 위해 기도하던 성도들이 수능이 끝난 후에는 기도의 생활을 중단할 때, 그들의 새벽 혹은 철야 기도는 자칫 수능을 위한 수단으로 비춰질 수 있다. 우리는 하나님의 보상을 목적으로 삼아 종교적 열심을 매개 수단으로 삼아서는 안 된다. 오히려 우리들의 신앙적 열심은 주어질 보상보다는 주님의 은혜에 대한 자발적 반응의 결과이어야 한다. 우리 자신을 위해서가 아닌 하나님 나라와 그분의 의를 위한 목적에 초점을 맞출 때, 우리의 헌신은 합당한 열매를 맺게 될 것이다.

A′. 여덟째 환상

네 병거와 말들 6:1-8

(1) 개요

이 환상은 스가랴의 여덟 개의 환상들 가운데 마지막 환상에 해당하며, 첫 번째 환상과 많은 유사성을 보여 준다. 무엇보다도 첫번째 환상과 여덟째 환상의 가장 큰 유사점은 두 환상들이 네 말들과 그 말들이 끄는 병거를 집중적으로 다룬다는 것이다. 더욱이 말들과 병거를 탄 자들의 활동은 '평온'의 주제와 연결된다. 좀 더 구체적으로 말하자면 첫 번째 환상은 심판을 당하지 않고 여전히 '평온'한 상태에 있는 이방 열국들의 상태를 언급하고 있으며, 마지막 환상은 북방 땅에 임하는 하나님의 '평온'에 초점을 두고 있다. 하지만 이 마지막 환상은 첫 번째 환상과는 달리 말들뿐만 아니라 말들이 끄는 네 병거의 출현으로 시작함으로써 우리들의 관심을 집중시킨다. 특히 '나가다'라는 히브리어 '야짜' יצא 가 이 환상에서 적어도 7회 이상 등장하고 있음6:1, 5, 6, 7, 8은 사건 전개의 긴박성을 암시해 준다.[230]

본 단락은 크게 두 부분으로 세분화될 수 있는데, 환상의 내용을 다루는 6장 1-4절과 환상의 내용을 해석해 주는 6장 5-8절로 구분될 수 있다. 먼저 스가랴는 두 구리 산에서 나아오는 네 병거들의 출현을 바라본다. 또한 이 네 병거들을 끌고 있는 네 말들은 각각 네 종류의 색깔을 지닌다. 스가랴는 네 병거들과 네 말들이 무엇인지 천사에게 물어본다. 천사는 이 네 병거들을 하나님의 바람으로 비유하며, 그들의 임무는 온 땅을 두루 살피는 일이라고 대답한다. 검은 말들은 북쪽으로, 흰 말들은 서쪽으로, 그리고 어룽진 말들은 남쪽 지역으로 향한다. 놀랍게도 북방으로 간 자들로 인해 하나님의 영은 비로소 안식을 얻게 된다. 첫 번째 환상에서 천사는 열방의 안식에 대해 불평을 토로했으나, 마지막 환상에서 열방에 대한 여호와의 심판은 마침내 이루어지고 여호와의 안식이 비로소 이루어진다. 이제 포로 귀환 공동체에게 남은 마지막 사명은 여호와의 우주적 통치의 중심이 되는 성전을 다시 건축하는 것이다.

    A. 네 병거 환상에 대한 묘사(6:1-4)
       1. 네 병거의 등장(6:1)
       2. 병거의 말들(6:2-3)
       3. 스가랴의 질문(6:4)
    B. 환상에 대한 설명(6:5-8)
       1. 네 병거의 의미 설명(6:5)
       2. 말들의 방향 소개(6:6-7)
       3. 북방의 말들과 하나님의 평온(6:8)

(2) 본문 분석

1) 6장 1-4절

"¹ 내가 또 눈을 들어 본즉 네 병거가 두 산 사이에서 나오는데 그 산은 구리 산이더라 ² 첫째 병거는 붉은 말들이, 둘째 병거는 검은 말들이, ³ 셋째 병거는 흰 말들이, 넷째 병거는 어룽지고 건장한 말들이 메었는지라 ⁴ 내가 내게 말하는 천사에게 물어 이르되 내 주여 이것들이 무엇이니이까 하니"

6장 1절은 "내가 또 눈을 들어 본즉"이라는 표현으로 시작한다. 5장 1절에 등장했던 동일한 히브리어 단어 '바아슈브'אשוב가 여기에 다시 사용된다. 이 단어는 '그리고 또 다시'라는 말로 번역될 수 있으며, 이런 표현은 6장의 환상이 5장의 환상과 계속 이어지고 있음을 나타낸다. 날아가는 두루마리와 에바의 여인에 대한 환상을 체험한 스가랴는 계속해서 새로운 환상을 경험한다. 그의 환상에 등장한 첫 대상은 네 병거이다. 병거로 번역되는 히브리어 '메르카바'מרכבה는 왕이나 고위 관료들의 운송기구였으며, 매우 중요한 군사 수송 수단이었다. 더욱이 구약에서 병거는 여호와의 힘과 능력을 나타내 주는 상징적인 표현으로 사용된다.²³¹ 예를 들면, 이사야서 66장 15-16절과 하박국서 3장 8절은 여호와의 능력과 위엄을 병거를 통해 묘사한다.

"보라 여호와께서 불에 둘러싸여 강림하시리니 그의 수레들은 회오리바람 같으리로다"사66:15a
"여호와여 주께서 말을 타시며 구원의 병거를 모시오니 강들을 분히 여기심이니이까"합3:8a

특히 시편 68편 17절에서 병거는 이스라엘을 향해 전투에 임하는 여호와의 군대를 뜻하는 표현으로 사용된다. "하나님의 병거가 천천이요 만만이라 주께서 그 중에 계심이 시내 산 성소에 계심 같도다." 그러므로 스가랴의 환상에 나오는 병거는 전능하신 여호와의 강림과 그분의 권능을 암시한다.

그런데 스가랴의 환상에서 이 병거가 출현하는 원 근원지는 "두 구리 산"

으로 묘사되고 있다. "두 구리 산"이라는 표현은 구약에서 오직 이 곳에만 등장한다. 그렇다면 스가랴 환상의 배경이 되는 이 두 구리 산의 정체는 무엇인가? 학자들은 이 두 구리 산의 정체를 규명하기 위해 여러 가지 해석들을 제시해 왔다. 첫째, 스미스는 이 두 구리 산의 사상적 기원을 가나안의 근동 신화에서 찾는다.[232] 그에 따르면, 고대 근동의 가나안인들은 그들의 신들이 팔레스타인 북쪽의 자폰Zaphon산에 거한다고 믿었다. 여기서 스가랴는 만신전의 신들이 아닌 여호와께서 온 열방의 왕임을 강조하기 위해 두 구리 산을 소개하고 있다고 본다. 그러므로 스미스는 이 두 구리 산의 배경을 가나안인들이 믿고 있는 신들의 거처인 자폰산으로 이해한다. 하지만 스가랴의 환상에는 두 개의 산이 등장하며, 이 산이 구리 색깔을 취하기 때문에 이 두 구리 산을 자폰산과 비교하는 것은 다소 무리가 있어 보인다.

둘째, 어떤 이들은 이 두 구리 산의 출현을 종종 보석으로 조각된 메소포타미아의 태양신 샤마스의 등장 배경과 연결시킨다.[233] 열왕기하 23장 11절은 태양신 샤마스 숭배의 한 예를 보여 준다. "또 유다 여러 왕이 태양을 위하여 드린 말들을 제하여 버렸으니 이 말들은 여호와의 성전으로 들어가는 곳의 근처 내시 나단멜렉의 집 곁에 있던 것이며 또 태양 수레를 불사르고." 이처럼 우리는 구약의 본문을 통해 유다에서 병거와 말들이 태양신 숭배의 대상으로 사용되었음을 알 수 있다. 특히 이 태양신은 하늘의 두 열린 문 안에 위치한 두 산 사이에서 등장하는 신으로 묘사된다.[234] 또한 태양이 떠오를 때 찬란한 태양빛으로 인해 두 산의 색깔이 구리 빛깔처럼 빛나기 때문에, 학자들은 네 병거의 출현 배경을 이 메소포타미아의 태양신 사상과 연결시킨다. 셋째, 스위니는 병거가 출현하는 이 두 구리 산의 배경을, 성전 앞에 위치한 야긴과 보아스라는 두 놋 기둥으로 이해한다.[235] 예를 들면, 열왕기상 7장 15-17절은 성전 입구에 위치한 두 놋 기둥에 대해 자세히 묘사한다.

"15 그가 놋기둥 둘을 만들었으니 그 높이는 각각 십팔 규빗이라 각각 십이 규빗 되는 줄을 두를 만하며 16 또 놋을 녹여 부어서 기둥 머리를 만들어 기둥 꼭대기에 두었으니 한쪽 머리의 높이도 다섯 규빗이요 다른쪽 머리의 높이도 다섯 규빗이며 17 기둥 꼭대기에 있는 머리를 위하여 바둑판 모양으로 얽은 그물과 사슬 모양으로 땋은 것을 만들었으니 이 머리에 일곱이요 저 머리에 일곱이라"

또 역대하 3장 15-17절도 성전의 두 놋 기둥에 대해 다음과 같이 설명한다.

"15 성전 앞에 기둥 둘을 만들었으니 높이가 삼십오 규빗이요 각 기둥 꼭대기의 머리가 다섯 규빗이라 16 성소같이 사슬을 만들어 그 기둥 머리에 두르고 석류 백 개를 만들어 사슬에 달았으며 17 그 두 기둥을 성전 앞에 세웠으니 왼쪽에 하나요 오른쪽에 하나라 오른쪽 것은 야긴이라 부르고 왼쪽 것은 보아스라 불렀더라"

성전이 천상과 지상이 만나는 곳이며 우주의 중심지로 이해된다면, 성전 입구의 이 두 기둥은 천상의 여호와의 보좌로 가는 출입구를 상징한다. 비록 야긴과 보아스라는 두 구리 기둥은 바벨론의 침략때 파괴되어 노략물로 옮겨졌지만왕하25:13; 렘52:17-23, 스위니는 이 기둥들이 포로 귀환 공동체에게 여전히 여호와의 천상의 성전을 나타내 주는 상징물로 이해되었다고 주장한다.

필자는 위의 세 가지 해석들 가운데 스위니가 주장한 세 번째의 입장이 가장 타당해 보인다. 실제로 네 병거들은 여호와의 강림과 그분의 역사하심을 나타내 주기 때문에, 네 병거들이 출현하는 두 구리 산은 여호와의 천상 처소와 깊은 관련이 있다고 볼 수 있다. 그러므로 두 구리 산은 천상으로 통하는 천상의 출입문을 상징하며, 이 두 구리 산에서 나오는 네 병거들의 출현은 천상의 여호와께서 이 세상을 향해 그분의 사역을 시작하고 계심을 의미한다. 비록 지상의 성전은 무너졌으나, 천상의 여호와께서는 그분께서 거하실 지상의 처소를 회복시킬 것이며, 온 열방의 향한 그분의 통치를 다시 수행하실 것이다. 1절은 이와 같은 여호와의 통치의 위엄과 그 장엄함을 잘 드러내 준다.

6장 2절에서 네 병거들은 네 가지의 색을 지닌 말들이 끌고 있는데, 첫째 병거는 붉은 말들, 둘째 병거는 검은 말들, 셋째 병거는 흰 말들, 넷째 병거는 어룽진 말들이 끌고 있다. 흥미롭게도 "어룽지고 건장한 말들"[236]로 소개되는 넷째 병거의 말들은 다른 병거의 말들과는 달리 색깔을 나타내는 형용사와 함께 "건장한"이라는 형용사가 더 첨가되어 있다6:3. 즉 다른 병거들의 말들과는 달리 색깔과 함께 그 말들의 상태도 함께 묘사되고 있는 것이다. 그래서 학자들은 '건장한'으로 번역된 히브리어 '아무찜'אֲמֻצִּים이 넷째 병거의 말들을 묘사하는 표현으로 보기 어렵다고 본다. 특히 7절에도 "건장한 말"을 가리킬 때 이 형용사가 동일하게 사용되고 있기 때문에, 학자들은 이 형용사를 넷째 병거의 말을 묘사하는 말로 제한시키는 것은 바람직하지 않다고 주장한다. 그리하여 학자들은 "어룽지고 건장한 말들"의 표현에 대해 다른 여러 가지 대안들을 제시해 왔다.[237] 첫째, 어떤 이들은 "건장한"이란 히브리어 '아무찜' אֲמֻצִּים이 원래 '붉다'라는 뜻의 형용사 '아둠밈' אֲדֻמִּים이었는데 사본상의 훼손 혹은 파손으로 인해 현재의 '아무찜' אֲמֻצִּים으로 변경되었다고 추론하면서, "어룽지고 건장한 말들"을 "어룽지고 붉은 말들"이란 표현으로 수정해야 한다고 주장한다.[238] 둘째, 개역개정과 스위니와 같은 입장은 형용사 '아무찜' אֲמֻצִּים을 그대로 넷째 병거의 말들에 적용시켜 "어룽지고 건장한 말들"이라고 해석한다.[239] 셋째, 한글표준새번역과 맥코미스키의 해석은 형용사 '아무찜'을 넷째 병거의 말들에 국한시키지 않고 모든 말들에 적용시킨다.[240] 예를 들면, 한글표준새번역은 "넷째 병거는 얼룩 말들이 끌고 있었다. 말들은 모두 건장하였다"로 번역한다.

필자의 견해로는 세 번째의 견해가 바람직해 보인다. 실제로 7절에도 "건장한"이라는 히브리어 형용사 '*아무찜*'이 다시 등장하고 있는데, 여기서 이 형용사는 넷째 병거의 말들에만 적용되는 것이 아니라 모든 말들과 연결되고 있다. 그러므로 7절에서와 같이 3절의 '*아무찜*' אֲמֻצִּים도 모든 말들에게 적용되는 것이 바람직해 보인다. 그러므로 3절의 "어룽지고 건장한 말들"이란 표현을 "넷째 병거는 어룽진 말들이 끌고 있었으며, 모든 말들은 건장하였다"로 번역하는 것이 더 자연스러워 보인다.[241]

그렇다면 각각의 네 말들의 색깔은 과연 나름대로의 의미를 상징하고 있는 것인가? 만약 그렇다면 그 의미는 무엇인가? 많은 학자들이 이 색깔의 의미에 대해 다양한 주장들을 제시해 왔다. 어떤 이들은 말들의 네 색깔이 태양의 빛깔, 혹은 다양한 도덕적 특성을 상징해 준다고 주장했으며, 어떤 학자들은 네 색깔을 세상의 네 제국으로 이해했으며, 특히 북쪽은 바벨론 혹은 페르시아, 남쪽은 이집트 혹은 에돔이나 에디오피아로 해석하였다. 또한 어떤 이들은 계시록의 표현을 빌어 흰 색을 승리계6:2로, 붉은 색을 전투와 피계6:4로, 검은 색을 기근계6:5-6으로, 회색을 죽음계6:8을 상징하는 표현으로 해석하고자 한다.[242] 하지만 첫 번째 환상의 말들에 대해 논의할 때 살펴보았듯이, 말들의 색깔은 스가랴 당시의 말들이 취하는 색깔들을 가리키는 것 같다. 그러므로 말들의 색깔과 그 상징적 의미에 너무 집착하는 것은 별로 중요치 않은 일이다.[243]

2) 6장 5-8절

"5 천사가 대답하여 이르되 이는 하늘의 네 바람인데 온 세상의 주 앞에 서 있다가 나가는 것이라 하더라 6 검은 말은 북쪽 땅으로 나가고 흰말은 그 뒤를 따르고 어룽진 말은 남쪽 땅으로 나가고 7 건장한 말은 나가서 땅에 두루 다니고자 하니 그가 이르되 너희는 여기서 나가서 땅에 두루 다니라 하매 곧 땅에 두루 다니더라 8 그가 내게 외쳐 말하여 이르되 북쪽으로 나간 자들이 북쪽에서 내 영을 쉬게하였느니라 하더라"

6장 4절에서 스가랴는 자신이 본 환상이 무엇을 뜻하는지 천사에게 질문을 던진다. 그러자 천사는 네 색깔의 말들이 끄는 네 병거들을 "하늘의 네 바람"으로, 그리고 "온 세상의 주 앞에 서 있던 자들"로 소개한다6:5. 그렇다면 천사가 말하는 "하늘의 네 바람"은 과연 무엇을 의미하는가? 여기에 바람으로 번역된 히브리어 '루아흐'רוח는 '숨결', '호흡' 혹은 '영'이란 뜻으로 사용된다. 우리는 앞선 스가랴서 2장 6절에서 "하늘의 사방 바람"이 이스라엘을 심판하는 여호와의 능력을 나타내는 표현으로 사용되고 있음을 살펴본 바 있다. 특히 어떤 구약 본문들은 '루아흐'를 여호와의 심판과 구원의 능력을 나타내 주는 표현으로 사용한다.

"하늘의 사방에서부터 사방 바람을 엘람에 오게 하여 그들을 사방으로 흩으리니 엘람에서 쫓겨난 자가 가지 않는 나라가 없으리라"렘49:36
"또 내게 이르시되 인자야 너는 생기를 향하여 대언하라 생기에게 대언하여 이르기를 주 여호와께서 이같이 말씀하시기를 생기야 사방에서부터 와서 이 죽음을 당한 자에게 불어서 살아나게하라 하셨다 하라"겔37:9

이런 관점에서 볼 때 네 바람은 여호와의 심판과 구원의 사역을 수행하는 데 사용되는 도구로서 여호와의 사자와 비교될 수 있다.

"바람을 자기 사신으로 삼으시고 불꽃으로 자기 사역자를 삼으시며"시104:4

특히 이 네 바람이 여호와의 전에 서 있다는 표현은 하나님 앞에 서 있는 여호와의 천사들의 역할을 연상시킨다욥1:6; 2:1. 그렇다면 하늘의 바람은 여호와의 명령을 받아 그분의 뜻을 이루기 위해 천상을 떠나 그들의 임무를 시작하려는 하늘 군대의 모습을 떠올린다.[244]

6장 6절은 병거를 끄는 말들의 방향들을 각각 소개한다. 그런데 6절의 표현은 학자들에게 매우 큰 난제를 던져 준다. 6절에 나타난 큰 어려움은 대개 두 가지 이슈로 구분될 수 있다. 첫째, 6절에 나타나는 말들의 진행 방향들은 모두 몇 곳인가? 둘째, 6절에는 왜 붉은 말이 등장하지 않는가?

먼저 첫 번째 질문에 대해 논의해 보도록 하자. NIV, NRSV, JB, NEB와 같은 역본들은 말들의 진행방향을 북쪽, 서쪽 및 남쪽으로 소개하는 반면, 맛소라 본문과 한글개역개정과 같은 역본들은 북방과 남방만을 언급할 뿐이다. 이 문제의 핵심은 바로 "흰 말이 그 뒤를 따르다"라는 표현에 있다. 첫째, 전자의 입장은 네 방향을 전제하면서 동쪽을 출발점으로 삼을 때 나머지 세 방향이 제시되어야 한다고 본다. 또한 "흰 말이 그 뒤를 따르다"는 히브리어 '아하레헴'אַחֲרֵיהֶם을 '바다를 따라 가다'라는 뜻의 '아하레 하얌'אַחֲרֵי הַיָּם으로 수정되어야 한다고 본다.[245] 만약 이렇게 수정된다면, 지중해 바다는 서편에 있기 때문에, "흰 말은 서쪽으로 향하다"라고 번역해도 무방한 것이다NIV, NRSV.[246] 둘째, 후자의 입장은 맛소라 본문의 표현을 수정시키지 않고 그 의미를 문법적으로 그대로 살려서 흰 말이 검은 말의 뒤를 따라 북쪽으로 갔다고 이해한다. 그러므로 6절은 검은 말과 흰 말의 북쪽과 어룽진 말의 남쪽만을 소개할 뿐이라고 주장한다.

필자는 본문을 수정시키려는 전자의 입장보다는 히브리 본문의 뜻을 그대로 살리려는 후자의 입장을 선호한다. 만약 후자의 입장대로 6절에서 말들의 진행 방향이 북쪽과 남쪽으로 소개되고 있다면, 왜 남과 북의 방향만을 소개하고 있는 것인가? 첫째, 메릴은 이스라엘의 지형상 동쪽 끝으로 가기 위해서는 북쪽으로 올라가야 하고, 서쪽 끝으로 가기 위해서는 남쪽으로 내려가야 하기 때문에, 궁극적으로 남과 북은 모든 방향을 가리킨다고 주장한다.[247] 둘째, 어떤 이들은 이스라엘인들에게 북쪽은 유배의 지역을 가리키며 남쪽은 포로인들이 귀환하는 방향을 가리키기 때문에, 그들에게 남과 북은 매우 중요한 방향이었으며, 스가랴의 환상에서 말들이 이 두 방향으로 향하는 것은 두 방향의 중요성을 뜻한다고 주장한다.[248] 셋째, 레딧은 팔레스타인이 서쪽의 지중해와 동쪽의 아라비아 사막 사이에 위치하고 있어서 말들이 북쪽과 남쪽으로 향했던 것은 이와 같은 지형적인 배경 때문이라고 설명한다.[249] 넷째, 맥코미스키에 따르면, 남과 북은 이스라엘의 오래된 원수의 국가들이 위치한 곳을 가리키며, 말들이 이 두 방향으로 향한다는 것은 북쪽의 앗수르, 바벨론 혹은 남쪽의 애굽과 같은 나라들이 더 이상 이스라엘 공동체에 위협이 될 수 없음을 나타내 준다고 본다.[250] 다섯째, 어떤 학자들은 병거들이 북쪽과 남쪽으로 향하게 된 것은 디아스포라 유대인들이 남쪽의 애굽과 북쪽의 메소포타미아 지역에 많이 거주하고 있었기 때문이라고 해석한다.[251] 필자가 보기에 위의 다섯 가지의 해석들 모두 각각 타당성을 갖고 있지만, 네 번째와 다섯 번째의 견해가 가장 바람직해 보인다. 실제로 이스라엘인들은 지형상 서쪽과 동쪽 지역보다는 왕래가 흔한 북쪽과 남쪽을 더 선호했으며, 이스라엘의 오래된 대적들도 북쪽과 남쪽에 위치하였다. 예를 들면, 역사상 이스라엘의 오래된 대적들은 북쪽의 앗수르 혹은 바벨론과 남쪽의 애굽을 손꼽을 수 있다. 이사야서 19장 23-25절은 여호와의 회복의 날에 이스라엘이 그들의 오래된 원수들과 함께 여호와를 경배할 것을 고대하고 있는데, 여기서 이스라엘의 원수들로서 앗수르와 애굽이 소개되고 있다.

"23 그날에 애굽에서 앗수르로 통하는 대로가 있어 앗수르 사람은 애굽으로 가겠고 애굽 사람은 앗수르로 갈 것이며 애굽 사람이 앗수르 사람과 함께 경배하리라 24 그날에 이스라엘이 애굽 및 앗수르와 더불어 셋이 세계중에 복이 되리니 25 이는 만군의 여호와께서 복 주시며 이르시되 내 백성 애굽이여, 내 손으로 지은 앗수르여, 나의 기업 이스라엘이여, 복이 있을지어다 하실 것임이라"

이처럼 앗수르와 애굽과 같은 나라들은 이스라엘의 오랜 숙적이었으며, 이들의 지역이 북쪽과 남쪽에 위치하고 있었기 때문에,²⁵² 이스라엘에게 있어서 남쪽과 북쪽은 매우 의미심장한 방향들이었다. 또한 스가랴 당시 북쪽과 남쪽은 바벨론 멸망 이후 디아스포라 유대인들이 많이 거주하던 곳으로서 인식되었다. 더욱이 북쪽에 거하는 디아스포라 유대인들의 인구가 가장 많았기 때문에, 북쪽이 남쪽보다 더 중요했던 것 같다. 본문에서 남쪽으로 향하는 병거에는 어룽진 말들뿐이지만, 북쪽으로 향하는 병거에는 백마와 흑마가 함께 있었던 것은 이와 같은 배경에 근거하고 있는 듯하다. 한편 이스라엘 백성들에게 "북쪽"은 옛 적들이 공격해 오던 방향이었으며, 그들이 유배를 갈 때에도 이 방향으로 이송되었다. 하지만 이 북쪽으로 두 병거들이 향하고 있음은 북방의 원수들에 대한 여호와의 심판이 수행됨을 의미하며, 여호와께서 친히 그 북방 지역을 다스리실 것임을 암시한다.

이제 우리는 두 번째 이슈인 붉은 말의 부재 현상에 대해 논의해 볼 것이다. 2절에는 분명 붉은 말이 출현하고 있지만, 6절에서는 붉은 말이 언급되지 않는다. 그렇다면 왜 6절에는 붉은 말이 언급되지 않는 것인가? 학자들은 이 문제에 대해 몇 가지 대안적 해석들을 제시해 왔다.²⁵³ 하지만 대체로 학자들이 동의하듯이, 이 붉은 말들은 최고 지휘관의 병거를 끄는 말이었다고 추론할 수 있다. 실제로 스가랴서 1장 8절, 11절에서 붉은 말을 탄 천사는 직접 순찰을 다니지 않고, 오히려 순찰을 다녀온 말들로부터 보고를 받는다. 그러므로 이 붉은 말들이 끄는 병거는 순찰을 다니기보다 순찰을 다녀온 다른 병

거들의 순찰 결과를 보고 받기 위해 기다리고 있었을 것이라고 추측할 수 있다.[254]

6장 7절에서 순찰의 사명을 맡은 병거의 말들은 땅을 두루 다니며 순찰한다. 그 뒤 천사는 마치 여호와의 말씀의 대언자처럼 여호와의 말씀을 인용하여 외치기를 "북쪽으로 나간 자들이 북쪽에서 내 영을 쉬게 하였느니라"라고 한다. 분명 이 표현은 북방의 원수들의 멸망을 예고한 옛 선지자들의 예언과 깊은 관련이 있어 보인다렘3:18; 16:15; 23:8; 31:8; 사43:6; 49:12. 그러므로 이 표현은 전대의 선지자들을 통해 선포되고 예언되었던 북방 원수들의 심판과 이스라엘의 구원과 회복이 이제 이루어졌음을 강조해 준다. "쉬게하였느니라"라는 히브리어 '헤니후'הֵנִיחוּ는 원래 '안식을 주다'라는 뜻을 지닌다6:8. 그러므로 "내 영을 쉬게하였느니라"라는 말은 NIV와 NKJV의 번역처럼 "내 마음에 안식을 주었다"로 해석하는 것이 더 바람직하다. 원래 이 표현은 여호와께서 이스라엘을 위해 주변 대적들의 침략을 완전히 물리치신 이후의 평화로운 질서 상태를 나타내는 말로 사용되었다.[255] 예를 들면, 여호와께서 다윗을 위해 주변의 원수들을 모두 물리치셨을 때 유다는 안식을 누리게 된다.

"여호와께서 주위의 모든 원수를 무찌르사 왕으로 궁에 평안히 살게하신 때에"삼하7:1

"전에 내가 사사에게 명령하여 내 백성 이스라엘을 다스리던 때와 같지 아니하게 하고 너를 모든 원수에게서 벗어나 편히 쉬게 하리라"삼하7:11a

흥미롭게도 다윗은 여호와의 안식의 때가 바로 성전을 건축할 시기로 이해하였다삼하7장. 즉 안식은 여호와의 질서와 통치를 반영해 주며, 그 질서와 통치의 중심은 바로 성전이었기 때문에, 안식과 성전은 매우 밀접한 연관성이 있었다. 그러므로 스가랴의 환상에서 여호와의 안식이 부각되고 있음은 세계질서와 통치의 중심인 성전 건축의 중요성을 암시해 주는 듯하다. 첫 번째 환상에서는 이스라엘의 대적들이 아직 심판을 받지 않아 평안을 누리고 있었으나, 이제 마지막 환상에서 북방 대적들을 향한 여호와의 진노와 심판은 마침내 이루어졌으며, 심판 이후에 찾아오는 여호와의 안식이 드디어 이루어지게 되었다. 더욱이 "내 마음"으로 번역된 히브리어 '루하'(רוּחַ)는 문자적으로 번역하면 '나의 영'이 된다6:8. 그렇다면 이 표현은 여호와의 임재와 통치가 이루어졌음을 강조한다. 이스라엘의 대적들을 향한 여호와의 심판의 예언이 마침내 이루어졌다. 여호와의 안식이 다시 찾아왔으며 세계의 질서가 다시 새로이 변모되었다. 이제 여호와께서 다스리시는 질서의 세계가 도래하게 되었다. 그러므로 본문의 메시지는 아직도 북방에 거하는 이스라엘인들에게 시온으로의 신속한 귀환과 성전 건축의 참여를 독려하고 있으며, 시온으로 귀환하여 성전 건축을 시작하는 예루살렘의 백성들에게는 하나님의 약속의 성취를 다시금 재확인시켜 준다.

(3) 현대적 적용

1) 심판을 수행하는 네 말들과 거룩한 전투

스가랴 6장 1-8절에 등장하는 네 말들과 병거들은 여호와의 강림을 나타내 주며, 온 땅의 열방에 대한 심판을 암시한다. 또한 스가랴 6장 1-8절은 1장 7-11절에서 지체되었던 열방의 심판이 마침내 이루어졌으며, 이스라엘의 회복을 예고하는 성전 건축의 시대가 도래했음을 알려 준다. 이와 같은 네 병거와 네 말들의 환상은 네 말들이 등장하는 요한계시록 6장 1-8절의 메시지를 연상시킨다.[256] 스가랴 6장 1-8절에 나오는 네 말들이 열방을 향한 하나님의 심판을 수행하고 있듯이, 요한계시록 6장 1-8절에 묘사된 말들도 심판을 수행하는 대리자들로서 등장한다. 스가랴 6장 1-8절의 말들과 요한

계시록 6장 1-8절의 말들을 비교하면 다음과 같다.

스가랴서 6장 1-8절에 등장하는 말들	요한계시록 6장 1-8절에 등장하는 말들
첫째 병거-붉은 말 둘째 병거-검은 말 셋째 병거-흰 말 넷째 병거-아롱진 말	흰 말-승리 붉은 말-살육 검은 말-기근 청황색 말-재앙과 사망

스가랴서 6장 1-8절은 이스라엘을 괴롭혔던 바벨론을 향한 여호와의 심판을 강조한다면, 요한계시록 6장 1-8절은 초대 교회를 핍박했던 로마 제국의 심판을 상징한다. 그러므로 스가랴서 6장 1-8절과 요한계시록 6장 1-8절의 말들은 동일하게 하나님의 심판과 연관성을 지닌다. 그러나 비록 이 두 본문에 등장하는 말들이 이방 제국을 향한 하나님의 심판과 깊은 연관이 있다 하더라도, 요한계시록 6장 1-8절에 나오는 말들은 스가랴서 6장 1-8절의 말들과는 달리 그 색깔을 통해 상징적인 의미를 전달한다.[257] 즉 요한계시록 6장 1-8절에 나오는 흰색의 말은 승리를, 붉은 색의 말은 피흘림을, 검은 색의 말은 기근을, 그리고 청황색의 말은 죽음을 상징한다.[258]

"이에 내가 보니 흰 말이 있는데 그 탄 자가 활을 가졌고 면류관을 받고 나아가서 이기고 또 이기려고 하더라"계6:2

"이에 다른 붉은 말이 나오더라 그 탄 자가 허락을 받아 땅에서 화평을 제하여 버리며 서로 죽이게 하고 또 큰 칼을 받았더라"계6:4

"셋째 인을 떼실 때에 내가 들으니 셋째 생물이 말하되 오라 하기로 내가 보니 검은 말이 나오는데 그 탄 자가 손에 저울을 가졌더라"계6:5

"내가 보매 청황색 말이 나오는데 그 탄 자의 이름은 사망이니 음부가 그 뒤를 따르더라 그들이 땅 사분의 일의 권세를 얻어 검과 흉년과 사

망과 땅의 짐승들로써 죽이더라"계6:8

특히 요한은 스가랴서 6장 1-8절의 말들의 이미지를 채용하면서도 말들의 색깔에 의미를 부여하지 않는 스가랴서 6장 1-8절과는 달리, "아롱진 말"을 "청황색의 말"로 변경시켜 색깔을 통해 상징적인 의미를 효과적으로 전달한다. 또한 요한의 환상은 공관복음서에 나오는 예수님의 종말론 담화를 연상시킨다.[259] 예를 들면, 누가는 전쟁과 소동, 민족 간의 싸움, 지진, 기근, 역병, 하늘의 징조 및 박해와 같은 사건들이 종말에 발생할 것이라고 기록한다눅21:9; 막13:7; 마24:6. 그러나 이와 같은 두드러진 차이점에도 불구하고 비일G. K. Beale의 주장대로, 요한계시록 6장 1-8절에 등장하는 말들에 대한 이미지가 스가랴서 6장 1-8절로부터 유래한 것임은 의심의 여지가 없다.

그러나 스가랴서 6장 1-8절과 요한계시록 6장 1-8절의 차이점은 중요치 않다. 왜냐하면 요한은 아마도 네 말들이 병거를 끄는 스가랴서 6장으로부터 함의점을 도출했기 때문이다. 또한 네 말들을 "하늘의 사방 바람"으로 본 스가랴의 관점은 오직 네 말들만을 묘사하는 요한에게 있어서 또 다른 요소로 작용했을 것이다.[260]

더욱이 본문은 병거를 타고 열방을 심판하시는 하나님의 거룩한 임재를 나타낸다. 분명 본문에 등장하는 병거 혹은 말이라는 표현은 하나님의 거룩한 전투를 연상시킨다. 다시 말해, 스가랴는 하나님을 대적을 심판하시는 거룩한 전사로서 묘사하고 있는 것이다. 이와 같은 거룩한 전사 이미지는 출애굽의 승리를 기념하는 출애굽기 15장에 이미 나타난다. 출애굽기 15장은 애굽을 물리친 하나님의 기적을 전투에 비교하며, 하나님을 "용사"로서 묘사한다. 나아가 시온의 귀환을 출애굽 사건과 비교하는 이사야는 바벨론으로부터의 구원 사건을 전사와 용 간의 전투로 묘사한다사51:9-11. 이 본문에서 이사야는 제2출애굽의 여호와를 무질서의 괴물을 무찌르는 신적 전사로 비유한다.

여호와께서는 그 옛날 출애굽을 통해 그분의 백성을 구속하셨듯이, 악의 세력을 무찌르는 전사로서 고통받는 포로민들의 구원을 위해 제2출애굽을 시행하실 것이다. 더욱이 본 단락에 나오는 "깨소서 깨소서"와 "능력의 옷을 입으소서"[261]와 같은 의인 화법은 전투 모티브와 밀접한 연관성이 있다사51:9. 2회에 걸쳐 반복되는 "깨소서 깨소서"라는 간청은 거룩한 전사가 백성과 맺은 그의 언약을 다시 기억하고 그 대적을 물리치기 위해 싸움터로 향하기를 바라는 선지자의 기대를 엿보여 준다. 그리고 "옷을 입으소서"라는 표현은 전투를 위한 무장 태세를 암시한다. 선지자는 혼돈의 세력을 무찌르기 위해 능력과 권능으로 무장하여 싸움에 임하는 전사처럼 여호와의 제2의 출애굽을 일으켜 주실 것이라고 믿고 있다.

이처럼 출애굽 사건과 시온의 귀환 사건은 여호와께서 악을 물리치신 거룩한 전투로 이해되고 있다. 이러한 관점에서 볼 때, 예수님을 거룩한 전사로 보는 것은 매우 적절한 해석이다. 그러나 예수님께서는 물리적인 전투를 수행하시는 정치적 메시아가 아니라 악의 실체인 사단을 물리치실 거룩한 전사로 이 땅에 오셨다. 세례 요한은 이 점에 대해 혼란을 느꼈다. 세례 요한은 예수님께서 유대인들이 대망하는 전투적인 메시아, 즉 이방 세력들을 물리칠 거룩한 전사로서의 사역을 수행하실 것이라고 기대했다. 그러나 예수님께서는 병든 자를 치료하시며, 귀신을 몰아내시며, 천국의 복음을 전파하실 뿐 유대인들의 이방 대적들을 물리적인 힘으로 물리치시지 않았다. 그래서 요한은 제자들을 보내어 예수님께 다음과 같이 질문하였다. "오실 그이가 당신이오니이까 우리가 다른 이를 기다리오리이까"마11:3. 예수님께서는 그분께서 메시아이심을 분명히 밝히셨지만, 그분께서 수행하실 전투가 물리적인 싸움이 아니라 가장 강력한 대적, 즉 사단과의 영적인 싸움임을 알려 주셨다. 특히 구약의 물리적 전투에는 칼, 창 혹은 화살과 같은 물리적인 무기들이 사용되었지만, 예수님의 영적인 전투는 십자가의 고난을 통해 완성된다. 그래서 예수님을 체포하는 병정을 향해 검을 든 베드로에게 주님께서는 "네 검을 도로 집에 꽂으라"마25:52고 말씀하셨다. 예수님의 전투는 물리적 수단이나 무기로 수행되기보다는 십자가의 죽으심으로 승리를 이루게 된다.

> "14 우리를 거스르고 불리하게 하는 법조문으로 쓴 증서를 지우시고 제하여 버리사 십자가에 못 박으시고 15 통치자들과 권세들을 무력화하여 드러내어 구경거리로 삼으시고 십자가로 그들을 이기셨느니라"골2:14-15

끝으로 십자가에서 죽으시고 부활하셔서 승천하신 예수님께서는 종말의 날에 모든 악의 세력들을 심판하시기 위해 다시 재림하실 것이다. 요한계시록 1장 7절은 재림의 예수님께서 구름을 타고 오실 것임을 알린다. 구름을 타신 예수님의 이미지는 구약에서 구름을 타고 전투에 임하는 여호와의 이미지를 연상시킨다. 그분께서는 흰 말을 타고 검으로 악의 세력들을 무찌르는 거룩한 전사로서 다시 도래하실 것이다계19:11-21. 그러나 종말의 전투가 완성되어 악의 세력들이 완전히 소탕될 때까지 우리는 아직 끝나지 않은 전투를 수행해야 한다. 예수님께서는 끝나지 않은 전투를 위해 제자들을 전사로서 훈련시키셨으며, 주님께서 오실 때까지 거룩한 전투를 수행할 것을 명령하셨다마28:19-20. 스가랴는 거룩한 전사로서의 하나님을 강조함으로써 이방의 통치아래 있는 포로 귀환 공동체에게 궁극적인 승리와 회복을 확신시켜 주었다. 포로 귀환 공동체는 만약 하나님께서 친히 전사로서 이스라엘을 위해 싸우신다면, 그들이 반드시 승리할 것이라고 믿었을 것이다. 이와 같은 스가랴의 메시지는 영적인 전투를 수행해야 할 현대의 그리스도인들에게도 동일한 위로를 전달해 준다. 비록 현대의 그리스도인들이 강력한 악의 세력으로부터 도전을 받지만, 거룩한 전사의 명령에 따라 무장하며엡6:14-16 복음을 위해 십자가의 고난을 두려워하지 않는다면딤후2:3, 반드시 거룩한 전사의 승리에 참여하게 될 것이다.

2) 하나님의 마음

　스가랴서 1장 7-11절은 평안과 안식을 누리는 열방과 여전히 이방의 통치 아래 있는 식민지 백성으로서의 이스라엘이 대조적으로 묘사되고 있다. 다시 말해, 스가랴서 1장 7-11절에서 평안과 안식의 주체는 이스라엘이 아니라 열방의 백성들로 그려진다. 그러나 본 단락은 열방의 대적들이 심판을 당하는 반면, 하나님과 그분의 백성들이 참 안식을 누리게 될 것임을 나타내준다. 다시 말해, 열방의 평안과 이스라엘의 식민 통치를 암시하는 1장 7-11절의 상황이 본 단락에서는 반전을 이룬다. 스가랴서 1장 15절에 묘사되었던 열방에 대한 여호와의 진노와 심판은 이제 스가랴서 6장 1-8절에 이르러 비로소 성취되며, 하나님께서 비로소 안식하심을 보여 준다. 달리 말하자면, 본문은 악인의 심판이 이루어지지 않은 한, 하나님께서 안식하실 수 없음을 말해 준다. 스가랴서 1장 7-11절에서 여호와의 천사는 열방이 평온하다는 보고를 받은 후 열방의 심판이 유보되고 있음에 대해 탄식한 바 있다. 그러나 스가랴서 6장 1-8절은 대적의 심판이 이루어질 때까지 하나님께서 안식하지 못하셨음을 알려 준다. 하나님께서는 그분의 백성들에게 더 큰 재난과 고통을 안겨다 준 열방의 대적들에 대해 침묵하신 것이 아니라 오히려 진노하셨으며, 그들이 심판 받을 때까지 편히 안식하지 못하셨다. 하나님의 백성들이 고통당하는 한, 하나님의 백성들을 괴롭히는 대적들이 평안을 누리는 한, 하나님께서는 결코 안식하실 수 없으며 죄악에 대한 심판을 예비하신다.

　우리도 악이 성행하며 불법이 난무할 때, 여호와의 천사처럼 심판을 집행하지 않는 하나님의 침묵에 대해 탄식하기도 한다. 하나님을 대적하는 자들이 더 많은 물질적 축복을 누리며, 불법을 행하는 자들이 오히려 권력의 자리에 올라 정직한 자를 핍박하기도 한다. 아직도 지구촌에는 복음을 전하는 선교사들이 이교도들로부터 총격을 받아 순교를 당하기도 하며, 선교지에 세워진 교회당이 반대 세력에 의해 불타거나 무너지기도 한다. 신앙의 자유를 누리지 못하는 공산권의 지하 교회는 아직도 숱한 핍박과 고문으로 고난을 당하고 있다. 악인이 승리하며 의인이 핍박당할 때 도대체 하나님께서는 무엇을 하고 계시는가? 하나님께서는 왜 계속해서 침묵하고 계시는가? 그러나 스가랴는 우리들에게 이 질문에 대한 답을 제시해 준다. 비록 악인들이 평강을 누리고 있지만, 하나님께서는 그들에 대해 침묵하시기보다 오히려 진노의 잔을 준비하고 계신다. 악인의 심판이 이루어지지 않는 한, 하나님의 백성들이 고난을 당하는 한, 하나님께서는 결코 안식하지 못하신다. 이것이야말로 하나님의 진정한 마음이 아니겠는가!

결론
여호와의 싹 6:9-15

(1) 개요

스가랴서 6장 9-15절은 스가랴의 환상의 마지막에 위치하고 있으며, 그 위치상의 기능은 다소 모호하다. 6장 9-15절은 여덟 개 환상의 결론부인가 아니면 선행 환상여덟 번째 환상의 연장 단락인가? 비록 6장 9-15절이 6장 1-8절과 형식면에서 서로 다르지만,[262] 6장 9-15절은 6장 1-8절의 주요 대상이었던 북방 바벨론의 귀환자들과 그들의 성전 건축 참여를 강조하기 때문에 6장 1-8절의 연장선상 속에서 이해되어야 할 것이다. 그러나 이 본문의 형식은 선행 환상들과는 달리 전형적인 상징 행위를 담고 있는 신탁을 취하기 때문에, 여기서는 선행 환상과 구별하여 다루고자 한다. 종종 구약의 선지자들은 상징적 행위를 통해 그들의 메시지를 전달한 바 있다. 이사야는 애굽을 신뢰하는 이스라엘의 잘못을 상징적으로 나타내 주기 위해 "벗은 몸과 벗은 발"로 예루살렘 주변을 3년간 걸어 다녔으며사20:2-4, 예레미야는 유다의 멸망을 상징적으로 나타내기 위해 그의 목에 멍에를 매었다렘27:2-7. 에스겔도 예루살렘의 멸망과 바벨론 유수를 상징적으로 보여 주기 위해 예루살렘 벽을 뚫고 그의 짐을 메고 옮겨 갔다겔12:1-12. 마찬가지로 6장 9-15절에도 두 가지의 상징적 행위가 나타난다. 첫째, 스가랴는 바벨론에서 온 자들로부터 금과 은을 취하여 면류관을 만들고 그 면류관을 여호수아의 머리에 씌운다. 둘째, 스가랴는 바벨론에서 온 자들을 기념하기 위해 면류관을 성전에 둔다. 각각의 상징적 행위는 여호와의 성전을 건축할 순의 출현과 그의 사역으로 인해 성전 건축이 완성될 것임을 나타내 준다. 6장 9-15절의 구조는 전형적인 신탁서언 공식에 해당하는 9절을 제외하면 크게 두 단락10-14절; 15절으로 나누어진다. 면류관에 관한 여호와의 명령을 소개하는 10-14절은 또다시 면류관을 만들어 여호수아에게 씌우라는 명령10-11절, 여호수아에게 주어지는 "싹"에 관한 신탁12-13절, 그리고 다른 면류관에 관한 명령14절으로 세분화될 수 있다. 끝으로 15절은 바벨론에서 온 자들의 성전 건축에 대한 약속을 다루고 있다.

    신탁 서언(6:9)
    A. 면류관에 관한 여호와의 명령(6:10-14)
      1. 여호수아의 면류관(6:10-11)
      2. "싹"의 신탁(6:12-13)
      3. 다른 면류관(6:14)
    B. 성전 건축에 대한 약속(6:15)

(2) 본문 분석

1) 6장 9-11절

"⁹ 여호와의 말씀이 내게 임하여 이르시되 ¹⁰ 사로잡힌 자 가운데 바벨론에서부터 돌아온 헬대와 도비야와 여다야가 스바냐의 아들 요시아의 집에 들어갔나니 너는 이 날에 그 집에 들어가서 그들에게서 받되 ¹¹ 은과 금을 받아 면류관을 만들어 여호사닥의 아들 대제사장 여호수아의 머리에 씌우고"

스가랴는 바벨론에서 귀환한 세 사람, 헬대와 도비야와 여다야 그리고 스바냐의 아들 요시아로부터 은과 금을 취하여 면류관을 만들고, 그 면류관을 여호사닥의 아들 여호수아의 머리에 씌우라는 명령을 받는다. 개역개정에 따르면, 여호와께서 스가랴에게 요시아의 집에 있는 세 명의 포로 귀환자들에게서 은과 금을 취하라고 명령하신다. 하지만 맛소라 본문, NIV 그리고 NRSV의 번역을 고려해 볼 때, 스가랴에게 임한 여호와의 명령은 먼저 바벨론에서 귀환한 세 사람으로부터 보물을 취하고, 곧 이어 요시아의 집으로 가는 것이다. 그러므로 개역개정의 번역은 수정이 필요하다. 스가랴서 6장 10절에 대한 개역개정의 번역과 필자의 사역을 비교해 보면 다음과 같다.

한글개역개정(6:10)	사역(6:10)
사로잡힌 자 가운데 바벨론에서부터 돌아온 헬대와 도비야와 여다야가 스바냐의 아들 요시아의 집에 들어갔나니 너는 이 날에 그 집에 들어가서 그들에게서 받되	사로잡혔던 자들 중 바벨론에서 돌아온 헬대와 도비야와 여다야로부터 취하라. 그리고 너는 그 날에 스바냐의 아들 요시아의 집으로 가라

먼저 우리는 10절과 14절에 등장하는 인물들에 대해 살펴볼 필요가 있다. 10절에는 헬대, 도비야, 여다야, 요시아의 이름이 소개되는 반면, 14절은 헬렘, 도비야, 여다야, 헨이라는 이름이 나타난다. 도비야와 여다야는 10절과 14절에 동일하게 등장하지만, 10절의 헬대와 요시아는 14절에 나타나지 않고 오히려 헬렘과 헨이라는 이름이 새롭게 등장하고 있다. 이 문제에 대해 학자들은 여러 가지 의견들을 제시해 왔다. 하지만 대체로 학자들은 10절의 헬대와 요시아를 14절의 헬렘과 헨과 동일 인물로 생각한다. 아마도 헬대와 요시아라는 인물들은 헬렘과 헨이라는 별명을 갖고 있었던 것 같다.[263] 본문에

서 요시아는 스바냐의 아들이라는 정체가 소개되고 있으나, 헬대, 도비야, 여다야, 이 세 사람은 바벨론 포로 귀환자들이라는 사실 외에는 그 정체가 불명확하다. 비록 이 세 사람의 정확한 정체는 알 수가 없으나, 그들의 이름이 이스라엘 사회에서 익숙해진 이름이었다는 것은 의심의 여지가 없다대하17:8-9; 느12:6, 7; 스2:36; 대상27:15.

흥미롭게도, 10절에 등장하는 대부분의 이름은 여호와라는 이름을 사용하고 있다. 각각의 이름과 그 뜻을 소개하면 다음과 같다.

이름	의미
도비야	여호와는 선하시다
여다야	여호와는 아신다
요시아	여호와는 은혜를 베푸셨다
스바냐	여호와는 소중히 여기셨다

헬대는 '나의 생명'이라는 뜻인데, 만약 이 이름의 뜻을 '여호와는 나의 생명'이라는 의미로 해석한다면, 헬대, 도비야, 여다야, 요시아, 이 네 사람의 이름은 모두 여호와의 이름과 깊은 연관성이 있다고 볼 수 있다. 특히 10절에 나오는 바벨론 포로 귀환자들의 등장은 6장 8절에 나오는 하나님의 영의 안식으로 인한 결과로서 바벨론 포로 귀환이 이루어졌음을 전제한다. 즉 10절은 8절의 성공적인 결과를 암시해 주고 있는 것이다.

스가랴는 이 네 사람으로부터 은과 금을 취하라는 명령을 받는다. 바벨론 귀환자들로부터 은과 금을 거두어 성전을 건축하는 스가랴의 사역은 다음과 같은 학개의 예언을 연상시킨다.

"6 만군의 여호와가 이같이 말하노라 조금 있으면 내가 하늘과 땅과 바다와 육지를 진동시킬 것이요 7 또한 모든 나라를 진동시킬 것이며 모든 나라의 보배가 이르리니 내가 이 성전에 영광이 충만하게 하리라 만군의 여호와의 말이니라 8 은도 내 것이요 금도 내 것이니라 만군의 여호와의 말이니라"학2:6-8

또한 스가랴는 바벨론 귀환자들로부터 취한 금과 은으로 면류관을 만들어 여호수아의 머리에 씌우라는 명령을 받는다. 그런데 면류관이란 뜻의 히브리어 '아타라'עֲטָרָה는 맛소라 본문에는 복수형 아타로트, עֲטָרוֹת으로 소개되고 있는 반면, 아람역이나 탈굼역에는 단수형으로 취급되고 있다. 학자들은 이 문제에 대해 다양한 견해를 제시해 왔다. 첫째, 어떤 학자들은 고대 근동의 관들에 장식들이 달려 있었다는 사실에 주목한다. 그들은 '아타라'עֲטָרָה가 '아타로트'עֲטָרוֹת라는 복수형으로 사용된 것은 왕관에 여러 장식들이 달려 있었음을 암시해 준다고 주장한다.[264] 둘째, 어떤 이들에 의하면, 히브리어는 최상급 형태가 없어서 강조를 위한 하나의 방식으로서 복수형을 사용했으며, '아타라' עֲטָרָה의 복수형 용법도 이와 같은 맥락에서 이해될 수 있다고 본다. 예를 들면, '엘로힘'이라는 단어는 복수형이지만 이 단어의 동사는 단수로 나타난다.[265] 셋째, 다른 학자들은 단어의 끝에 오는 히브리어 '오트'וֹת는 복수형과는 무관하다고 주장하며(예를 들면, 지혜를 뜻하는 '호크마', '아타로트'עֲטָרוֹת의 경우가 이에 해당한다고 주장한다.[266] 넷째, 메이어스와 메이어스는 두 개의 면류관이 은과 금으로 만들어져, 은 면류관은 여호수아의 면류관으로, 금 면류관은 성전에 보관될 왕관으로 이해한다.[267] 다섯째, 어떤 이들은 11절에서 면류관들이 네 사람에게 주어지기 때문에, 스가랴가 두 개 이상의 면류관들을 만들어야만 했다고 주장한다.[268] 필자는 맛소라 본문에 따라 면류관을 복수로 취급하는 것이 바람직하다고 본다. 그러므로 스가랴는 하나 이상의 면류관을 만들라는 명령을 받은 것 같다. 하지만 본문에는 면류관의 숫자가 명시되지 않았기 때문에, 면류관의 숫자를 규명하는 시도는 별 의미 없는 일이다.

여기서 중요한 것은 스가랴가 만든 면류관들 가운데 하나가 여호수아의 머리에 씌어진다는 점이다. 실제로 면류관으로 번역된 히브리어 '*아타라*' עֲטָרָה는 왕관을 뜻하는 말로 사용된다삼하12:30; 시12:3; 아3:11; 렘13:18. 비록 왕관을 뜻하는 다른 용어들도 있지만, 대체로 왕관을 뜻할 때는 '*아타라*'עֲטָרָה라는 히브리어가 사용되고 있다. 그러나 이 단어는 결코 제사장의 면류관을 뜻하는 말로 사용된 적은 없다.[269] 그렇다면 본문에서 여호수아가 이 면류관을 쓴다는 것은 과연 무엇을 의미하는가? 학자들은 이 이슈에 대해 다양한 견해를 제시해 왔다. 첫째, 대체로 비평학자들은 여호수아의 면류관 착용을 지도력의 전환으로 해석한다. 다시 말해, 성전을 건축하는 사명을 위임받은 다윗의 후손 스룹바벨은 성전 건축의 완성을 끝마치지 못하고 결국 역사의 뒤안길로 사라지고 말았다. 이런 상황 속에서 성전 건축 완성의 사명이 대제사장 여호수아에게 위임되었고, 본문은 스룹바벨에서 여호수아에게로 옮겨지는 지도력의 전환을 나타내 준다고 본다.[270] 둘째, 피터센과 보다와 같은 이들은 여호수아의 머리에 면류관을 씌우는 일은 단지 영광과 위엄을 나타내 주는 상징적인 행위일 뿐 왕직이나 제사장직과 같은 고귀한 신분을 확증해주는 행위로 보아서는 안 된다고 주장한다.[271] 셋째, 몇몇 학자들은 두 개의 면류관이 제작되었는데, 하나는 여호수아에게, 나머지 하나는 스룹바벨에게 주어졌다고 보면서, 스룹바벨의 역할이 여호수아에게로 옮겨졌다는 견해를 수용하지 않는다.[272] 필자는 위의 세 가지 견해들이 나름대로의 설득력을 지니고 있다고 믿지만, 두 번째의 견해에 더 큰 무게를 두고 싶다. 실제로 면류관으로 번역된 히브리어 '*아타라*'는 대개 왕족의 왕관을 뜻하는 말로 사용되고 있지만, 반드시 왕관을 뜻하는 말로만 사용되지는 않는다.[273] 예를 들면, 에스더서 8장 15절에서 이 단어는 왕이 아닌 다른 사람에게 씌워진다. 에스겔서 16장 12절에서 하나님께서는 이스라엘에게 면류관을 씌워 주신다. 그렇다면 여호수아의 머리에 면류관을 씌우는 장면은 반드시 왕적 권위를 나타낸다고 볼 수는 없으며, 오히려 영광과 아름다움을 나타내 주는 상징적인 행위로 보는 것이 바람직해 보인다.[274] 이사야서 28장 5절은 이와 같은 면류관의 상징적인 의미를 잘 드러내 준다.

> "그날에 만군의 여호와께서 자기 백성의 남은 자에게 영화로운 면류관이 되시며 아름다운 화관이 되실 것이라"

2) 6장 12-13절

"12 말하여 이르기를 만군의 여호와께서 이같이 말씀하시되 보라 싹이라 이름하는 사람이 자기 곳에서 돋아나서 여호와의 전을 건축하리라 13 그가 여호와의 전을 건축하고 영광도 얻고 그 자리에 앉아서 다스릴 것이요 또 제사장이 자기 자리에 있으리니 이 둘 사이에 평화의 의논이 있으리라 하셨다 하고"

6장 12절에서 여호와께서는 스가랴에게 "싹"이 돋아 나서 여호와의 전을 건축할 것임을 대제사장 여호수아에게 선포하라고 명하신다. 먼저 여기에 등장하는 이 "싹"은 과연 누구를 가리키는 것인가? 3장에서 이미 살펴본 대로, "싹"으로 번역된 히브리어 '쩨마흐'מֶצַח는 주로 메시아적 용어로서 장차 미래에 나타날 의로운 다윗 가문의 왕을 뜻하는 말이다렘23:5; 33:15; 슥3:8; 사11:1-16. 그러므로 장차 다윗의 후손으로 나타날 의로운 메시아는 여호수아를 가리킬 수는 없다.[275] 특히 본문에서 스가랴는 여호수아에게 "싹이라 이름하는 사람"을 보라고 말한다. 스가랴가 여호수아에게 "싹이라는 사람"을 표현할 때 2인칭이 아닌 3인칭을 사용하고 있음은 이 "싹"이 여호수아를 가리키지 않음을 말해 준다. 그렇다면 이 "싹"은 스룹바벨을 가리킨다고 보는 것이 자연스럽다. 흥미롭게도 스룹바벨의 이름은 아카드어에서 파생한 말로서 아마도 '바벨론의 싹/가지'라는 뜻을 지닌다.²⁷⁶ 그의 이름에서 싹과 동일한 의미가 함축되고 있음은 의미심장하다. 특히 예레미야서 33장 15절의 사상을 반영하고 있는 본문은 새싹이 마른 땅에 새로이 돋아나듯이, 하나님께서 선택한 다윗의 후손이 새싹처럼 돋아나서 절망한 백성들에게 새로운 희망과 번영을 가져다 줄 것임을 강조한다. 이처럼 본문은 여호수아와 아울러 성전 건축을 위해 또 다른 중요한 지도자를 강조함으로써 4장 14절의 두 감람나무를 연상시킨다. 흥미롭게도 12절과 13절은 "그가 여호와의 성전을 건축할 것이다"라는 표현이 재차 반복되고 있다. 그리하여 어떤 이들은 이것이 서기관의 실수로 빚어진 결과로 이해한다. 예를 들면, 시리아역본은 12절의 표현을 삭제하는 반면, 70인경은 13절의 표현을 제거해 버린다. 하지만 12절과 13절의 반복은 메릴의 제안대로 다음과 같은 교차 배열 구조의 한 축을 이룬다.²⁷⁷

    A. 면류관을 쓰는 제사장 여호수아(11b)
      B. 돋아나는 싹(12a)
        C. 건축될 성전(12b)
        C′. 건축될 성전(13a)
      B′. 위에 앉게 되는 싹(13b)
    A′. 위에 앉게 되는 제사장(13c)

이처럼 12절과 13절의 반복적인 표현은 여호수아와 순의 역할을 강조하는 본문의 구조적 패턴에 잘 부합하고 있다. 이와 같은 의로운 다윗의 후손과 제사장과의 상호 조화는 예레미야서 33장 15-18절에 미리 반영되고 있으며, 본문은 예레미야의 이 예언이 곧 성취될 것임을 확증한다. 더욱이 다윗의 후손과 제사장의 상호 조화적 사역은 "평화의 의논"으로 번역된 히브리어 '아짜트 샬롬'עֲצַת שָׁלוֹם이라는 표현을 통해 한층 더 강조되고 있다. 혹자는 구약에서 왕은 주로 조언은 듣는 위치에 있기 때문에, 본문은 조언을 하는 제사장과 조언을 듣는 왕 사이에 조화가 이루어질 것임을 의미한다고 본다.[278] 만약 그렇다면, 본문은 4장과 마찬가지로 여호수아와 스룹바벨의 조화로운 사역을 강조한다고 볼 수 있다.

3) 6장 14절

"14 그 면류관은 헬렘과 도비야와 여다야와 스바냐의 아들 헨을 기념하기 위하여 여호와의 전 안에 두라 하시니라"

여호수아에게 씌어진 면류관 외 다른 면류관들이 바벨론에서 귀환한 네 사람에게 주어지며, 그들은 기념을 위해 이 면류관들을 성전에 둘 것이다. "면류관"이라는 단어가 복수로 소개되고 있음은 이 점을 잘 나타내 준다. 그렇다면 왜 이들은 이 면류관들을 성전에 두는 것인가? 우리는 볼드윈의 제안처럼, 이런 행위를 금과 은을 기부한 자들을 위한 기념이나 혹은 제사장들의 가르침을 돕기 위한 방안으로 이해할 수 있을 것이다.[279] 하지만 이 네 사람이 면류관을 성전에 둔 것은 그들이 그 면류관을 장차 도래할 다윗의 후손을 상징하는 물건으로 보았기 때문이라고 추론해 볼 수 있다.[280]

4) 6장 15절

"15 먼 데 사람들이 와서 여호와의 전을 건축하리니 만군의 여호와께서 나를 너희에게 보내신 줄을 너희가 알리라 너희가 만일 너희의 하나님 여호와의 말씀을 들을진대 이같이 되리라"

10-14절에 등장하는 바벨론 포로 귀환자들의 성전 건축 참여는 성전 건축의 사명이 디아스포라 유대인들에게까지 확대됨을 보여 준다. 흥미롭게도 15

절에는 "먼 데 사람"이 와서 여호와의 전을 건축할 것이라는 여호와의 말씀이 선포된다. 10-14절은 성전 건축에 참여하는 네 사람의 정체를 바벨론에서 온 자들이라고 분명히 명시하고 있으나, 15절은 성전 건축에 참여할 자들을 그저 "먼 데 사람"이라고만 소개한다. "먼 데 사람"으로 번역된 히브리어 '레호킴'ירחוקים은 과연 누구를 의미하는 것인가? 이들은 디아스포라 유대인들을 가리키는가 아니면 이방인을 포함한 모든 사람들을 일컫는 말인가?

첫째, 피터센과 같은 학자들은 6장 9-14절의 맥락에서 볼 때 전자의 입장이 타당하다고 주장한다.[281] 실제로 바벨론에서 귀환한 자들이 금과 은으로 면류관을 만들고 그 면류관을 성전에 두는 행위는 바벨론 포로 귀환자들의 성전 건축 참여를 암시해 주고 있으며, '레호킴'ירחוקים은 바로 그들을 지칭하는 표현으로 해석한다.[282] 둘째, 웹과 같은 이들은 후자의 입장을 선호하는 바, '레호킴'ירחוקים을 디아스포라 유대인들로 국한시켜서는 안 되며, 싹의 성전 건축에 참여할 모든 열방의 백성들을 가리킨다고 주장한다.[283] 필자의 입장은 첫 번째의 역사적 측면과 두 번째의 종말론적 측면을 모두 수용한다. 구약에서 '레호킴'ירחוקים은 디아스포라 유대인들을 지칭하기도 하지만단9:7, 때로는 이방인들을 가리킬 때도 있다신13:8. 그러므로 이 단어의 뜻은 그 문맥에 따라 결정되어야 한다. 그렇다면 본문의 문맥에 의하면, 이 단어는 과연 어떤 의미로 해석되어야 하는가? 우리는 이 문제의 실마리를 스가랴서 2장 6-13절의 표현에서 찾을 수 있다. 2장 6-10절은 분명 바벨론에 거하는 디아스포라 유대인들에게 전달되는 메시지이다. 하지만 2장 11절은 여호와의 통치와 다스림의 범위가 디아스포라의 유대인들뿐만 아니라 뭇 열방에게까지 확대된다.

"그날에 많은 나라가 여호와께 속하여 내 백성이 될 것이요 나는 네 가운데에 머물리라 네가 만군의 여호와께서 나를 네게 보내신 줄 알리라"

이와 같이 6장 15절을 2장 11절과 상호 본문적intertextually으로 읽어볼 때, 6장 15절에 언급된 '레호킴'רחקים의 뜻은 다차원적 의미를 지닌다.284 즉 역사적 관점에서 볼 때 6장 15절은 아직 귀환하지 않은 디아스포라 유대인들이 성전 건축의 대상에 포함될 것임을 보여주지만, 종말론적 관점에서 볼 때, 이사야서 2장 2-4절에서 묘사되는 열방의 우주적 성전도 암시하고 있다. 열방이 성전 건축에 참여할 것이라는 이 놀라운 메시지는 앞서 인용한 학개서 2장 6-9절과 그 맥락을 같이한다.285 그러나 장차 이루어질 성전 건축의 완성은 조건적이다. 즉 하나님의 백성들이 여호와의 말씀을 듣고 그 말씀에 순종할 때, 성전 건축의 사역은 완성될 수 있다. 본문에서 "들을진대"라는 동사의 히브리어는 '샤모아 티슈메운'שמוע תשמעון으로 표현되어 있다. 부정사가 정동사 앞에 위치하고 있는 이 동사형태는 최상의 강조를 나타내고자 할 때 사용하는 절대형 용법을 보여 준다. 그러므로 "들을진대"로 번역한 개역개정의 표현은 강조를 수반한 '진정으로 듣는다면'이란 말로 수정되어야 한다. 즉 이와 같은 강조용법은 성전 건축을 완성함에 있어 여호와의 말씀에 대한 순종이 얼마나 절실한가를 잘 반영해 주고 있다. 여호와는 이스라엘을 다시 일으켜 회복시킬 것이다. 무너진 하나님의 처소는 새로이 건립될 것이며, 잃어버렸던 언약의 축복은 다시 주어질 것이다. 그러나 이 모든 미래의 청사진은 오로지 여호와의 말씀을 듣느냐에 달려 있다.

(3) 현대적 적용

1) 다윗의 싹과 초민족적 성전 건축

스가랴는 성전 건축 사역을 주도할 대표적인 지도자로서 대제사장 여호수아와 다윗의 자손 스룹바벨을 주도적으로 부각시킨다. 스가랴서 3장에서 스가랴는 회복될 성전 사역의 중심이 되는 대제사장 여호수아에 초점을 두며,

스가랴서 4장은 성전 건축을 주도할 스룹바벨의 중심적 역할을 강조한다. 더욱이 4장에 등장하는 두 감람나무는 성전 건축에 참여할 여호수아와 스룹바벨의 위치를 암시해 준다. 그럼에도 불구하고 스가랴는 여호수아와 스룹바벨이라는 두 인물이 장차 도래할 메시아적 인물의 예표에 불과하다고 선언한다. 스가랴 공동체는 여호수아와 스룹바벨의 지도 아래 무너진 성전을 다시 건축하였다. 그렇지만 재건된 제2성전은 중간기 시대에 다시 파괴되었고, 주후 70년에 발생한 로마의 침략은 예루살렘 성전의 철저한 멸망을 초래하였다. 그러나 스가랴서 6장 12-13절은 성전 건축의 궁극적 완성이 장차 도래할 "싹"의 사역으로 성취될 것임을 암시한다. 이 "싹"은 이미 스가랴서 3장 8절에 언급된 바로 그 메시아적 인물이며, 다윗의 자손으로서 다윗의 언약을 성취할 자이다. 다시 말해, 스가랴서 6장 12-13절에 등장하는 "싹"은 이사야서 11장 1절과 예레미야서 23장 1-8절에 예고된 다윗과 같은 통치자를 가리킴이 분명하다. 이런 정경적 연관성에 대해 하우스Paul R. House는 다음과 같이 진술한다.

> [스가랴서 6장 12-13절은] 왕직과 제사장직 간의 통일성을 이야기한다. 문맥상 이 두 직위를 서로 결합시키는 것이 가능할 뿐만 아니라, 싹을 소개하는 정경 본문들 가운데 다윗의 위로부터 나온 그 순 홀로 이스라엘을 인도하기 때문에, 다윗의 싹이 장차 이 두 사람의 사역을 수행할 것이라고 결론지어도 무방할 것이다.[286]

그러므로 스가랴는 여호수아와 스룹바벨의 두 직위대제사장직과 왕직를 조화롭게 수행할 다윗의 "싹"이 장차 무너진 성전을 다시 일으켜 세우며 다윗의 영원한 나라를 통치할 것임을 알려 준다. 실로 스가랴의 희망은 여전히 이스라엘을 마지막 영광으로 인도할 그 약속된 자에게 고정되어 있다.

더욱이 스가랴는 열방으로부터 온 자들이 종말의 성전 건축에 참여할 것임을 예고한다. 비록 스가랴 당대의 관점에서 볼 때, 이들은 이스라엘 밖의 나라들에 흩어진 디아스포라 유대인들을 가리킬 수 있지만, 모든 이방인들이 참여할 종말의 성전 건축 개념도 함축하고 있다. 그러나 신약의 관점에서 볼 때, 성전은 더 이상 건물이 아니다. 예수님께서는 헤롯이 건축한 성전을 대신하여 삼일만에 다시 새로운 성전을 짓겠다고 선언하셨다요2:18-21. 이제 건물로서의 성전이 손으로 짓지 아니한 새 성전으로 대치되고 있는 것이다막 14:58. 스데반은 손으로 짓지 아니한 성전을 주장함으로써 건물로서의 성전을 모독한 죄로 유대인들로부터 미움을 사서 결국 죽임을 당한다행7:48. 그렇다면 손으로 짓지 아니한 새 성전은 무엇인가? 셋째 환상에서 다루었듯이, 요한은 하나님께서 우리 가운데 성막을 치셨다고 말하며, 그 성막이 곧 예수 그리스도임을 증거한다요1:14. 그러므로 건물로서의 성전이 서 있었던 시온 산은 더 이상한 하나님의 특별한 임재 처소가 될 수 없다. 나아가 바울은 성전으로서의 예수님의 몸 개념을 공동체의 개념으로 확대시킨다. 바울은 교회를 "하나님의 전 곧 성전"이라고 부르며고전3:16 이하, 이 새로운 성전에는 유대인 뿐만 아니라 이방인들도 함께 참여할 것임을 분명히 밝힌다. 바울은 이방인의 신분에서 예수 그리스도를 통해 거룩한 성전이 되었음에도 불구하고 과거의 죄를 답습하며 자신의 정체성을 올바로 깨닫지 못하는 고린도 교회를 향해 다음과 같이 권고한다.

"19 너희 몸은 너희가 하나님께로부터 받은 바 너희 가운데 계신 성령의 전인 줄을 알지 못하느냐 너희는 너희 자신의 것이 아니라 20 값으로 산 것이 되었으니 그런즉 너희 몸으로 하나님께 영광을 돌리라"고전 6:19-20

이것은 구약에 예언된 종말의 성전 사상이 새 이스라엘 공동체를 통해 성취되고 있음을 시사해 준다. 이와 같이 신약의 교회 공동체를 구약의 성전 사상의 성취로 보는 관점은 에베소서 2장 20-22절에도 나타난다.

"20 너희는 사도들과 선지자들의 터 위에 세우심을 입은 자라 그리스도 예수님께서 친히 모퉁잇돌이 되셨느니라 21 그의 안에서 건물마다 서로 연결하여 주 안에서 성전이 되어 가고 22 너희도 성령 안에서 하나님이 거하실 처소가 되기 위하여 그리스도 예수 안에서 함께 지어져 가느니라"엡2:20-22

바울은 유대인과 이방인이 그리스도 안에서 한 몸이 되었음을 선포한 후 엡2:11-19, 이방인이 참여하는 모든 교회의 공동체를 구약의 성전 사상의 성취로 해석한다. 여기서 바울은 유대인이든 이방인이든 모두가 같은 모퉁이돌을 중심으로 세워진 성전이며, 하나님께서 거하실 임재의 처소라고 주장한다. 특히 신약의 새 성전은 그리스도와 하나로 연합됨과 동시에 성도 개개인들과의 연합으로 건축되어간다. 이런 관점에서 볼 때, 스가랴가 본 열방의 초민족적 성전 건축은 이제 유대인과 이방인이 예수 그리스도 안에서 한 몸을 이루어 서로가 진정한 연합을 이루어가는 교회 공동체를 통해 성취되고 있다.

2) 하나님의 공급하심

스가랴는 하나님께서 성전 건축을 위해 필요한 인력과 재원을 공급해 주실 것임을 약속하고 있다. 심지어 본문은 유대 땅에서 멀리 떨어진 자들도 그들의 재물을 가지고 성전 건축에 참여할 것임을 암시해 준다. 여기서 우리는 하나님 나라의 사역을 위해 필요한 것들을 공급해 주시는 하나님의 손길을 발견할 수 있다. 바벨론에서 귀환한 포로 공동체는 성전을 건축하기에는 많은 자원들이 필요했으나 성전을 건축할만큼 충분한 여유를 갖기 못했다. 그러나 스가랴서 4장에서 약속되었듯이, 본문은 성전 건축과 같은 하나님 나라의 과업들이 인간적인 노력 혹은 힘으로 되지 않고 오직 하나님의 공급하심으로만 가능함을 알려 준다. 본문은 하나님께서 친히 성전 건축에 필요한 재원들과 사람들을 예비하시며 필요한 때에 그들을 보내어 주실 것임을 약속한다. 이와 같은 하나님의 공급하심에 대한 약속은 하나님 나라를 위해 헌신하는 그리스도인들에게도 소중한 위로의 메시지가 된다.

3) 아름다운 리더십

스가랴는 "싹"으로 예언된 다윗과 같은 인물이 도래하여 이스라엘에게 회복을 가져다 줄 것이라고 선포한다. 흥미롭게도 이 영광의 메시아적 인물은 이스라엘을 대표하는 리더로서 추앙을 받지만, 자신의 권력으로 군림하는 독선적인 인물이 아니라, 제사장과 같은 이들의 조언에 귀를 기울이는 슬기로운 리더로 묘사되고 있다. 혹자는 한국 교회 지도자들의 문제점으로서 지나친 독선을 지적한다. 자신의 경험을 바탕으로 계획을 세우고 사역을 진행하다 보니, 결국 다른 사람들의 반대에 부딪히게 되고, 그때마다 타인의 이야기에 귀를 기울이기보다는 오히려 자신의 생각을 관철시켜 갈등을 초래하기도 한다. 예를 들면, 구약에 등장하는 사울과 아사와 같은 왕들은 잘못된 리더십을 보여 주는 대표적인 인물들이다. 사울은 왕이 된 후 블레셋과의 전투를 수행하게 된다. 전통적으로 이스라엘은 전투를 수행하기에 앞서 전투의 용사가 되시는 여호와를 향해 제사를 드리는 절차를 준행하였다. 사울은 먼저 제사를 드리기 위해 제사를 집행할 사무엘의 등장을 간절히 고대했으나 사무엘은 여전히 나타나지 않았다. 그러자 사울은 자신이 임의로 제사를 드렸고, 이런 행위는 자신의 위치를 올바로 깨닫지 못한 잘못된 리더십을 보여주었다. 결국 사무엘 대신에 제사를 집행한 사울의 잘못된 리더십은 사울 왕권의 종말의 씨앗이 되고 말았다삼상13장.

"13 사무엘이 사울에게 이르되 왕이 망령되이 행하였도다 왕이 왕의 하나님 여호와께서 왕에게 내리신 명령을 지키지 아니하였도다 그리하였더라면 여호와께서 이스라엘 위에 왕의 나라를 영원히 세우셨을 것이거늘 14 지금은 왕의 나라가 길지 못할 것이라 여호와께서 왕에게 명령하신 바를 왕이 지키지 아니하였으므로 여호와께서 그의 마음에 맞는 사람을 구하여 여호와께서 그를 그의 백성의 지도자로 삼으셨느니라 하고"삼상13:13-14

유다 왕 아사도 잘못된 리더십으로 인해 실패한 인물 가운데 하나로 손꼽힌다. 아사는 북 이스라엘과의 긴장 관계속에서 아람 왕 벤하닷을 의지하여 현재의 문제를 해결하려 했다. 그 때 하나님의 사자 하나니가 아사에게 나아와 아람 왕을 의지한 아사를 책망하며 아사에게 불행한 미래를 예고하였다대하16:7-9. 그러자 아사는 노하여 하나니를 옥에 가두어 하나님의 사자를 핍박하고 말았다.

"아사가 노하여 선견자를 옥에 가두었으니 이는 그의 말에 크게 노하였음이며 그때에 아사가 또 백성 중에서 몇 사람을 학대하였더라"대하 16:10

그러나 아사 왕은 말년에 발병이 생겨 고통 속에서 인생을 마감하였다대하 16:12-14. 사무엘의 제사장 직을 대신 수행한 사울의 권력 남용과 하나님의 선견자 하나니의 충고를 멸시한 아사 왕의 독선적 태도는 왜곡된 리더십의 전형적인 예가 된다. 이와 반대로 본문에 등장하는 이스라엘의 대표적인 두 리더제사장과 왕적인 인물는 서로 의견을 교환하면서 하나님 나라의 사역을 감당하는 자들로 묘사되고 있다. 서로가 일방적으로 주장하거나 자신의 뜻을 관철시키기보다는 오히려 타인의 의견을 존중하며 함께 의논하는 태도는 아름다운 리더십의 모습이 아닐 수 없다. 물론 각각의 의견들이 상이하여 합의점에 도달하지 못할 때, 리더로서의 결단이 필요할 때도 있다. 그러나 리더로서의 판단과 결정은 타인의 조언과 충고를 배제해서는 안 된다. 본문은 리더십의 권위가 상호 존중과 배려 그리고 경청하는 자세를 통해 더욱 존중될 수 있음을 강조해 주며, 우리가 지향해야 할 리더십의 모범을 잘 제시해 주고 있다.

4) 오늘의 순종이 없다면 내일의 희망은 없다

스가랴는 하나님의 말씀에 대한 순종을 촉구하는 스가랴의 마지막 메시지는 옛 조상들의 불순종을 다루고 있는 1장 4절의 표현을 연상시킨다. 비록 포로 귀환 공동체는 여호와의 심판을 이미 받았고 새로운 회복의 시기를 고대하며 새로운 지도자들과 함께 성전 건축의 사역을 수행하겠지만, 그들이 고대하는 회복에는 반드시 여호와의 말씀에 대한 순종이 수반되어야 한다. 그러므로 스가랴의 메시지는 자명하다. 오늘의 순종이 없다면, 내일의 희망은 있을 수 없다. 필자는 매우 위험한 결정론에 빠져 있는 한 사람을 만난 적이 있다. 그는 기도 생활, 성경 묵상, 전도 혹은 헌금과 같은 모든 헌신들이 하나님의 주권에 달려 있다고 말하면서 하나님께서 필요하실 때에 이런 헌신들이 가능하도록 만들어 주실 것이라고 말했다. 그래서 그는 기도 생활을 하지 않을 때에는 하나님께서 자신의 기도 생활을 필요로 하시지 않기 때문이라고 주장했다. 즉 하나님께서 아직 필요하시지 않기 때문에 자신을 기도하도록 만들지 않는다는 것이다. 그러나 하나님의 주권은 인간의 순종을 무시하지 않는다. 오히려 하나님의 주권은 인간으로 하여금 더욱 하나님의 섭리에 겸손히 반응하도록 해주며, 그분의 계명에 순종하도록 이끌어 준다. 우리의 무관심과 게으름을 하나님의 주권 탓으로 돌리는 것은 하나님의 계명에 대한 불순종과 다를 바 없다. 하나님께서는 언약의 말씀들을 반드시 이루신다. 그러나 그 약속들은 말씀에 대한 순종을 통해 이루어진다. 그러므로 오늘의 순종이 없다면 내일의 희망은 없다.

제2부

금식이 변하여 축제로!

7-8장

스가랴가 이전의 환상들을 체험한 지 거의 2년이 지난 후 여호와의 말씀이 또 다시 스가랴에게 임하게 된다. 이 여호와의 새로운 메시지는 벧엘에서 온 사람들의 금식에 관한 질문에서 비롯된다. 벧엘에서 온 이들은 제사장들과 선지자들에게 예루살렘 성전의 멸망과 그 슬픔을 토로하기 위해 줄곧 지켜 왔던 금식의 절기를 계속 지켜야 하는가라는 질문을 던진다. 바벨론 포로민들이 귀환했으며, 성전 건축도 아마 완공되었던 시기였기 때문에, 그들은 통곡과 금식의 기간이 사실상 종료된 것이 아닌가 궁금해했던 것이다. 여호와께서는 이 질문에 대한 답변으로서 먼저 금식의 진정한 의미를 다시 회복할 것을 촉구하신다. 나아가 여호와께서는 예루살렘의 온전한 회복을 약속한 뒤, 그 약속의 성취 조건으로 여호와의 말씀에 대한 순종을 강조한다. 그러므로 7-8장의 메시지는 분명하다. 여호와께서는 무너진 예루살렘을 다시 일으켜 세워 축복의 터전으로 회복시켜 주실 것이다. 이제 슬픔과 금식의 절기는 기쁨과 희락의 절기로 변화될 것이다. 하지만 이 모든 회복의 약속들은 불순종의 옛 조상들과는 달리 오직 여호와의 말씀을 듣고 그 계명들을 그들의 삶의 현장 속에서 구체적으로 실천해 나갈 때 성취될 것이다. 7-8장의 구조는 다음과 같은 교차대구를 이루고 있다.[1]

   A. 벧엘 사람들의 예루살렘 방문(7:1-2)
      B. 금식에 관한 질문들(7:3-7)
         C. 공의의 실현에 실패한 옛 조상들(7:8-10)

　　　　D. 옛 조상들의 불순종과 하나님의 진노(7:11-14)
　　　　　E. 남은 백성들을 위한 회복(8:1-8)
　　　　　E′. 남은 백성들을 위한 축복(8:9-13)
　　　　D′. 두려워할 필요 없는 하나님의 진노(8:14-15)
　　　C′. 공의의 실현을 촉구 받는 현 세대들(8:16-17)
　　B′. 금식에 관한 응답(8:18-19)
　A′. 열방의 예루살렘 방문(8:20-23)

　　A와 A′는 벧엘 사람들과 열방의 예루살렘 방문을 다루며, 특히 "여호와께 은혜를 구하다"라는 표현이 동일하게 반복되고 있다. B와 B′는 금식에 대한 주제에 초점을 두고 있으며, C와 C′는 사회적 공의의 실현에 관심을 기울이고 있다. D와 D′는 옛 조상들의 진노의 문제를 다루고 있으며, E와 E'는 남은 백성들을 향한 축복을 동일하게 강조하고 있다. 이처럼 7-8장은 동일 단어와 유사 주제들이 반복되고 있는 교차대구적 구조chiasmus에 근거한 통일된 단락임이 분명하다. 특히 7장의 서두 7:2와 8장의 말미에 "은혜를 구하다"라는 히브리어 '레할로트'niבלות가 동일하게 등장하여 인클루지오Inclusio를 이루고 있음은 7-8장의 통일성을 암시하며, 7-8장이 하나의 통일된 단락으로 취급되어야 함을 강조한다. 하지만 주제적으로 볼 때, 7장은 옛 조상들의 불순종과 심판을, 8장은 현 세대를 향한 회복의 약속을 강조하기 때문에, 본서는 편의상 7장과 8장을 분리해서 취급할 것이다.

1. A-D.
옛 조상들의 불순종과 심판 7:1-14

(1) 개요

벧엘에서 온 사람들은 제사장과 선지자들에게 금식에 관한 질문을 던진다. 과연 예루살렘 멸망 이후 행해 왔던 금식과 애곡을 지금도 계속해야 하는가? 이제 금식을 끝마칠 복의 때가 되지 않았는가? 스가랴에게 임한 여호와의 말씀은 이 질문에 대한 직접적인 대답 대신 수사적 질문을 던진다. 스가랴는 옛 선지자들의 예언을 통해 금식과 같은 내적인 경건 훈련이 외적인 삶의 실천으로 반드시 연결되어야만 함을 역설한다. 스가랴는 옛 조상들이 멸망을 당한 이유는 올바른 윤리를 실천하라는 선지자들의 경고를 듣지 않았기 때문이라고 진단한다. 그러므로 스가랴는 그의 세대들을 향해 올바른 금식은 올바른 윤리적 삶으로 나타나야만 함을 강조하고 있는 것이다.

(2) 본문 분석

A. 벧엘 사람들의 예루살렘 방문 7:1-2

"¹ 다리오 왕 제사년 아홉째 달 곧 기슬래월 사일에 여호와의 말씀이 스가랴에게 임하니라 ² 그때에 벧엘 사람이 사레셀과 레겜멜렉과 그의 부하들을 보내어 여호와께 은혜를 구하고"

7장 1절은 다음과 같은 전형적인 연도 공식으로 시작한다: "다리오 왕 사년 구월 곧 기슬래 월 사일에 여호와의 말씀이 스가랴에게 임하니라". 흥미롭게도 이 연도 공식은 다리오를 "왕"으로 소개함으로써 이전에 소개된 다른 연도 공식과 큰 차이점을 보여 준다. 실제로 맛소라 본문에서 1장 1절 및 7절과 같은 연도 공식들은 다리오의 이름만 소개할 뿐 "왕"*하멜렉,* הַמֶּלֶךְ이란 호칭을 사용하지는 않는다.² 그렇다면 "다리오 왕"이라는 표현이 1장 1절 및 7절의 연도 공식에는 나타나지 않다가, 왜 7장 1절의 연도 공식에는 등장하고 있는 것인가? 무엇보다도 7장이후부터 성전건축에 주도적인 역할을 수행했던 스룹바벨이 등장하지 않는다는 점은 7장 1절의 연도 공식에 새롭게 등장하는 "왕"의 호칭의 중요성을 일깨워준다. 실제로 다윗 왕조의 후손이었던 스룹바벨의 귀환과 그의 지도력을 통해 이루어진 성전 건축은 옛 선지자들이 예언했던 새 다윗의 왕조의 도래를 고대하도록 이끌어 주었다.

그러나 바벨론의 포로들이 예루살렘으로 귀환하여 무너진 성전을 다시 건축했으나, 그들의 열망대로 옛 다윗 왕국의 재건은 이루어지지 않았고, 스룹바벨은 그들의 기대에 부응하지 못했다. 이런 상황 속에서 7장 1절은 다리오를 "왕"으로 묘사함으로써 여호와께서 이방인조차도 그분의 목적과 계획을 이루시기 위해 그분의 도구로 사용하고 계심을 암시적으로 나타내 준다. 7장부터 스룹바벨이 전혀 등장하지 않음은 이 같은 점을 더욱 뒷받침해 준다. 비록 스룹바벨이 다윗 왕조의 재건을 이룩하지 못했다 하더라도, 여호와의 왕권과 그분의 통치는 이방인을 통해서 여전히 나타나고 있는 것이다. 예를 들면, 이사야는 고레스를 메시아로 소개하면서 고레스를 통해 나타난 여호와의 왕권을 강조한다.

> "여호와께서 그의 기름 부음을 받은 고레스에게 이같이 말씀하시되 내가 그의 오른손을 붙들고 그 앞에 열국을 항복하게 하며 내가 왕들의 허리를 풀어 그 앞에 문들을 열고 성문들이 닫히지 못하게 하리라"사 45:1

또 한 가지 중요한 사실은 7장 이후부터 스가랴는 여호와의 말씀을 선포하는 사자로서 등장하고 있다는 점이다. 앞선 여덟 개의 환상에서 여호와의 말씀은 여호와의 해석 천사를 통해 스가랴에게 주어진다. 즉 여호와의 말씀을 전달해 주는 자는 스가랴가 아니라 해석 천사였다. 그러나 7장 이후부터는 해석 천사가 등장하지 않으며, 여호와의 말씀은 직접적으로 스가랴에게 주어진다. 이것은 스가랴가 여호와의 말씀의 사자로서 등장하고 있음을 의미한다. 그러므로 본문에서 스가랴가 메시지를 선포할 때, 그것은 여호와의 말씀과 동일한 것이 된다.

1절의 연도 공식이 소개된 후, 2절은 벧엘에서 온 자들의 금식에 관한 질문을 소개한다.³ 흥미롭게도 각각의 사본 및 역본들에는 사람들을 파송한 주체와 파송 받은 대상이 다르게 제시된다. 맛소라 사본은 파송한 주체를 "벧엘"로, NIV는 "벧엘 사람"으로, NEB는 "벧엘사라셀과 레겜멜렉"으로 규정한다. 또한 맛소라 사본과 NIV는 파송 받은 대상을 "사라셀과 레겜멜렉과 그들의 사람들"로 소개하지만, RSV은 파송 받은 대상에 대해 전혀 언급하지 않는다. 그렇다면 2절에 등장하는 파송의 주체와 파송의 대상은 누구로 보아야

하는가?⁴ 문법적으로 볼 때 파송의 주체는 개역개정의 입장처럼 "벧엘사레셀"이 아닌, "벧엘/벧엘 사람"으로 해석하는 것이 바람직하다.

벧엘은 분명 사마리아 근방 예후드Yehud 북쪽 지역에 위치하였으며, 한때 남 유다의 예루살렘과 함께 대표적인 정치적 종교적 중심지로서 기능하였던 곳이다왕상12:28-33. 특히 벧엘이 여호와의 선지자들을 유다 땅으로 쫓아내었던 장소였음을 고려해 볼 때암7:13,⁵ 이 곳 사람들이 예루살렘으로 사람들을 파송했다는 사실은 매우 의미심장하다. 달리 말하자면, 벧엘 사람들의 예루살렘 파송은 예루살렘이 포로기 후 공동체의 중심지로 인식되고 있었음을 의미한다. 보다의 주장대로, "아마도 이런 장면은 통일 왕국의 회복에 대한 희망적 미래를 암시해 주는 듯하다".⁶ 그런데 벧엘 사람들이 파송된 것은 "여호와께 은혜를 구하기 위함"이었다. 구약에서 "여호와께 은혜를 구하다"חַ־פָּנֵי יה לְחַלּוֹת אֶת라는 표현은 종종 절박한 위기의 순간에 요청하는 도움을 묘사할 때 사용된다출32:11; 왕상13:6; 왕하13:4; 렘26:19; 단9:13; 시119:58.⁷ 예를 들면, 모세는 이스라엘의 민족을 말살하려는 여호와 앞에 백성들을 위해 간구할 때 이와 같은 표현을 사용한 바 있다출32:11. 그러므로 이 표현은 매우 위급하거나 긴급한 어려움 혹은 곤경을 암시해 준다.⁸ 그렇다면 벧엘에서 온 사람들이 이 표현을 사용하고 있음은 그들의 절박한 상황을 간접적으로 시사한다.

B. 금식에 관한 질문들7:3-7

"³ 만군의 여호와의 전에 있는 제사장들과 선지자들에게 물어 이르되 내가 여러 해 동안 행한 대로 오월 중에 울며 근신하리이까 하매 ⁴ 만군의 여호와의 말씀이 내게 임하여 이르시되 ⁵ 온 땅의 백성과 제사장들에게 이르라 너희가 칠십 년 동안 다섯째 달과 일곱째 달에 금식하고 애통하였거니와 그 금식이 나를 위하여, 나를 위하여 한 것이냐 ⁶ 너희가 먹고 마실 때에 그것은 너희를 위하여 먹고 너희를 위하여 마시는 것이 아니냐 ⁷ 예루살렘과 사면 성읍에 백성이 평온히 거주하며 남방과 평원에 사람이 거주할 때에 여호와가 옛 선지자들을 통하여 외친 말씀이 있지 않으냐 하시니라"

그렇다면 그들의 절박한 문제는 무엇인가? 그들의 간청은 다음과 같은 1인칭 단수형 질문[9]을 통해 잘 드러난다. "내가 여러 해 동안 행한 대로 오월에 울며 금식을 지켜야만 합니까?"

이 질문의 내용은 벧엘 사람들이 금식의 절기를 계속 지켜 왔으며 언제까지 이 절기를 지켜야만 하는지 궁금해하고 있음을 시사한다. 벧엘 사람들의 금식의 절기는 이스라엘의 멸망 사건과 결부되어 있다. 이스라엘의 멸망과 관련된 중요한 달들은 다음과 같다.[10]

달 명칭	사건	성경 구절
십월(588)	예루살렘 포위 시작	왕하25:1; 렘39:1
사월(587)	예루살렘 벽 붕괴, 지도자들의 도주	왕하25:3-7; 렘39:1-10; 52:6-11
오월	예루살렘 멸망	왕하25:8-12; 렘52:12-16
칠월	그달랴의 암살	왕하25:25-26; 렘41:1-3

특히 느부갓네살의 부대가 성전과 궁전을 불태운 때는 오월이었기 때문에, 오월의 금식은 예루살렘 성전을 포함한 예루살렘 도성의 멸망과 깊은 관련이 있다왕하25:9; 렘52:12. 그들은 만약 이스라엘에 대한 하나님의 심판이 물러가고 바벨론 유수가 끝이 났으며 여호와의 성전이 건축되었다면, 이제 여호와의 회복의 때가 시작된 것은 아닌지 궁금해했던 것이다. 즉 그들은 아직도 여호와의 심판의 때를 생각하며 계속 슬퍼해야 하는지 아니면 이제 슬픔과 통곡의 시간을 접고 대신에 미래의 희망과 회복을 고대해야 하는지 알고 싶었던 것이다.

벧엘 사람들의 질문이 제기된 후, 여호와의 말씀이 스가랴에게 임한다. 흥미롭게도 스가랴는 이 질문에 대한 직접적인 대답을 제공하기보다는 세 가지의 수사적 질문들을 던진다. 스가랴는 직접적인 대답 대신에 수사적 질문을 제기함으로써 그들의 금식 행위의 본질적인 목적과 참뜻을 다시 한번 확인하도록 이끌어 준다. 스가랴가 던지는 질문은 70년 동안 오월과 칠월에 행한 그들의 금식이 과연 여호와를 위한 금식이었는가 하는 것이다. 즉 스가랴의 수사적 질문은 그들의 금식이 여호와를 위한 금식이 아닌, 그들 자신을 위한 금식이었음을 간접적으로 지적하는 것이다. 여기서 이스라엘의 금식 이해와 여호와의 금식 이해 사이에 근본적인 차이점이 드러난다. 즉 이스라엘은 금식의 기간에 초점을 두고 있는 반면, 여호와께서는 금식의 기간이 아닌 금식의 동기와 그 목적에 관심을 두고 계신다. "너희가 먹고 마실 때에 그것은 너희를 위하여 먹고 너희를 위하여 마시는 것이 아니냐?"라는 스가랴의 수사적 질문은 금식의 동기가 '자기 자신'의 목적 달성을 위한 방편이 되어서는 안 된다는 점을 강조해 준다. 이사야와 같은 옛 선지자들은 잘못된 금식에 대해 강력히 비난한 바 있다.

> "3 우리가 금식하되 어찌하여 주께서 보지 아니하시오며 우리가 마음을 괴롭게 하되 어찌하여 주께서 알아주지 아니하시나이까 보라 너희가 금식하는 날에 오락을 구하며 온갖 일을 시키는도다 4 보라 너희가 금식하면서 논쟁하며 다투며 악한 주먹으로 치는도다 너희가 오늘 금식하는 것은 너희의 목소리를 상달하게 하려는 것이 아니니라"사58:3-4

5절의 수사적 질문을 통해 금식의 잘못된 동기를 질책하는 스가랴는 6절에서 금식의 절기뿐만 아니라 일상생활의 먹고 마시는 영역 속에서도 여호와께서 배제되어 계심을 지적한다. 그러므로 이 같은 수사적 질문들을 고려해 볼 때, 현재 이스라엘 사회의 종교적 의식과 그들의 삶의 영역은 모두 자기중심적으로 변질되었음을 알 수 있다. 실로 그들의 종교적 의식과 삶의 자리에 여호와께서 들어서실 곳은 없었던 것이다. 스가랴는 7절에서 옛 선지자들이 여호와의 말씀을 선포할 당시 예루살렘과 그 주변 도시들이 번영과 평화를 누림을 언급한다. 하지만 이와 같은 번영과 형통은 선지자들의 말을 듣지 않음으로 인해 상실되고 말았다. 특히 옛 조상들의 심각한 문제 가운데 하나는 참된 동기와 목적을 상실한 종교적 의식과 절기에 있었다예를 들면, 사1:10-17. 그러므로 스가랴는 옛 조상들의 잘못된 종교적 의식과 절기 행사의 문제점을 상기시켜 줌으로써 현재의 모습을 다시 되돌아보도록 촉구하고 있는 것이다. 나아가 스가랴는 벧엘 사람들에게 옛 조상들처럼 선지자의 말에 불순종하는 어리석은 백성이 되지 말고 그들의 선지자인 자신의 메시지에 귀를 기울일 것을 암시적으로 강조하고 있는 것이다.

C. 공의 실현에 실패한 옛 조상들 7:8-10

"8 여호와의 말씀이 스가랴에게 임하여 이르시되 9 만군의 여호와가 이같이 말하여 이르시기를 너희는 진실한 재판을 행하며 서로 인애와 긍휼을 베풀며 10 과부와 고아와 나그네와 궁핍한 자를 압제하지 말며 서로 해하려고 마음에 도모하지 말라 하였으나"

이제 스가랴는 옛 선지자들이 선포했던 하나님의 말씀들, 특히 이스라엘의 윤리적 공의의 실현을 촉구하던 메시지들을 집중적으로 소개한다. 옛 선지자들은 공의 실천이 결여된 외식적인 의식 행위를 이스라엘의 멸망 원인 가운데 하나로서 맹렬히 비난한 바 있다예를 들면, 사1장. 언약 백성들에게 있어서 이웃과의 윤리적 삶과 제의적 행위는 결코 분리될 수 없으며, 이사야서 1장 10-17절과 함께 시편 15편과 24편은 이 같은 점을 더욱 분명히 해 준다. 소위 성전에 들어갈 때 부르는 노래였던 시편 15편과 24편은 성전에 들어가 성전제사에 참여하는 자들의 윤리적 행위들을 촉구함으로써 제사행위와 윤리적 행동을 분리시키지 않는다. 이처럼 스가랴는 옛 선지자들이 증거한 하나님의 말씀을 선포함으로써 재건된 성전의 제사에 참여할 이스라엘 공동체의 올바른 윤리적 삶과 행동들을 촉구하고 있는 것이다.

9-10절은 세 가지 실천 조항들과 두 가지 금지 조항들을 언급한다. 9절에 나오는 첫 번째 실천 조항은 "진실한 재판을 행하는 것"이다. "진실한"으로 번역된 히브리어 '에메트'אֱמֶת는 '신실한'이라는 의미를 지니고 있으며, 종종 하나님의 성품과 결부된다출20:6; 34:6. 그러므로 이 조항은 법정에 누가 서 있다 할지라도 하나님의 뜻에 따라 신실한 판결을 행하라는 명령이다.¹¹ 특히 재판은 성전에서도 이루어졌기 때문에출21:6; 신17:8-13, 이 조항은 공의의 질서가 성전에서 먼저 확립되어야 함을 암시해 준다. 두 번째 실천 조항은 "인애와 긍휼을 보이는 것"이다. 즉 이 조항은 공의로운 재판이 자비로운 사랑의 마음과 함께 조화롭게 이루어져 함을 말해 준다. "인애"로 번역된 히브리어 '헤세드'חֶסֶד는 언약을 채결한 자들의 성실한 임무를 묘사할 때 사용된다. 그러므로 이 단어는 계약을 맺은 당사자를 향해 그 의무를 다하는 성실한 마음가짐을 강조하고 있다. '긍휼'의 히브리어 '라하밈'רַחֲמִים은 '모태'를 뜻하는 명사 '레헴'רֶחֶם과 관련이 있기 때문에, 자녀를 향한 어미의 사랑과 동정을 의미한다. 9절에 언급된 "진실", "인애", "긍휼"이라는 세 속성들이 여호와의 속성으로 나타나고 있음은 흥미롭다출34:6-7. 즉 이 실천 조항은 하나님의 언약 백성들이 그들의 삶을 통해 하나님의 속성을 드러내야만 함을 의미한다.

10절은 언약 백성들이 해서는 안 되는 두 가지 금지 조항을 언급하고 있다. 첫 번째 금지조항은 과부, 고아, 이방인 및 가난한 자들을 압제하지 말라는 것이다. 고아와 과부에 대한 관심과 배려는 구약에서 매우 중요한 사회정의의 요소 가운데 하나였다신10:18. 이사야는 고아와 과부에 대해 불의를 행하는 이스라엘의 죄악을 강력하게 비난한 바 있다사1:23. 흥미롭게도 '압제하다'라는 히브리어 '아샤크'ק'ש'는 종종 가난한 자들과 외인들에 대한 경제적 수탈을 가리킬 때 사용되는 말이다.¹² 그러므로 이 금지 조항은 고아와 과부와 외인과 이방인들이 경제적인 탈취를 당하지 않도록 그들의 권리를 보호하고 보장해 주라는 명령이다출22:29; 레6:4; 말3:5. 무엇보다도 9절의 금지 조항은 다음과 같은 예레미야의 본문들을 연상시킨다.

"5 너희가 만일 길과 행위를 참으로 바르게 하여 이웃들 사이에 정의를 행하며 6 이방인과 고아와 과부를 압제하지 아니하며 무죄한 자의 피를 이곳에서 흘리지 아니하며 다른 신들 뒤를 따라 화를 자초하지 아니하면"렘7:5-6

"여호와께서 이와 같이 말씀하시되 너희가 정의와 공의를 행하여 탈취 당한 자를 압박하는 자의 손에서 건지고 이방인과 고아와 과부를 압제하거나 학대하지 말며 이곳에서 무죄한 피를 흘리지 말라"렘22:3

이 예레미야의 선포는 성전을 지나치게 의존한 채 사회적 불의에 무관심했던 이스라엘 백성들에게 전달되었던 메시지이다. 그렇다면 성전을 다시 건축했던 스가랴 시대의 백성들에게 이와 같은 메시지는 매우 의미심장했을 것이다. 즉 스가랴는 옛 선지자들의 주요 메시지를 선포함으로써 현 세대로 하여금 옛 조상들의 전철을 다시 밟지 않도록 경고하고 있는 것이다.

두 번째 금지 조항은 "서로 해하려고 마음에 도모하지 않는 것"이다. 첫 번째 조항이 외면적으로 드러난 죄와 관련이 있다면, 두 번째 조항은 내면적인 문제를 다루고 있다. 겉으로 드러난 인간의 행위와 태도들은 궁극적으로는 마음의 상태가 외적으로 드러난 것이다. 즉 사회적 불의와 부도덕의 문제는 궁극적으로 마음의 문제와 직결된다. 그러기에 잠언 4장 23절은 다음과 같이 말한다.

"무릇 지킬 만한 것 중에 더욱 네 마음을 지키라 생명의 근원이 이에서 남이니라"

예레미야 역시 인간의 타락한 본성의 문제를 다음과 같이 지적한다.

"만물보다 거짓되고 심히 부패한 것은 마음이라 누가 능히 이를 알리요마는"렘17:9

호세아는 이스라엘의 잘못된 내면의 문제와 외면의 문제를 함께 지적한다.

"오직 저주와 속임과 살인과 도둑질과 간음뿐이요 포악하여 피가 피를 뒤이음이라"호4:2

이처럼 옛 선지자들의 메시지는 외적인 행동이 내면의 상태와 결부되어 있으며, 그러기에 사회의 공의와 도덕의 이슈가 내적인 경건의 문제와 분리될 수 없음을 강조한다. 즉 금식과 같은 내면적인 경건에 힘쓰는 자들은 반드시 외적인 삶의 태도를 통해 그들의 내면적 경건이 나타나야만 한다. 그러므로 스가랴는 벧엘에서 온 자들에게 옛 선지자들의 메시지를 선포하면서 그들의 금식 훈련에 공의의 실천이 반드시 뒤따라와야 한다는 점을 간접적으로 시사한다.

D. 옛 조상들의 불순종과 하나님의 진노 7:11-14

"11 그들이 듣기를 싫어하여 등을 돌리며 듣지 아니하려고 귀를 막으며 12 그

마음을 금강석 같게 하여 율법과 만군의 여호와가 그의 영으로 옛 선지자들을 통하여 전한 말을 듣지 아니하므로 큰 진노가 만군의 여호와께로부터 나왔도다 13 내가 불러도 그들이 듣지 아니한 것처럼 그들이 불러도 내가 듣지 아니하리라 만군의 여호와가 말하였느니라 14 내가 그들을 바람으로 불어 알지 못하던 여러 나라에 흩었느니라 그 후에 이 땅이 황폐하여 오고 가는 사람이 없었나니 이는 그들이 아름다운 땅을 황폐하게 하였음이니라 하시니라"

11-12절은 공의의 실천을 강조했던 옛 선지자들의 가르침에 대한 옛 조상들의 부정적인 반응을 나타내고 있다. 스미스의 분석대로, 이들의 반응은 세 가지 메타포를 통해 묘사된다.[13] 첫째, "그들은 등을 돌렸다". '등을 돌리다' 혹은 '목이 곧다'라는 말은 주인의 멍에를 매지 않으려고 완강히 버티는 짐승들처럼 옛 조상들이 주인되신 여호와의 말씀에 완강히 거부했음을 비유적으로 표현한 것이다느9:29. 호세아는 이스라엘의 완악한 태도를 짐승에 잘 비유하고 있다. "이스라엘은 완강한 암소처럼 완강하니 이제 여호와께서 어린 양을 넓은 들에서 먹임 같이 그들을 먹이시겠느냐"호4:16. 둘째, "그들은 듣지 아니하려고 귀를 막았다". 스스로 귀머거리가 되는 증상은 이사야서 6장 10절에 나타난다. "이 백성의 마음을 둔하게 하며 그들의 귀가 막히고 그들의 눈이 감기게 하라 염려하건대 그들이 눈으로 보고 귀로 듣고 마음으로 깨닫고 다시 돌아와 고침을 받을까 하노라". 이사야가 메시지를 선포할 때, 백성들의 귀는 더욱 들을 수 없게 되어 귀머거리가 된다. 이것은 백성들의 완고한 마음의 상태를 비유적으로 표현한 말이다. 셋째, "그들은 마음을 금강석 같게 하였다". 출애굽기 7장 14절은 바로의 마음을 "완강"하다고 표현한다. 하지만 스가랴는 출애굽기 7장 14절보다 더 강한 이미지를 사용하여 옛 조상들의 마음을 "금강석"에 비유한다. "금강석"으로 번역된 히브리어 '샤미르'שָׁמִיר는 에스겔서 3장 9절에서 굳은 이마에 비유되고 있다. 이와 같은 이미지는 옛

조상들의 완고함을 잘 드러내 준다. 이처럼 각각의 세 이미지는 여호와의 말씀에 대한 옛 조상들의 부정적인 반응들을 적나라하게 표현하고 있다.

흥미롭게도 스가랴는 옛 선지자들이 선포했던 메시지를 다름 아닌 여호와의 말씀, 즉 토라와 동일시한다. 왜냐하면 옛 선지자들은 그들 임의로 증거한 것이 아니라 여호와의 "영"으로 선포한 권위적인 말씀이기 때문이다. 선지자의 예언적 메시지를 토라로 이해하는 관점은 이사야서에 잘 반영되어 있다. 이사야는 여호와의 부르심에 따라 패역한 백성들에게 예언의 메시지를 선포하지만 그들의 반응은 더욱 완고하였다. 더 이상 회복의 가능성을 느끼지 못한 이사야는 제자들에게 자신이 선포했던 예언의 말씀을 기록하여 인봉하라고 명한다. 흥미롭게도 이사야가 선포했던 예언의 말씀은 토라와 동일시된다.

"너는 증거의 말씀을 싸매며 율법(토라, תּוֹרָה)을 내 제자들 가운데에서 봉함하라" 사8:16

여기서 이사야가 선포한 증거의 말씀과 토라가 병행을 이루고 있음은 이사야가 선포한 증거의 말씀이 다름 아닌 여호와의 말씀과 동일하다는 것을 보여 준다. 스가랴 역시 옛 선지자들이 선포했던 메시지가 신적 권위를 지니는 여호와의 토라와 다를 바 없음을 강조한다. 선지자들의 메시지를 거절한 것은 궁극적으로 여호와의 말씀을 거절한 것이기 때문에, 선지자들의 말을 듣지 않은 옛 조상들은 결과적으로 여호와의 진노를 불러일으키고 말았다.

13절은 옛 조상들의 불순종의 상태를 함축적으로 요약한다. "내가 불러도 그들이 듣지 아니하였다". 옛 조상들의 근본적인 문제는 바로 듣지 않았다는 것이다. 이 '들음'의 문제는 이사야서에 가장 잘 나타나고 있다. 이사야는 이스라엘의 영적 상태를 '들음'의 문제와 연결시킨다. 이사야서 65-66장은 악인과 의인의 갈등을 보여주며, 악인과 의인의 정체를 '들음'의 문제와 연결시킨다. 즉 악인과 의인은 어떻게 구별될 수 있는가? 그것은 바로 여호와의 말씀을 듣느냐 듣지 않느냐에 달려 있는 것이다. 이사야서 65-66장은 악인들의 정체를 다음과 같이 표현한다.

> "내가 너희를 칼에 붙일 것인즉 다 구푸리고 죽임을 당하리니 이는 내가 불러도 너희가 대답하지 아니하며 내가 말하여도 듣지 아니하고 나의 눈에 악을 행하였으며 내가 즐겨하지 아니하는 일을 택하였음이니라"사65:12
>
> "나 또한 유혹을 그들에게 택하여 주며 그들이 무서워하는 것을 그들에게 임하게 하리니 이는 내가 불러도 대답하는 자가 없으며 내가 말하여도 그들이 듣지 않고 오직 나의 목전에서 악을 행하며 내가 기뻐하지 아니하는 것을 택하였음이라 하시니라"사66:4

그래서 이사야는 "듣기는 들어도 깨닫지 못하는"사6:9완고한 백성들의 영적인 상태를 "귀머거리"에 비유한다사29:18. 그렇다면 완악한 백성들의 귀는 언제 열리는가? 이사야는 장차 도래할 의의 왕이 통치하여 회복의 시대가 도래할 때 귀머거리의 귀가 열릴 것이라고 예언한다사32:3; 35:5. 나아가 그는 귀머거리의 귀를 열어 주는 일이 종의 사역임을 강조하고 있다43:8. 이처럼 13절의 여호와의 말씀은 이사야의 '들음'의 문제와 깊은 연관성이 있는 것 같다.

백성들의 듣지 않는 영적인 무감각은 여호와의 진노를 불러일으키며, 그 진노는 세 가지 방식으로 나타났다. 첫째, 하나님께서는 그들이 부르더라도 듣지 않으셨다. 이와 같은 여호와의 응답 거절은 잠언 1장 28절에 이미 경고되고 있다. "그 때에 너희가 나를 부르리라 그래도 내가 대답지 아니하겠고 부지런히 나를 찾으리라 그래도 나를 만나지 못하리라". 또한 선지자들도 여호와의 응답 거절을 선포한 바 있다.

"그러므로 나도 분노로 갚아 불쌍히 여기지 아니하며 긍휼을 베풀지도 아니하리니 그들이 큰 소리로 내 귀에 부르짖을지라도 내가 듣지 아니하리라"겔8:18

"너희가 손을 펼 때에 내가 내 눈을 너희에게서 가리고 너희가 많이 기도할지라도 내가 듣지 아니하리니 이는 너희의 손에 피가 가득함이라"사1:15

이와 같이 스가랴는 옛 선지자들의 말씀을 사용해서 현 세대들에게 경고의 메시지를 전달한다. 즉 그는 비록 백성들이 바벨론에서 귀환하여 성전을 다시 건축했다 할지라도, 옛 조상들처럼 여호와의 말씀을 듣지 않는다면 그들의 미래는 결코 보장될 수 없음을 알고 있는 것이다.

둘째, 백성들이 포로가 되며 열국으로 흩어지고 말았다. 14절은 여호와께서 회리바람으로 이스라엘을 열국으로 흩으셨다고 말씀한다. 구약에서 바람은 종종 하나님의 심판의 도구로서 묘사되곤 한다호13:3; 사54:11; 욘1:11; 암1:14; 렘23:19; 30:23; 사29:6; 겔13:11, 13; 시83:15.[14] 특히 바람의 심판 이미지는 이사야서 40장 24절과 41장 16절에 잘 나타난다.

"그들은 겨우 심기고 겨우 뿌려졌으며 그 줄기가 겨우 땅에 뿌리를 박자 곧 하나님이 입김을 부시니 그들은 말라 회오리바람에 불려 가는 초개 같도다"사40:24

"네가 그들을 까부른즉 바람이 그들을 날리겠고 회오리바람이 그들을 흩어 버릴 것이로되"사41:16a

특히 이스라엘 백성들은 "그들이 알지 못하는" 곳으로 흩어졌다. "알지 못하다"는 표현은 신명기에 두드러지게 나타나는 표현 중 하나이다신13:2;

28:33. 예레미야는 이스라엘의 멸망을 예고하면서 이 표현을 자주 사용한 바 있다렘7:9; 15:14; 16:13; 17:4; 22:28.[15] 우리가 알다시피 '알다'라는 히브리어 동사 '야다'ירע는 언약 관계 아래 있음을 전제한다. 피터센의 진술대로, 알지 못하는 사회 속에 거한다는 것은 사회적 관계에서 배제된 채 사회적 지위와 보호를 받지 못하는 낯선 상황에 놓이게 됨을 의미한다.[16] 그러므로 이 표현은 낯선 타국에서의 비참하고도 힘겨운 생활을 암시해 주고 있는 것이다. 이스라엘이 이방인을 압제하며 공의를 실현하지 않았을 때, 오히려 이방인들과 같은 신세에 처하게 된 것은 아이러니가 아닐 수 없다.

셋째, 아름다운 땅이 황폐하게 되었다. 하나님께서는 선지자들의 말을 듣지 않는 이스라엘 백성들에게 약속의 땅으로 허락하신 축복의 터전을 황폐화시키셨다. 이사야는 이스라엘의 심판을 위해 앗수르가 심판의 도구로 사용되었음을 선언한 바 있다사10:5-6. 예레미야도 이스라엘을 향해 여호와께서 바벨론을 심판의 도구로 사용하실 수 있음을 경고한 바 있다렘4:6. 하지만 예레미야의 경고는 받아들여지지 않았고, 그의 경고가 그대로 이루어지고 말았다. 그러므로 스가랴의 관점에서 볼 때, 예루살렘의 멸망과 황폐함은 여호와가 바벨론의 신들보다 나약하시다는 것을 보여 주는 증거가 될 수 없다. 오히려 그 사건은 여호와의 선지자들의 말씀을 듣지 않은 결과에서 비롯된 것이다.

(3) 현대적 적용

1) 금식의 의미

벧엘에서 온 사람들의 질문을 통해 알 수 있듯이, 스가랴 시대의 포로 귀환 공동체는 오월과 칠월에 계속해서 금식을 했다. 이 금식의 절기는 예루살렘의 멸망을 슬퍼하며 하나님의 심판에 대해 자신들의 죄를 성찰하는 회개의 시간이 되었다. 그리고 이 금식의 절기는 하나님의 용서와 회복의 때가 도래할 때까지 계속해서 준수되었다. 이사야는 하나님의 회복의 때에 슬픔의 시대가 끝이 나고 기쁨과 즐거움의 시대가 도래할 것이라고 예언한 바 있다.

"무릇 시온에서 슬퍼하는 자에게 화관을 주어 그 재를 대신하며 기쁨의 기름으로 그 슬픔을 대신하며 찬송의 옷으로 그 근심을 대신하시고 그들이 의의 나무 곧 여호와께서 심으신 그 영광을 나타낼 자라 일컬음을 받게 하려 하심이라"사61:3

벧엘 사람들은 바벨론으로부터 귀환했음에도 불구하고 여전히 이방인의 통치 아래에 놓여 있는 현실 속에서 이사야가 예언했던 이 온전한 회복의 때가 언제 이루어지는지를 알고 싶었다. 포로 귀환 공동체와 마찬가지로, 로마의 통치 아래 놓여 있었던 예수님 시대의 유대인들도 구원과 회복의 시대를 갈망하며 정기적인 금식의 절기를 준수하였다. 안나 선지자는 성전에서 메시아의 도래를 고대하며 금식을 했으며눅2:26-38, 시므온도 절망적인 이스라엘을 향한 하나님의 위로의 시대를 갈망하였다눅2:25. 원래 예수님 시대의 유대인들, 특히 바리새인들은 매주 월요일과 목요일에 금식을 했으며눅18:12, 개인의 아픔이나 회개의 표현 방식으로서 금식을 행하거나, 때로는 기도의 준비 과정 혹은 공로적 행위로서 금식을 실행하기도 했다.[17] 특별히 세례 요한의 제자들은 금식과 기도를 수행함으로써 다른 집단과의 차별성을 보여주었다막2:19-22; 눅5:34-37. 이들은 하나님 나라의 도래에 앞서 회개를 선포했던 세례 요한의 뜻을 받들어 하나님 나라의 도래를 준비하기 위해 죄악을 자성하는 표현 방식으로서 금식을 수행했던 것 같다.[18] 그래서 예수님 시대의 사람들은 예수님께 나아와 왜 예수님의 제자들은 바리새인과 세례 요한의 제자들처럼 금식을 하지 않느냐고 질문을 던진다. 그러자 예수님께서는 다음과 같이 대답하신다.

"19 예수님께서 그들에게 이르시되 혼인집 손님들이 신랑과 함께 있을 때에 금식할 수 있느냐 신랑과 함께 있을 동안에는 금식할 수 없느니라 20 그러나 신랑을 빼앗길 날이 이르리니 그날에는 금식할 것이니라"막 2:19-20

예수님께서는 그분의 제자들을 혼인 잔치의 손님들로, 그리고 자신을 신랑으로 비유하신다. 먼저 예수님께서는 혼인집 손님들이 신랑과 함께 있을 때에는 금식할 수 없다고 말씀하신다. 이것은 예수님을 통해 하나님 나라의 도래가 이미 실현되고 있기 때문에 더 이상 구원을 고대하거나 갈망하는 금식수행이 필요 없음을 강조하는 것이다. 그럼에도 불구하고 예수님께서는 자신의 고난과 죽음을 예고하면서 금식의 필요성을 시사하신다. 즉 예수님의 제자들은 하나님 나라의 구원이 이미 예수 그리스도의 인격과 사역을 통해 도래하고 있기 때문에 구원을 고대하며 금식을 수행할 필요는 없지만, 예수 그리스도의 죽으심을 슬퍼하며 그분의 고난의 의미를 기리기 위해 금식을 수행하는 것이다. 이와 같은 금식의 이중성은 구원의 현재성과 미래성의 양면적 측면과 밀접한 연관성이 있다. 즉 구원은 이미 이루어지고 있기 때문에, 구원의 도래를 준비하는 금식의 훈련은 필요 없지만, 그 구원은 아직 완성되지 않았기 때문에, 구원의 완성이 이루어질 때까지 경건의 훈련으로서의 금식은 여전히 필요하다. 초대 교회 성도들도 경건한 삶의 방식으로서 금식을 실천하는 일을 부정하지 않았다행13:1-3; 14:23.

우리는 사탄의 세력을 이기고 부활하신 그리스도의 승리를 찬양하며 성도들과 함께 즐거워해야 하지만, 부활하신 주님께서 재림하실 때까지 죄와 싸우기 위해 더욱 경건의 훈련에 힘써야 하며, 우리를 위해 죽으신 예수님의 고난을 계속해서 기념해 나가야 한다. 스가랴 시대의 포로 귀환 공동체가 이미 바벨론으로부터의 해방을 경험했으나 완전한 회복을 고대하며 금식을 수행했듯이, 우리들도 예수 그리스도의 십자가를 통해 이미 죄를 용서함 받았으나 예수 그리스도의 재림을 통해 이루어질 구원의 완성을 여전히 염원해야 한다. 이런 관점에서 볼 때, 스가랴 시대의 '이미'와 '아직'의 긴장관계는 신약 시대의 '초림'과 '재림'의 긴장 관계와 매우 밀접한 연관성을 지닌다.

2) 성경적 영성이란?

스가랴는 윤리적 실천의 결핍으로 실패할 수밖에 없었던 옛 조상들의 잘못을 회상시켜 그의 공동체로 하여금 현재의 문제를 올바로 인식하도록 이끌어 준다. 스가랴 시대의 공동체는 정기적인 금식을 통해 남다른 종교적 열심을 나타내었지만, 그들의 종교적 열심 배후에는 윤리적 실천이 결여된 치명적 약점이 도사리고 있었다. 그러므로 스가랴는 옛 조상들처럼 위선적인 형식주의를 다시 답습하지 말 것을 경고한다. 요즘 들어 영성에 대한 관심이 부쩍 늘어나고 있다. 저마다 특별한 영적 훈련 프로그램에 참여하여 보다 깊은 하나님과의 영적인 관계를 체험하고자 한다. 그러나 우리는 영성이라는 말을 사용하기에 앞서 성경적 영성이 무엇인지를 곰곰이 생각해 보아야 한다. 일반적으로 우리가 영성이라는 말을 사용할 때, 이 단어는 대개 영적인 훈련을 통한 깊은 체험적 신앙을 의미한다. 그러나 성경적 영성은 하나님과의 관계뿐만 아니라 이웃과의 관계도 중요시한다. 예를 들면, 영적인 삶의 기준이 되는 십계명은 하나님과의 관계와 이웃과의 관계를 모두 강조한다. 즉 성경적 영성은 하나님과의 교제를 위한 제사와 같은 종교적 행위뿐만 아니라 이웃을 위한 윤리적 실천과도 깊은 연관성을 지닌다. 만약 이 두 요소 중 어느 하나라도 배제된다면, 그것은 성경적 영성이 될 수 없다. 오히려 그것은 균형을 상실한 왜곡된 영성이 될 수 있다. 피터 아담Peter Adam은 말씀의 순종과 실천이 성경적 영성의 중요한 요소임을 다음과 같이 지적한다.

성경적 영성의 체험은 하나님의 성령으로 감동된 말씀을 통해 하나님을 만나는 영성을 가리킨다. 우리가 성경을 읽을 때 우리는 하나님의 음성을 듣는다. 우리는 우리의 세계관, 우리의 삶, 우리의 관계들 그리고 우리의 열망과 행위들을 변화시키도록 도전 받는다.[19]

이처럼 성경적 영성은 성경을 읽을 때 하나님의 음성을 들으며, 그 말씀을 통해 우리의 삶을 변화시키고 세상을 변화시키는 영성을 가리킨다. 그러나 성경은 열심히 읽지만 그 말씀을 삶의 현장 속에서 바르게 실천하지 못한다면, 이런 영성은 생명을 상실한 영성이다. 윤리적 삶이 결핍된 스가랴 백성들의 형식주의적 신앙이 바로 그런 것이었다. 그러므로 스가랴는 현대 그리스도인들을 향해 윤리적 삶의 차원을 도외시한 왜곡된 영성에서 벗어나 말씀의 순종과 실천을 겸비한 올바른 성경적 영성을 지향하도록 촉구하고 있다.

2. E-A′. 현 세대를 향한 회복의 약속 8:1-23

(1) 개요

옛 조상들의 실패와 그에 따른 심판에 초점을 둔 스가랴의 메시지는 이제 희망의 약속으로 방향을 선회한다. 여호와께서는 시온으로 돌아와 그분의 백성 가운데 거하며 그들의 하나님이 되실 것이라고 약속하신다. 이것은 여호와와 그분의 백성 간의 언약관계가 완전히 회복됨을 의미한다. 이스라엘에 내려진 모든 재앙은 물러날 것이며, 새로운 회복의 때가 도래할 것이다. 이제 금식의 절기는 기쁨과 희락의 절기로 변화될 것이다. 이 회복의 시대에 열방의 백성들은 만군의 여호와를 찾고 그분께 은혜를 구할 것이다. 그러나 이와 같은 놀라운 회복의 약속은 백성들의 합당한 윤리적 행위와 공의의 실현을 전제한다. 합당한 삶의 실천이 없다면 축복의 약속은 무의미한 것이다. 그러므로 8장의 메시지는 두 가지로 축약될 수 있다. 첫째, 여호와께서는 예루살렘을 회복시키실 것이며 이스라엘을 다시 축복하실 것이다. 둘째, 하지만 이스라엘은 여호와께서 미워하시는 행위들을 버리고 합당한 삶의 윤리를 실천해야 한다.

(2) 본문 분석

E. 남은 백성들을 위한 회복 8:1-8

"1 만군의 여호와의 말씀이 임하여 이르시되 2 만군의 여호와가 이같이 말하노라 내가 시온을 위하여 크게 질투하며 그를 위하여 크게 분노함으로 질투하노라 3 여호와가 이같이 말하노라 내가 시온에 돌아와 예루살렘 가운데에 거하리니 예루살렘은 진리의 성읍이라 일컫겠고 만군의 여호와의 산은 성산이라 일컫게 되리라 4 만군의 여호와가 이같이 말하노라 예루살렘 길거리에 늙은 남자들과 늙은 여자들이 다시 앉을 것이라 다 나이가 많으므로 저마다 손에 지팡이를 잡을 것이요 5 그 성읍 거리에 소년과 소녀들이 가득하여 거기에서 뛰놀리라 6 만군의 여호와가 이같이 말하노라 이 일이 그날에 남은 백성의 눈에는 기이하려니와 내 눈에야 어찌 기이하겠느냐 만군의 여호와의 말이니라 7 만군의 여호와가 이같이 말하노라 보라 내가 내 백성을 해가 뜨는 땅과 해가 지는 땅에서부터 구원하여 내고 8 인도하여다가 예루살렘 가운데에 거주하게 하리니 그들은 내 백성이 되고 나는 진리와 공의로 그들의 하나님이 되리라"

8장 1-2절에서 스가랴에 임한 하나님의 말씀은 "시온을 위하여 크게 질투하신다"는 내용이다. 2절의 말씀은 스가랴서 1장 14절에서 해석 천사가 전해준 메시지의 내용과 매우 유사하다. 첫 번째 환상에서 다루었듯이, 여호와의 질투는 이스라엘과의 배타적인 언약관계에서 비롯된다. 하나님께서는 이스라엘을 택하시고 그들과 언약을 맺으셨다. 그러므로 이스라엘은 오로지 여호와 한 분만을 사랑하고 섬겨야만 했다. 이와 같은 독점적인 언약관계는 십계명을 통해 잘 드러난다. "너는 나 외에 다른 신들을 섬기지 말지니라"출20:3.[20] 만약 이스라엘이 이와 같은 독점적인 언약 관계를 깨뜨리면, 여호와의 질투를 촉발하게 된다. 실제로 이스라엘이 여호와와 맺은 언약을 버렸을 때, 여호와의 질투는 이스라엘을 심판에 이르게 했다. 스가랴서 7장에 소개된 옛 조상들의 심판은 이와 같은 여호와의 질투를 잘 보여 준다. 하지만 1장 14절에서와 같이 여호와께서는 이제 심판 당한 예루살렘을 향해 그분의 뜨거운 사랑을 다시 나타내고자 하신다. 특히 스가랴는 예루살렘을 향한 여호와의 질투가 "크게 분노함으로 질투한다"קִנְאָה גְדוֹלָה고 표현한다. '뜨거움/분노'라는 히브리어 '헤마'חֵמָה는 제어할 수 없는 강력한 힘을 나타낼 때 사용된다. 예를 들면, 에스겔은 유다의 혹독한 멸망을 묘사할 때 질투를 뜻하는 '킨아'קִנְאָה라는 단어와 분노/뜨거움을 의미하는 '헤마'חֵמָה라는 단어를 같이 사용한다.

"주 여호와께서 이같이 말씀하시기를 내가 내 질투와 내 분노로 말하였나니 이는 너희가 이방의 수치를 당하였음이라"겔36:6b

이처럼 진노 혹은 질투를 뜻하는 히브리어 '킨아'라는 단어가 '뜨거움'이라는 히브리어 '헤마'와 함께 사용될 때, 그 용법은 진노 혹은 질투의 엄청난 강도를 강조해 준다. 흥미롭게도 스가랴서 8장 2절은 이스라엘의 구원을 나타내기 위해 이 두 단어를 함께 사용하고 있다. 이것은 혹독한 시련을 당한 이스라엘이 이제 강력한 여호와의 뜨거운 사랑의 손길을 체험하게 될 것임을 보여 주고 있는 것이다.

8장 2절이 1장 14절의 표현과 유사하듯이, 8장 3절은 1장 16절을 연상시킨다. 1장 16절에서 해석 천사를 통해 전달된 여호와의 메시지는 "내가 긍휼히 여기므로 예루살렘에 돌아왔다"라는 것이다. 8장 3절도 여호와께서 시온으로 돌아오셨다고 선언한다. 여호와께서 예루살렘과 그 성전을 버리셨을 때, 그는 예루살렘을 떠나버렸다. 그러나 여호와께서는 에스겔의 환상에 나타나듯이겔43:1-5 무너진 예루살렘으로 다시 돌아오시며, 그 가운데 거하신다. '거하다'라는 히브리어 동사 '샤칸'שׁכַן은 출애굽기 25장 8절의 장막에 거하시는 하나님의 임재를 나타낼 때 사용된 바 있다. 그러므로 여호와의 예루살렘 귀환은 옛 언약 백성들에게 주어졌던 여호와와의 온전한 관계회복을 나타내고 있다. 흥미롭게도 여호와의 예루살렘 귀환과 임재는 예루살렘의 새로운 이름을 가져다 준다. 예루살렘은 이제 "진리의 성읍"으로, 시온 산은 "성산"으로 불리게 된다. 이름의 변경은 신분의 변화로 인해 발생한다. 그렇다면 "진리의 성읍"이라는 새 이름은 예루살렘이 신실치 못한 상태에서 신실한 상태로 변화되었음을 의미한다. 이사야도 미래에 회복될 예루살렘을 "의의 성읍, 신실한 고을"로 칭한 바 있다사1:26. "성산"이라는 새 이름은 시온이 거룩하지 못한 상태에서 거룩한 상태로 변화되었음을 의미한다. "거룩"이라는 히브리어 '코데쉬'קדֶשׁ는 '구별됨'이라는 의미를 지닌다. 그러므로 "성산"이라는 말은 여호와의 통치의 중심지로서 구별될 것임을 나타내 준다. 이와 같은 예루살렘의 명칭 변경은 이사야서 62장 2-4절을 연상시킨다.[21]

> "2 이방 나라들이 네 공의를 뭇 왕이 다 네 영광을 볼 것이요 너는 여호와의 입으로 정하실 새 이름으로 일컬음이 될 것이며 3 너는 또 여호와의 손의 아름다운 관, 네 하나님의 손의 왕관이 될 것이라 4 다시는 너를 버림받은 자라 부르지 아니하며 다시는 네 땅을 황무지라 부르지 아니하고 오직 너를 헵시바라 하며 네 땅을 쁄라라 하리니 이는 여호와께서 너를 기뻐하실 것이며 네 땅이 결혼한 것처럼 될 것임이라"

7장 14절의 표현대로 예루살렘은 옛 조상들의 불순종으로 인해 거민들이 살기 힘든 황폐한 곳이 되고 말았다. 하지만 새롭게 회복될 예루살렘은 다시 거민들로 가득 채워질 것이다. 이처럼 8장 4-5절은 새 이름으로 변경될 예루살렘의 특징을 다음과 같은 다양한 이미지로 묘사한다. 첫째, 예루살렘은 남녀 노소를 막론하고 모든 백성들로 가득 채워질 것이다. 본문에 묘사된 "늙은 남자들과 늙은 여자들" 그리고 "소년과 소녀들"이라는 말이 거주민 전체를 포괄하는 상투적 표현임을 고려해 볼 때, 남녀 노소가 거하게 될 예루살렘은 모든 이들의 거주지가 될 것임을 의미한다. 둘째, 예루살렘은 남자와 여자의 상호 조화가 이루어지는 곳이 될 것이다. 본문은 남성들과 아울러 여성들도 함께 소개함으로써 남성과 여성의 조화를 강조하고 있다. 셋째, 예루살렘은 양육강식이 주도하는 무질서의 시대가 물러가고 평화의 새 시대가 도래하는 곳이 될 것이다. "늙은 남자들과 늙은 여자들"과 "소년과 소녀들"은 사회에서 가장 약한 자들로 인식되며, 이들이 예루살렘에 가득히 거주한다는 것은 강자 중심의 사회가 아닌, 모든 사람들이 평화롭게 공존하는 새 시대의 도래를 말해 준다. 넷째, 예루살렘은 기쁨과 즐거움의 도시가 될 것이다. 본문은 예루살렘의 거리에 젊은이들이 장난치며 놀 것이라고 말한다. "거리들"로 번역되는 히브리어 '레호보트'רחבות는 죽음이나 멸망의 때에 애통해 하던 곳이었다암5:16; 애2:11, 12.²² 그러나 여기서 민족의 실패와 멸망을 상징해 주었던 '레호보트'רחבות는 희망과 회복의 상징이 되고 있다. 눈물과 탄식의 장소는 이제 기쁨과 즐거움의 장소로 변화될 것이다. 흥미롭게도 4-5절의 표현은 다음과 같은 예레미야서의 그림 언어들을 연상시킨다.

> "여호와께서 이와 같이 말씀하시니라 너희가 가리켜 말하기를 황폐하여 사람도 없고 짐승도 없다 하던 여기 곧 황폐하여 사람도 없고 주민도 없고 짐승도 없던 유다 성읍들과 예루살렘 거리에서 즐거워하는 소리, 기뻐하는 소리, 신랑의 소리, 신부의 소리와 및 만군의 여호와께 감사하라, 여호와는 선하시니 그 인자하심이 영원하다 하는 소리와 여호와의 성전에 감사제를 드리는 자들의 소리가 다시 들리리니 이는 내가 이 땅의 포로를 돌려보내어 지난 날처럼 되게 할 것임이라 여호와의 말

쓸이니라"렘33:10-11

    8장 6절에서 예루살렘의 회복을 약속하신 여호와께서는 이제 불확실한 믿음의 문제를 다루신다. 비록 여호와께서는 1-5절에서 예루살렘의 미래에 대해 놀라운 청사진을 제시하고 계시나, 남은 백성들의 눈에는 믿기 힘든 약속들로 비춰진다. "기이하다"로 번역된 히브리어 '팔라'פלא는 '경이로운 일', '불가사의한 것'을 뜻하는 히브리어 명사 '펠레'פלא에서 유래한 동사로서 '어렵다', '불가능하다', 혹은 '기이하다'라는 의미를 지닌다.[23] 여호와의 심판에 살아남은 백성들은 과연 8장 1-5절의 약속들이 성취될 수 있을지 의아해 했을 것이다. 하지만 비록 연약한 인간의 눈에는 불가능하거나 기이한 일로 비춰질 수 있으나, 하나님의 눈에는 결코 그렇게 비춰질 수 없을 것이다. 보다의 분석대로, 본문의 순서는 인간의 반응에 대한 하나님의 반응이 대조적으로 묘사되면서 교차대구를 이룬다.[24]

    A. 만군의 여호와가 말하노라
      B. 기이하려니와
        C. 남은 백성의 눈에는
          D. 그 날에
        C'. 나의 눈에는
      B'. 기이하겠느냐
    A'. 만군의 여호와가 말하노라

    8장 7-8절에서 여호와께서는 본문에서 남은 백성들을 향한 그분의 세 가지 계획을 선포하신다. 첫째, 여호와께서는 그분의 백성들을 "해가 뜨는 땅과 해가 지는 땅"에서 구원해 내실 것이다. '구원하다'라는 히브리어 동사 '야샤'

שׁוּב는 7장 14절에 나타난 혹독한 심판의 대반전을 암시해 준다. 이 동사는 선지자들이 포로기 이스라엘의 구원을 선포할 때 동일하게 사용한 바 있다.

> "내가 너로 이 백성 앞에 견고한 놋 성벽이 되게 하리니 그들이 너를 칠지라도 이기지 못할 것은 내가 너와 함께 하여 너를 구원하여 건짐이라 여호와의 말씀이니라"렘15:20

흥미롭게도 본문은 "해가 뜨는 땅"과 "해가 지는 땅"이라는 표현을 사용한다. 실제로 선지자들은 포로 귀환이 동서남북 모든 방향에서 이루어지며, 특별히 북방으로부터의 귀환이 강조된다. 예를 들면, 이사야서 43장 5-6절은 포로 귀환의 네 방향들을 다음과 같이 묘사한다.

> "5 두려워하지 말라 내가 너와 함께 하여 네 자손을 동쪽에서부터 오게 하며 서쪽에서부터 너를 모을 것이며 6 내가 북쪽에게 이르기를 내놓으라 남쪽에게 이르기를 가두어 두지 말라 내 아들들을 먼 곳에서 이끌며 내 딸들을 땅 끝에서 오게 하며"

여기서 "해가 뜨는 땅"과 "해가 지는 땅"이라는 말은 아마도 태양이 뜨고 지는 지역을 뜻하는 표현으로서 태양 아래 있는 모든 땅을 상징하는 듯하다. 그렇다면 이 표현은 여호와께서 온 땅에 흩어진 그분의 백성들을 구원하실 것임을 강조해 준다.[25] 둘째, 그들은 여호와의 백성이 되고, 여호와께서는 그의 하나님이 되실 것이다. 이 선언은 여호와와 이스라엘 간에 맺어진 언약 공식을 연상시켜 준다출6:7; 렘31:33; 겔34:30; 36:28. 흥미롭게도 본문은 전통적인 언약 공식에 '진리'에메트, אֱמֶת와 '공의'쩨다카, צְדָקָה라는 두 단어를 첨가 시키고 있다. 아마도 본문은 하나님의 두 가지 특성을 강조해 주는 듯하다. 하지만 여호와께서 진실하시고 공의로우신 분이라면, 그분과 언약을 맺은 그분의 백성들에게서도 그분의 성품이 나타나야 할 것이다. 이사야는 장차 회복될 시온의 특성을 '에메트'와 '쩨다카'로 묘사한다.

> "내가 네 재판관들을 처음과 같이, 네 모사들을 본래와 같이 회복할 것이라 그리한 후에야 네가 의의 성읍이라, 신실한 고을이라 불리리라 하셨나니"사1:26

E'. 남은 백성들을 위한 축복 8:9-13

"9 만군의 여호와가 이같이 말하노라 만군의 여호와의 집 곧 성전을 건축하려고 그 지대를 쌓던 날에 있었던 선지자들의 입의 말을 이 날에 듣는 너희는 손을 견고히 할지어다 10 이 날 전에는 사람도 삯을 얻지 못하였고 짐승도 삯을 받지 못하였으며 사람이 원수로 말미암아 평안히 출입하지 못하였으니 내가 모든 사람을 풀어 서로 치게 하였느니라 11 만군의 여호와의 말씀이니라 이제는 내가 이 남은 백성을 대하기를 옛날과 같이 아니할 것인즉 12 곧 평강의 씨앗을 얻을 것이라 포도나무가 열매를 맺으며 땅이 산물을 내며 하늘은 이슬을 내리리니 내가 이 남은 백성으로 이 모든 것을 누리게 하리라 13 유다 족속아, 이스라엘 족속아, 너희가 이방인 가운데에서 저주가 되었었으나 이제는 내가 너희를 구원하여 너희가 복이 되게 하리니 두려워하지 말지니라 손을 견고히 할지니"

9-13절은 "너희는 손을 견고히 할지어다"라는 표현으로 시작해서 끝을 맺고 있는 인클루지오 형식을 이룬다. 피터센에 의하면, "두려워 말라"라는 표현과 함께 사용되는 이 선언 공식은 종종 전투와 관련된 맥락 속에서 사용된다삿7:11; 삼하2:7; 16:21.[26] 즉 이 공식은 주로 전투에 임하는 전사에게 주어지는

위로 혹은 구원의 신탁이다. 예를 들면, 여호와께서는 미디안 전투에 임하는 기드온에게 다음과 같은 말씀을 선포하신다. "만일 네가 내려가기를 두려워 하거든 네 부하 부라를 데리고 그 진을 내려가서 그들의 하는 말을 들으라 그 후에 네 손이 강하여져서 능히 내려가서 그 진을 치리라"삿7:11a. 이와 같은 선언 공식이 본문에서 사용되고 있음은 새로운 변화를 암시해 준다. 특히 "견고히 하라" 혹은 "담대하라"의 히브리어 동사 '하자크'חָזַק는 학개서 2장 4절에 3번이나 등장한다8:9. 학개서 2장 4절에서 여호와께서는 스룹바벨, 여호수아 그리고 온 백성들에게 성전 건축을 독려하시기 위해 이 단어를 반복해서 사용하신다. 이와 같이 본문에서도 곤경에 처한 옛 조상들의 문제들을 해결해 주신 여호와께서는 성전 건축으로 어려움을 겪는 이스라엘 백성들에게 옛 조상들에게 전달하셨던 그 희망과 위로의 메시지"손을 견고히 하라"를 동일하게 전달하신다.[27]

본문은 이 메시지를 듣는 대상을 성전 지대를 쌓던 날에 일어난 선지자들의 말씀을 듣는 자들로 규정한다8:9. 그렇다면 성전 지대를 쌓던 날에 메시지를 선포했던 선지자들은 누구를 가리키는 것인가? 학개와 스가랴가 이 그룹에 포함된다는 것은 의심의 여지가 없다. 스가랴서 5장 1-2절은 학개와 스가랴 선지자의 예언을 통해 성전 건축 사역이 다시 재개되었음을 밝히고 있다. 성전 지대가 놓인 후 성전 건축이 중단되었을 때, 학개와 스가랴의 메시지는 성전 재건을 독려하며 성전 건축의 완성에 결정적인 역할을 했다. 그러므로 본문에 묘사된 그 날은 성전 봉헌 기공식이 있었던 때주전 520년경를 가리키며, 그 후 5년이 지난 뒤 성전이 완공되었던 것 같다스6:14. 그럼에도 불구하고 "선지자들의 입의 말"הַדְּבָרִים הָאֵלֶּה מִפִּי הַנְּבִיאִים은 학개와 스가랴의 예언으로 국한될 수는 없다. 앞서 살펴본 대로, 스가랴의 메시지는 옛 선지자들이 선포했던 예언의 말씀에 많이 의존하고 있다. 그러므로 "선지자들의 입의 말"은 이전 선지자들의 메시지도 포함한다고 볼 수 있다.[28] 예를 들면, 이사야, 예레미야 및 에스겔은 포로 귀환의 약속, 예루살렘의 회복 및 성전 재건의 미래를 미리 예고한 바 있다. 이 같은 점을 고려해 볼 때, 스가랴는 옛 선지자들의 기록된 말씀들을 듣고 배웠을 것이며, 성전 건축과 관련된 옛 선지자들의 말씀들은 그의 예언 활동에 큰 영향을 미쳤을 것이다.

    8장 10절은 성전이 건축되지 못한 시절의 특징들을 묘사해 준다. 성전 건축의 사역이 시작되지 못한 때의 상황은 두 가지 특징으로 나타난다. 첫째, 임금이 지불될 수 없었다. 본문은 노동의 대가를 받지 못하는 경제적인 어려움을 묘사하고 있다. 이런 경제적 난국은 학개서 1장 5-6절에 나타나고 있다. 하지만 본문의 표현은 학개의 표현보다 더 혹독하다. 학개는 경제적 어려움으로 인한 임금의 불충분성을 보여 주고 있으나, 스가랴는 임금 지불의 불가능성을 강조한다. 나아가 스가랴는 일반 노동자들뿐만 아니라 동물을 소유한 사람들조차도 임금을 받지 못했음을 말해 준다. 이처럼 스가랴는 성전 건축 이전의 상황이 경제적으로 매우 혹독한 단계에 있었음을 강조하고 있다. 둘째, 외부의 적들의 공격이나 방해로 인해 포로귀환 공동체의 경제적 상황은 더욱 악화되었다.[29] 그 당시 포로귀환 공동체는 내적인 경제적 어려움뿐만 아니라 외적인 무역에도 상당한 고통이 있었다. 예루살렘으로 왕래하던 사람들은 주변 이웃들의 침략으로 안전하지 못했다. 그로 인해 외부와의 무역 교류를 상당한 차질을 빚게 되었고, 이스라엘의 경제적 고립은 더욱 심화되었다.

    10절에서 성전 건축 이전의 힘든 경제적 상황이 소개된 후 11절은 "그러나 이제"עתה라는 말로 시작하는데, 이 표현은 새로운 방향의 전환을 암시해 준다. 즉 여호와께서는 과거에 행하셨던 것처럼 남은 백성들에게 혹독한 어려움을 계속 허락지 않을 것임을 선포하신다. 그분께서는 이제 남은 백성들을 이전과는 다르게 대우하실 것이다. 특히 12절의 서두에 등장하는 "정말로" 또는 "실로"라는 히브리어 '키'כי는 이와 같은 분위기를 더욱 강화시켜 준다.

그렇다면 이전과는 달리 남은 백성들을 향한 그분의 계획은 무엇인가? 12절은 남은 백성들을 향한 여호와의 축복의 약속에 초점을 둔다. 흥미롭게도 12절에서 남은 백성들을 향한 여호와의 축복은 농경적 이미지로 그려진다. 본문은 이스라엘이 "평강의 씨앗"제라 하샬롬, מִשָּׁלוֹם זֶרַע을 거두게 될 것이라고 말한다. "평강의 씨앗"이라는 말은 10절에 묘사된 평화롭지 못한 불안전한 예루살렘의 상태와 극명한 대조를 보여 준다. "포도"는 주로 산에서 자라며, "땅의 곡물"은 주로 골짜기나 평지에서 수확되기 때문에, 이스라엘의 대표적인 농작물이었다. 그러므로 "포도나무"와 "땅의 산물"은 그 당시 산과 땅에서 얻는 이스라엘의 주요 농작물을 뜻한다. 또한 이러한 농작물이 자라는 데 필수적인 요소는 바로 이슬이었다. 그러므로 포도나무와 땅의 산물과 하늘의 이슬은 이스라엘의 풍성한 결실을 상징하는 표현들이라고 볼 수 있다. 학개는 결실이 없는 결핍된 상황을 "땅의 산물"과 "하늘의 이슬"이 멈춘 상태로 묘사한다학1:10. 그러므로 스가랴는 학개가 묘사한 결핍의 상황과 대조되는 풍성한 축복의 상황을 묘사하고 있는 것이다. 이런 축복의 결실이 남은 백성들에게 주어질 것이다.

8장 13절은 계속해서 성전 이전의 상황과 미래의 상황을 저주와 복이라는 개념을 대조시킨다. "저주"로 번역된 히브리어 '케랄라'קְלָלָה는 신명기 11장 26절, 28절과 예레미야서 24장 9절, 25장 18절, 29장 22절, 그리고 느헤미야서 13장 2절 등에서 심판의 결과로 인해 결핍된 상태를 묘사할 때 사용되는 대표적인 단어이다.[30] 이와 반대로 "복"으로 번역된 히브리어 '베라카' בְּרָכָה는 여호와의 말씀에 순종할 때 따라오는 축복의 상태를 묘사할 때 사용된다신11:26, 27, 29; 느13:2. 그러므로 '케랄라'와 '베라카'는 순종 혹은 불순종의 결과들을 가리키는 말이다. 비록 13절에 나오는 복의 약속이 신명기의 언약신11:26-28; 28:2, 15; 30:1, 19과 밀접한 연관이 있으나, 아브라함의 언약창12:2과의 연관성도 무시할 수는 없다.[31] 하나님께서는 아브라함에게 열방을 위한 복의 근원이 될 것이라고 약속하신 바 있다. 아마도 스가랴는 이 아브라함의 언약도 염두에 두었던 것 같다. 흥미롭게도 13절에 소개되는 여호와의 축복의 약속은 "유다의 집"과 "이스라엘의 집"을 향해 선포되고 있다.[32] 비록 언약의 땅이 황폐화되고 하나님의 전이 불타버려 이방인들로부터 저주거리가 되었으나, 여호와께서는 예루살렘과 성전을 다시 축복의 근원으로 회복시킬 것이다. 그러나 이 성전은 민족 이스라엘을 위한 배타적인 하나님의 집이 아니라, 온 열방의 백성들을 위한 축복의 근원이 될 것이다.

D′ 두려워 할 필요 없는 하나님의 진노 8:14-15

"14 만군의 여호와가 이같이 말하노라 너희 조상들이 나를 격노하게 하였을 때에 내가 그들에게 재앙을 내리기로 뜻하고 뉘우치지 아니하였으나 15 이제 내가 다시 예루살렘과 유다 족속에게 은혜를 베풀기로 뜻하였나니 너희는 두려워하지 말지니라"

13절에서 이스라엘의 과거와 미래를 저주와 축복으로 대조시킨 여호와께서는 계속해서 이스라엘의 과거상과 미래상의 대조를 더 심화시켜 나간다 8:14. 여호와께서는 옛 조상들에게 재앙을 내리기로 작정하셨으나 이제 남은 백성들을 위해 은혜를 베풀고자 작정하신다. 본문에서 '뜻하다'라는 뜻의 히브리어 '자맘'이라는 동사가 2회 등장하고 있음은 여호와의 확고한 의도를 강조해 준다. 특히 14절은 옛 조상들에 대한 여호와의 확고한 의지를 보여 준다. 즉 여호와께서는 그들에게 재앙을 내리기로 작정하셨고 그 뜻을 거두지 않으셨다. 여기서 '뜻하다'는 동사 '자맘'과 '뉘우치다'라는 동사 '나함'의 부정형은 여호와의 확고한 심판 의지를 나타내 주며, 특히 예레미야서 4장 28절에 잘 나타나고 있다.

"내가 이미 말하였으며 작정하였고אָמַרְתִּי 후회하지נִחַמְתִּי 아니하였은즉"렘 4:28b

더욱이 14절에 등장하는 여호와의 진노는 7장 12절의 진노를 연상시켜 준다. 흥미롭게도 스가랴는 여호와의 확고한 의지를 나타내 주는 '*자맘*'이라는 동사를 15절에서 다시 사용하고 있다. 대체로 동사 '*자맘*'은 부정적인 용법으로 사용되었다. 그러나 이 동사가 여호와의 은혜로운 계획을 가리키는 경우는 오직 15절에만 나타난다. 이것은 여호와의 확고한 의지의 변화를 강조한다. 즉 스가랴는 옛 조상들을 향해 심판을 계획하셨던 여호와께서는 이제 그 뜻을 바꾸시어 축복을 작정하셨음을 분명히 밝히고 있다. 그러므로 하나님의 백성들은 더 이상 그분의 진노를 두려워 할 필요가 없다.

C′ 공의 실현을 촉구 받는 현 세대들 8:16-17

"**16** 너희가 행할 일은 이러하니라 너희는 이웃과 더불어 진리를 말하며 너희 성문에서 진실하고 화평한 재판을 베풀고 **17** 마음에 서로 해하기를 도모하지 말며 거짓 맹세를 좋아하지 말라 이 모든 일은 내가 미워하는 것이니라 여호와의 말이니라"

이제 본문의 방향은 '여호와께서 행하실 계획'에서 '이스라엘이 반드시 행해야 할 의무'로 전환된다.[33] 14-15절이 여호와의 주권적 계획을 강조하고 있다면, 16-17절은 인간의 반응과 책임을 강조하고 있는 것이다. 이 두 가지는 결코 분리될 수 없으며, 언제나 동전의 양면처럼 함께 결속되어 있다. 이것은 여호와의 축복의 약속이 현 세대들의 공의 실현과 무관치 않음을 간접적으로 시사해 준다. 실제로 16-17절의 조항들은 7장 9-10절의 조항들을 연상시켜 주며, 이는 옛 세대들의 전철을 밟아서는 안 된다는 점을 암시해 준다. 7

장 8-10절에서 지적되었듯이, 옛 조상들의 멸망 원인은 율법의 공의를 실천하라는 선지자들의 외침을 거부했기 때문이다. 그러므로 이스라엘의 회복은 공의 실현의 회복과 무관치 않다. 16절은 "너희가 행할 일은 이러하니라"*엘레 하데바림, הַדְּבָרִים אֵלֶּה*는 표현으로 시작한다. 이 표현은 십계명의 첫 표현 "하나님이 이 모든 말씀(*하데바림 하엘레*, הַדְּבָרִים הָאֵלֶּה)으로 일러 가라사대"을 연상시켜 준다출20:1.[34] 16-17절은 이스라엘의 실천 조항과 금지 조항을 제시하고 있다. 16-17절에 제시된 네 가지 계명들은 다음과 같다. ① 이웃간에 진실을 말해야 한다. ② 성문에서 진실하고 화평한 재판을 베풀어야 한다 ③ 심중에 서로 해하기를 도모해서는 안 된다. ④ 거짓 맹세를 좋아해서는 안 된다. 위의 계명들은 7장 8-9절과 매우 유사한 점이 있다. 첫째, 8장 16-17절과 7장 8-9절은 동일하게 "진실"을 강조한다. 둘째, 8장 16-17절과 7장 8-9절은 상호 관계의 중요성을 인식시켜 준다. 7장 9절은 "피차"에 인애와 긍휼을 베풀 것을 촉구하며, 8장 16-17절은 이웃이 "서로" 진실해야 하며, "서로" 해하기를 도모해서는 안 된다고 말한다. 이처럼 두 본문은 서로간의 '관계'의 중요성에 초점을 두고 있다. 셋째, 두 본문은 외적인 행위와 아울러, 내면의 문제도 지적한다. 차이점은 7장 8-9절에서 나오는 약자들에 대한 실천적 명령 대신에 거짓 맹세를 좋아하지 말라는 계명이 추가된다는 것이다. 이 "거짓 맹세"라는 말의 히브리어 '*세부아트 쉐케르*' שְׁבֻעַת שֶׁקֶר는 출애굽기 20장 16절에 나오는 이웃에 대한 위증과는 전혀 다른 표현이다. 구약에서 이 표현은 오직 이 곳에서만 등장한다. 피터센은 이 표현이 여호와의 맹세를 가리킨다고 이해한다렘11:5.[35] 아마도 이 거짓 맹세 금지 조항은 관계성의 문제와 깊은 연관이 있는 듯하다. 예를 들면, 출애굽기 22장 8-11절은 이웃에 대한 맹세의 조항을 소개하고 있다. 만약 이웃의 소유를 관리하던 주인이 어떤 물건을 잃어버렸을 때, 자신이 훔친 것이 아님을 여호와께 맹세하면 그는 무혐의 처리가 되었다.

"두 사람 사이에 맡은 자가 이웃의 것에 손을 대지 아니하였다고 여호와께 맹세할 것이요 그 임자는 그대로 믿을 것이며 그 사람은 배상하지 아니하려니와"출22:11

그러나 물건 맡은 자가 그 물건에 손을 대었음에도 불구하고 자신이 훔치지 않았다고 거짓 맹세를 할 때, 그 거짓된 맹세는 서로간의 신뢰를 무너뜨리며 결국 불신의 사회로 전락시킬 수 있었다. 그러므로 본문은 언약 백성들간의 신뢰를 무너뜨리는 이와 같은 불신적인 행위를 엄중히 경고하고 있는 듯하다. 이 모든 조항들을 제시하신 여호와께서는 마지막으로 이 모든 조항들을 미워하신다고 선언하신다. 보다의 진술대로, 율법에서 여호와의 미움의 대상은 우상숭배를 가리킨다신12:31; 16:21-22. 그러나 선지자들은 이 개념을 실천이 결여된 외식적인 종교 행위와 연결시킨다사1:13-17; 말2:16. 아마도 금식의 문제와 결부된 스가랴의 맥락은 이런 선지자들의 사상들과 깊은 연관이 있는 듯하다.[36] 다시 말해, 본문은 옛 선지자들이 공의를 실현치 않는 외식적인 종교 행위들을 여호와의 미움의 대상으로 비난했듯이, 현재의 종교 행위들도 공의의 실현이 결여되면 여호와의 미움의 대상이 될 수 있음을 경고하는 있는 것이다.

B′ 금식에 관한 응답 8:18-19

"¹⁸ 만군의 여호와의 말씀이 내게 임하여 이르시되 ¹⁹ 만군의 여호와가 이같이 말하노라 넷째 달의 금식과 다섯째 달의 금식과 일곱째 달의 금식과 열째 달의 금식이 변하여 유다 족속에게 기쁨과 즐거움과 희락의 절기들이 되리니 오직 너희는 진리와 화평을 사랑할지니라"

18-19절은 벧엘에서 온 사람들의 질문7:3에 대한 직접적인 대답을 제시한

다. "만군의 여호와의 말씀이 내게 임하여"라는 표현은 이와 동일한 7장 4절의 신탁 선언을 연상시킨다. 여호와께서는 4월, 5월, 7월, 10월의 금식이 변하여 기쁨과 즐거움과 희락의 절기가 될 것이라고 선언하신다. 7장에서 다루었듯이, 4월의 금식은 예루살렘 벽의 붕괴를, 5월의 금식은 예루살렘의 멸망을, 7월의 금식은 총독 그달랴의 죽음을, 10월의 금식은 예루살렘의 포위를 애도하기 위해 지켜졌다. 여기서 벧엘 사람들의 질문에 언급된 5월의 금식뿐만 아니라 다른 금식의 절기들도 언급되고 있음은 매우 흥미롭다. 벧엘 사람들은 5월의 금식에 초점을 두고 있으나, 스가랴는 모든 금식 절기들에 관심을 기울이고 있다. 나아가 그는 모든 금식의 절기들이 기쁨과 즐거움과 희락의 절기로 변화될 것임을 강조한다. 여기서 스가랴가 "기쁨", "즐거움", 그리고 "희락"이라는 단어들은 사용하고 있음을 눈 여겨 볼 필요가 있다. "기쁨"으로 번역된 히브리어 명사 '싸쏜'ששון은 결혼 잔치와 같은 모임의 기쁨을 의미한다렘7:34; 16:9; 25:20; 33:11. 또한 이 단어는 만찬에 의한 사회적 즐거움을 가리키기도 한다사22:13. 그리하여 이사야는 시온의 회복의 약속을 이 단어와 결부시키고 있다.

"여호와의 속량함을 받은 자들이 돌아오되 노래하며 시온에 이르러 그들의 머리 위에 영영한 희락을 띠고 기쁨과 즐거움을 얻으리니 슬픔과 탄식이 사라지리로다"사35:10

비록 '싸쏜'ששון이 즐거움을 뜻하기도 하지만, 주로 축제의 만찬을 뜻한다. 그렇다면 이 단어는 탄식과 슬픔의 금식과는 극명한 대조를 보여 준다. 즉 스가랴는 바로 이 단어를 사용함으로써 슬픔의 금식에서 기쁨의 만찬으로 극적인 반전이 이루어질 것임을 강조하고 있는 것이다. "즐거움"을 뜻하는 히브리어 명사 '쉼하'שמחה도 '싸쏜'과 같이 기쁨의 축제를 뜻하는 말로서 축제적 분위기를 강조한다에9:17, 18, 22; 사9:2. 마지막으로 '좋은', '즐거운'이란 의미를 갖는 단어 '토브'נוב는 여기서 "희락"으로 번역되었으며, 축제를 상징하는 '행복의 날'을 뜻하는 관용적 표현 방식으로 사용되고 있는 듯하다삼상25:8; 에 8:17.[37] 어찌됐든 "기쁨", "즐거움", "희락"이라는 세 단어들은 결혼 축제 혹은 이스라엘의 절기 축제를 가리킬 때 주로 사용되는 것으로, 여기서는 남은 자들의 회복과 긴밀히 연결된다. 따라서 스가랴는 이 단어들을 선택하여 이스라엘의 밝은 미래와 회복을 강조하고 있는 것이다. 그러므로 스가랴의 메시지는 분명하다. 금식의 때가 지나고 축제의 때가 도래할 것이다.

그럼에도 불구하고 여호와께서는 "진리"와 "화평"을 사랑하라고 명령하신다. 이 명령은 7장 9-10절과 8장 16-17절의 조항들을 요약해 준다. 그렇다면 이 명령은 이스라엘 공동체의 미래적 축복이 그들의 공의의 실현에 달려 있다는 7장 9-10절과 8장 16-17절의 논점을 재확인해 주고 있는 것이다. 사랑하라는 계명은 분명 이스라엘의 언약에 잘 나타난다신6:4-5. 여기서 신명기의 본문은 여호와를 사랑하라고 명령한다. 그러나 스가랴의 본문은 진실과 화평을 사랑하라고 명령한다. 그렇다면 스가랴의 본문은 여호와를 사랑한다는 것이 여호와께서 요구하시는 성품을 사랑하는 것과 동일하다는 것을 강조하고 있는 것이다. 바꾸어 말하면, 여호와께서 요구하시는 그 성품을 사랑하지 않는 것은 결국 여호와를 사랑하지 않는 셈이 된다.

이스라엘의 남은 공동체는 비록 탄식과 애통의 금식을 풀고 즐거움의 축제를 고대할 수 있지만, 그들의 윤리적 삶은 반드시 여호와의 성품을 나타내야만 한다. 이것이야말로 벧엘 사람들의 질문에 대한 스가랴의 대답이라고 할 수 있다.

A'. 열방의 예루살렘 방문8:20-23

"20 만군의 여호와가 이와 같이 말하노라 다시 여러 백성과 많은 성읍의 주민

이 올 것이라 21 이 성읍 주민이 저 성읍에 가서 이르기를 우리가 속히 가서 만군의 여호와를 찾고 여호와께 은혜를 구하자 하면 나도 가겠노라 하겠으며 22 많은 백성과 강대한 나라들이 예루살렘으로 와서 만군의 여호와를 찾고 여호와께 은혜를 구하리라 23 만군의 여호와가 이와 같이 말하노라 그날에는 말이 다른 이방 백성 열명이 유다 사람 하나의 옷자락을 잡을 것이라 곧 잡고 말하기를 하나님이 너희와 함께하심을 들었나니 우리가 너희와 함께 가려 하노라 하리라 하시니"

"만군의 여호와가 말하노라"라는 선언 공식에 따라 두 부분20-22절; 23절으로 세분화될 수 있는 8장의 마지막 단락20-23절은 열방의 예루살렘 순례 여행에 대해 묘사한다. 이 마지막 단락은 열방이 여호와께 속할 것임을 예고하는 스가랴서 2장 11절의 말씀을 연상시킨다. 스가랴는 이전 환상에서 열방을 향한 여호와의 심판을 소개한 바 있다1:15; 18-21; 2:9. 열방의 민족들은 하나님의 백성들을 압제함으로써 여호와의 심판을 초래하였다. 그러나 스가랴는 열방의 심판에만 초점을 두지 않는다. 오히려 그는 열방의 백성들이 예루살렘으로 나아와 여호와께 은혜를 구할 것이라고 선포한다. 20-23절에 묘사된 열방의 예루살렘 방문은 분명 이사야서 2장 1-4절과 미가서 4장 1-5절에 나오는 열방의 예루살렘 순례와 깊은 연관성이 있다. 더욱이 피터센의 분석대로, 21절의 "우리가 속히 가자"넬카 할로크, נֵלְכָה הָלוֹךְ라는 표현은 이사야서 2장 3절의 "자 우리가 오르자"레쿠 베나아레, לְכוּ וְנַעֲלֶה라는 표현을 연상시킨다.[38] 이와 같은 열방의 순례 여행은 과거 열방들의 예루살렘 방문과는 대조를 이룬다. 이전에 열방의 민족들은 주로 예루살렘을 공격하기 위해 방문하였다. 그리하여 옛 선지자들은 열방의 족속들을 주로 예루살렘의 대적들로 묘사한 바 있다.

그러나 본문은 이전에 있었던 열방의 예루살렘 방문과는 다른 새로운 개념을 제시하고 있다. 즉 침략을 위해 예루살렘을 방문했던 열방의 나라들은 이제 여호와의 말씀을 듣기 위해 예루살렘을 방문할 것이다. 그리하여 이전과 같은 반목과 갈등의 시대는 사라지고 화합과 평화의 시대가 도래할 것이다사2:2-4. 이와 같은 초민족적인 순례 여행은 그 옛날 바벨탑의 비극을 반전시켜 준다. 실제로 23절의 "말이 다른 이방 백성"이라는 표현은 다른 언어로 흩어진 바벨탑 사건을 연상시켜 준다. 여호와께서 다시 예루살렘의 성전에 거하시고, 이 성전이 여호와의 우주적 중심지가 될 때, 언어로 흩어진 열방의 족속들은 이 곳으로 다시 모여 참된 연합과 일치를 추구하게 될 것이다. 더욱이 20-23절에 묘사된 열방의 예루살렘 방문은 그 옛날 아브라함의 언약의 성취를 나타내 준다. 여호와께서는 아브라함에게 복의 근원이 될 것이라고 약속하셨다창12:3b. 실제로 이방인들은 아브라함과 그의 후손들을 통해 복을 받게 되었고, 그들과 함께 하시는 여호와의 임재를 체험할 수 있었다.

특히 23절은 이방 백성 열명이 유다 사람의 옷자락을 잡을 것이라고 말한다. 여기서 "열명"이라는 숫자는 많은 수 혹은 완전한 수를 상징하는 말이다. 그렇다면 이 열명의 이방 백성이 옷자락을 잡는다는 말은 무엇을 의미하는가? 옷자락을 잡는 행위는 강렬한 관계의 요구를 의미한다룻3:9; 삼상15:27; 겔16:8.³⁹ 아마도 이 옷자락은 술이 달린 옷자락을 가리킬 수 있다민15:38. 만약 그렇다면 이와 같은 유다인들의 복장은 그들의 종교적 정체성을 나타내 주는 역할을 한다고 볼 수 있다. 장차 이방인들은 복장을 통해 하나님의 백성들을 구별할 것이며, 그들에게 찾아가 그들과 함께 예루살렘으로 향하기를 간절히 열망할 것이다. 그렇다면 왜 열방의 백성들은 유다 백성들을 간절히 찾게 되는가? 그 이유는 하나님께서 유다 백성들과 함께 하신다는 것을 들었기 때문이다. 그러므로 열방의 백성들이 유다 백성들을 찾는 이유는 유다 백성들과 함께 하시는 그 하나님의 임재를 갈망하기 때문이다. 스가랴는 종말의 때에 이방의 백성들이 이스라엘 백성들과 함께 하나님의 임재에 동일하게 참여하게 될 것임을 예고한다. 그 날이 이를 때 바벨탑의 심판은 역전될 것이며, 온 열방으로 확장되는 아브라함의 언약은 마침내 그 성취에 도달할 것이다. 스가랴는 바로 그 성취의 날을 미리 바라보고 있는 것이다.

(3) 현대적 적용

1) 하나님의 구원과 인간의 책임

스가랴서 8장은 이스라엘의 구원의 시대를 알고자 하는 벧엘 사람들의 질문에 대한 하나님의 응답이 제시된다. 바벨론 포로 생활과 페르시아의 식민지 통치로 고통받던 이스라엘 사람들은 고난의 시간을 상징하는 금식의 절기가 언제쯤 끝나게 될 것인지 궁금해했다. 즉 그들은 이스라엘을 향한 온전한 회복의 시대의 시기를 알고 싶었던 것이다. 이런 질문에 대해 스가랴는 8장에서 한편으로는 하나님의 구원을 약속하면서도 또 다른 한편으로는 하나님의 백성들의 책임과 반응을 강조한다. 스가랴는 먼저 하나님의 구원을 강조하기 위해 하나님의 질투를 언급한다. 뜨거운 불과 같은 하나님의 심판은 언약 백성들에 대한 하나님의 질투에서 비롯되었다. 그러나 심판을 당하고 혹독한 시련을 경험한 이스라엘에게, 하나님의 질투는 이제 사랑과 회복으로 나타난다. 첫째, 하나님께서는 멸망당했던 예루살렘이 여호와의 임재 처소로서 하나님의 거룩한 산이 될 것임을 약속하신다8:3. 이 약속은 시온이 온 우주의 풍요와 축복의 중심지였던 옛 에덴 동산처럼 새 시대의 구원의 중심지가 될 것임을 암시해 준다. 둘째, 하나님께서는 시온에 거하는 백성들의 수효가 넘쳐 날 것임을 약속하신다8:4-5. 이것은 창세기 1장 26-27절에 나오는 아담의 사명, 즉 생육하고 번성해야 할 인류의 사명이 회복될 시온에서 궁극적으로 성취될 것임을 시사한다. 비록 아담은 타락으로 인해 생육하고 번성해야 할 사명을 온전히 이루지 못했지만, 이제 다시 회복될 시온의 백성들은 아담의 사명을 궁극적으로 실현할 것이다. 셋째, 하나님께서는 언약을 파기한 이스라엘과 다시 새로운 언약을 체결하실 것이다. 끝으로 하나님께서는 포도나무의 열매와 땅의 산물과 하늘의 이슬을 내려 주시어 풍성한 결실을 거두게 해 주실 것이다. 이런 풍요와 결실의 이미지는 에덴 동산의 축복이 다시 회복될 것임을 나타내 준다. 이와 같은 종말론적인 그림은 이스라엘을 다시 회복시키시는 여호와의 주권적 의지를 분명히 보여 준다.

한편 스가랴는 여호와께서 이스라엘을 향한 구원과 회복을 계획하시며 그 뜻을 반드시 이루실 것임을 강조하면서도 이스라엘이 반드시 실천해야 할 의무들도 제시한다. 다시 말해, 스가랴는 이스라엘의 회복을 위해 하나님의 주권과 아울러 인간의 의무 및 반응도 함께 중요하게 취급하고 있는 것이다. 스가랴는 금식과 같은 종교적 의식은 잘 준수하지만 삶의 현장 속에서 진실된 태도를 보이지 않는 이스라엘 백성들에게 합당한 윤리적 삶의 열매를 촉구한다. 비록 이스라엘을 향한 하나님의 구원계획은 반드시 이루어지겠지만, 그렇다고 하나님의 백성으로서의 의무와 실천이 배제될 수 있는 것은 결코 아니다. 하나님의 주권과 인간의 책임적 반응이라는 두 요소는 분리되기보다는 오히려 함께 강조되어야 한다. 옛 이스라엘 백성들이 멸망 당한 이유 중 하나는 지나친 성전 중심의 신학에 집착하여 하나님의 백성으로서의 언약적 의무를 성실히 수행하지 않았기 때문이다. 그들은 하나님의 임재 처소인 성전이 그들 곁에 있기 때문에 하나님께서 그들을 지켜주실 것이며 결코 망하지 않을 것이라고 믿었다렘7:4. 그러나 그들은 이웃간에 공의를 실현하는 데 무관심했으며렘7:5, 고아와 과부를 압제하며 무죄한 자의 피를 흘렸으며, 이방인들이 섬기는 우상숭배에 마음을 빼앗기고 말았다렘7:6-7. 옛 이스라엘 백성들은 이처럼 언약 백성으로서의 의무를 성실히 수행하지 않고도 성전에 출입하면서 자신들이 구원받은 하나님의 백성이라고 자처하는 어리석음을 범하였다.

"너희는 이것이 여호와의 성전이라, 여호와의 성전이라, 여호와의 성전이라 하는 거짓말을 믿지 말라"렘7:4

"내 이름으로 일컬음을 받는 이 집에 들어와서 내 앞에 서서 말하기를 우리가 구원을 얻었나이다 하느냐 이는 이 모든 가증한 일을 행하려 함이로다"렘7:10

옛 이스라엘은 성전 출입과 제사 자체가 자신들의 구원을 보장해 준다고 믿었다. 그러나 예레미야는 하나님의 백성으로서의 언약적 의무를 성실히 수행하지 못한 이스라엘을 향해 심판과 멸망을 예고한다렘7:15. 신약의 본문들도 형식적인 믿음에 사로잡혀 실천적 삶의 중요성을 망각한 자들을 향해 경고의 메시지를 전달하고 있다.

"나더러 주여 주여 하는 자마다 천국에 다 들어갈 것이 아니요 다만 하늘에 계신 내 아버지의 뜻대로 행하는 자라야 들어가리라"마7:21

"누구든지 하늘에 계신 내 아버지의 뜻대로 하는 자가 내 형제요 자매요 어머니이니라 하시더라"마12:50

오늘날 우리는 수많은 교회 행사들에 익숙해 있다. 여러 종류의 예배와 성경공부, 기도회, 제자 훈련 및 다양한 양육 프로그램들이 현대 그리스도인들의 영적인 필요를 채워 주고 있다. 그 결과 한국 교회는 놀라운 부흥과 성장을 이룩해 왔다. 그럼에도 불구하고 한국 교회의 윤리 인식과 실천적 삶에 대한 관심은 종교적 행사나 의식에 대한 열정에 비해 훨씬 미치지 못한다. 새벽 기도의 생활을 열심히 하면서도 직장에서는 상사에게 뇌물을 주는 그리스도인이 있다면, 십일조의 헌금을 꼬박꼬박 내면서도 외국인 노동자들의 임금을 착취하는 기업가가 있다면, 다른 사람들의 구원을 위해 전도 특공대가 되어 열심히 전도를 하면서도 정작 믿지 않는 자신의 시어머니를 구박하는 며느리가 있다면, 주일날 대표기도를 맡아 그리스도인의 사랑과 평화를 위해 기도하면서도 가정에서는 가족에게 폭력을 행사하는 직분자가 있다면, 그들은 삶의 윤리적 실천에는 관심이 없는 옛 이스라엘 백성들과 다를 바 없다. 그저 성전만을 외치며 불의를 일삼았던 옛 이스라엘 백성들과 무엇이 다르겠는가? 스가랴는 신앙과 삶의 이원론에 빠져 있는 현대의 그리스도인들을 향해 하나님의 백성으로서의 책임은 선택이 아닌, 마땅해 실천해야 할 의무임을 다시 한번 일깨워 준다.

제3부

왕의 도래와 열방의 구원

9-14장

스가랴서 9-14장은 스가랴서의 세 번째 주요 단락이 된다. 서론에서 논증했듯이, 스가랴서 전체는 하나의 통일된 본문으로 취급되어야만 한다. 하지만 1-8장과 9-14장은 문체, 구조 및 주요 이슈들에 있어서 다소 차이점을 나타낸다. 9-14장이 1-8장과 다른 점은 주로 다음과 같다. 첫번째 차이점은 내용과 주요 이슈 그리고 스타일과 관련된다. 예를 들면 9-14장에는 성전 건축의 문제가 등장하지 않으며, 해석 천사나 환상이 나타나지 않는 대신에 묵시적 성향이 부각된다. 그러나 1-8장과 9-14장의 두번째 차이점은 9-14장의 주요단락들이 '맛싸'(משׂא)로 시작한다는 점이다 9:1과 12:1.[1] 이 차이점은 9-14장을 1-8장과 구별시켜 주는 두드러진 요인이다.[2] 그러므로 본서는 9-14장을 스가랴의 세 번째 주요 단락으로 구분하고자 한다. 9-14장은 두 '맛싸'(משׂא)가 이끄는 두 개의 세부 단락 9-11장; 12-14장으로 구분될 수 있다. 보다의 분석에 의하면 이 두 단락의 특징적인 차이점은 다음과 같다.[3]

① 9-11장은 남 유다와 요셉북 이스라엘 지파에 대해 초점을 맞추지만, 12-14장은 다윗의 집, 예루살렘의 거민들 그리고 유다의 집에 초점을 맞출 뿐 12:2, 4-5, 7-8, 10; 13:1; 14:14, 21 요셉 지파에 대해 언급하지 않는다. ② 9-11장은 "그날에"라는 말을 단 한차례 사용하지만 9:16, 12-14장은 이 표현을 매우 많이 사용한다 12:3, 4, 6, 8, 9, 11, 13:1, 4; 14:4, 6, 8, 9, 13, 20, 21. ③ 12-14장에는 '보라'라는 뜻의 히브리어 '힌네'(הנה)가 등장하여 12-14장을 12장 2절-13장 6절과 14장 1-21절로 세분화시켜 주는 반면, 9-11장에는 이 표현이 등장하지 않는다.[4] 이후의 논의에서 드러나겠지만 9-11장과 12-14장은 각각의 독특한 특징에도 불구하고 주요 단어들과 주제들로 서로 연결되

어 있다.[5] 또한 9-14장은 '맛싸'를 표제로 하는 형식을 취하기 때문에, 이 두 단락을 하나의 세부 독립 단락a sub-unit으로 보는 데는 큰 무리가 없다.[6] 더욱이 9-14장은 주제와 사상의 반복에 따라 9-11장과 12-14장이 각각 교차대구를 이루는 문예적 구조를 보여 준다.

9-14장의 구조

9-11장의 구조
A. 열방의 심판(9:1-8)
  B. 왕의 도래(9:9-17)
  B´. 왕의 다스림(10:1-12)
A´. 목자의 심판(11:1-17)

12-14장의 구조
A. 열방의 심판과 예루살렘의 회복(12:1-9)
  B. 고난당한 자를 위한 애통(12:10-13:1)
    C. 예루살렘의 정결(13:2-6)
  B´. 목자의 고난(13:7-9)
A´. 열방의 심판과 예루살렘의 회복(14장)

9장 1-8절A와 11장 1-17절A´은 각각 동일하게 열방과 목자의 심판에 초점을 두며, 9장 9-17절B와 10장 1-12절B´는 도래할 왕과 그 왕의 다스림에 집중한다. 그러므로 9-11장의 구조는 여호와의 심판 이후에 나타날 왕의 도래와 그에 따른 영광스러운 회복의 다스림을 잘 드러낸다. 12-14장의 구조 역시 중요한 주제적 관점을 제시하고 있다. 12장 1-9절A과 14장A´은 열방의 심판과 회복될 예루살렘의 미래를 동일하게 강조하고 있으며, 12장 10-14절B과 13장 7-9절B´은 고난의 주제가 크게 부각된다. 끝으로 12-14장의 중앙에 위치하는 13장 1-6절C은 예루살렘의 회개와 그에 따른 정결의 회복을 아름답게 묘사하고 있다. 이처럼 12-14장의 구조는 심판과 회복을 위해 목자의 고난이 필수적이라는 것과 이 선한 목자의 죽음으로 인한 종말론적인 회개를 강조한다. 다시 말해, 12-14장의 구조는 고난받는 목자의 죽음에 대한 애통함과 회개에 대한 강조점이 부각되고 있으며, 이는 종말론적 회복이 회개를 통해 이루어질 것임을 암시한다. 이와 같은 회개의 중요성은 이미 서론에 해당하는 스가랴서 1장 1-6절에서 강조된 바 있으며, 포로 귀환 공동체뿐만 아니라 종말의 언약 백성들에게도 '회개'야말로 회복의 근거가 됨을 다시 확인해 준다. 결론적으로 스가랴서 9-14장은 7-8장에 암시된 예루살렘을 통한 열방의 초민족적 구원이 어떻게 이루어지는가를 구체적으로 묘사하고 있으며, 이러한 종말론적 구원이 왕의 도래로 완성될 것임을 강조하고 있으며, 특히 이 구원의 과정 속에서 목자의 고난과 그에 따른 회개의 역할을 잘 부각시키고 있다.

9-11장 분석

열방의 심판과 왕의 도래

앞서 살펴본 대로, 9-11장은 A. 열방의 심판9:1-8과 A′. 목자의 심판11:1-17이 대비를 이루며, B. 왕의 도래9:9-17와 B′. 왕의 다스림10:11-12이 또 다른 병행을 이룬다. 이러한 구조를 통해 9-11장은 도래할 왕으로 말미암아 이스라엘의 거짓 지도자들뿐만 아니라 여호와를 대적하는 열방도 심판을 받으며, 종말의 새 이스라엘 공동체의 출현과 새로운 하나님 나라의 도래가 궁극적으로 성취될 것임을 알 수 있다. 새 왕의 도래와 다스림만이 하나님 나라의 통치를 온전히 구현할 수 있다.

A.
열방의 심판 9:1-8

(1) 개요

9장에서 여호와는 거룩한 전사로 묘사된다. 거룩한 전사로 등장하는 여호와께서는 북쪽에서와 남쪽에서 이스라엘의 오래된 대적들을 물리치실 것이며9:1-7b, 마침내 그분의 처소인 시온으로 귀환하실 것이다9:8. 그리하여 이스라엘의 모든 땅과 이방인들도 여호와께 속할 것이다9:1. 특히 9장 1절과 9장 8절에 등장하는 "눈"עַיִן, "진"מְחֻנָּה, "집"בַּיִת과 같은 단어들은 9장 1-8절이 인클루지오 형식을 취하는 하부 독립 단락임을 암시한다. 9장 1-8절의 분위기는 심판에서 회복을 향해 점진적으로 발전해 간다. 특히 아스돗의 잡족들이 유다의 두목이 될 것이라는 9장 7절의 약속은 이방인들이 남은 자 그룹에 참여하게 됨을 보여 준다. 이것은 선택받은 백성들의 범위가 이방인들에게까지 확대되고 있음을 시사한다. 이런 관점에서 볼 때, 9장은 1-8장보다는 더 포괄적인 보편사상을 전달하고 있다.

A. 말씀으로 열방에 임하시는 여호와를 바라보는 이스라엘의 눈(9:1)

B. 열방을 향한 여호와의 심판(9:2-7)
　A′. 열방을 심판하시는 여호와의 눈(9:8)

(2) 본문 분석

1) 9장 1-8절

"1 여호와의 말씀이 하드락 땅에 내리며 다메섹에 머물리니 사람들과 이스라엘 모든 지파의 눈이 여호와를 우러러봄이니라 2 그 접경한 하맛에도 임하겠고 두로와 시돈에도 임하리니 그들이 매우 지혜로움이니라 3 두로는 자기를 위하여 요새를 건축하며 은을 티끌 같이, 금을 거리의 진흙 같이 쌓았도다 4 주께서 그를 정복하시며 그의 권세를 바다에 쳐넣으시리니 그가 불에 삼켜질지라 5 아스글론이 보고 무서워하며 가사도 심히 아파할 것이며 에그론은 그 소망이 수치가 되므로 역시 그러하리라 가사에는 임금이 끊어질 것이며 아스글론에는 주민이 없을 것이며 6 아스돗에는 잡족이 거주하리라 내가 블레셋 사람의 교만을 끊고 7 그의 입에서 그의 피를, 그의 잇사이에서 그 가증한 것을 제거하리니 그들도 남아서 우리 하나님께로 돌아와서 유다의 한 지도자 같이 되겠고 에그론은 여부스 사람 같이 되리라 8 내가 내 집을 둘러 진을 쳐서 적군을 막아 거기 왕래하지 못하게 할 것이라 포학한 자가 다시는 그 지경으로 지나가지 못하리니 이는 내가 눈으로 친히 봄이니라"

9장 1절은 해석하기가 가장 난해한 문장 가운데 하나로 인식된다.[7] 이 구절은 여호와의 말씀의 '맛싸'(מַשָּׂא)라는 표제로 시작한다. 서론에서 다루었듯이, '맛싸'의 의미는 다양하다. 하지만 본 절에서 이 단어는 '선언' 혹은 '선포'라는 표현으로 번역되는 것이 바람직하다. 이 '맛싸'의 전달대상은 '하드락'과 '다메섹'으로 소개된다. '하드락'(חַדְרָךְ)은 다른 구약 본문에는 등장하지 않

고 이곳에만 나타난다. 이 지명은 앗시리아의 티글랏 빌레셀 3세주전 745-727
년의 연대기에서는 "하타리카"Hatarikka라는 이름으로 소개되고 있다.[8] 아마도
이 지명은 북부 시리아 지역으로 추정된다. 반면에 다메섹은 주전 10-8세기
에 시리아 지역에서 잘 알려진 아람의 수도로서 이스라엘의 북경 경계와 맞
닿아 있었다.[9] '머물다'로 번역된 히브리어 '메누하'מנוחה는 주로 '안식처'라
는 의미를 지닌다. 또한 '메누하'는 군영 처소 혹은 군영 막사를 가리키는 말
로도 사용된다렘51:59. 예레미야서 51장 59절에서 스라야는 시드기야를 바벨
론으로 후송하는 여정 중에 그의 막사를 책임지는 자로 묘사된다. 올렌버거
의 주장대로, 만약 9장 1-8절이 거룩한 전사이신 여호와의 행군에 초점을 두
고 있다면, 분명 '메누하'는 여호와의 행군 거처를 암시할 것이다.[10] 즉 하나
님의 말씀이 안식처인 다메섹에 있다는 말은 전사이신 여호와께서 다메섹을
군영 막사로 삼으심을 말해 준다. 다메섹이 여호와의 말씀이 임하는 처소로
서 묘사되고 있음은 여호와의 임재가 예루살렘뿐만 아니라 북방 지역에까지
확장되고 있음을 말해 준다. 그러므로 개역개정 외 기타 여러 역본들이 '메누
하'를 '머물다' 혹은 '머물 것이다'로 번역한 것은 정확하지 않다. 때문에 이
와 같은 9장 1a절의 번역은 수정될 필요가 있다. 여러 번역들과 수정된 필자
의 번역을 비교하면 다음과 같다.

개역한글	개역개정	NRSV/NIV	필자 사역
여호와의 말씀의 경고가 하드락 땅에 임하며 다메섹에 머물리니	여호와의 말씀이 하드락 땅에 내리며 다메섹에 머물리니	선언. 주님의 말씀이 하드락 땅을 향하며 다메섹에 머물 것이다	선언. 하나님의 말씀이 하드락 땅과 그 거처인 다메섹에 있으니

곧 이어 9장 1절에는 '그러므로' 혹은 '때문에'라고 번역될 수 있는, '원인'
또는 '이유'를 내포하는 '키'כי라는 접속사가 이끄는 절이 뒤따라온다. '키'가

이끄는 이 문장은 매우 난해하여 다양한 번역을 야기시켰다. 그 차이점은 다음과 같다.

개역한글	개역개정	NRSV	NIV/NKJV
세상 사람과 이스라엘 모든 지파의 눈이 여호와를 우러러 봄이니라	사람들과 이스라엘 모든 지파의 눈이 여호와를 우러러 봄이니라	왜냐하면 모든 이스라엘 지파들이 그런 것처럼 아람의 수도가 여호와께 속하기 때문이다	왜냐하면 사람들과 모든 이스라엘 지파들의 눈이 여호와를 향하기 때문이다

9장 1b절는 많은 논란을 일으키지만,[11] 나는 이 구절을 다음과 같이 번역한다. "이는 사람들과 이스라엘 모든 지파들의 눈이 여호와를 향하기 때문이다." 특히 이 구절은 다메섹에 관한 신탁을 소개하는 이사야서 17장 7절을 연상시킨다.

"그날에 사람이 자기를 지으신 이를 바라보겠으며 그의 눈이 이스라엘의 거룩하신 이를 뵙겠고"

이처럼 이스라엘 모든 지파들과 세상 사람들의 눈이 여호와를 바라본다는 선언은 이스라엘뿐만 아니라 온 열방을 향한 여호와의 보편적 통치를 강조하며, 여호와의 우주적 왕권을 드러낸다.

2절에 등장하는 하드락과 다메섹 외에 그 주변의 하맛이라는 지역도 이 여호와의 통치 범위에 포함된다. 하맛은 오론테스 강Orontes River 동쪽과 다메섹의 북서쪽에 위치하여 종종 이스라엘 북방의 경계지역으로 알려져 있다민 13:21; 수13:5; 암6:14.[12] 하맛은 다메섹 근처에 위치함으로 말미암아 언제나 다메섹과 운명을 같이하였다.

이제 본문의 초점은 "하드락", "다메섹", "하맛"과 같은 시리아 지역의 도시에서 지중해 연안 도시들로 옮겨 간다. 하드락, 하맛 그리고 다메섹이 다메섹을 거점으로 하는 북부지역을 대변한다면, 두로와 시돈은 이 도시들을 무역의 중심으로 삼는 북부 해안지역을 대변하고 있다. 두로와 시돈은 다메섹 북서쪽의 지중해 연안 도시들로서 그 전략적 위치로 인해 해상무역을 주도했으며, 수많은 상선을 이용하여 매우 부강한 세력을 형성하였다겔27:3; 28:3-4. 2절에 묘사된 "넓은 지혜"는 그들의 탁월한 상술과 놀라운 부의 축적 방식을 암시한다.[12]

3-4절에 등장하는 페르시아 시대에 두로와 시돈은 중요한 페니키아 도시 국가였다.[14] 특히 두로의 성공과 번영은 다음과 같은 두 가지 특징으로 묘사된다. 첫째, 두로는 요새를 건축하였다. 둘째, 두로는 은과 금을 축적하였다. 두로는 5년간 앗시리아와 맞서 굴복하지 않았고 바벨론에 13년간 대항했던 난공불락의 도성이었다겔29:18. 페르시아는 두로 사람들로 하여금 자치적으로 그 지역을 다스리도록 허용하였다.[15] 알렉산더 대왕은 섬을 잇는 둑을 쌓은 후에야 비로소 이 지역을 정복할 수 있었다. 구약에서 '방벽' 혹은 '요새'라는 의미로 쓰이는 히브리어 '마쪼르'מָצוֹר는 공격을 저지시킬 수 있는 도성을 뜻할 때 사용되는데, 이 단어가 두로에게 적용되고 있음은 매우 적절하다. 실제로 두로는 지상과 떨어진 섬에 위치하고 있었기 때문에, 내륙의 적들의 공격으로부터 보호받을 수 있었다.[16] 두로는 이와 같은 지형적 이점을 효과적으로 살려 그들의 부를 최대한 축적하였다. 그러나 본문은 이같은 두로의 막강한 부와 번영이 여호와의 권세 앞에 무너지고 말 것임을 예고한다. 즉 내륙 뿐만 아니라 내륙의 공격으로부터 차단된 바다의 섬조차도 여호와의 통치로부터 벗어날 수 없음을 강조하고 있는 것이다. 특히 메릴이 제안하는 3a-4b절의 대칭적 구조는 두로의 번영과 심판을 잘 반영해 준다.[17]

A. 두로는 요새를 건설하였다

B. 두로는 부를 축적하였다

　　B′. 두로는 그 부를 상실할 것이다

　A′. 두로의 권세는 바다에 흩어질 것이다

5-6a절에서 여호와는 이제 페니키아 도시 국가들보다 남쪽에 위치한 블레셋의 주요 도시들에 대한 심판을 수행하신다. 5절은 먼저 북방의 일에 대한 이 도시들의 반응과 그 도시들에게 임할 심판의 결과를 보여 준다. 북방의 일로 말미암아 아스글론은 놀라서 두려워하며, 가사는 치를 떨며, 에그론은 소망을 잃게 된다. 또한 가사는 왕을 잃을 것이며, 아스글론은 그 거민을 상실할 것이다. 이처럼 5절의 전개구도는 아스글론-가사-에그론-가사-아스글론의 순으로 진행되며, 에그론을 중심으로 한 교차대구를 이룬다.[18]

　A. 아스글론
　　B. 가사
　　　C. 에그론
　　B′. 가사
　A′. 아스글론

또한 "블레셋의 자부심" 아스돗도 잡족의 거처가 될 것이다.[19] 역사상 블레셋과 유다는 언제나 적대적인 관계에 있었다. 이러한 민족 간의 갈등과 대립의 주 원인은 두 민족의 지형과 깊은 관련이 있었다. 유다는 산악 지형에 위치하고 있었던 반면, 블레셋의 도시들은 서부 해안 평지에 위치하고 있었다. 만약 블레셋이 유다를 침략하면, 유다는 블레셋의 지형 때문에 남쪽의 이집트나 북쪽의 페니키아로부터 원조를 차단당한다. 또한 산악 지형인 유다를 침공하는 데 가장 수월한 통로는 바로 블레셋이었으며, 유다를 향한 대부분의 침략은 블레셋을 경유해서 이루어졌다.²⁰ 주전 701년에 산헤립의 유다 침공 역시 블레셋을 경유하여 이루어졌다. 그러므로 이 도시들은 이스라엘에게 위협이 되는 오랜 원수를 상징한다. 이처럼 유다에 적대적이었던 블레셋의 도시들이 이제 여호와의 심판을 맞이할 것이다. 블레셋에 대한 심판 선언은 옛 선지자들에 의해 이미 선고된 바 있다. 스바냐서 2장 4-7절은 동일한 도시들의 이름을 언급하고 있으며, 아모스서 1장 7절은 가자의 멸망을 선포했다.

6b-7절에서 스가랴는 블레셋의 교만이 끊어지며, 입에 있는 피와 이빨 사이의 가증한 것이 제하여질 것이라고 선언한다. 블레셋을 묘사하는 이 표현은 과연 무엇을 의미하는가? 학자들은 이 표현에 대해 다양한 견해를 제시해 왔다. 첫째, 어떤 학자들은 여기서 블레셋이 시체의 뼈를 핥는 개로 비유되고 있다고 주장한다.²¹ 아스글론의 유적에서 거대한 개들의 시체 무덤이 발견되었고, 이는 블레셋 족속들이 개와 밀접한 연관이 있었음을 암시한다. 그러므로 스위니는 본문에서 블레셋이 개에 비유되고 있다고 해석한다. 둘째, 혹자는 입의 피와 이빨 사이의 가증한 것들이 제물의 피를 먹었던 블레셋의 부정한 의식을 가리킨다고 본다.²² 셋째, 스미스와 같은 학자들은 이 표현을 부정한 고기를 먹고 피를 마셨던 이교도의 부정한 관습을 가리킨다고 본다.²³ 넷째, 어떤 이들은 이 표현을 블레셋의 잔혹성을 나타내 주는 과장법으로 해석한다.²⁴ 실제로 블레셋은 그들의 대적을 잔혹하게 대우했던 민족들이었다삿 16:21; 삼상31:8-10. 나는 위의 세 가지 제안 가운데 두 번째의 입장을 선호한다. 나는 이 표현이 블레셋의 이교적 제의를 가리킨다고 본다. 아마도 그들의 제의적 절차 속에는 피를 먹는 행위도 포함되었던 것 같다. 그러나 구약의 제사법은 피를 먹는 것을 엄격히 금하고 있다레17:10-14.²⁵ "가증한 것"으로 번역된 '쉬꾸쯔'שִׁקּוּץ는 주로 우상숭배를 묘사할 때 사용된다신29:17. 호세아는 바알 브올에서 행한 이스라엘의 배교를 묘사할 때 이 단어를 사용한다호9:10. 그렇다면 "피"와 "가증한 것"은 블레셋의 우상숭배와 관련이 있는 것 같다. 여호와

께서는 이처럼 부정한 블레셋의 죄악을 제거하실 것이다.

그 후 이 백성들이 여호와께로 돌아올 때 놀라운 변화가 일어날 것이다. 첫째, 그들은 유다의 한 "지도자"(אלף)처럼 될 것이다.[26] 둘째, 에스글론은 여부스 사람들처럼 될 것이다. 사무엘 시대에 블레셋은 이스라엘의 원수였다. 그러나 이제 그들은 하나님의 남은 자들이 되어 유다의 족속과 같은 신분을 얻게 될 것이다. 특히 에그론이라는 지명이 언급되고 있는 것은 에그론의 지형적 특징 때문인 듯하다. 본문에 언급된 다른 블레셋 도시들과는 달리 에그론은 내륙에 위치했기 때문에 인접한 유다에 가장 잘 동화될 수 있었을 것이다.[27] 여부스는 다윗이 수도로 삼았던 지역이었으며, 그 백성들은 다윗의 시대에 하나님의 백성으로 흡수되었다. 나아가 그 지역은 여호와를 경배하는 성소가 되었다. 이처럼 에스글론은 이전의 여부스 백성들과 같이 하나님의 백성으로 인정받게 될 것이며 여호와께 속할 것이다.

8절에서 블레셋의 죄악을 정결케 하여 그들을 하나님의 남은 자 백성으로 삼으신 여호와께서는 예루살렘의 성전으로 향하신다. 전사이신 여호와께서는 그분의 임재로 성전을 보호할 것이며, 그분의 백성들은 더 이상 압제자들로부터 고통을 당하지 않을 것이다. 왜냐하면 여호와께서 친히 그분의 눈으로 그분의 처소를 살펴보실 것이기 때문이다. 이 여호와의 눈은 4장 10절에 나오는 온 세상을 감찰하는 여호와의 눈을 연상시킨다. 또한 8절의 "여호와의 눈"은 1절의 "사람의 눈"과 함께 인클루지오를 이루고 있다. 북방의 시리아에서 해안을 따라 두로와 블레셋으로 진군하신 여호와께서는 마침내 그분의 성소에 안착하신다. 이제 여호와의 통치는 북방의 다메섹으로부터 두로와 블레셋에까지 나아간다. 이 광범한 영역은 이스라엘의 전성기였던 다윗과 솔로몬 왕국의 영역을 연상킨다.

그러나 9장에 묘사된 하나님의 왕국은 유다 백성들뿐만 아니라 이방인들도 참여할 수 있는 보편적인 왕국이다. 8장 12절에서 남은 자들은 포로 귀환 백성들을 일컫는 말이었지만, 이제 9장에 이르면 이방인들도 여호와의 남은 자들이 된다. 여기서 스가랴는 정결함을 입은 이방인들이 하나님의 백성으로 참여하는 새로운 하나님 나라의 도래를 바라보았던 것이다. 신약의 기자들은 이 스가랴의 비전이 예수 그리스도를 통해 성취되고 있음을 깨닫게 된다.

(3) 현대적 적용

1) 죄의 심각성과 그 심판의 결과를 직시하라

열방의 백성들을 향한 준엄한 심판을 소개하는 스가랴의 메시지는 현대의 그리스도인들에게 매우 중요한 신학적 의미를 던져 준다. 무엇보다도 스가랴는 구원과 용서에 익숙해 있는 현대 그리스도인들에게 죄에 대한 심판의 심각성을 인식시켜 준다. 현대의 교회들은 하나님의 무한하신 사랑과 한없는 구원의 은혜에 대해서는 적극적인 관심을 보이지만, 죄의 심각성과 그에 상응하는 심판의 필연성에 대해서는 그다지 큰 관심을 보이지 않는 듯하다. 예레미야가 예루살렘의 죄악과 그에 따른 심판의 위험을 예고했으나, 다수의 백성들은 거짓 선지자들의 번영의 신학에 사로잡혀 심판의 심각성을 올바로 직시하지 못했다. 결국 심판의 참혹한 결과를 심각하게 받아들이지 못한 이스라엘은 예루살렘의 멸망과 바벨론 포로 생활로 이어지는 처절한 절망과 실패를 맛볼 수밖에 없었다. 그러므로 심판의 메시지가 사라져 간다는 것은 심판의 때가 다가옴을 의미한다. 오늘날 한국 교회는 심판의 메시지를 담대하게 선포하고 있는가? 오히려 심판의 메시지를 낯설게 대하지는 않는가? 스가랴는 심판의 메시지에 둔감한 현대인들을 향해 죄의 심각성과 그 심판의 결과를 올바로 직시할 것을 강력하게 촉구하고 있다.

2) 하나님의 심판에는 뜻이 있다

본문은 두로와 가사와 같은 열방의 심판과 특히 블레셋을 향한 여호와의 준엄한 심판을 소개한다. 이스라엘과 갈등 관계에 있었던 블레셋 족속이 여호와의 심판을 직면하게 된 가장 큰 원인은 두 가지였다. 첫째, 블레셋은 교만하여 여호와와 그의 백성들을 무시했으며, 둘째, 심각한 우상숭배에 빠져 가증한 죄를 범하였다. 그러므로 본문은 여호와께서 이스라엘뿐만 아니라 열방의 백성들이 저지르는 죄악조차도 결코 가볍게 여기지 않으실 것임을 선언한다. 실로 블레셋의 도시들은 장차 두려움과 공포에 휩싸일 것이며, 그 혹독한 심판으로 인해 소망을 상실할 것이다. 그럼에도 불구하고 열방을 향한 여호와의 심판은 열방의 백성들을 회개로 이끈다. 비록 열방이 여호와의 심판으로 고통받겠지만, 이 고난은 그들을 여호와를 향한 새로운 신앙의 결단으로 인도할 것이다. 즉 스가랴는 열방을 향한 여호와의 심판의 목적이 열방의 완전한 멸망에 있는 것이 아니라, 죄를 정결케 하며 여호와께 돌아올 수 있는 회개의 기회를 제공해 주는 데 있다고 선언하는 것이다. 비록 죄악을 회개하지 않는 자들은 결코 멸망에서 벗어나지 못하지만, 여호와께로 돌아오는 자는 새로운 신앙공동체의 회원이 될 수 있다. 때때로 하나님께서는 뜨거운 용광로와도 같은 혹독한 심판을 집행하신다. 그러나 이 심판의 목적은 불순물을 제거하기 위해, 혹은 부정한 것을 깨끗케 하기 위한 정화의 과정임을 알 수 있다. 이처럼 열방의 심판을 통한 남은 자의 출현을 바라보는 스가랴의 메시지는 우리로 하여금 하나님의 심판에 대한 섣부른 판단과 해석을 유보시키며, 그 심판에 숨겨진 참 의도와 목적을 올바로 이해하도록 인도한다.

B.
왕의 도래 9:9-17

(1) 개요

9장 9-17절에서 여호와께서는 승리의 왕으로 도래하시어 하나님의 왕국을 다스리실 것이며, 그분의 통치가 온 땅에 미칠 것임을 예고하며 9:9-10, 포로로 붙들린 자들을 해방시켜 주실 것이며 9:11-12, 이들을 열방의 심판 도구로 사용하실 것이다 9:13-15. 결국 하나님의 거룩한 전투에 참여한 그분의 백성들은 승리를 맛보며, 풍요로운 삶을 보장받을 것이다 9:15-17. 놀랍게도 신약의 저자들은 본 단락에 묘사된 승리의 왕의 출현이 나귀를 타고 예루살렘으로 입성한 예수 그리스도를 통해 성취되었다고 선언함으로써, 본 단락의 중요성을 더해 주고 있다.

- A. 온땅을 향한 여호와의 통치(9:9-10)
- B. 포로 된 자들의 해방(9:11-12)
- C. 열방을 향한 심판(9:13-15)
- D. 거룩한 전투와 승리의향연(9:16-17)

(2) 본문 분석

1) 9장 9-10절

"⁹ 시온의 딸아 크게 기뻐할지어다 예루살렘의 딸아 즐거이 부를지어다 보라 네 왕이 네게 임하시나니 그는 공의로우시며 구원을 베푸시며 겸손하여서 나귀를 타시나니 나귀의 작은 것 곧 나귀 새끼니라 ¹⁰ 내가 에브라임의 병거와 예루살렘의 말을 끊겠고 전쟁하는 활도 끊으리니 그가 이방 사람에게 화평을 전할 것이요 그의 통치는 바다에서 바다까지 이르고 유브라데 강에서 땅 끝까지 이르리라"

9-10절은 시온/예루살렘을 향해 기뻐하고 즐거워 하라는 명령으로 시작한다. 선행 본문인 2장 14절도 이와 같은 명령을 던지고 있으며, 칭송의 대상인 여호와를 "이스라엘의 왕"으로 강조하고 있다. 일반적으로 기쁨과 즐거움의 외침은 하나님을 왕으로 송축하는 축제와 관련이 깊다. 하지만 본문의 송축은 하나님이 아닌 하나님의 메시아적 왕과 관련이 있다. 이와 같은 메시아적 왕의 출현은 선행 본문슥4:9뿐만 아니라 타 선지서 본문에도 누차 강조되고 있다. 에스겔은 이스라엘과 유다의 통합 국가를 다스릴 미래의 다윗과 같은 왕의 도래를 예고한 바 있으며겔37:22, 24, 예레미야는 미래의 다윗 왕을 "가지"라는 단어를 사용하여 그 출현을 예언하였다렘23:5; 33:14-22.²⁸ 앞서 살펴본 대로, 스가랴는 미래의 다윗과 같은 왕을 뜻하는 이 "가지"라는 단어를 성전 건축 완성자구체적으로는 스룹바벨에게 적용시킨 바 있다3:8; 6:12. 비록 본문은 이 메시아적 왕의 정체를 구체적으로 묘사하지 않지만, 분명 선지자들이 예언한 바로 그 다윗의 후손임이 분명하다.

본문은 이 메시아적 인물의 특징을 네 가지로 묘사한다. ① 그는 공의로 통치할 것이다. 장차 도래할 왕 같은 메시아의 통치는 공정하게 수행될 것이다. NRSV는 9장 전체의 맥락이 전사이신 여호와의 행군과 연결되고 있음을 감안하여 "공의로우시며"로 번역된 히브리어 '짜디크'צַדִּיק를 '의기양양하며' triumphant로 번역한다. 하지만 '짜디크'는 "공의로운", 혹은 "올바른"으로 번역되는 것이 더 바람직하다. 즉 이스라엘의 왕은 공의로우신 하나님을 대신하여 이 땅에 그분의 공의를 수행하는 자이다. 특히 예레미야는 가지, 즉 다윗의 후손으로 도래할 메시아적 왕과 그 통치의 특징을 이 '짜디크'צַדִּיק와 연결시킨다.

> "여호와의 말씀이니라 보라 때가 이르리니 내가 다윗에게 한 의로운 가지를 일으킬 것이라 그가 왕이 되어 지혜롭게 다스리며 세상에서 정의와 공의를 행할 것이며"렘23:5

② 그는 구원을 체험할 것이다. 개역개정에서 "구원을 베푸시며"라는 뜻의 히브리어 '노샤'נוֹשָׁע는 '구원하다'라는 동사 '야샤'יָשַׁע의 니팔형으로서 수동적 의미를 지닌다. 그렇다면 '노샤'נוֹשָׁע는 개역개정을 포함한 여러 역본들이 취하는 능동적인 의미로 해석되기보다는 수동적인 의미의 '구원받다' delivered로 번역되는 것이 정확하다.²⁹ 실제로 구약에서 '노샤'נוֹשָׁע는 다른 사람 혹은 하나님에 의해 구원받는 자를 가리킬 때 사용된다민10:9; 신33:29; 삼하22:4. 그러므로 이 메시아적 왕은 구원에 있어서 스스로의 노력에 의존하는 자가 아니라, 철저히 여호와께 의지하는 자로서 그의 사역을 감당할 것이다. 이 같은 수동적 자세는 다음의 특징과 연결된다.

③ 그는 겸손하여 나귀를 탈 것이다. 나귀를 타는 것은 반드시 겸손한 상태를 뜻하지는 않는다. 실제로 솔로몬과 같은 왕도 노새를 타기도 했다(왕상 1:33). 그러나 본문은 "겸손하여서"로 번역되는 히브리어 '아니'עָנִי를 통해 나귀를 타는 왕의 겸손한 상태를 강조한다. 히브리어 '아니'עָנִי는 주로 심적 경

제적 육체적인 고통을 당하는 이스라엘을 가리킬 때 사용된다. 예를 들면, 가나안, 애굽 및 바벨론 유수의 가난하고 힘든 형편을 묘사할 때 이 단어가 사용된다출22:25; 욥12:5; 24:4; 시107:41. 특히 이 왕은 나귀의 새끼를 타기 때문에 다른 왕들의 경우와는 다른 차이를 보여 준다. 이 표현은 분명 창세기 49장 10-11절에 예고된 메시아적 인물을 연상시킨다.[30]

"10 규가 유다를 떠나지 아니하며 통치자의 지팡이가 그 발 사이에서 떠나지 아니하기를 실로가 오시기까지 이르리니 그에게 모든 백성이 복종하리로다 11 그의 나귀를 포도나무에 매며 그의 암나귀 새끼를 아름다운 포도나무에 맬 것이며 또 그 옷을 포도주에 빨며 그의 복장을 포도즙에 빨리로다"

야곱은 그의 아들들 가운데 유다에 관해 예언할 때, 유다의 후손으로 나타날 메시아적 인물을 강조하고 있다. 야곱은 유다의 후손 가운데 나귀새끼를 탈 왕이 태어날 것임을 미리 예고한다. 모든 백성이 복종할 미래의 왕에 대한 사상은 시편 72편 11절에까지 확대된다.

"모든 왕이 그의 앞에 부복하며 모든 민족이 다 그를 섬기리로다"

비록 창세기 49장 10-11절과 스가랴서 9장 10절은 유사한 특징들이 나타나지만, 이 두 본문의 근본적인 차이점은 메시아에 대한 묘사에 있다. 전자는 미래 다윗의 후손을 전장의 피가 묻은 옷을 입은 자로 묘사하는 반면, 후자는 겸손한 왕으로 표현하고 있다. 그는 온 열방을 다스릴 왕이지만, 나귀의 새끼를 타는 겸손한 왕의 신분으로 나타날 것이다.

10절은 이 겸손한 왕의 통치적 특성과 그 영역을 묘사한다. 첫째, 이 왕은 전투의 무기를 제거할 것이다. "병거"와 "말"과 "활"은 전투에 가장 필수적인 무기들이다. 이런 무기들이 제거된다는 것은 전투의 종식을 의미한다. 이런 표현은 시편 46편 9절을 연상시킨다.[31]

> "그가 땅 끝까지 전쟁을 쉬게 하심이여 활을 꺾고 창을 끊으며 수레를 불사르시는도다"

북이스라엘을 대변하는 에브라임과 남 유다 간의 전투 종식은 분열된 왕국의 새로운 화합과 연합을 암시해 준다. 메시아적 왕의 통치는 폭력을 종식시키고 분열과 반목을 치유하며 새로운 연합으로 이끌어 줄 것이다. 둘째, 이 왕은 평화를 전할 것이다. 메시아적 왕의 도래는 다툼과 분열의 사회를 '샬롬'의 상태로 변화시킬 것이다. 옛 선지자들은 새로운 하나님 나라의 도래와 그 특징을 '샬롬'의 상태로 예고한 바 있다사2:4; 미4:3. 셋째, 이 왕의 통치 영역은 온 땅에 미칠 것이다. 특히 "바다에서 바다까지"라는 표현은 시편 72편 8절을 연상시키는 바, 전 우주적 통치를 강조한다. 또한 "유브라데 강에서 땅 끝까지"라는 말은 창세기 2장 14절에 등장하는 에덴의 네 강물의 근원지 가운데 하나를 연상시키는 바 이 또한 전 우주적 범위를 상징한다. 장차 도래할 새 왕은 온 땅을 다스리는 우주적 왕권을 수행할 것이다. 이와 같은 스가랴의 표현은 하나님 나라의 범위를 이스라엘 주변의 역사적 지형으로 제한시키기보다는 그보다 더 광범한 우주적 차원으로 확대시킨다. 다시 말해, 본문은 새 왕의 도래와 그의 우주적 왕권을 나타내 주는 종말론적인 그림을 보여 주고 있는 것이다.

2) 9장 11-12절
"¹¹ 또 너로 말할진대 네 언약의 피로 말미암아 내가 네 갇힌 자들을 물 없는

구덩이에서 놓았나니 12 갇혀 있으나 소망을 품은 자들아 너희는 요새로 돌아올지니라 내가 오늘도 이르노라 내가 네게 갑절이나 갚을 것이라"

11절에서 여호와께서는 피의 언약으로 인해 갇힌 자를 물 없는 구덩이에서 구원하실 것이라고 선포하신다. 갇힌 자들의 해방을 묘사해 주는 "놓았나니"라는 히브리어 동사 '샬라흐'שָׁלַח는 출애굽의 해방을 표현할 때 동일하게 사용된 바 있다(출5:2.[32] 이처럼 본문은 출애굽의 구원을 연상시킨다. 또한 "갇힌 자들"이라는 뜻의 히브리어 '아씨르'אַסִּיר는 바벨론 포로를 가리킬 때 사용된다(시107:10; 렘3:34. 그렇다면 이 단어는 예루살렘 멸망 이후 포로의 고통스런 체험을 상기시켜 준다.[33] "물 없는 구덩이"는 죽음의 땅을 의미한다. 고대 근동 사람들은 물을 담기 위해 구덩이를 파곤 했다. 그러나 물이 없는 구덩이는 갈증에 의한 죽음을 초래할 수밖에 없었다. 그러므로 물 없는 구덩이는 죽음과 멸망을 상징한다. 그렇다면 여호와께서 절망적인 상황 속에 있는 이 갇힌 자들을 해방시켜 주는 근거는 무엇인가? 본문은 그 근거를 "피의 언약"이라고 말한다. "피의 언약"이라는 말은 분명 출애굽기 24장 8절의 "내 언약의 피"을 연상시켜 준다.[34] 구약에서 하나님과 그분의 백성들이 언약을 맺을 때 그 언약을 재가하는 절차로서 피를 뿌리는 의식이 준수되었다. 여호와께서는 이와 같은 언약에 근거하여 그의 백성들의 구원을 약속하신다.

나아가 12절은 여호와의 명령과 약속을 제시한다. 첫째, 여호와께서는 소망을 품은 갇힌 자들에게 요새로 돌아오라고 촉구하신다. 여기서 포로된 자들이 돌아가야 할 요새는 무엇을 의미하는가? 혹자는 이 요새를 여호와로 해석한다.[35] 왜냐하면 여호와만이 그분의 백성들이 안식할 수 있는 요새이시기 때문이다(시18:2; 31:3; 71:3; 91:2; 144:2; 렘16:19. 반면에 어떤 이들은 이 요새를 예루살렘으로 해석한다.[36] 본문은 포로의 귀환을 배경으로 하기 때문에, 후자의 견해가 더 타당해 보인다. 둘째, 여호와께서는 그들의 죄 값을 두 배로 갚아

주실 것이다. 분명 이 약속은 시온의 회복과 관련된 이사야서 61장 7절을 연상시킨다.[37]

"너희가 수치 대신에 보상을 배나 얻으며 능욕 대신에 몫으로 말미암아 즐거워할 것이라 그리하여 그들의 땅에서 갑절이나 얻고 영원한 기쁨이 있으리라"

구약의 율법에서 도둑질한 자는 훔친 물건의 두 배를 배상해야 했다출22:3. 이런 맥락에서 이사야서 40장 2절은 예루살렘이 그 죄 값을 두 배나 치렀다고 선언한다. 그렇다면 12절은 여호와께서 그분의 백성들의 죄 값을 두 배나 치를 것임을 약속하고 있으며, 이는 회복의 때가 임박했음을 암시해 준다.

3) 9장 13-15절
"**13 내가 유다를 당긴 활로 삼고 에브라임을 끼운 화살로 삼았으니 시온아 내가 네 자식들을 일으켜 헬라 자식들을 치게 하며 너를 용사의 칼과 같게 하리라 14 여호와께서 그들 위에 나타나서 그들의 화살을 번개 같이 쏘아내실 것이며 주 여호와께서 나팔을 불게 하시며 남방 회오리바 람을 타고 가실 것이라 15 만군의 여호와께서 그들을 호위하시리니 그들 이 원수를 삼키며 물맷돌을 밟을 것이며 그들이 피를 마시고 즐거이 부르기를 술취한 것 같이 할 것인즉 피가 가득한 동이와도 같고 피 묻은 제단 모퉁이와도 같을 것이라**"

개역개정에는 번역되지 않지만 13절은 '왜냐하면'이라는 전치사 '키'כִּי로 시작한다. 이 '키'의 출현은 12절에 나타난 회복의 이유가 여기서 제시될 것임을 미리 짐작케 한다. 여기서 여호와께서는 헬라인들을 공격하시기 위해 "유다"와 "에브라임"을 그분의 용사로 부르신다. 흥미롭게도 유다는 여호와의 활로, 에브라임은 여호와의 창으로, 시온은 여호와의 검으로 비유된다. 유다, 에브라임 및 시온이 여호와의 전투 무기로서 사용된다는 것은 남 왕국과 북 왕국의 연합을 암시해 준다. 앞서 언급한 대로, 에브라임과 유다는 이스라엘의 적대적인 두 세력 군을 형성하였다. 에브라임은 북 이스라엘의 지파를 대변한다면, 유다는 남 왕국을 대표하였다. 사울 왕과 솔로몬 왕 사후 이 두 지파간의 갈등과 대립은 심화되었던 것 같다. 그러나 유다와 에브라임은 이제 전사이신 여호와를 위해 함께 협력하는 동반자가 될 것이며, 시온을 중심으로 하는 통일된 하나님 나라의 백성이 될 것이다. 여기서 헬라인에 대한 언급이 나타난다. "헬라자식들"로 번역된 히브리어 '야반'יָוָן은 여러 구약 본문들에 등장한다창10:2, 4; 단8:21. 많은 학자들은 본문에 헬라인들이 언급되기 때문에, 9장의 연도를 알렉산더 대왕이 이 지역을 정복하던 시기로 돌린다대략 주전 332년. 그렇지만 알렉산더 대왕 이전에 기록된 것으로 추정되는 본문들에서 이미 헬라인들혹은 히브리음으로 야완이 언급되고 있음은 눈여겨 볼만하다. 에스겔서 27장 13절과 요엘서 3장 6절은 유다와 예루살렘의 백성들을 헬라인들에게 팔아버린 자들의 죄악을 비난한다.

"야완과 두발과 메섹은 네 상인이 되었음이여 사람과 놋그릇을 가지고 네 상품을 바꾸어 갔도다"겔27:13

"또 유다 자손과 예루살렘 자손들을 헬라 족속에게 팔아서 그들의 영토에서 멀리 떠나게 하였음이니라"욜3:6

그러나 에스겔서 27장 13절과 요엘서 3장 6절은 헬라인이 아닌 노예 무역을 주도한 자들아람과 두로에 대한 비난을 소개하고 있는 반면, 스가랴서 9장 13절은 헬라인에 대한 심판을 묘사하기 때문에 에스겔서 27장 13절 혹은 요엘서 3장 6절과 스가랴서 9장 13절의 배경은 다르게 이해되어야 한다.[38] 아마도 피터센의 주장대로 본문의 배경은 페르시아와 헬라 사이의 긴장이 고조되었던 주전 5세기 경으로 추정될 수 있다. 주전 5세기 초에 페르시아는 헬라와 세 차례의 전투를 벌인 바 있다(490년의 마라톤 전투, 480-479년의 테르모필레와 살라미스 전투, 460년의 제2차 이집트 반란).[39] 그 당시 팔레스타인 지역은 페르시아의 군사적 요지로서 사용되었을 것이다. 아마도 본문은 초기 페르시아와 헬라 사이의 전투와 관련이 있을 수 있다. 그럼에도 불구하고 본문은 정확한 역사적 시기를 알려 주지 않기 때문에, 본문의 역사적 시기를 정확하게 추론하는 것을 불가능한 일이다. 그러므로 본문의 배경을 알렉산더 대왕의 정복시기로 단정하고, 본문을 후대의 삽입으로 간주하는 것은 바람직하다고 볼 수 없다.

한편 스위니와 피터센과 같은 학자들에 의하면, 본문의 저자가 친 페르시아적 성향을 지니고 있기 때문에, 페르시아에 적대적인 헬라를 부정적으로 그리고 있다고 본다.[40] 즉 페르시아를 통해 열방의 심판을 수행하신 여호와께서는 다리오 왕을 통해 페르시아에 대항하는 헬라인을 심판하시는 분으로 묘사되고 있다는 것이다. 비록 이와 같은 해석도 가능할 수는 있지만, 본문의 정확한 역사적 시기를 판단할 수 없으므로 본문의 해석을 어느 특정한 역사적 정황 속에 국한시키는 것은 합당치 않다. 오히려 본문은 페르시아 시대를 배경으로 하지만 스가랴 전체의 분위기처럼 보다 종말론적인 차원에 더 큰 무게를 두고 있는 듯하다. 즉 본문의 종말론적인 메시지는 자명하다. 언약 백성들의 대적이 누구이든지 그들은 언약 백성들을 사용하시는 하나님의 손에서 파멸되고 말 것이다.[41]

14-15절은 대적을 섬멸하는 전사이신 여호와의 전투장면을 묘사한다. 첫째, 여호와께서는 활을 번개처럼 사용하시어 적군을 무찌르신다. 여호와를 활을 쏘는 궁사로 묘사하는 모티브는 구약의 여러 본문들에 나타난다(신32:41; 합3:11).[42] 특히 시편은 활로 적군을 무찌르는 전사이신 여호와를 잘 그려 준다.

"13 여호와께서 하늘에서 우렛소리를 내시고 지존하신 이가 음성을 내시며 우박과 숯불을 내리시도다 14 그의 화살을 날려 그들을 흩으심이여 많은 번개로 그들을 깨뜨리셨도다"시18:13-14

둘째, 여호와께서는 나팔을 불며 남방의 회오리바람을 타고 행하신다. 나팔을 부는 것은 대게 축제 때 이루어진다시47:5; 81:3; 98:6; 150:3; 대하15:14. 그러므로 이 표현은 스위니의 주장처럼 채무자의 빚이 탕감되던 희년의 때레25:9 혹은 여리고가 무너질 때수6장 들려졌던 그 나팔소리를 연상시킨다. 또한 이 나팔 소리는 힐의 제안처럼 이스라엘이 시내산에서 여호와와 언약을 맺었던 그 장면을 연상시키기도 한다출19:16.[43] 이 나팔 소리가 어떤 장면을 연상시키든지 간에 여기서 회오리바람은 여호와의 신현과 깊은 관련이 있는 단어이다. 여러 구약 본문들은 여호와의 출현을 회오리바람과 연결시킨다시18:10; 사19:1. 즉 병거를 타고 전투에 임하는 전사처럼, 여호와께서는 대적을 무찌르시기 위해 회오리바람을 타고 그 적진으로 향하고 계신 것이다. 이 모든 그림 언어들은 여호와께서 주도하시는 거룩한 전투Holy War 이미지를 더욱 강화시켜 준다. 15절은 이러한 거룩한 전투 모티브를 계속 진행시켜 나간다. 15절은 여호와를 "만군의 여호와"로 묘사하면서 여호와의 전사 이미지를 더욱 강조하고 있다. 특히 본문은 거룩한 전사의 호위를 받는 군사들의 승리를 묘사해 준다. 즉 전투에 참여할 여호와의 백성들은 원수를 삼키고 물맷돌을 밟을 것이며, 피를 마시며 즐거이 노래할 것이다.

물맷돌을 밟는 행위는 무엇을 뜻하는가? 첫째, 어떤 학자는 이 표현이 대적에 대한 정복을 상징해 준다고 주장한다.[44] 둘째, 혹자는 이 표현을 전투 무기와 연결시킨다. 예를 들면, 고대 전투에서 물맷돌은 일종의 무기로 사용된 바 있다대하26:15.[45] 필자는 후자의 입장을 선호한다. 왜냐하면 본문의 문맥이 여호와의 전투에 초점을 두고 있기 때문이다. 그러므로 본문은 여호와의 화살이 대적의 물맷돌보다 더 강력하여 대적의 무기를 무력화시킬 것임을 보여 준다. 그러므로 '삼키다'라고 번역된 히브리어 '*아칼*'אכל은 '압도하다', '이기다'라는 뉘앙스를 함축하고 있다. 또한 본문은 승리한 여호와의 전사들이 피에 취할 것이며, 동이 그릇과 제단의 모퉁이처럼 그 피로 가득 채워질 것이라고 표현한다.⁴⁶ "동이"로 번역된 히브리어 '*미즈라크*'מזרק는 여기서 제단에 뿌려질 제물의 피가 채워진 그릇을 가리키는 듯하다출27:3; 38:3; 민4:14; 왕상7:50; 왕하12:13. "모퉁이"로 번역된 히브리어 '*자비트*'זוית는 여기서 제단의 네 모퉁이, 특히 제단의 뿔을 가리키는 듯하다.⁴⁷ 예를 들면, 출애굽기 27장 2절은 제단의 네 모퉁이에 대해 다음과 같이 묘사한다.

"그 네 모퉁이 위에 뿔을 만들되 그 뿔이 그것에 이어지게 하고 그 제단을 놋으로 싸고"

고대 이스라엘 시대에 희생 제물의 피는 이 네 모퉁이까지 쏟아 부어졌던 것 같다. 이처럼 '*자비트*'는 희생의 피로 가득한 곳이라고 말할 수 있다. 그렇다면 본문은 여호와와 그분의 군사들에게 대항하는 대적들을, 희생 제물로 비유하고 있다. 비록 맛소라 본문은 "피"를 언급하지 않지만, 희생 제물의 피 개념이 암시되어 있음은 분명하다. 즉 본문은 여호와와 그분의 군사들에 대항하는 대적들의 철저한 패배를 고대 이스라엘의 희생 제물의 피에 비유하면서 상징적으로 그려주고 있다.

4) 9장 16-17절

"¹⁶ 이 날에 그들의 하나님 여호와께서 그들을 자기 백성의 양 떼 같이 구원하시리니 그들이 왕관의 보석 같이 여호와의 땅에 빛나리로다 ¹⁷ 그의 형통함과 그의 아름다움이 어찌 그리 큰지 곡식은 청년을, 새 포도주는 처녀를 강건하게 하리라"

16-17절에서 전사이신 여호와께서는 그분의 백성들을 무기로 사용하여 대적을 무찌른 후, 그들을 양 떼처럼 구원하신다. 이 구원의 날은 전형적인 종말론적 표현인 "이 날에"בַיּוֹם הַהוּא 이루어 질 것이다. 양 떼에 대한 언급은 이후에 등장할 양 떼 혹은 목자 모티브를 미리 예고해 준다10:2; 11:4-17. 비록 여호와의 백성들이 전투에서 승리를 체험하지만 그들은 여전히 여호와의 돌봄이 필요한 존재들이다. 또한 구원받은 양 떼들은 "왕관의 보석"처럼 빛나게 될 것이다. 왕관이 주로 영광을 상징해 준다면, 여호와의 가장 영광스러운 존재는 바로 그분의 연약한 양 떼들이다. 그러나 그분의 양 떼들 또한 여호와의 영광을 빛내는 자들이 될 것이다. 17절은 여호와의 백성들의 영광스러운 상태를 묘사하고 있다. 첫째, 그들은 형통하며 아름다울 것이다. 둘째, 그들은 풍성한 곡식과 포도주의 수확을 거둔 젊은이들과 같을 것이다. 본문에서 "형통함"טוּב과 "아름다움"יֹפִי은 누구에게 속한 것인가? 여호와께 속한 것인가[48] 아니면 그분의 백성들에게 속한 것인가?[49] 필자는 후자의 입장을 취한다. 선행 구절에서 양 떼들이 빛나는 면류관으로 묘사되고 있기 때문에, 17절의 형통과 아름다움은 여호와의 존귀한 백성들을 가리키는 표현인 듯하다. 특히 이후의 표현은 이런 입장을 더욱 뒷받침해 준다. 그들의 형통과 아름다움은 소년과 소녀가 수확할 풍성한 결실들과 비교될 수 있다. "형통"이란 말의 히브리어 '투브'טוּב는 일반적으로 '선한 것'goods 혹은 '좋은 것'good things을 가리키지만 때로는 육체적 아름다움을 뜻하기도 한다. 여기서는 아름다움의 의미가 더욱 강조되고 있는 듯하다.[50] "아름다움"으로 번역된 히브리어 '예피' יֹפִי는 이사야서 33장 17절에서 미래의 메시아적 왕에게 적용되기도 한다.[51] 특히 이 두 단어는 본문에서 젊은 남녀가 풍성하게 수확한 곡식과 새 포도를 가리키고 있다. 이와 같은 놀라운 그림 언어를 통해 전달되는 메시지는 자명하

다. 전사이신 여호와를 의지하는 그분의 백성들은 이 땅에서 삶의 참된 만족과 풍요를 누리게 될 것이다.

(3) 현대적 적용

1) 나귀를 탄 메시아의 도래

스가랴서 9장 9절은 종말의 날이 이를 때 메시아가 도래하여 이스라엘의 구원을 이룰 것임을 예고하고 있다. 어떤 학자들은 이 왕의 도래에 대한 예언이 주전 333년에 323년 동안 근동 지역을 점령한 알렉산더 대제의 정복으로 성취되었다고 해석한다. 실제로 알렉산더는 두로를 정복하여 두로 사람들을 그의 발 앞에 무릎을 꿇게 만들었다. 그러나 알렉산더의 정복이 스가랴서 9장의 예언을 궁극적으로 성취했다고 보기는 곤란하다. 왜냐하면 스가랴서 9장에 묘사된 메시아는 위풍당당한 승리의 메시아인 동시에 나귀를 타고 오는 겸손한 메시아로도 그려지고 있기 때문이다. 그러므로 스가랴서 9장은 알렉산더의 정복보다는 하나님의 도래와 승리, 그리고 다윗 왕조의 재건과 이스라엘의 회복에 초점을 두고 있으며, 그 회복을 가져다 줄 메시아적 인물의 출현과 관련이 있다. 그리하여 전통적인 유대교는 이 구절을 왕적인 메시아 사상의 근거로 이해한다. 그러나 신약의 기자들은 이 메시아의 도래를 예수 그리스도의 예루살렘 입성 사건과 연결시킨다(마21:1-11; 막11:1-10; 눅19:28-38; 요12:12-15. 예수님께서는 고난 주간 전에 예루살렘을 입성하시기 위해, 먼저 제자들을 도성에 보내시어 나귀를 가져오라고 명령하신다. 이 나귀를 타고 예루살렘으로 입성하시던 예수님께서는 백성들로부터 큰 외침 소리를 듣는다.

"찬송하리로다 오는 우리 조상 다윗의 나라여 가장 높은 곳에서 호산나 하더라"막11:10

"이르되 찬송하리로다 주의 이름으로 오시는 왕이여"눅19:38

"호산나 찬송하리로다 주의 이름으로 오시는 이 곧 이스라엘의 왕이시여 하더라"요12:13

분명 예수님 시대의 백성들은 예수님을 다윗과 같은 왕으로 오실 이스라엘의 메시아적 인물로 보았던 것 같다. 그러나 예수 그리스도께서는 악을 정복하고 하나님 나라를 이루는 승리의 왕으로 오셨지만, 그분의 승리는 십자가의 고난과 희생을 통해 완성된다. 나귀를 타신 예수님의 예루살렘 입성은 승리의 입성보다는 오히려 고난의 입성임을 암시해 준다. 물론 나귀를 탄다는 자체를 고난에 직접적으로 연결시키는 것에 대해 의문을 제기할 수도 있다. 그러나 예수님께서 대적을 물리치신 용사처럼 말을 타고 귀환하시기보다는 작은 나귀를 타고 입성하신다는 사실은 그분의 겸손과 고난을 암시한다. 신약의 기자들은 예루살렘으로 입성하는 예수님을 고난의 메시아로 이해했으며, 그 고난의 메시아를 스가랴서 9장 9-10절에 등장하는 나귀를 탄 겸손한 인물과 연결시키고 있다. 이 점에 대해 프란스R. T. France는 다음과 같은 결론에 도달한다.

> 스가랴서 9장 9-10절에 약속된 그 왕은 "신원함과 구원을 받으며", 겸손하며 온유한 자다. 이 모든 특징들은 대중적 메시아관의 전투적 관점 the aggressive militarism of popular Messianism과는 극명한 대조를 보여 준다. … 마태는 "겸손한"이라는 단어를 강조하는 바, 이는 나귀라는 단어를 통해 증거 된다. 왜냐하면 "나귀"라는 단어는 예수의 왕권을 강조하기보다는 오히려 군대 장관의 전투 말과 대조를 이루는 표현이기 때문이다. 마태는 예수의 상징적 행동이 의도하는 바를 강조하고 있다. 즉 예수는 메시아이지만 힘이 아닌, 고난과 겸손을 통해 승리할 메시아임을

보여주려는 것이다.[52]

스가랴서 9장 10절은 겸손한 나귀를 타고 도래할 메시아의 사역은 궁극적으로 이 땅에 평화를 건설하는 것임을 분명히 밝히고 있다. 메시아의 통치는 미움과 싸움을 종식시킬 것이며, 참된 평화의 시대를 이룰 것이다. 널리 알려진 이사야서 11장 6-9절도 메시아가 다스릴 평화로운 새 시대를 그려주고 있다. 이사야서 11장 6-9절에서와 같이, 새로운 메시아의 통치가 이루어지면, 동물 세계를 포함한 전 피조 세계를 특징짓는 약육강식의 법칙은 사라지고, 온 피조물은 평화로운 상호공존의 삶의 방식을 영위하게 될 것이다. 현실적으로 볼 때, 이 놀라운 세계평화의 비전은 약자가 고통당하고 강자가 득세하는 현 세계의 무질서와 극명한 대조를 이룬다. 또한 뱀과 인간의 상호 평화 공존은 적대적인 반목 관계의 회복을 암시한다. 오늘날 적대적인 갈등과 싸움에서 완전히 벗어난 나라는 없다. 위험에서 벗어나 평화만을 만끽하는 도시는 거의 없다. 21세기 초에 발생한 미국의 9.11 테러 사건과 영국의 테러 사건은 인류 사회의 적대적인 갈등 구도의 한 단면을 잘 드러내 준다. 심지어 하나님의 선민으로 자처하는 이스라엘 국가조차 그들보다 약한 팔레스타인 사람들에게 힘의 우위를 내세워 파괴적인 군사적 공격을 감행하고 있음은 현 세계의 무질서를 단적으로 증명해 준다. 그러나 스가랴는 장차 메시아의 통치가 이루어질 때, 모든 인류의 적대적인 요소들이 사라질 것이며, 심지어 온 인류를 포함한 피조물들까지도 평화의 시대에 참여하게 될 것임을 시사하고 있다. 온 우주 만물의 종말론적 회복을 고대하는 스가랴의 선언은 피조세계의 회복을 고대하던 바울의 염원을 연상시킨다.

"19 피조물의 고대하는 바는 하나님의 아들들의 나타나는 것이니 20 피조물이 허무한 데 굴복하는 것은 자기 뜻이 아니요 오직 굴복케 하시는 이로 말미암음이라 21 그 바라는 것은 피조물도 썩어짐의 종 노릇한 데서 해방되어 하나님의 자녀들의 영광의 자유에 이르는 것이니라 22 피조물이 다 이제까지 함께 탄식하며 함께 고통을 겪고 있는 것을 우리가 아느니라 23 그뿐 아니라 또한 우리 곧 성령의 처음 익은 열매를 받은 우리까지도 속으로 탄식하여 양자될 것 곧 우리 몸의 속량을 기다리느니라"롬8:19-23

그럼에도 불구하고 복음서 저자들은 메시아의 통치가 이미 그리스도를 통해 이 땅에 임했음을 선포하고 있으며, 메시아를 통한 평화의 시대가 이미 주님의 백성들을 통해 체험되고 있음을 강조하고 있다. 다시 말해, 예수 그리스도를 믿고 따르던 초대 교회는 힘으로 군림하는 세상적인 논리가 아닌, 섬기고 희생하는 십자가의 논리를 실천함으로써 세상에서는 맛볼 수 없는 참된 평화를 이미 구현한 바 있다. 현대를 살아가는 그리스도인들도 예외는 아니다. 메시아가 도래할 종말의 평화를 바라본 스가랴의 메시지는 강자의 힘의 논리에 좌우되는 현 세상에서 예수 그리스도의 사랑과 섬김만이 궁극적 평화를 성취할 수 있음을 깨닫게 한다.

2) 복음의 승리 방식

스가랴서 9장 9절은 가장 잘 알려진 메시아 본문 가운데 하나이다. 신약의 저자들은 예수님의 예루살렘 입성을 전능하신 왕의 도래와 연결시키며 스가랴서 9장 9절의 성취로 이해한다. 분명 예수 그리스도의 오심은 하나님 나라의 도래를 의미하며, 악의 세력의 심판과 새 시대의 회복을 예고해 준다. 그럼에도 불구하고 예루살렘을 입성하시는 예수 그리스도께서는 적을 섬멸하는 당당한 전사로서 묘사되기보다는 오히려 작은 나귀를 탄신 겸손한 메시아로 그려진다. 그리스도께서 나귀를 타고 예루살렘에 입성하신 것은 그분께서

힘과 권력이 아닌, 겸손과 고난을 통해 승리할 메시아임을 상징적으로 보여 준다. 예수 그리스도께서는 승리의 메시아로 오셨다. 그러나 그 승리는 고난 의 통해 이루어진다. 이사야는 종의 승리에는 고난과 죽음이 전제되어 있음 을 말해 준다. "이러므로 내가 그로 존귀한 자와 함께 분깃을 얻게 하며 강한 자와 함께 탈취한 것을 나누게 하리니 이는 그가 자기 영혼을 버려 사망에 이 르게 하며 범죄자 중 하나로 헤아림을 입었음이라 그러나 실상은 그가 많은 사람의 죄를 지며 범죄자를 위하여 기도하였느니라 하시니라."사53:12. 이사야 는 종을 전투에서 노략물을 취하는 승리의 전사로 묘사하고 있으며, 이러한 승리의 배후에 영혼을 버리는 자기희생이 있음을 강조한다. 죽어야 승리하는 전투방식! 이것이야말로 고난의 종이 선택한 역설적인 전투 방식이다. 예수 그리스도께서 나귀를 타고 오신 것은 그분께서 싸워야 할 전투 방식을 보여 준다. 예수 그리스도께서 선택하신 전투 방식은 바로 죽음이었다. 그리스도 께서는 죽음을 통해서 악을 근본적으로 패배시킬 수 있다고 확신하셨다. 이 와 같은 전투 방식은 예수님 시대의 영웅적 지도자들의 승리 방식과는 근본 적인 차이를 나타내 주었다. 라이트N. T. Wright는 다음과 같이 진술한다.[53]

갈릴리 사람 유다로부터 시몬 벤 코시바에 이르기까지 예수 당시에 하 나님 나라를 선포했던 그 밖의 다른 인물들과는 달리, 예수는 하나님 나라의 길은 평화의 길, 사랑의 길, 십자가의 길이라고 선포하였다. 원 수의 무기들로서 하나님 나라의 싸움을 싸우는 것은 우리가 이미 그 하 나님 나라를 원칙적으로 상실하였다는 것, 그리고 그 나라를 곧 상실하 게 될 것이라는 것, 그리고 실제로는 그 나라를 상당 부분 상실하고 있 다는 것을 의미하는 것이었다.

그리스도께서 선포하신 하나님 나라는 세속적인 힘과 권력이 아닌, 사랑과 평화와 희생을 통해 이루어지는 실재이다. 예수 그리스도께서는 세상의 승리 방식에 집착하던 제자들에게 고난의 길이야말로 참된 승리의 길임을 말씀하셨다막10:38-39. 외부로부터 고난과 핍박을 당하던 초대 교회는 그 어려움 속에서도 승리를 확신했으며, 담대히 복음의 메시지를 선포할 수 있었다. 그 이유는 복음의 역설적인 승리 방식을 올바로 깨달았기 때문이다. 이처럼 나귀를 타신 예수님의 겸손은 이기적 성공주의에 익숙한 우리들에게 참된 승리의 방식이 무엇인지를 다시 한번 일깨워 준다.

3) 그리스도의 언약의 피를 바라보라!

스가랴는 종말의 포로된 자들이 언약의 피로 구속함을 얻을 것이라고 말한다슥9:11. 스가랴가 묘사한 이 언약의 피 개념은 생소한 것이 아니라 이미 구약의 옛 조상들과 맺어진 언약이다. 이 언약의 피는 피흘림의 제물로 체결되는 언약을 가리키는 바, 이 피흘림은 언약의 의무를 위반하는 경우에 해당되는 유일한 방법을 의미한다. 즉 언약은 계약 당사자들이 죽음을 감수하고라도 그 언약에 충성해야만 하는 피의 언약인 것이다. 피는 원래 생명을 뜻하기 때문에 피흘림은 심판을 의미한다. 로벗슨은 다음과 같이 진술한다.[54]

> [언약은] 피로 맺은 약정이다. 그것은 삶과 죽음의 결과를 지닌 결속을 포함한다. 계약 수립의 시점에서 당사자들은 피흘림의 과정을 만들어서 서로를 결속케 된다. 이 피흘림은 계약의 결속이 강화됨을 표현한다. 계약에 의해서 그들은 삶과 죽음에까지 묶여지는 것이다.

이와 같은 언약의 피 개념의 대표적인 사례가 출애굽기 24장 8절에 등장한다. 모세는 시내산에 강림한 하나님으로부터 전달받은 계시들을 기록한 뒤 장로들 앞에서 언약을 체결한다. 즉 모세는 백성들에게 하나님의 언약에 대한 책임과 의무를 표시로서 제물의 피를 뿌린 뒤 이 피를 "언약의 피"라고 말한다.

> "모세가 그 피를 가지고 백성에게 뿌리며 이르되 이는 여호와께서 이 모든 말씀에 대하여 너희와 세우신 언약의 피니라"

이 피는 하나님과 이스라엘 간의 언약 체결을 의미하며, 나아가 이스라엘 공동체의 언약적 결속, 즉 피로 맺어진 언약적 특징을 강조해 준다. 그러므로 피로 언약을 체결한 이스라엘은 언약에 대한 책임과 의무를 다해야 했다. 그러나 이스라엘의 역사는 하나님과 맺은 언약의 파기로 점철된 역사였다. 결국 이스라엘은 언약의 파기에 대한 하나님의 준엄한 심판으로부터 벗어날 수 없었다. 그럼에도 불구하고 예레미야는 하나님과 새로운 언약이 체결될 것임을 예고하였으며렘31:31, 신약의 저자들은 예수 그리스도의 피를 새로운 언약으로 간주하였다.

> "저녁 먹은 후에 잔도 이와 같이 하여 이르시되 이 잔은 내 피로 세우는 새 언약이니 곧 너희를 위하여 붓는 것이라"눅22:20

그리스도께서 "피로 세우는 새 언약"을 언급하시는 이유는 "언약의 저주를 자신이 담당하는 유월절 어린 양으로서의 자신을 표현하기 위한 것이었다. 그의 죽음은 대속적이었으며 그의 피는 백성을 위해 흘려진 것이었다."⁵⁵ 다시 말해, 그리스도의 죽음은 언약 파기자를 대신하여 대속의 죽음을 당하셨기 때문에, 언약적 죽음이었다. 그리하여 히브리서의 저자는 새로운 시온과 천상의 예루살렘 백성들이 예수님의 뿌린 피로 온전케 되었음을 강조하며히12:22, 24, 예수 그리스도를 죽음을 언약의 피에 근거한 대속의 죽음임을 증거한다히13:20.

"양의 큰 목자이신 우리 주 예수를 영원한 언약의 피로 죽은 자 가운데서 이끌어 내신 평강의 하나님이 모든 선한 일에 너희를 온전하게 하사 자기 뜻을 행하게 하시고 그 앞에 즐거운 것을 예수 그리스도로 말미암아 우리 가운데서 이루시기를 원하노라 영광이 그에게 세세 무궁토록 있을지어다 아멘"히13:20-21

히브리서 기자는 "피흘림이 없이는 죄사함"도 없다고 단언한다히9:22. 또한 요한은 그리스도의 희생적 죽음으로 인해 "예수의 피가 우리를 모든 죄에서 깨끗하신다"요일 1:7고 증거하며, 구속받은 자들을 "어린 양의 피에 그 옷을 씻어 희게" 된 자들로 묘사한다 그러므로 언약의 피에 근거하여 포로된 자들이 자유함을 누리게 될 것임을 선포하는 스가랴의 메시지는 우리로 하여금 하나님의 언약을 어긴 모든 죄인들을 대신하여 친히 저주를 당하신 그리스도의 언약의 피를 바라보게 한다.

B′.
왕의 다스림 10:1-12

(1) 개요

9장이 전사이신 여호와의 거룩한 전투와 그 승리를 미래적 혹은 종말론적으로 묘사하고 있다면, 10장은 승리의 왕이 도래하여 그의 다스림을 어떻게 수행할 것인가를 보여 준다. 먼저 10장은 이스라엘 공동체의 문제점, 특히 지도자들의 문제점과 유다와 요셉 지파의 회복에 초점을 둔다. 그러나 10장은 9장의 주요 주제들, 예를 들면, '포로된 자들의 귀환'과 '유다/요셉의 연합'이라는 사상을 그대로 반영하고 있다. 그러므로 9장과의 주제적 연관성은 계속 지속되고 있는 셈이다.[56] 비록 몇몇 학자들은 10장을 독립 단락으로 취급하지 않지만, 10장은 하나의 독립 단락으로서 크게 세 개의 세부 단락으로 나누어질 수 있다 10:1-2; 10:3-5; 10:6-12.[57] 10장 1-2절에는 이스라엘의 우상숭배와 거짓된 목자들의 문제들이 표출되고 있다. 10장 3-5절은 거짓된 목자들에 대한 여호와의 심판에 초점을 두고 있으며, 유다는 심판을 수행하는 여호와의 전사로 묘사된다. 마지막 단락인 10장 6-12절은 요셉 지파, 특히 에브라임의 회복과 축복을 집중적으로 조명하고 있다.

    A. 이스라엘의 우상숭배(10:1-2)

    B. 목자들의 심판(10:3-5)

    C. 이스라엘의 연합(10:6-12)

(2) 본문분석

1) 10장 1-2절

"¹ 봄비가 올 때에 여호와 곧 구름을 일게 하시는 여호와께 비를 구하라 무리에게 소낙비를 내려서 밭의 채소를 각 사람에게 주시리라 ² 드라빔들은 허탄한 것을 말하며 복술자는 진실하지 않은 것을 보고 거짓 꿈을 말한즉 그 위로가 헛되므로 백성들이 양 같이 유리하며 목자가 없으므로 곤고를 당하나니"

9장 17절에서 여호와께서는 그의 백성들에게 풍성한 수확과 결실을 약속한 바 있다. 그러나 땅으로부터 풍성한 수확을 거두기 위해 반드시 필요한 요소가 있다. 그것은 바로 비이다. 그래서 본문은 여호와께 비를 구하라는 명령으로 시작한다. "봄비"로 번역된 히브리어 '말코쉬'מַלְקוֹשׁ는 주로 봄에 내리는 비를 가리키며, 농작물의 수확에 지대한 영향을 끼치는 요소로서 농작물의 풍성한 결실을 보장해 주었다신11:13-17.⁵⁸ "구름"으로 번역된 히브리어 '하지즈'חָזִיז는 구름과 함께 동반되는 번개를 가리키기도 하는데 주로 비를 뜻하는 히브리어 '마타르'מָטָר와 함께 쓰이며, 내리는 비의 강렬함을 강조해 준다. 구약의 기자들은 이 비와 번개의 주관자를 여호와로 이해하였다. 그러나 여호와께서 항상 비를 내려주시는 것은 아니었다. 그것은 언약 백성들의 순종에 달려 있었다. 예를 들면, 예레미야는 다음과 같이 선언한다.

"또 너희 마음으로 우리에게 이른 비와 늦은 비를 때를 따라 주시며 우

리를 위하여 추수 기한을 정하시는 우리 하나님 여호와를 경외하자 말하지도 아니하니"렘5:24

또한 힐의 주장대로 1절에 나타나는 비와 번개의 강조는 바알 선지자들이 득세하던 가뭄의 시대에 하나님으로부터의 비의 기적을 경험했던 엘리야의 이야기를 연상시킨다. 실로 언약 백성들은 여호와를 풍요의 근원으로 삼고 그분만을 의존해야만 했다.⁵⁹ 그러나 2절은 여호와를 신뢰하지 못하도록 방해하는 결정적인 요인들을 보여 준다. 고대 근동의 농경 사회들은 비와 관련된 신들과 그 신들을 섬기는 제사에 큰 비중을 두었다. 포로기 이전에 가장 큰 영향력을 발휘한 신은 바로 '천둥/번개'의 신 바알이었다. 그러나 포로기 후 시대에는 바알에 대한 언급이 거의 나타나지 않는다. 오히려 본문은 하나님의 백성들을 현혹시킨 요인들로서 '드라빔', '점', '꿈'을 소개한다. 이 세 요소들은 고대 근동 사회의 전형적인 계시 혹은 점술 전달 방식이었다. 아마도 이것은 포로기 후 공동체 가운데 여전히 바벨론의 이교적 영향들이 남아 있었음을 암시해 준다.⁶⁰ 드라빔히, *"테라핌"*, תְּרָפִים은 이교도의 신을 상징하는 가정의 우상이며창31:19; 삼상15:23; 19:13-16; 왕하23:24; 호3:4, 때로는 산당에 보관되기도 했다삿17:5; 18:14; 17, 20.⁶¹ 특히 에스겔은 바벨론 왕을 전투에 앞서 드라빔 앞에서 점을 치는 자로 묘사한다.

"바벨론 왕이 갈랫길 곧 두 길 어귀에 서서 점을 치되 화살들을 흔들어 우상에게 묻고 희생의 제물의 간을 살펴서"겔21:21

점술을 뜻하는 히브리어 '*카쌈*'קָסַם은 고대 이스라엘과 근동 아시아에 널리 알려져 있었으며신18:10, 14, 주로 동물의 간이나 죽은 자의 시체를 검사하여 점을 치는 행위를 가리킨다.⁶² '꿈 해몽'도 고대 이스라엘과 근동 아시아에 널리 행해지던 계시전달 행위였다창28:12; 37:5, 6; 42:9; 삿7:13; 단2:1, 3; 욜2:28; 신13:1, 3, 5; 렘23:25. 그러나 본문은 이 모든 요소들로부터 나온 결과들이 모두 거짓되고 헛되다고[63] 비난한다. 다시 말해, 드라빔이나 점 혹은 꿈을 통해 비를 간구하는 행위는 모두 헛된 것임을 말해 준다. 그 이유는 이 모든 요소들로부터 나오는 메시지가 여호와께로부터 온 것이 아니기 때문이다. 예레미야는 이런 행위에 의존하는 어리석음을 다음과 같이 비난한다.

> "만군의 여호와께서 이와 같이 말씀하시되 너희에게 예언하는 선지자들의 말을 듣지 말라 그들은 너희에게 헛된 것을 가르치나니 그들이 말한 묵시는 자기 마음으로 말미암은 것이요 여호와의 입에서 나온 것이 아니니라"렘23:16

이런 거짓된 메시지로 인한 결과는 어떠한가? 본문은 백성들을 목자 없는 양처럼 헤매고 있는 존재로 비유한다. 특히 여기서 제시된 양과 목자의 비유는 예레미야서 23장과 에스겔서 34장의 메시지를 연상시켜 준다.[64] 이 두 본문렘23장; 겔34장은 영적인 지도자들을 상실하여 길을 잃고 방황하는 백성들을 목자 없는 양으로 비유하고 있다. 일반적으로 '목자'라는 말은 주로 왕을 가리키는 표현이다.[65] 그러나 본문에서 백성들을 흩어버린 이 거짓 목자는 과연 누구를 가리키는가? ① 스위니는 목자의 이미지를 페르시아의 왕과 연결시킨다. 그는 이사야서 44장 24-28절에 등장하는 페르시아 왕 고레스가 목자로 간주되고 있음에 주목하면서 스가랴 본문에 등장하는 목자를, 여호와의 계획을 수행하지 못하는 페르시아 왕조로 이해한다.[66] ② 혹자는 이 목자를 이방 군대의 지도자들로 해석하기도 한다.[67] ③ 어떤 이들은 이 목자를 유다의 대중 혹은 정치적 지도자들로 간주한다.[68] 필자는 ③의 입장을 선호한다. 아마도 백성들은 이 거짓 목자들로 인해 여호와를 신뢰하기보다는 드라빔이나 점술과 같은 이방의 계시 수단을 의지했던 것 같다. 이런 점에서 거짓 목자들을 거짓 선지자들로 해석하는 힐의 입장은 설득력을 갖는다.[69] 포로기 후 이스라엘 공동체의 가장 큰 위기는 포로기 전 시대처럼 백성들을 여호와께로 인도할 참된 지도자의 부재에 있었다.

2) 10장 3-5절

"³ 내가 목자들에게 노를 발하며 내가 숫염소들을 벌하리라 만군의 여호와가 그 무리 곧 유다 족속을 돌보아 그들을 전쟁의 준마와 같게 하리니 ⁴ 모퉁잇돌이 그에게서, 말뚝이 그에게서, 싸우는 활이 그에게서, 권세 잡은 자가 다 일제히 그에게서 나와서 ⁵ 싸울 때에 용사 같이 거리의 진흙 중에 원수를 밟을 것이라 여호와가 그들과 함께 한즉 그들이 싸워 말 탄 자들을 부끄럽게 하리라"

3인칭 화법에서 1인칭 화법으로 전환하는 3절에서 여호와께서는 이 거짓 지도자들을 향해 분을 발하시며 그들을 심판하시겠다고 선포하신다. 여기서 이 거짓 지도자들은 "목자들"과 "숫염소들"로 비유된다. "숫염소들"로 번역된 히브리어 '아투딤'העתודים은 양 떼들 가운데 있으면서 그 양 떼들의 길을 인도하던 짐승이었다(렘50:8). 그러므로 이 단어는 목자들을 뜻하는 히브리어 '로임'הרעים과 함께 양 떼와 같은 백성들을 이끄는 지도자 층을 가리키는 표현이다. 이제 여호와께서는 이 거짓 지도자들을 심판하시고자 하신다. 나아가 그분께서는 그분의 양 떼를 권고하기 원하신다. 흥미롭게도 '벌하다'라는 말과 '돌보다'[70]라는 말은 동일한 히브리어 동사 '파카드'פקד로 표현된다. 전자는 '파카드'פקד의 부정적인 용법을, 후자는 긍정적인 용법을 보여 준다. 즉 이 동사의 주체인 여호와께서는 심판을 행하시는 반면, 구원도 수행하시는 분이다. 이것은 선과 악, 이 모든 것을 감찰하시는 여호와의 눈길을 강조해 준다.[71] 선과 악을 감찰하시는 여호와께서는 거짓 지도자들은 심판하시되, 그분의 양 떼들은 돌보기 원하신다. 이 양 떼들은 "유다의 족속"으로 소개된다. 특히 본문은 그들이 여호와의 돌보심을 받고 전투에 임하는 준마와 같이 될 것이라고 묘사한다. "준마"로 번역된 히브리어 '쑤쓰 호도'יהוה סוס는 '영광스러운 말', '장엄한 말' 혹은 '당당한 말'이라는 뜻을 지닌다. 즉 유다는 여기서 전투에 임하는 여호와의 영광스러운 군마로 묘사되고 있다. 그러므로 본문의 배경은 이제 목양적 분위기에서 전투적 분위기로 전환된다. 유다가 여호와의 군마로 비유되는 이 전투적 이미지는 유다가 활로 비유되는 9장 13절의 전투적 배경을 연상시켜 준다.

4절은 전투를 위한 여호와의 준비 계획을 잘 드러내 준다. 여호와께서는 전투를 위해 "모퉁잇돌", "말뚝", "전투활", "권세자"를 준비시킨다. "모퉁잇돌"로 번역된 히브리어 '핀나'פנה는 대개 건물을 지탱하는 초석을 가리킨다욥1:19; 잠7:12; 21:9; 25:24; 렘51:26. 그러나 이 단어는 종종 상징적으로 공동체의 지도자를 가리키기도 한다삿20:2; 삼상14:38.[72] 예를 들면, 이사야서 28장 16절에서 여호와께서는 시온에 기촛돌을 놓는 자로 묘사된다.

> "그러므로 주 여호와께서 이같이 이르시되 보라 내가 한 돌을 시온에 두어 기초를 삼았노니 곧 시험한 돌이요 귀하고 견고한 기촛돌이라 그 것을 믿는 자는 다급하게 되지 아니하리로다"

여기서 이 모퉁잇돌은 분명 이스라엘을 이끌어 갈 새로운 지도자를 가리킨다. 또한 "말뚝"으로 번역되는 히브리어 '야테드'יתד는 천막을 지탱해주는 요소출27:19; 35:18; 사33:20로서 종종 엘리야김과 같은 권위를 맡은 사람이나 혹은 지도자를 가리킬 때 사용된다사22:23, 24.[73] "싸우는 활"은 9장 13절에서 유다 지파를 가리키는 표현으로 이미 사용된 바 있으며, 여기서는 새로운 지도자를 중심으로 하는 전투적 능력을 암시해 준다. 끝으로 "권세 잡은 자"로 번

3부 왕의 도래와 열방의 구원(9~14장)

역되는 히브리어 '노게쓰'נֹגֵשׂ는 대개 '압제자'oppressor를 가리키는 말로서 애굽과 앗수르 왕들을 묘사할 때 사용된 바 있다출3:7; 5:6, 10; 사9:4. 비록 이 단어가 주로 부정적인 의미로 쓰이지만, 이사야서 60장 17절은 의로운 지도자를 가리킬 때 이 단어를 사용한다.

"내가 금을 가지고 놋을 대신하며 은을 가지고 철을 대신하며 놋으로 나무를 대신하며 철로 돌을 대신하며 화평을 세워 관원으로 삼으며 공의를 세워 감독으로 삼으리니"

종합하자면 4절에 등장하는 "모퉁잇돌", "말뚝", "권세 잡은 자"와 같은 표현들은 여호와의 새로운 지도자들이 세워질 것임을 함축하고 있다.

5절에서 여호와의 새 지도자들은 "용사"로 비유된다. "용사"로 표현된 히브리어 '기보림'גִּבֹּרִים은 매우 강한 군사적 의미를 전달하고 있다. 그래서 이 단어는 종종 능숙한 군사들을 가리킬 때 사용된다수10:2, 7.⁷⁴ 특히 '진흙 중에 밟는다'라는 표현은 대적을 무찌르는 전투의 승리를 나타내 준다. 더욱이 여호와의 용사들은 최강의 정예 부대인 기마부대를 무찌를 것이다. 말을 탄 기마부대의 정복은 그 옛날 애굽의 기마부대를 섬멸한 여호와의 홍해 사건을 생각나게 한다. 또 이 표현은 페르시아의 막강한 군사력을 상징하는 기마부대를 떠올리며, 페르시아와 같은 제국을 다스리는 여호와의 강력한 통치를 반영해 준다. 특히 여호와의 함께하심은 전투의 승리를 보장해 준다. 비록 여호와의 용사들이 전투를 벌이지만, 전투의 승리는 여호와의 함께하심에 달려 있다. 이처럼 스가랴는 여호와께서 함께하심으로 여호와의 용사들이 승리할 것임을 선포한다.

3) 10장 6-12절

"⁶ 내가 유다 족속을 견고하게 하며 요셉 족속을 구원할지라 내가 그들을 긍휼히 여김으로 그들이 돌아오게 하리니 그들은 내가 내버린 일이 없었음 같이 되리라 나는 그들의 하나님 여호와라 내가 그들에게 들으리라 ⁷ 에브라임이 용사 같아서 포도주를 마심 같이 마음이 즐거울 것이요 그들의 자손은 보고 기뻐하며 여호와로 말미암아 마음에 즐거워하리라 ⁸ 내가 그들을 향하여 휘파람을 불어 그들을 모을 것은 내가 그들을 구속하였음이라 그들이 전에 번성하던 것 같이 번성하리라 ⁹ 내가 그들을 여러 백성들 가운데 흩으려니와 그들이 먼 곳에서 나를 기억하고 그들이 살아서 그들의 자녀들과 함께 돌아올지라 ¹⁰ 내가 그들을 애굽 땅에서 돌아오게 하며 그들을 앗수르에서부터 모으며 길르앗 땅과 레바논으로 그들을 이끌어 가리니 그들이 거할 곳이 부족하리라 ¹¹ 내가 그들이 고난의 바다를 지나갈 때에 바다 물결을 치리니 나일의 깊은 곳이 다 마르겠고 앗수르의 교만이 낮아지겠고 애굽의 규가 없어지리라 ¹² 내가 그들로 나 여호와를 의지하여 견고하게 하리니 그들이 내 이름으로 행하리라 나 여호와의 말이니라"

6절에서 본문의 흐름은 '유다의 전투와 승리'에서 '요셉의 회복'으로 옮겨가며, 3인칭 화법에서 여호와의 1인칭 화법으로 전환된다. 먼저 여호와께서는 요셉의 족속을 견고케 하여 구원하실 것이라고 선언한다. 여기서 요셉의 족속은 북 이스라엘 사람들을 가리킨다. 이들은 수도 사마리아가 앗시리아에게 무너졌을 때 포로로 뿔뿔이 흩어졌던 자들이다. 하나님께서는 이제 유다 백성들뿐만 아니라 북 이스라엘 백성들도 구원하시며 이전의 상태로 회복시키실 것이다. 스가랴는 이러한 구원과 회복의 근거는 여호와의 긍휼하심에 있다고 증거한다. 그 옛날 금송아지 우상숭배로 멸망에 직면한 이스라엘이 모세의 기도를 통해 여호와의 긍휼하심을 체험했듯이출33:19, 고통 중에 있었던 포로된 백성들도 여호와의 긍휼하심으로 말미암아 구원을 체험하게 될 것이다. 그 결과 북 이스라엘 백성들은 여호와를 그들의 하나님으로 섬기게 될 것이다. 이것은 남과 북으로 나누어지기 전 하나의 언약 공동체로 부름 받았던 이스라엘의 시내산 언약 공식을 연상시킨다: "나는 그들의 하나님이 되고, 그들의 내 백성이 될 것이니라"출20:2; 29:46. 나아가 이와 같은 언약 관계의 회복은 호세아서 2장 23-25절에 나타난 이스라엘과 여호와의 관계회복을 재확인해 준다.[75]

> "내가 나를 위하여 그를 이 땅에 심고 긍휼히 여김을 받지 못하였던 자를 긍휼히 여기며 내 백성 아니었던 자에게 향하여 이르기를 너는 내 백성이라 하리니 그들은 이르기를 주는 내 하나님이시라 하리라 하시니라"호2:23

여호와를 우상으로 대체시켰던 북 이스라엘은 다시 여호와를 그들의 하나님으로 섬길 것이며, 이전의 언약 백성의 지위를 다시 회복할 것이다. 또한 드라빔과 점술과 꿈을 통해 문제를 해결하려 했던 주의 백성들은 이 잘못된 방식들을 버리고 오직 여호와께 문제를 아뢸 것이며, 여호와께서는 회복된 언약 관계에 근거하여 그들의 간구를 들으시고 응답하실 것이다.

북 이스라엘은 패배하여 번민과 고통의 나날을 보냈던 과거와는 달리, 장차 승리와 즐거움의 시대를 맞이할 것이다7절. 7절에서 "용사" 혹은 "포도주"라는 표현은 전투에서 승리한 군사들의 축제를 연상시켜 주며, 궁극적으로는 여호와와 북 이스라엘간의 온전한 언약 관계의 회복과 그 결과를 보여 준다. 나아가 여호와께서는 구속받은 이스라엘을 휘파람으로 불러 모으실 것이다8절. 여기서 '휘파람을 불다'라는 뜻의 히브리어 동사 '샤라크'שׁרק는 소리로 신호를 알리는 행위를 가리킨다. 예를 들면, 이런 용법은 다음과 같은 이사야서 본문에 두드러지게 나타난다.

"또 그가 기치를 세우시고 먼 나라들을 불러 땅 끝에서부터 자기에게로 오게 하실 것이라 보라 그들이 빨리 달려올 것이로되"사5:26
"그날에는 여호와께서 애굽 하수에서 먼 곳의 파리와 앗수르 땅의 벌을 부르시리니"사7:18

비록 이사야서 5장 26절과 이사야서 7장 18절의 배경이 이스라엘에 대한 심판에 초점을 두고 있지만, 스위니의 주장대로 스가랴서 10장 8절은 '모으다'라는 히브리어 동사 '카바츠' קבץ와 "구속하다"라는 히브리어 동사 '파다' פדה의 용법을 통해 이스라엘의 회복과 관련된 이사야서 본문들과 연결되고 있다.[76]

"여호와께서 열방을 향하여 기치를 세우시고 이스라엘의 쫓긴 자들을 모으시며 땅 사방에서 유다의 흩어진 자들을 모으시리니"사11:12
"시온은 정의로 구속함을 받고 그 돌아온 자들은 공의로 구속함을 받으리라"사1:27

또한 이런 동사들로 강조되는 회복의 모티브는 예레미야서에도 반영되고 있다.

"이방들이여 너희는 여호와의 말씀을 듣고 먼 섬에 전파하여 이르기를 이스라엘을 흩으신 자가 그를 모으시고 목자가 그 양 떼에게 행함 같이 그를 지키시리로다"렘31:10

이처럼 스가랴는 이사야와 예레미야에 나타난 회복의 모티브를 사용하여 에브라임의 회복을 강조해 준다. 9-10절에서 여호와께서는 흩어진 그분의 백성들을 애굽과 앗수르로부터 이끌어 내시어 길르앗과 레바논으로 인도하실 것이라고 선언하신다. 애굽과 앗수르로부터의 구원과 회복은 이미 이사야서 11장 10-16절과 같은 본문들에 예고된 바 있다사27:12-13; 35:10. 특히 9절의 씨 뿌림에 대한 메타포는 이 점을 한 층 더 강화시켜 준다. 9절에서 '흩다'로 번역된 히브리어 '*자라*'אזרע는 '(씨를) 뿌리다' 혹은 '(씨를) 심다'라는 의미를 갖는다. 비록 이스라엘은 하나님께로부터 흩어짐을 당하지만 그 흩어짐은 이스라엘의 최종적 운명이 아니다. 이례적으로 여호와께서는 흩어진 이스라엘을 길르앗과 레바논으로 인도하실 것이다. 길르앗은 갈릴리와 요단강 동편의 지역으로서 한 때 갓과 므낫세 지파가 거주했던 이스라엘의 한 영토였으며, 레바논은 이스라엘의 최북단 지역을 뜻한다. 포로기 후 시대에 이 두 지역은 시리아-팔레스타인 지역으로서 이스라엘의 통치 영역에 속하지 않았다. 아마도 "길르앗"과 "레바논"의 언급은 귀환할 백성들이 차지할 땅의 규모를 강조해 주기 위함인 듯하다. 즉 스가랴는 회복될 이스라엘의 인구가 옛 영토로는 충분치 못할 정도로 크게 번성할 것임을 강조하는 것이다. 특히 구약에서 레바논과 길르앗은 이스라엘의 회복을 나타내 주는 상징적인 장소를 뜻하기 때문에사60:13; 렘50:19-20, 본문은 그 회복의 때를 연상시킨다.

11절은 여호와와 바다의 괴물 리워야단사27:1 혹은 라합사51:9과의 전투를 연상시킨다. 먼저 여호와께서는 고통의 바다를 지나 바다의 물결을 치실 것이다. 여호와의 바다 정복은 여호와 혹은 여호와의 백성들을 대적하는 원수의 세력들을 무찌를 것임을 상징해 준다. 대체로 이스라엘과 오래 원수로 간주되었던 나라는 앗수르와 애굽을 들 수 있다. 왜냐하면 이스라엘 백성들은 결국 국가의 멸망과 함께 앗수르와 애굽의 포로로 잡혀가 고통스런 나날을 보내야만 했기 때문이다. 그러나 여호와께서는 이제 그분의 백성들에게 고통을 안겨다 준 원수들의 세력을 멸망시키실 것이며, 그분의 백성들을 구원하실 것이라고 선포하신다. 또한 여호와께서는 이스라엘을 향해 그들을 견고케 하실 것이라고 약속하신다. 6절에서 유다를 위해 사용된 바 있는 '견고하게 하다'라는 히브리어 동사 '*가바르*'גבר가 12절에서도 동일하게 사용되고 있음은 남 유다와 동일한 은혜가 북 이스라엘 백성들에게도 주어질 것임을 의미한다. 끝으로 여호와께서는 이스라엘 백성들이 주의 이름으로 행하리라고 약속하신다. 여기서 '행하리라'라는 동사는 스가랴서 1장 10-11절 등장하는 '걷다'라는 뜻을 히브리어 '*하라크*'הלך의 히트파엘형으로서 '이리저리 사방으로 다니다'라는 의미를 갖는다. 즉 이 단어는 통치 혹은 다스림의 의미를 함축한다.[77] 그러므로 본문은 이스라엘이 회복될 땅에서 그들의 통치를 다시 수행할 것임을 암시한다. 더욱이 스위니의 진술대로 이와 같은 회복의 영상은 미가서 4장 5절의 성취의 때를 알려 준다.[78]

"만민이 각각 자기의 신의 이름을 의지하여 행하되 오직 우리는 우리 하나님 여호와의 이름을 의지하여 영원히 행하리로다"

(3) 현대적 적용

1) 참 목자는 어디에

포로기 전 선지자들은 하나님의 백성들을 올바로 인도하지 못하는 지도자들의 문제를 심각하게 취급한 바 있다. 이사야는 1장 10절에서 예루살렘의 타락과 그에 대한 심판의 원인을 규명한다. 여기서 이사야는 타락한 지도자들을 이스라엘의 실패의 원인으로 진단한다.

"너희 소돔의 관원들아 여호와의 말씀을 들을지어다" 사1:10a

더욱이 이사야는 이스라엘의 지도자들을 부패한 소돔의 백성들과 비교하면서 지도자들의 타락상을 한층 더 강조한다. 예레미야도 참된 지도자의 부재를 이스라엘의 멸망의 원인으로 규정하면서 그 심각성을 부각시킨다. 특히 그는 이스라엘의 지도자들을 목자에 비유하면서 누가 거짓 목자이며 누가 참된 목자인지를 규명하고자 한다. 고대 근동 시대에 '목자'라는 말은 대개 왕이나 신 혹은 국가의 지도자들을 가리키는 표현으로 널리 사용되었다. 이스라엘 역사 속에서도 '목자'라는 칭호는 지도자를 뜻하는 표현으로 오랫동안 사용되어 왔다. 예를 들면, 민수기 27장 17절에서 모세는 백성들이 목자 없는 양처럼 되지 않도록 이스라엘의 지도자를 세워달라고 간청한다. 열왕기상 22장 17절에서 미가야 선지자도 여호사밧 왕을 향해 전투에 임한 모든 이스라엘이 목자 없는 양처럼 흩어질 것이라고 예언한다. 그러므로 이 '목자'라는 표현에는 왕을 비롯한 고위층 관료들이 포함되어 있었으며, 이스라엘 사회에서는 선지자와 제사장과 같은 그룹들도 이에 해당되었다. 예레미야 시대의 선지자들과 제사장들은 요시아 왕이 제거했던 우상숭배를 다시 성전으로 끌어들여 하나님의 집을 이교도의 제의 처소로 변질시켰으며, 이런 죄악을 목도한 예레미야는 종교적 사회적 부패를 자행한 이들을 거짓 목자에 비유하면서 그들의 죄악을 비난하였다렘23:11-14.

"11 여호와의 말씀이니라 선지자와 제사장이 다 사악한지라 내가 내 집에서도 그들의 악을 발견하였노라 12 그러므로 그들의 길이 그들에게 어두운 가운데 미끄러운 곳과 같이 되고 그들이 밀어냄을 당하여 그 길에 엎드러질 것이라 그들을 벌하는 해에 내가 그들에게 재앙을 내리리라 여호와의 말씀이니라 13 내가 사마리아 선지자들 가운데 우매함을 보았나니 그들은 바알을 의지하고 예언하여 내 백성 이스라엘을 그릇되게 하였고 14 내가 예루살렘 선지자들 가운데도 가증한 일을 보았나니 그들은 간음을 행하며 거짓을 말하며 악을 행하는 자의 손을 강하게 하여 사람으로 그 악에서 돌이킴이 없게 하였은즉 그들은 다 내 앞에서 소돔과 다름이 없고 그 주민은 고모라와 다름이 없느니라"

여기서 예레미야가 앞서 소개한 이사야 선지자와 동일하게 타락한 지도자들을 소돔의 백성들에 비유하고 있음은 흥미로운 일이다. 에스겔 선지자 역시 부패한 북 이스라엘의 왕들을 타락한 목자에 비유하며 그들의 멸망을 예고한 바 있다겔34장. 이러한 리더십의 문제는 포로기 전 공동체뿐만 아니라 포로기 후 공동체에서도 심각한 영적 위기를 야기시켰다. 앞서 살펴본 스가랴서 10장 1-5절은 포로 귀한 공동체 가운데 백성들을 우상 숭배로 물들이는 타락한 지도자들의 죄악상을 드러내며, 포로기 이전 선지자들과 마찬가지로 이들을 거짓 목자로 묘사한다. 흥미롭게도 참된 목자들이 부재한 포로기 후 시대의 부정적 상태는 예수님의 시대에서도 동일하게 나타난다. 마태는 참 지도자들을 상실한 이스라엘의 상태를 다음과 같이 진술한다.

"35 예수님께서 모든 도시와 마을에 두루 다니사 그들의 회당에서 가르치시며 천국 복음을 전파하시며 모든 병과 모든 약한 것을 고치시니라 36 무리를 보시고 불쌍히 여기시니 이는 그들이 목자 없는 양과 같이 고생하며 기진함이라"마9:35-36

예수님 시대의 이스라엘은 로마의 식민지 통치 아래 정치적, 사회적, 경제적 재난을 포함해 숱한 어려움에 직면하였다. 더욱이 고통받는 백성들을 돌보며 그들의 어려움을 해결해 주어야 할 지도자들은 그들의 책임을 성실히 수행하기보다 도리어 백성들의 필요와 현실을 외면하고 있었다. 비록 이스라엘의 영적인 지도자로 자처하는 바리새인, 서기관 그리고 사두개인과 같은 그룹들이 그들의 우월성을 주장하고 있었지만, 정작 백성들의 필요에는 거의 관심이 없었다. 백성들의 실상은 '목자 없는 양'과 같았다.[79] 참 목자가 부재했던 포로기 그리고 포로기 후 시대의 상황이 예수 시대에도 여전히 재현되고 있었던 것이다. 그러므로 예수님의 시대의 백성들은 그들의 육체적 정신적 영적인 필요를 충족시켜 줄 다윗과 같은 목자를 고대할 수밖에 없었다.

그렇다면 이스라엘 백성들을 진정으로 보살피며 그들의 모든 필요를 채워 줄 참된 목자는 누구인가? 루츠의 주장대로, 마태는 예수님이야말로 선지자들이 고대했던 참된 목자임을 간접적으로 강조한다.[80] 나아가 요한복음 10장은 예수님의 목자상을 더욱 구체적으로 다룬다. 구약은 참 목자를 여호와 하나님으로 규정하고 있으며, 잘 알려진 시편 23편은 이 주제를 분명히 전달한다. 그러나 요한복음 10장 11절에서 예수님께서는 "나는 선한 목자"라고 스스로를 소개하신다. 그분은 양 떼들을 인도하시며 도적들로부터 그들을 보호하신다. 또한 그분께서는 한 마리의 양을 찾으시기 위해 아흔 아홉 마리의 양을 떠나 잃어버린 양을 찾아다니시는 희생적인 목자이시다눅15:4-6. 또한 그분께서는 자신에게 속한 양과 자신에게 속하지 않은 염소를 나누는 최후 심판자로서의 목자이시기도 하다마25:32. 더욱이 이 참된 목자는 자신의 양 떼가 되는 교회의 지도자들을 목자로 세워 그분의 백성을 통치하신다벧전 5:2-4. 그러므로 오늘날 교회의 지도자들은 참 목자의 권위와 통치를 아래 그분의 양 떼를 돌보며 섬기는 목자들로 부름을 받았다. 그들은 스가랴서 10장 1-3절에 등장하는 악한 목자들이 되어서는 안 되며, 양 떼들의 영적인 필요를 채워 주며 그들의 영적인 안위를 돌봐 주어야 할 목양적 책임을 부여받았다. 그러나 스가랴의 메시지는 참된 목자가 부재하던 예수님 시대의 비극이 오늘 이 시대에도 재현될 수 있음을 경고하고 있는 듯하다. 아마도 하나님의 관심은 오늘도 목자 없는 양 떼들을 향하시며, 이 양 떼들을 위해 그의 삶을 헌신할 참된 목자들을 찾고 있는지도 모른다.

2) 새 출애굽과 종말론적 해방

스가랴는 앗수르와 애굽으로 잡혀갔던 포로된 백성들의 참된 해방과 자유를 노래한다. 그는 포로된 자들의 해방을 바다와 강을 건너는 사건으로 묘사하며, 이는 옛 모세 시대에 일어났던 출애굽 사건을 연상시킨다. 어쩌면 스가랴는 미래에 일어날 포로된 자들의 해방을 새로운 출애굽 사건으로 이해하고 있는 듯하다. 이러한 새 출애굽 사건에 대한 이해는 이사야서에서 이미 분명하게 나타난 바 있다. 이사야 선지자는 포로된 이스라엘 백성들이 바벨론으로부터 해방되어 시온으로 귀환할 그 날을 새로운 출애굽의 사건으로 묘사한다.

> "9 여호와의 팔이여 깨소서 깨소서 능력을 베푸소서 옛날 옛시대에 깨신 것 같이 하소서 라합을 저미시고 용을 찌르신 이가 어찌 주가 아니시며 10 바다를 넓고 깊은 물을 말리시고 바다 깊은 곳에 길을 내어 구속받은 자들을 건너게 하신 이가 어찌 주가 아니시니이까 11 여호와께 구속받은 자들이 돌아와 노래하며 시온으로 돌아오니 영원한 기쁨이 그들의 머리 위에 있고 즐거움과 기쁨을 얻으리니 슬픔과 탄식이 달아나리이다" 사51:9-11

고대 근동 신화에 등장하는 신들의 전투를 연상시켜 주는 본 단락은 제2출애굽의 여호와를 무질서의 괴물을 무찌르는 신적인 전사the Divine Warrior에 비유한다. 이사야는 하나님의 뜻을 거스리는 악의 세력을 "용" 혹은 "라합"이라는 바다의 괴물에 비유하고 있으며, 모세를 통해 일으킨 출애굽의 기적을 여호와께서 용을 무찌르신 전투로 묘사한다. 여기서 이사야는 출애굽의 여호와께서 또 다시 새로운 출애굽의 기적을 베풀어 주실 것이라고 확신한다. 즉 애굽에서 압제당하던 이스라엘이 출애굽의 사건을 통해 해방을 맛보

앗듯이, 바벨론에서 포로된 자들이 새로운 출애굽의 사건을 통해 극적인 해방을 체험하게 될 것임을 말해 준다. 스가랴 역시 앗수르와 애굽에 포로된 하나님의 백성들이 해방을 맞볼 것이며, 옛 조상들의 해방을 이끌어 주셨던 여호와께서 새로운 자유와 회복의 축복을 허락해 주실 것임을 강조하고 있다. 즉 스가랴는 이사야와 마찬가지로 이 구원의 해방을 또 다른 출애굽의 사건으로 이해하고 있는 것이다. 더욱이 포로된 자들의 해방을 여호와와 바다의 용과의 전투로 해석한 이사야의 종말론적인 관점은 신약의 기자들을 통해 더욱 구체화된다. 신약의 기자들은 죄와 악의 세력으로부터 해방을 새로운 출애굽의 사건으로 이해했으며, 예수님이야말로 이러한 종말론적인 해방을 성취할 메시아이심을 명백하게 선포한다. 놀랍게도 마태는 예수님의 애굽 피난 기사를 첨가시켜 새 출애굽의 사상을 보다 확장시키고 있다.

"14 요셉이 일어나서 밤에 아기와 그의 어머니를 데리고 애굽으로 떠나가 15 헤롯이 죽기까지 거기 있었으니 이는 주께서 선지자를 통하여 말씀하신 바 애굽으로부터 내 아들을 불렀다 함을 이루려 하심이라"마 2:14-15

마태는 애굽으로 피난한 예수님의 사건을 호세아서 11장 1절의 성취로 해석한다. 여기서 마태는 예수님을 새 이스라엘로 이해한다. 다시 말해, 옛 이스라엘 백성들이 애굽의 압제로부터 해방되어 참된 해방을 체험했듯이, 예수님께서는 새로운 출애굽을 체험할 새 이스라엘로 묘사되고 있다.[81] 홀베르다는 다음과 같이 주장한다.

호세아서 11장 1절이 이 사건을 통해 성취되었다고 선언함으로 마태는 예수가 하나님의 사랑하는 아들인 이스라엘이라고 선포하고 있을 뿐

만 아니라, 오랫동안 기다려온 출애굽이 시작되었다고 선포하고 있는 것이다.[82]

누가는 예수님을 희년의 자유와 해방을 궁극적으로 성취하실 종말론 메시아로 해석한다. 그는 예수님의 사역을 이사야서 61장 1-2절의 성취로 이해한다.

"17 선지자 이사야의 글을 드리거늘 책을 펴서 이렇게 기록된 데를 찾으시니 곧 18 주의 성령이 내게 임하셨으니 이는 가난한 자에게 복음을 전하게 하시려고 내게 기름을 부으시고 나를 보내사 포로 된 자에게 자유를, 눈 먼 자에게 다시 보게 함을 전파하며 눌린 자를 자유롭게 하고 19 주의 은혜의 해를 전파하게 하려 하심이라 하였더라" 눅4:17-19

원래 이사야서 61장 1-2절에 묘사된 희년의 선포는 시온으로의 귀환을 고대하는 포로된 백성들을 위한 위로의 메시지였다. 이사야서 41장 17-20절에 나오는 가난한 자들과 핍절한 자들은 야곱/이스라엘을 뜻하기 때문에, 이사야서 61장에 나오는 가난한 자들은 고통스런 포로생활을 통해 경제적으로 그리고 영적으로 궁핍함을 경험했던 신실한 하나님의 백성들을 의미하는 듯하다. 이제 누가는 이사야서 61장 1-2절을 인용하면서 하나님의 백성들의 종말론적인 해방을 선포한다. 즉 그는 악의 세력으로부터 속박당했던 하나님의 백성들이 참된 자유와 해방을 맛보게 될 것이며, 이런 종말론적인 구원이 예수 그리스도를 통해 이루어질 것임을 천명하고 있다. 특별히 누가는 예수님의 치유사역을 백성들을 포로로 사로잡고 있는 악의 세력과의 전투로 이해하고 있는 듯하다. 덤브렐은 다음과 같이 주장한다.

사도행전 10장 34-38절을 살펴볼 때, 누가는 고난받는 자들의 치유사역을 백성들을 사로잡고 있는 사단과의 싸움과 그에 대한 예수의 승리로 이해했다. 누가복음 4장 16-30절에 나오는 나사렛에서의 설교가 사단과의 두 충돌1-13, 31-37절 사이에 놓여 있음은 이와 같은 누가의 이해를 더욱더 지지해 준다. …… 하나님은 갇힌 자들에게 자유를 가져다 주신다. 갇힌 자들은 어떤 속박의 굴레로부터 자유케 되는가? 계속되는 자유에 대한 예수의 메시지가 사단의 축사와 함께 언급되기 때문에, 아마도 예수가 뜻하는 속박은 사단의 속박을 뜻함이 분명한 듯하다.[83]

이처럼 신약의 기자들은 인류를 억압하는 본질적인 실체에 보다 큰 관심을 기울이고 있으며, 그 억압의 실체를 사탄과 죄의 세력으로 규정하고 있다. 그러므로 신약의 관점에서 볼 때, 사탄과 죄의 세력으로부터 벗어나는 것은 새로운 종말론적 출애굽 사건으로 이해될 수 있다. 그렇다면 이 종말론적 해방은 어떻게 궁극적으로 성취되는가? 예수 그리스도를 새 출애굽의 구원자요 희년의 성취자로 소개하는 신약의 선언은 이런 질문에 분명한 해답을 제시하고 있다.

3) 여호와의 용사들

스가랴는 여호와의 전투에 유다가 용사로서 놀라운 역할을 수행할 것임을 회화적으로 묘사하고 있다. 실제로 구약에서 여호와께서는 그분을 대적하는 자들을 무찌르시는 전사로서 등장한다. 출애굽의 구원을 찬송하는 모세의 노래는 전사로서의 여호와를 이미 강조한 바 있다.

"1 이때에 모세와 이스라엘 자손이 이 노래로 여호와께 노래하니 일렀으되 내가 여호와를 찬송하리니 그는 높고 영화로우심이요 말과 그 탄

자를 바다에 던지셨음이로다 2 여호와는 나의 힘이요 노래시며 나의 구원이시로다 그는 나의 하나님이시니 내가 그를 찬송할 것이요 내 아버지의 하나님이시니 내가 그를 높이리로다 3 여호와는 용사시니 여호와는 그의 이름이시로다"출15:1-3

이와 같은 전사로의 여호와의 이미지는 여호수아의 가나안 정복 전투에 더욱 구체적으로 반영된다. 여호수아는 여리고 성을 점령하기에 앞서 "여호와의 군대장관"을 대면하며, 그의 지시에 따라 전투를 수행하여 대승을 거둔다수6:2-5. 즉 하나님께서는 친히 전사가 되시어 그를 따르는 군사들을 통해 승리를 거두게 하신 것이다. 또한 하나님께서는 기드온의 3백 명의 군사들을 통해 미디안 군대를 물리치게 하심으로써 그분께서 전투를 주관하시는 전사이심을 입증해 보이셨다. 그러나 하나님의 백성들이 거룩한 전사의 전투를 수행하려면 반드시 거룩한 전사의 뜻에 순종해야만 했다. 그러나 이스라엘이 하나님과의 언약관계를 파기하여 그분의 뜻에 순종하지 않을 때, 거룩한 전사는 그의 백성들을 대적하여 공격하시는 전사로서 나타났다. 아간이 거룩한 전사에게 바쳐야 할 전리품을 하나님께 돌리지 않음으로 이스라엘의 군대는 아이 성에서 참담한 패배를 경험했으며, 블레셋 군대와 맞서기 위해 언약궤를 가지고 전투에 임했던 이스라엘은 하나님과의 언약관계에 신실하지 못함으로써 블레셋 군대에게 패배하여 언약궤를 빼앗기를 수모를 겪을 수밖에 없었다삼상4-5장. 그 당시 이스라엘 군대를 이끌었던 두 지도자는 늙은 사사 엘리의 두 아들인 홉니와 비느하스였다. 사무엘상 2-5장은 홉니와 비느하스의 타락상을 잘 보여 주고 있으며, 이와 같은 언약적 불성실로 인해 결국 이스라엘이 전투에서 패할 수밖에 없었음을 암시해 준다. 거룩한 전사이신 여호와께서 불순종하는 그분의 백성들을 향해 공격했던 가장 무서운 전투는 이스라엘의 멸망과 성전의 파괴를 통해 그 절정에 이른다. 예레미야 애가는 이스라엘을 향한 하나님의 징계를 여호와의 전투의 개념으로 이해한다.

"주께서 원수 같이 되어 이스라엘을 삼키셨음이여 그 모든 궁궐들을 삼키셨고 견고한 성들을 무너뜨리사 딸 유다에 근심과 애통을 더하셨도다"애2:5

이스라엘의 멸망과 성전의 파괴를 목도한 바벨론의 포로민들은 이제 새로운 하나님 나라의 도래를 고대할 수밖에 없었으며, 이런 상황 속에서 묵시론적인 전투 사상이 등장하게 된다. 다니엘은 종말에 이르러 바다의 짐승들과 싸우는 거룩한 전사를 소개하고 있으며단7장, 이사야는 여호와를 바다의 용, 즉 리워야단을 무찌르는 거룩한 전사로 묘사한다사27:1; 59:9-11. 이제 포로기 혹은 포로기 후 시대에 등장하는 여호와의 전투는 악의 세력과의 영적인 싸움으로 묘사된다. 이와 같은 영적인 전투는 신약에 이르러 그 실체가 분명히 드러난다. 신약의 기자들은 예수 그리스도를 악의 세력인 사탄을 무찌르고 새로운 출애굽의 시대로 인도할 거룩한 전사로 이해하였다. 예수님께서는 악의 권세를 제압하는 용사로 오셨으며, 그분의 나라를 확장시키기 위해 제자들을 그분의 군사들로 부르셨다. 그러나 구약의 전투와는 달리 신약의 전투는 칼, 창 혹은 활을 이용한 물리적인 수단으로 이루어지는 것이 아니다. 예수님께서는 체포되실 때, 칼을 든 베드로를 향해 "네 검을 도로 집에 꽂으라"마26:52로 말씀하셨다. 이는 하나님 나라의 전투가 육체적인 싸움에 있지 않으며, 오직 십자가의 사건을 통해 승리를 이룬다는 것을 말해 준다. 그리하여 바울은 예수 그리스도의 십자가 사건을 거룩한 전투의 관점에서 해석한다.

"14 우리를 거스르고 불리하게 하는 법조문으로 쓴 증서를 지우시고 제하여 버리사 십자가에 못 박으시고 15 통치자들과 권세들을 무력화하여

드러내어 구경거리로 삼으시고 십자가로 그들을 이기셨느니라"골2:14-15

그러나 예수님의 십자가 사건은 사단에 대한 승리의 시작이 된다. 이제 십자가의 사건을 통해 하나님 나라가 악의 세력을 몰아내게 되었으며, 이 전투는 궁극적으로 예수 그리스도의 재림을 통해 완성될 것이다. 예수 그리스도께서는 그분의 재림을 그분의 제자들에게 미리 알려 주셨으며막13:26, 요한도 그의 계시록에서 예수 그리스도의 재림을 논하면서 "볼지어다 그가 구름을 타고 오시리라 각 사람의 눈이 그를 보겠고 그를 찌른 자들도 볼 것이요 땅에 있는 모든 족속이 그로 말미암아 애곡하리니 그러하리라 아멘"계1:7이라고 선포한 바 있다. 구름을 타고 다시 오시는 이 모습은 구약에서 전투에 임하는 여호와를 묘사하는 표현과 매우 흡사하다시18:9-10; 68:33; 104:3; 나1:3. 이것은 예수 그리스도께서 구약에 묘사된 바로 그 거룩한 전사로서 악의 세력을 완전히 멸하실 것임을 강조해 준다. 특히 백마를 탄 자와 악의 세력들 간의 싸움을 묘사하는 요한계시록 19장 11-21절은 종말에 일어날 최후의 전투와 그 승리가 예수 그리스도를 통해 성취될 것임을 암시해 준다. 그렇다면 성경신학적으로 볼 때, 스가랴서 10장에 등장하는 유다와 요셉 지파의 전투는 어떻게 해석되어야 하는가? 이후에 살펴보겠지만, 유다와 요셉의 지파가 신약에서는 예수 그리스도를 믿는 교회 공동체로 성취된다. 그렇다면 하나님의 백성 공동체로 부름 받은 교회야말로 거룩한 전사의 용사들이 된다. 즉 신약에서의 전투는 교회를 통해 확장되는 하나님 나라의 거룩한 전투로 해석될 수 있다. 그러므로 만약 하나님의 백성 공동체인 교회가 예수 그리스도의 복음으로 악의 세력을 제압하며 하나님 나라를 확장시켜 나간다면, 스가랴서 10장의 전투는 오늘 우리들의 삶 속에서 이미 성취되고 있는 것이다.

4) 이스라엘 지파의 연합

스가랴는 유다와 요셉 지파가 함께 참여하는 새로운 이스라엘 지파의 연합을 고대한다. 역사상 요셉 지파를 대변하는 북 이스라엘과 유다 지파를 대변하는 남 유다는 갈등과 반목의 시대를 거치면서 참된 연합을 이루지 못했다. 그러나 예레미야와 에스겔과 같은 선지자들은 북 이스라엘과 남 유다의 통일을 항상 고대했으며, 열두 지파의 결속과 연합을 통한 새 이스라엘의 출현을 염원하였다. 특히 에스겔서 37장의 마른 뼈 환상은 성령의 사역을 통해 온 이스라엘이 다시 하나가 될 것임을 암시해 준다. 즉 이 본문은 비록 하나님의 백성들이 죄악으로 인해 절망적인 죽음의 상태에 놓이게 되지만, 하나님의 전적인 은혜와 주권으로 새로운 생명을 얻게 될 것임을 말해 준다. 이 새롭게 창조되는 이스라엘의 특징은 북 이스라엘과 남 유다로 분열되기 이전의 통일된 이스라엘 지파 형태를 연상시켜 준다. 스가랴 역시 요셉 지파와 유다 지파가 연합을 이룬 새 이스라엘의 지파를 고대하고 있다.

그렇다면 에스겔과 스가랴가 바라본 이스라엘의 새 창조는 과연 무엇을 의미하는가? 어떤 이들은 이것을 민족 이스라엘의 독립국가 재건과 연결시킨다.[84] 즉 구약에 예언된 새 이스라엘이 민족 이스라엘의 국가 탄생으로 성취되었다고 믿는 것이다. 과연 구약에 예언된 새로운 열두 지파의 연합을 민족 이스라엘로 제한시킬 수 있는 것인가? 물론 신약의 기자들도 '열두 지파'를 그 당시 유대 공동체를 가리키는 표현으로 사용하고 있음은 의심의 여지가 없다행26:7. 그러나 신약의 기자들은 구약에 예언된 새 이스라엘의 연합과 출현이 교회를 통해 성취된다는 점을 분명히 밝힌다. 예를 들면, 예수 그리스도께서는 자신의 사역을 시작할 때 열두 제자들을 선출하신다. 이 열두 제자들은 분명 이스라엘의 열두 지파를 연상시켜 주며, 자신의 사역을 통해 새 이스라엘이 창조될 것임을 암시한다.

"예수님께서 이르시되 내가 진실로 너희에게 이르노니 세상이 새롭게 되어 인자가 자기 영광의 보좌에 앉을 때에 나를 따르는 너희도 열두 보좌에 앉아 이스라엘 열두 지파를 심판하리라"마19:28

마태는 예수님의 열두 제자들이 하나님 나라의 열두 보좌에서 앉아 이스라엘 열두 지파를 심판할 것이라고 표현한다. 프랑스의 주장대로, 이 표현은 예수님의 열두 제자들이 참 이스라엘로 대변되며, 이들이 불신실한 이스라엘 지파의 역할을 대신할 것임을 암시해 준다.[85] 나아가 요한은 새 예루살렘의 성문에 기록된 열두 지파의 이름을 언급한다.

"크고 높은 성곽이 있고 열두 문이 있는데 문에 열두 천사가 있고 그 문들 위에 이름을 썼으니 이스라엘 자손 열두 지파의 이름들이라"계21:12

요한은 열두 지파의 이름이 기록된 새 예루살렘 성문을 보며, 어린양의 책에 기록된 자들이 이 성문을 통해 출입하는 장면을 묘사하고 있다. 이 열두 지파의 성문들은 에스겔서 48장 31-34절의 새 예루살렘 성전의 문들을 연상시키고 있으며, 에스겔이 본 새 성전의 환상이 새 예루살렘을 통해 성취되고 있음을 암시해 준다. 분명 여기서 열두 지파의 성문은 수많은 무리들이 출입할 것임을 나타내 주는 상징적 의미를 함축하고 있으며, 새 이스라엘 공동체의 출현을 암시해 준다.[86] 실제로 요한은 요한계시록 21장 14절에서 열두 사도들의 이름이 새겨진 새 예루살렘의 열두 기초석을 소개한다. 흥미롭게도 사도들의 이름이 새겨진 이 열두 기초석은 대제사장의 흉패에 새겨진 열두 지파를 연상시켜 준다.[87] 그렇다면 열두 사도들이 열두 지파와 함께 언급되고 있음은 구약의 새 이스라엘에 대한 예언이 열두 사도를 통해 대변되는 교회를 통해 성취됨을 시사한다. 비일은 다음과 같이 진술한다.

여기서 저자는 구약의 역사적 이스라엘에 대해 구체적으로 언급하고 있는 것은 아니다. 오히려 사도들을 교회, 즉 새 이스라엘의 기초로서 묘사하고 있는 것이다. 이것은 새 시대의 이스라엘 지파가 열방의 무수한 사람들로 해석되는 7장 4-8절 및 7장 9절과 그 맥락을 같이한다.[88]

그러므로 요한이 언급한 열두 지파는 역사적 이스라엘이 아니라 오히려 교회로 대변되는 새 이스라엘과 관련이 있다. 이와 같은 관점에서 볼 때, 스가랴가 바라본 유다와 요셉 지파의 종말론적인 연합과 회복은 궁극적으로 그리스도 안에서 이루어질 초민족적 공동체, 즉 교회를 통해 성취된다. 그러므로 스가랴의 이스라엘 지파 연합의 성취를 민족 이스라엘의 국가 재건으로 연결시키는 것은 바람직한 해석이 될 수 없다. 오히려 스가랴가 예언한 이스라엘의 새 창조는 하나님 나라에 참여할 온 열방의 백성들로 이루어질 초민족적 교회 공동체를 통해 성취된다고 보아야 한다.

5) 분열의 장애를 넘어서

스가랴는 남과 북으로 분열된 이스라엘 열두 지파가 다시 하나로 연합되어 새로운 하나님의 백성 공동체로 회복될 것임을 고대하고 있다. 새롭게 창조될 이스라엘 공동체에는 더 이상 분열이 나타나지 않을 것이며, 진정한 하나됨을 경험하게 될 것이다. 그러므로 새롭게 창조될 이스라엘 공동체의 주요한 특징은 하나됨을 가로막는 분열의 장애가 극복된다는 점이다. 이사야는 북 이스라엘과 남 유다의 연합뿐만 아니라, 원수 관계에 있던 앗수르와 애굽과 같은 나라들조차 이스라엘과 함께 동일한 하나님의 백성 공동체에 참여하게 될 것임을 예고한 바 있다.

"24 그날에 이스라엘이 애굽 및 앗수르와 더불어 셋이 세계중에 복이 되리니 25 이는 만군의 여호와께서 복 주시며 이르시되 내 백성 애굽이여, 내 손으로 지은 앗수르여, 나의 기업 이스라엘이여, 복이 있을지어다 하실 것임이라"사19:24-25

열방이 새 이스라엘에 참여하는 이 종말의 영상은 구약의 가장 놀라운 표현 가운데 하나이다. 온 열방을 향한 아브라함의 언약창12:1-3은 여기서 완전한 성취에 도달한다. 특히 이 본문은 우리에게 서로 다른 족속들, 심지어 원수처럼 여기던 민족들조차도 그 반목과 갈등을 버리고 다 함께 여호와를 경배하는, 그 종말의 새 이스라엘 공동체를 고대하도록 이끌어 준다. 또한 이사야는 새 창조의 특징을 묘사할 때 아이들과 뱀과의 상호 공존을 강조한다.

"젖 먹는 아이가 독사의 구멍에서 장난하며 젖 뗀 어린 아이가 독사의 굴에 손을 넣을 것이라"사11:8

여기서 뱀과 인간의 상호 평화 공존은 적대적인 반목 관계의 회복을 암시한다. 이것은 타락으로 말미암은 인간과 뱀의 갈등관계창3:15가 역전될 것임을 시사한다. 그렇다면 하나됨을 방해하는 적대적 관계는 궁극적으로 언제 극복될 수 있는가? 신약의 기자들은 이 종말의 비전이 오직 예수 그리스도 안에서 성취될 수 있음을 우리들에게 일깨워 준다. 예수 그리스도께서는 인류의 하나됨을 가로막는 이 분열의 장애를 십자가의 구속으로 해결하셨다. 예수 그리스도의 십자가는 유대인과 이방인이라는 민족주의적 이분법을 허물었으며, 주인과 종이라는 신분의 벽을 깨뜨렸으며, 남성 중심의 우월주의를 철폐하셨다엡2:11-16. 그리하여 예수 그리스도를 따르는 믿음의 공동체는 "유대인이나 헬라인이나 종이나 자유인이나 남자나 여자 없이 다 그리스도 예수 안에서 하나"갈3:28가 된다. 바울은 하나됨을 방해하는 장애물들을 극복하지 않는 한, 참된 교회의 연합은 불가능하다고 진단한다고전11장.

필자는 어떤 목회자로부터 심각한 고민을 들은 적이 있다. 이 목사님이 처음 부임했을 때, 그 교회 안에는 소위 '계모임'이 조직적으로 운영되고 있었다고 한다. 처음 교회가 설립된 이후 점차 교인들이 증가하게 되자 교회 창립 멤버들을 중심으로 한 조직이 만들어졌고, 이 조직은 이 교회의 중심 세력이 되었던 것이다. 다시 말해, 교인들이 증가하자 교회의 주도권을 다른 이들에게 빼앗기지 않겠다는 의지를 보여 준다. 이 조직은 정기적인 모임을 가지고 그들만의 결속을 다졌고, 교회의 중요한 안건 사항에 대해 그들의 목소리를 높이는 수단으로 삼았다. 결국 이 교회는 자연스레 창립 회원 그룹들과 비 창립 회원 그룹으로 나누어지게 되었고, 두 그룹의 갈등이 교회의 성장을 가로막게 되었다. 이런 조직은 교회의 분열을 조장할 뿐, 결코 하나됨을 만들어 낼 수 없다. 하나님의 교회는 어느 특정 조직에 의해 주도될 수 없으며, 오직 머리 되신 주님만이 당신의 몸된 교회의 주인이 되신다. 그러므로 바울파, 베드로파, 아볼로파로 나누어진 고린도 교인들의 분열상을 지적하던 바울의 메시지는 하나됨을 상실해 가는 우리들에게도 여전히 적실한 말씀으로 다가온다.

"11 내 형제들아 글로에의 집 편으로 너희에 대한 말이 내게 들리니 곧 너희 가운데 분쟁이 있다는 것이라 12 내가 이것을 말하거니와 너희가 각각 이르되 나는 바울에게, 나는 아볼로에게, 나는 게바에게, 나는 그리스도에게 속한 자라 한다는 것이니 13 그리스도께서 어찌 나뉘었느냐 바울이 너희를 위하여 십자가에 못 박혔으며 바울의 이름으로 너희가 세례를 받았느냐"고전1:11-13

A′

목자의 심판 11:1-17

(1) 개요

지금까지 유다와 이스라엘의 회복이 집중적으로 다루어졌다면, 11장은 이제 공동체의 내부 문제로 관심을 돌린다. 특히 본 장은 목자로 부름 받는 선지자의 소명, 참 목자를 따르지 않는 양들의 잘못된 태도, 그리고 거짓 목자들에 대한 심판에 초점을 두고 있다. 11장은 주로 1-3절과 4-17절로 크게 구분될 수 있다. 간결한 노래의 형식을 취하고 있는 1-3절은 스가랴서 9장 1-8절에 묘사된 이스라엘의 대적을 벌하시는 여호와의 거룩한 전투를 연상시킨다. 비록 1-3절은 탄식시로 분류될 수 있으나 그 성격상 이스라엘의 대적의 멸망을 환영하고 있기 때문에 일종의 '조소를 띈 노래'로 간주될 수 있다. 특히 1-3절은 타락한 종교적 지도자들을 다양한 식물들과 동물들에 비유하면서 그들에 대한 심판의 심각성을 부각시킨다.[89] 4-17절은 목자로서 부름 받는 선지자의 소명과 그의 독특한 상징적 행위에 초점을 두고 있다. 비록 학자들마다 입장이 다르지만, 4-17절의 장르는 실제 행위에 근거한 선지자적 상징주의prophetic symbolism와 깊은 연관성이 있는 듯하다.[90] 또한 학자들은 이 단락

4-17절의 구성에 대해서도 다양한 해석을 제시하고 있으나 대체로 4-6절, 7-14절 및 15-17절로 세분화될 수 있을 것이다.[91] 4-6절은 선지자의 소명과 그 이유를, 7-14절은 그 소명의 실행을, 15-17절은 선지자의 두 번째 소명을 다루고 있다. 특히 각각의 세 단락들은 전체를 해석해 주는 15-17절에 의해 상호 연결되고 있다.

    A. 조소를 띤 심판의 노래(11:1-3)
    B. 선지자의 소명과 상징 행위(11:4-17)
       a. 선지자의 소명과 이유(11:4-6)
       b. 선지자의 소명의 실행(11:7-14)
       c. 선지자의 두 번째 소명(11:15-17)

(2) 본문 분석

1) 11장 1-3절

"**1** 레바논아 네 문을 열고 불이 네 백향목을 사르게 하라 **2** 너 잣나무여 곡할지어다 백향목이 넘어졌고 아름다운 나무들이 쓰러졌음이로다 바산의 상수리나무들아 곡할지어다 무성한 숲이 엎드러졌도다 **3** 목자들의 곡하는 소리가 남이여 그들의 영화로운 것이 쓰러졌음이로다 어린 사자의 부르짖는 소리가 남이여 이는 요단의 자랑이 쓰러졌음이로다"

목자의 멸망에 대한 애곡을 노래하는 11장 1-3절과 목자들이 제거될 것임을 선포하는 선지자의 선언11:4-17은 목자에 대한 심판의 주제와 연결되어 11장 1-17절을 하나의 통일된 단락으로 이끌어 준다. 특히 11장이 조소를 띤 탄식시로 시작되고 있음은 매우 흥미롭다. 1-3절은 "문을 열라", "곡할지어다",

"소리가 남이여"와 같은 탄식의 명령, 탄식의 음성 그리고 탄식의 이유들로 구성되어 있으며, 이는 1-3절에 깔려 있는 심판의 분위기를 잘 드러내 준다. 1절은 먼저 "문을 열라"라는 명령형으로 시작한다. 이 구절에 등장하는 레바논은 백향목으로 잘 알려져 있었으며사14:8; 40:16; 겔27:5, 이 곳으로부터 예루살렘 궁정과 성전의 목재들이 조달되기도 하였다왕상5장; 7장. 또한 레바논은 산맥을 형성하고 있었기 때문에 교만을 상징하기도 했다렘22:6-7; 사2:12-17. 예를 들면, 레바논은 교만한 앗수르를 묘사하게 위해 중요한 이미지로 사용된다사10:33-34; 겔31:3-18. 이처럼 레바논의 성문에 의해 보호받는 높은 백향목들의 파멸은 교만한 자에게 임할 심판을 암시한다.

2절은 "곡할지어다"라는 명령으로 시작한다. 잣나무로 번역된 히브리어 '베로쉬'ברוש는 때로 강력한 통치자를 나타내 주며겔31:8, 바산의 상수리 나무히, "알론", אלון 역시 강력한 힘을 상징한다. 예를 들면, 아모스는 아모리인들을 백향목과 같은 높고 상수리 나무처럼 강력한 자들로 묘사한다암2:9.[92] 그러므로 2절 역시 1절과 같은 심판의 뉘앙스를 엿보여 준다. 이처럼 1-2절은 이사야 혹은 에스겔에 묘사된 다양한 수목 이미지와 그 상징적 용법을 통해 심판의 임박성을 부각시키고 있다. 흥미롭게도 1-2절에 등장하는 레바논과 바산의 두 지명은 이스라엘의 영토 확장을 약속하는 스가랴서 10장 10절을 상기시켜 준다. 실제로 스가랴서 10장 10절에서 이스라엘은 레바논과 바산의 남부지역인 길르앗에까지 그 영역이 확장될 것임을 강조하고 있다.

2절에서 애곡의 대상들이 나무들로 묘사되었다면, 3절은 애곡의 대상을 목자로 묘사한다. 또한 이 목자가 내뱉는 애곡의 소리는 사자의 부르짖음에 비유되고 있다. 특히 목자의 곡하는 소리를 뜻하는 히브리어 '콜'קול이 사자의 부르짖는 소리에도 동일하게 사용되고 있으며, '쓰러졌다'로 번역된 히브리어 동사 '솨다드'שדד도 멸망을 반복적으로 뜻하기 때문에 이 두 단어의 등장은 다음과 같은 병행구조를 강조한다.

A. 목자들의 소리(קוֹל)

B. 나무의 쓰러짐(שָׁדְדָה)

A'. 사자들의 소리(קוֹל)

B'. 요단의 쓰러짐(שֻׁדַּד)

여기서 애곡을 하는 목자들은 누구를 가리키는가? ① 스위니는 이 목자들의 정체를, 예루살렘 혹은 유다를 탄압했던 이방 제국들로 간주한다. 그는 '쓰러지다'는 동사 *솨다드*(שָׁדַד)가 이사야서 21장 2절과 33장 1절에서 시온의 압제자들의 멸망을 묘사할 때 사용되고 있음을 지적하면서 이 목자들을 시온의 압제자들로 규정한다.[93] 반면에 스위니는 이 동사와 함께 사용되는 "사자"라는 표현이 유다 지파 혹은 다윗 가문을 묘사할 때도 사용되기 때문에(창 49:9; 암1:2; 삼상17:34-36), 본문에 등장하는 사자들은 목자들과는 구별되며 이방 제국이 아닌 다윗 가문을 의미한다고 주장한다.[94] 그러나 사자의 복수형인 히브리어 '*케피림*'(כְּפִירִים)은 다양한 의미로 쓰이기 때문에 유다 가문을 뜻하는 단어로 제한될 수는 없다. 예를 들면, 이 단어는 유다 가문을 묘사할 때 사용될 뿐만 아니라 의인(잠28:1), 전사(나2:13), 대적(렘2:15)을 뜻하는 표현으로도 사용된다. 분명한 것은 여기서 목자들과 사자들은 동일한 부류의 그룹으로 규정될 수 있다는 점이다. 실제로 히브리어 '*케피림*'(כְּפִירִים)은 목자 혹은 왕과 유사어로 사용되고 있다(겔19:5-6). 그러므로 목자들과 사자들을 다른 그룹으로 규정한 스위니의 해석은 수긍하기 어렵다 ② 맥코미스키는 이 목자들의 정체를 10장 2-3절에 등장하는 이스라엘의 지도자들로 규정한다.[95] 즉 본문은 이 목자들이 그들의 양 떼들을 잃어버릴 뿐만 아니라 그들의 쌓아온 모든 영광을 상실할 것임을 묘사하고 있다는 것이다. ③ 메이어스와 메이어스는 이 목자들의 정체를 정확하게 규정하기란 매우 어렵다고 단언하면서도 이 목자들을 이스라엘의 하부 관료들로 추정한다.[96] 종합해 보면, 본문에 등장하는 목자들과 어린 사자들은 스위니의 주장처럼 이방 제국과 다윗 가문을 의미하기보다는 임박한 멸망에 처한 지도자들을 상징하는 표현인 듯하다.[97] 그러므로 필자는 ①의 스위니의 견해보다는 ②의 맥코미스키의 입장을 선호한다. 아마도 본문은 멸망의 상황에 처한 이스라엘 지도자들의 긴박성을 묘사해 주고 있는 듯하다.

2) 11장 4-6절

"⁴ 여호와 나의 하나님이 이르시되 너는 잡혀 죽을 양 떼를 먹이라 ⁵ 사들인 자들은 그들을 잡아도 죄가 없다 하고 판 자들은 말하기를 내가 부요하게 되었은즉 여호와께 찬송하리라 하고 그들의 목자들은 그들을 불쌍히 여기지 아니하는도다 ⁶ 여호와가 말하노라 내가 다시는 이 땅 주민을 불쌍히 여기지 아니하고 그 사람들을 각각 그 이웃의 손과 임금의 손에 넘기리니 그들이 이 땅을 칠지라도 내가 그들의 손에서 건져내지 아니하리라 하시기로"

11장 4-17절에서 선지자는 두 가지 상징적 행위(4절, 15절)를 취한다. 첫 번째 상징적 행위는 4절에 등장한다. 4절에서 양 떼를 먹이라는 여호와의 명령이 선지자에게 주어진다. 그렇다면 선지자가 먹여야 할 이 양 떼들은 어떤 양 떼들인가? 이 양 떼들은 시장에서 매매되어 도살될 수밖에 없는 양 떼들이다. 양의 도살을 뜻하는 히브리어 '하레가'(הרגה)는 스가랴서 11장 4절, 7절을 제외하면 오직 예레미야서에만 등장한다(렘 7:32; 12:3; 19:6).[98] 예를 들면, 예레미야서 12장 3절에서 선지자는 여호와를 향해 악인들을, 도살할 양들처럼 심판해 달라고 간청한다.

"여호와여 주께서 나를 아시고 나를 보시며 내 마음이 주를 향하여 어떠함을 감찰하시오니 양을 잡으려고 끌어냄과 같이 그들을 끌어내시되

죽일 날을 위하여 그들을 구별하옵소서"

이처럼 스가랴서 11장 4-5절의 분위기는 매우 부정적임을 감지할 수 있다. 아마도 4-5절에 등장하는 목자는 하나님께서 세우신 지도자를 뜻하며, 양 떼들은 이스라엘 백성들을 의미한다고 볼 수 있다.[99]

그렇다면 양 떼들을 사고 파는 자들은 누구를 가리키는가? 메이어스와 메이어스는 이들을 이스라엘 가운데 언약을 파괴한 자들로 보며,[100] 맥코미스키는 이들을 권력과 부를 가진 자들로 간주한다.[101] 특히 5절의 "내가 부요하게 되었은즉"이란 표현은 이스라엘 사회의 부요한 계층들의 경제적 착취를 암시해 준다.[102] 하지만 6절의 "이웃"과 "임금"이라는 표현에 근거해 볼때, 이들은 이스라엘을 압제하던 이방 통치자들을 의미할 수도 있다. 그러므로 필자는 양을 사는 자들과 파는 자들을 분리해서 해석하는 치슘Robert B. Chisholm, Jr.의 입장에 따라, 양 떼는 이스라엘 백성들을, 양을 사는 자들은 이방의 왕들을, 그리고 양을 파는 자들과 목자들은 이스라엘의 지도자들을 가리킨다고 해석한다.[103] 5절에 등장하는 목자들은 이 양 떼들의 죽음을 불쌍히여기지 않을 것이다. 6절은 4-5절에 대한 해설을 제시한다. 6절에 여호와께서는 목자들이 양 떼들을 불쌍히 여기지 않듯이, 더 이상 이스라엘의 거민을 불쌍히 여기지 않겠다고 선언하신다. 좀 더 구체적으로 말하면, 여호와께서는 이스라엘 백성들이 이웃 열방 제국의 통치 아래 놓이게 될 것이며, 그들을 구원하지 않겠다고 선포하신다. 비록 6절의 "이웃"과 "임금"의 정체가 누구인지는 명확치 않으나, 페르시아와 페르시아 대왕 다리우스를 가리킨다는 스위니의 입장이 하나의 가능한 해석이 될 수도 있다.[104] 하지만 레딧의 주장처럼, 이 임금은 포로기 후 이스라엘 공동체를 장악했던 이방 열강의 왕들을 지칭하는 표현으로 볼 수도 있다.[105]

3) 11장 7-14절

"7 내가 잡혀 죽을 양 떼를 먹이니 참으로 가련한 양들이라 내가 막대기 둘을 취하여 하나는 은총이라 하며 하나는 연합이라 하고 양 떼를 먹일새 8 한 달 동안에 내가 그 세 목자를 제거하였으니 이는 내 마음에 그들을 싫어하였고 그들의 마음에도 나를 미워하였음이라 9 내가 이르되 내가 너희를 먹이지 아니하리라 죽는 자는 죽는 대로, 망하는 자는 망하는 대로, 나머지는 서로 살을 먹는 대로 두리라 하고 10 이에 은총이라 하는 막대기를 취하여 꺾었으니 이는 모든 백성들과 세운 언약을 폐하려 하였음이라 11 당일에 곧 폐하매 내 말을 지키던 가련한 양들은 이것이 여호와의 말씀이었던 줄 안지라 12 내가 그들에게 이르되 너희가 좋게 여기거든 내 품삯을 내게 주고 그렇지 아니하거든 그만두라 그들이 곧 은 삼십 개를 달아서 내 품삯을 삼은지라 13 여호와께서 내게 이르시되 그들이 나를 헤아린 바 그 삯을 토기장이에게 던지라 하시기로 내가 곧 그 은 삼십 개를 여호와의 전에서 토기장이에게 던지고 14 내가 또 연합이라 하는 둘째 막대기를 꺾었으니 이는 유다와 이스라엘 형제의 의리를 끊으려 함이었느니라"

7절에서 목자가 목양할 양들은 "가련한 양들"[106]로 묘사된다. 이러한 묘사는 4-5절에 등장하는 잡힐 양 떼와는 구별되고 있다. 11절에 나타나듯이, 이 무리들은 포로기 후 시대의 이스라엘 민족 전체를 가리키기보다는 이스라엘 사회의 한 그룹을 가리키는 듯하다. 아마도 이들은 이스라엘 사회 안에서 고통 당하며 언약에 신실했던 소수의 남은 자들이었던 것 같다. 그런데 목자는 두 막대기를 취하여, 하나는 "은총"이라고 명하고 또 다른 하나는 "연합"이라고 명한다. 막대기를 뜻하는 히브리어 단어 '마켈'(מַקֵּל)은 양을 인도하고 보호하기 위해 사용되는 목자의 목양도구를 가리킨다. 이런 상징 행위는 두 막대기를 취하여 그 막대기 위에 이름을 기록했던 에스겔의 행동을 연상시킨다37:13-23) "은총"으로 번역된 히브리어 '노암'נעם은 주로 하나님의 은총과 축복 그리고 지혜를 묘사할 때 사용되며시27:4; 90:17; 잠3:17, 이 본문에서는 모든 백성들과 맺은 여호와의 언약적 축복을 뜻한다. "연합"으로 번역된 히브리어 '호블림'חבלים은 NIV, NASB, NRSV와 같은 영역본에서는 동일하게 '연합'Unity으로 번역되어 있다. 하지만 이 단어는 주로 상호간에 체결된 계약출 22:25; 신24:6, 17; 욥22:6; 24:3; 잠20:16, 27:13과 관련되어 있기 때문에,[107] 오히려 힐의 주장처럼 상호 언약에 근거한 '결속'이라는 개념으로 이해하는 것이 더 바람직하다.[108] 8절에서 목자는 한 달 동안 세 목자를 제거한다. 아마도 이 세 목자는 이러한 상호 결속의 축복에 위협적인 존재들이었던 것 같다.

그렇다면 본문에 등장하는 이 세 목자의 정체는 무엇인가? 학자들은 이 세 목자의 정체를 매우 다양하게 해석해 왔다. 하지만 학자들의 의견은 크게 두 가지 방향, 즉 역사적 관점과 상징적 관점으로 구분될 수 있다. 역사적 관점으로는 이 세 목자를 한 달 만에 사라진 이스라엘 혹은 유다의 세 왕들로 해석하는 입장이다.[109] ① 예를 들면, 어떤 학자들은 이 세 목자를, 북 이스라엘의 세 왕인 엘라, 시므리, 디브니로 간주한다왕상16:8-20. 엘라는 시므리에게 암살되었고, 시므리는 스스로 자결하였으며, 시므리를 승계한 디브니는 오므리에 의해 제거되었다. 이 세 왕들은 모두 한 달 만에 죽음에 이르고 말았다. 그러나 이 왕들의 죽음이 어떻게 스가랴 본문과 연결되고 있는지는 설명하기 어렵다. ② 어떤 이들은 이 세 목자를 스가랴, 살룸, 므나헴으로 해석한다왕하15:8-16. 살룸은 스가랴를 살해하여 한 달 간 통치했으며 그 후 므나헴에게 죽임을 당하였다. 하지만 므나헴은 스가랴와 살룸과 같은 운명에 처하지 않았기 때문에, 이 주장은 설득력을 상실한다.[110] ③ 스위니는 이 세 목자를 페르시아의 왕 고레스, 캄비세스 및 다리우스로 해석한다.[111] ④ 혹자는 이 세 목자를 한 달간 통치했던 프톨레미 혹은 셀류키드 왕조의 세 왕들 혹은 주전 2세기에 예루살렘을 통치하던 유다의 지도자들로 해석한다.[112]

이런 역사적 해석과는 달리 이 세 목자의 정체를 상징적으로 해석하려는 입장이 있다. ① 웹은 11장 8절에 등장하는 "한달"이라는 표현을 '짧은 기간'을 뜻하는 상투적인 단어로 취급하여 이 세 왕들을 유다의 멸망 시기의 세 왕들, 즉 여호야김, 여호야긴 및 시드기야로 간주한다.[113] 이 세 왕들의 통치는 한달이 아닌 11년간 이루어졌으나 이스라엘의 역사상 다른 왕들에 비해 매우 짧은 기간에 불과하였다왕하24:1-25:7. 그러므로 웹은 스가랴가 이 11년간을 짧은 시기에 해당하는 "한달"로 묘사하고 있다고 이해한다. ② 보다는 "세 목자들"이라는 표현의 3이라는 숫자가 상징적 의미를 띤다고 본다. 즉 그는 3이라는 숫자가 완전성을 뜻하기 때문에 이 표현은 지도자들의 제거가 완전하게 이루어질 것임을 나타내 준다고 해석한다.[114] 메이어스와 메이어스도 다음과 같이 주장한다.

> 주석가들은 3이라는 숫자가 중요하며, 고대 근동에서 상징적인 숫자로서 특별한 기능을 했다는 점을 올바로 지적해왔다. 최소의 완전 숫자the smallest complete number로서, 3은 총체성 혹은 전체성을 대변해 준다. 그러기에 이 숫자는 모든 목자들, 즉 이스라엘 사회를 부패하도록 만든 모든 권력자들을 나타내 준다. 그러므로 특정한 세 명의 역사적 인물들 혹은 이 세 목자 배후의 사건들을 찾는 연구들은 이 구절을 잘못 해석하거나 오해하도록 만든다. "세 목자"라는 표현은 아주 모호하면서도 포괄적이다.[115]

필자가 보기에 본문의 성격이 상징적 행위sign-act와 연관이 있다면, "세 목자들"과 "한달"이라는 표현들을 상징적으로 취급하는 것이 바람직해 보인다. 아마도 이 세 목자들은 짧은 기간에 제거된 이스라엘 공동체의 지도자들을 상징하는 표현인 듯하다.

세 목자의 제거는 목자와 양들의 갈등을 촉발시킨다8b절. 이 세 목자들이 제거됨으로써 양들은 이 세 목자를 제거한 목자를 미워하게 되며, 목자 역시 양들을 싫어하게 된다. 양들에 대한 목자의 반응은 개역개정에서 "내 마음에 그들을 싫어하였고"라는 표현으로 등장한다. 이 표현에 해당하는 히브리어 원문은 '*티크짜르 나프쉬*' נַפְשִׁי תִּקְצַר로서 '영혼이 한계점에 도달하다'라는 의미를 함축하기 때문에, 인내의 불가항력을 암시한다.[116] 인내의 한계에 도달한 목자는 드디어 양들을 더 이상 돌보지 않으며, 그들을 구원치 않을 것임을 선언한다. 양들이 목자를 버릴 때, 그리고 목자의 인내가 한계에 도달할 때, 양들의 운명은 이제 죽음의 멸망으로 치닫게 된다. 목자의 노여움은 또 다른 상징적 행위를 통해 분출된다. 목자는 "은총"이라는 막대기를 취하여 그것을 잘라버린다. 이것은 여호와와 모든 이스라엘 백성들[117] 사이에 맺어진 언약 관계가 폐기되었음을 의미한다. 그 결과 여호와의 백성들은 6절에 예고되었듯이, 이웃 족속들의 손에 의해 잔혹한 고통을 경험하게 될 것이다.[118] 하지만 언약 관계가 폐기되었을 때, 언약을 지키고 순종했던 양 떼들[119]은 이것이 여호와의 말씀대로 이루어진 것임을 깨닫게 된다.

백성들로부터 거절당한 목자는 양의 주인들에게 양 떼를 위해 수고한 대가를 요구하며, 은 삼십 세겔이 그 수고의 대가로 지불된다12절.[120] 어떤 이들은 은 삼십 세겔이 저임금에 해당된다고 주장하지만,[121] 해마다 추정되었던 남성과 여성의 성전세가 각각 육십 세겔과 삼십 세겔레27:3-4이었음을 감안해 볼 때, 적은 액수는 아니었던 것 같다.[122] 이후에 느헤미야는 사십 세겔의 세금을 "무거운 짐"이라고 말한 바 있다느5:15. 또한 신명기 22장 19절에서 순결을 의심한 남편은 그 대가로 아내의 부모에게 백 세겔을 지불해야만 했으며, 출애굽기 21장 32절은 종의 죽음에 대한 보상금으로서 삼십 세겔을 명시하고 있다. 이처럼 삼십 세겔은 매우 큰 금액이었음이 분명하다. 여호와께서는 목자에게 이 고액의 금전을 성전의 토기장이[123]에게 던지라고 명하신다13

절.[124] 자신이 수고한 고액의 대가를 성전의 토기장이에게 던진 선지자는 결속을 뜻하는 두 번째 막대기인 '호블라임'חֹבְלִים을 자른다. 이 상징적 행위는 이스라엘과 유다의 결속이 깨뜨려짐을 의미한다. 이 상징적 행위가 어떤 역사적 사건과 연결되는지는 명확치 않다. 스위니는 이 상징적 행위가 포로기 후 사마리아인들과 포로 귀환 공동체와의 긴장과 갈등을 나타내 준다고 설명한다.[125] 비록 스위니의 제안은 가능한 해석이지만, 이 두 번째 상징적 행위의 모호함은 어떤 특정한 역사적 사건과 연결시키는 작업을 매우 어렵게 만들고 있다. 여하튼 이 두 번째 상징적 행위는 북 이스라엘과 남 유다의 연합을 예언했던 에스겔서 37장 16-23절의 기대와는 완전한 대치를 이루고 있다.

4) 11장 15-17절

"15 여호와께서 내게 이르시되 너는 또 어리석은 목자의 기구들을 빼앗을지니라 16 보라 내가 한 목자를 이 땅에 일으키리니 그가 없어진 자를 마음에 두지 아니하며 흩어진 자를 찾지 아니하며 상한 자를 고치지 아니하며 강건한 자를 먹이지 아니하고 오히려 살진 자의 고기를 먹으며 또 그 굽을 찢으리라 17 화 있을진저 양 떼를 버린 못된 목자여 칼이 그의 팔과 오른쪽 눈에 내리리니 그의 팔이 아주 마르고 그의 오른쪽 눈이 아주 멀어 버릴 것이라 하시니라"

이제 여호와께서는 선지자에게 어리석은 목자의 기구[126]를 취하라고 명하신다. "어리석은"으로 번역된 히브리어 '에비리'אֱוִילִי는 지혜 문헌에서 하나님을 알지 못하는 사람, 즉 어리석은 자를 묘사할 때 사용되는 전형적인 단어이다잠1:7; 15:5; 20:3; 27:22.

"여호와를 경외하는 것이 지식의 근본이거늘 미련한 자אֱוִילִים는 지혜와

훈계를 멸시하느니라"잠1:7

예레미야는 여호와의 백성들을 묘사할 때 이와 동일한 형용사를 사용한다.

"내 백성은 나를 알지 못하는 어리석은 자요 지각이 없는 미련한 자식이라 악을 행하기에는 지각이 있으나 선을 행하기에는 무지하도다"렘 4:22

이처럼 어리석음을 나타내는 이 형용사는 구약의 여러 본문에서 '하나님을 알지 못함', '불경건함', 혹은 '악을 행함'과 관련되는 말로서 사용된다.[127] 그러므로 이 형용사는 부정적인 뉘앙스를 전달하고 있으며, 이 목자의 악한 행위들은 15b절에 더욱 구체적으로 묘사되고 있다. 이 목자는 사나운 사자와 같이 양들을 돌보지 않고 오히려 그 양들을 헤치며 파괴하는 잔혹성을 보여 준다. 그렇다면 이 목자의 정체는 무엇인가? 학자들은 이 악한 목자의 정체를 규명하기 위해 다양한 의견을 제시해왔다. ① 대부분의 유대인 학자들은 이 목자를 유다를 다스렸던 악한 왕 헤롯 대제로 간주한다.[128] ② 다른 학자들은 이 목자를 주전 222년에 권력을 잡았던 프톨레미 4세로 본다.[129] ③ 또 어떤 학자들은 주전 164년의 마카비 초기 시대에 대제사장이었던 알키무스 Alcimus로 해석한다.[130] ④ 최근에 맥코스미스와 같은 이들도 이 목자를, 로마의 티투스Titus로 보며, 이 본문의 배경을 로마에 의한 이스라엘의 멸망 사건과 연결시킨다.[131] 하지만 메릴의 지적대로 이 목자의 정체를 한 특정한 인물로 규정하려는 작업은 별 의미 없어 보인다. 그는 이 목자의 정체에 대해 다음과 같은 해석을 제안한다.[132]

이 어리석은 목자를 스가랴 선지자 이전의 어떤 인물로 간주하려는 시도는 의미가 없다. 이것은 스가랴 이후의 어떤 인물이 이 목자에 해당되어야만 한다는 뜻이다. 그러나 이 목자의 정체를 찾는 작업은 수많은 문제로 어려움을 겪게 된다. 이 목자의 정체로서 베가에서 프톨레미 4세에 이르기까지 수많은 인물들이 제시되어 왔으나 그것을 확증할만한 증거가 거의 없다. 아마도 이 목자를 스가랴 시대 이스라엘의 모든 지도자들로부터 신약의 적그리스도에 이르러 절정을 이루는 악한 폭군으로 해석하는 것이 가장 바람직해 보인다.

비록 이 목자의 정체를 스가랴 이후의 어떤 특정한 역사적 인물로 적용시킬 수는 있으나, 우리는 보다 넓은 의미에서 스가랴 시대와 그 이후의 미래에 나타날 하나님의 뜻에 반하는 어리석고 악한 통치자를 가리키는 포괄적인 표현으로 이해할 수도 있을 것이다. 17절은 이런 악한 목자에 대한 심판 선언이 전달된다. 이 목자는 그의 팔로 양들을 보살피고 치유하며 그 양들을 성심껏 지키는 일을 수행하지 않기 때문에, 그리고 그의 눈으로 잃어버린 양들을 찾지 않기 때문에, 그의 팔과 눈은 칼의 심판 대상이 될 것이다. 또한 칼이라는 단어는 전투를 상징하기 때문에, 팔이 마른다는 것은 칼을 방어할만한 능력이 없다는 것이며, 눈이 어두워진다는 것은 공격할 대상을 정확하게 보지 못한다는 것을 말한다. 즉 이 표현은 전투의 철저한 패배를 상징해 준다. 이 악한 목자의 심판과 몰락은 하나님의 백성들을 핍박하는 악한 통치자들의 운명을 상징적으로 잘 묘사해 준다. 그 옛날 하나님의 도구로서의 위치를 망각하여 이스라엘을 과도하게 억압했던 앗수르와 바벨론이 결국 여호와의 심판의 대상이 되었던 것처럼, 하나님의 백성들을 탄압하는 이 악한 목자의 운명은 이미 정해져 있으며, 여호와의 심판으로부터 결코 벗어나지 못한다. 비록 하나님의 백성들이 악한 통치자들로부터 고통받겠지만, 이 악인들의 말로는 자명하다.

(3) 현대적 적용

1) 참 목자를 버린 양들의 운명

스가랴서 11장은 이스라엘의 회복과 번영을 약속하는 9-10장의 분위기를 완전히 반전시킨다. 아마도 스가랴는 9-10장의 회복이 11장에 묘사된 심판의 단계를 반드시 거쳐야만 함을 암시해 주고 있는 듯하다. 특히 목자와 양의 이미지로 가득한 11장은 목자와 양의 관계를 집중적으로 다루고 있는 에스겔서 34장을 연상시켜 준다. 비록 이 두 본문이 매우 유수한 목자-양 이미지를 사용하고 있지만, 각각의 메시지는 극명한 대조를 이루고 있다.[133] 첫째, 에스겔서 34장에서 여호와께서는 양 떼들을 악한 목자들로부터 구원하지만겔34:9-16, 스가랴서 11장에서 여호와께서는 그들을 양 떼들을 거짓 목자들에게 넘겨줄 것이다슥11:6. 둘째, 에스겔서 34장 23절에서 여호와께서는 양 떼들을 먹일 선한 목자를 일으키시지만, 스가랴서 11장 16절에서 여호와는 양 떼들을 위협할 거짓 목자를 일으키실 것이다. 셋째, 에스겔서 34장 25절에서 여호와께서는 양 떼들과 평화의 언약을 체결하시지만, 스가랴서 11장 10절, 14절에서 여호와께서는 평화와 연합의 언약을 깨뜨리신다. 끝으로, 에스겔서 34장 26-31절은 놀라운 축복이 약속되지만, 스가랴서 11장 16절은 어둠과 멸망을 예고한다. 더욱 흥미로운 점은 양 떼들의 고난과 멸망이 그들의 목자를 거절한 결과로 인해 초래된다는 것이다. 여호와께서는 자신들의 목자를 버린 양 떼들에게 악한 목자를 보내실 것이며, 결국 양 떼들은 비참한 운명을 맞이하게 될 것이다. 아마도 스가랴는 신실한 하나님의 선지자를 거부한 이스라엘 백성들의 불신앙을 매우 신랄하게 비판하고 있는 듯하다.

신약의 기자들, 특히 마태는 하나님의 목자를 거부한 옛 이스라엘의 어리석음을 예수님을 참 목자로 인정하지 못한 이스라엘의 불신앙에 적용시킨다.[134] 마태는 스가랴가 예언했던 옛 이스라엘의 불신앙을 예수님을 배신한

현 이스라엘의 불신앙과 연결시키고 있는 듯하다. 즉 마태는 참 목자를 버린 양 떼들의 운명이 예수님을 버린 이스라엘의 불신앙을 통해 성취되었다고 본 것이다. 참 목자를 거부한 양 떼들이 결국 악한 목자의 출현으로 고통받게 될 것임을 예고한 스가랴의 경고처럼, 예수님을 배신한 유다의 운명은 실패한 인생으로 끝맺는다. 또한 예수님을 참 목자로 인식하지 못하고 도리어 예수님을 십자가에 못박게 한 이스라엘 백성들 역시 이방 제국 로마의 침략으로 철저한 패망을 경험하고 말았다. 이런 관점에서 볼 때, 스가랴와 마태의 메시지는 분명하다. 참 목자를 버린 양 떼들은 악한 목자로부터 고통을 당할 것이며, 멸망의 운명을 피할 수 없을 것이다.

2) 삶과 죽음의 운명적 선택

스가랴는 양 떼들을 보호하고 그들의 필요를 채워 주는 참 목자가 도리어 양 떼들로부터 거절을 당하게 되며, 그 결과 거짓 목자가 일어날 것이며 양 떼들이 절망적인 상황에 직면할 것임을 경고한다. 비록 본문의 내용이 어떤 역사적 상황과 관련이 있는지는 명확하지 않지만 그 메시지는 분명하다. 참 목자를 버린 양 떼들의 운명은 절망적일 수밖에 없다. 그러므로 양 떼들이 참 목자의 인도함을 거부하는 것은 삶이 아닌 죽음의 길을 선택한 것과 같다. 예수님 시대의 이스라엘도 그들이 그토록 고대했던 메시아를 도리어 핍박하고 죽음에 이르게 함으로써 스스로 멸망의 길을 자초하고 말았다. 요한은 생명과 죽음의 기로에 선 양 떼들의 운명적인 선택을 소개한다.

> "도적이 오는 것은 도적질하고 죽이고 멸망시키려는 것뿐이요 내가 온 것은 양으로 생명을 얻게 하고 더 풍성히 얻게 하려는 것이라" 요10:10

양들의 운명은 누구의 음성을 듣느냐에 달려 있다. 만약 양들이 목자의 음성을 거부한다면 그들의 운명은 죽음뿐이다. 양들은 언제나 생명과 죽음의 기로에서 운명적인 선택을 하며 살아간다. 요한이 언급한 이 도적은 이스라엘을 멸망으로 이끄는 악한 목자들을 연상시킨다렘23:1-8; 겔34장. 아마도 요한은 이스라엘 백성들을 바른 길로 인도하지 못했던 그 당시의 지도자들, 특히 바리새인들을 이 도적에 비유하고 있는 듯하다요9:40-41.[135] 요한은 구약의 백성들이 참 선지자들을 통해 하나님의 음성을 들었듯이, 지금은 예수 그리스도의 음성을 들어야 한다고 주장한다. 그러나 예수님 시대의 유대인들은 바리새인과 같은 거짓 지도자들의 가르침에 현혹되어 예수님을 참 목자로 인식하는 데 실패했으며, 급기야 그들이 고대했던 바로 그 메시아를 핍박하여 죽음에 이르게 하고 말았다. 이스라엘 백성들은 참 목자를 거부함으로써 생명이 아닌, 죽음의 길을 선택했던 것이다. 현대의 교회들도 이와 동일한 운명에 직면한다. 참 목자의 메시지를 현혹시키며 복음의 메시지를 변질시키는 숱한 유혹들이 우리들을 엄습해 온다. 윤리적 상대주의로 인해 가정의 순결이 무너지며, 세속적 방임주의의 영향으로 예배의 열정이 상실되며, 다원주의의 도전으로 복음 선포의 필요성이 약화되어간다는 말이 들려온다. 이와 같은 영적인 위기의 상황 속에서 스가랴는 참 목자의 음성으로부터 벗어나는 현대의 그리스도인들을 향해 죽음을 선택한 양 떼들의 비극적인 운명을 답습하지 말 것을 강력하게 경고하고 있다.

12-14장 분석
열방의 구원

    9-11장과 같이 히브리어 '맛싸'אשמ로 시작하는 12-14장은 9-11장과 유사한 주제를 취하는 반면, 9-11장과는 구별되는 독특한 특징들도 보여 준다. 먼저 이 두 단락의 주제적 유사성을 살펴보면, 첫째 12장과 14장에 등장하는 예루살렘의 승리와 왕으로서의 여호와의 도래와 정복은 9-10장에 나타난 전사로의 여호와의 이미지를 연상시킨다. 둘째, 우상숭배와 거짓 선지자의 문제를 다루는 13장 1-6절의 주제들은 10장 1-3절의 이슈들과 연관성을 갖는다. 셋째, 양들을 모으는 목자로서의 여호와의 이미지를 부각시키는 13장 7-9절의 내용은 유사한 주제를 다루는 10장 4-7절을 떠올리게 한다.[136] 그럼에도 불구하고 12-14장은 9-11장의 내용과 구별되는 특징들을 보여준다. 특히 12-14장에 등장하는 종말론적인 구원과 회복의 이미지는 9-11장의 이미지보다 훨씬 더 보편적 성격을 드러낸다. 더욱이 9-11장도 메시아적 인물에 대한 암시를 전달하고 있으나, 12장 10-14절과 13장 7-9절에 묘사된 메시아적 단락들은 그 독특성을 더해 주고 있다. 무엇보다 왕의 도래에 초점을 둔 9-11 장 이후에 등장하는 12-14장은 왕의 도래에 따른 열방의 종말론적인 회복과 구원의 이미지를 더욱 강렬하게 드러낸다.

A-C.
심판, 애통 그리고 정결 12:1-13:6

(1) 개요

이전 장들과는 달리, "그 날에"라는 표현들이 자주 등장하는 12-13장특히 12:1-13:6[137]은 종말론적인 뉘앙스를 강하게 전달한다12:3, 4, 6, 8, 9, 11; 13:1, 2, 4. 더욱이 11장의 어두운 분위기와는 상반되는 12장 1절-13장 9절은 하나의 세부 독립 단락으로서 예루살렘의 회복을 집중적으로 조명한다. 또한 동일한 단어의 반복은 12장과 13장을 더욱 결속시켜 준다. 예를 들면, '치다'라는 히브리어 동사 '*나카흐*'נכה의 용법이 12장12:4과 13장13:6, 7에 반복해서 등장하고 있음은 주목해 볼만하다. 더욱이 앞서 다루었듯이, 12장-13장을 14장과 구분시켜주는 가장 분명한 특징은 12장 2절과 14장 1절에 등장하는 "보라"라는 히브리어 '힌네'의 반복적 등장이다. 안타깝게도 개역개정의 14장 1절에 이 단어가 생략된 것은 다소 아쉬운 감이 있다. 여하튼 이 단어의 등장은 12-14장을 12-13장과 14장으로 각각 세분화하도록 이끌어준다. 그러나 필자는 12-14장의 구조를 좀 더 세분화하고자 한다. 12-14장에 대한 세부 구조 분석은 다양하게 제시될 수 있으나, 크게 다섯 부분12:1-9; 12:10-13:1; 13:2-6; 13:7-9; 14장으로 나눠질 수 있다.[138] 특히 필자는 13장 1절을 새로운 단락으로 구분하는 개역개정의 입장과는 달리, 13장 1절을 12장 10절과 연결시키고자 한다. 그 이유는 12장 10절의 애통과 13장 1절의 정결의 샘이 문맥상 더 깊이 결속되어 자연스럽게 연결된다고 판단하기 때문이다. 흥미롭게도 이 네 단락들은 다음과 같은 교차 대구를 이룬다.

    A. 열방의 심판과 예루살렘의 회복(12:1-9)
        B. 고난당한 자를 위한 애통(12:10-13:1)
            C. 예루살렘의 정결(13:2-6)
        B′. 목자의 고난(13:7-9)
    A′. 열방의 심판과 예루살렘의 회복(14장)

여기서 우리는 지면 관계로 편의상 12장 1절-13장 6절A, B, C, 13장 7-9절B′ 그리고 14장A′을 개별적으로 다룰 것이다. 그럼 먼저 열방의 심판, 고난당한 자를 위한 애통 그리고 예루살렘의 정결을 다루고 있는 12장 1절-13장 6절에 대한 분석을 살펴보도록 하자.

(2) 본문 분석

A. 열방의 심판과 이스라엘의 회복 12:1-9

"**1** 이스라엘에 관한 여호와의 경고의 말씀이라 여호와 곧 하늘을 펴시며 땅의 터를 세우시며 사람 안에 심령을 지으신 이가 이르시되 **2** 보라 내가 예루살렘으로 그 사면 모든 민족에게 취하게 하는 잔이 되게 할 것이라 예루살렘이 에워싸일 때에 유다에까지 이르리라 **3** 그날에는 내가 예루살렘을 모든 민족에게 무거운 돌이 되게 하리니 그것을 드는 모든 자는 크게 상할 것이라 천하

만국이 그것을 치려고 모이리라 4 여호와가 말하노라 그날에 내가 모든 말을 쳐서 놀라게 하며 그 탄 자를 쳐서 미치게 하되 유다 족속은 내가 돌보고 모든 민족의 말을 쳐서 눈이 멀게 하리니 5 유다의 우두머리들이 마음속에 이르기를 예루살렘 주민이 그들의 하나님 만군의 여호와로 말미암아 힘을 얻었다 할지라 6 그날에 내가 유다 지도자들을 나무 가운데에 화로 같게 하며 곡식단 사이에 횃불 같게 하리니 그들이 그 좌우에 에워싼 모든 민족들을 불사를 것이요 예루살렘 사람들은 다시 그 본 곳 예루살렘에 살게 되리라 7 여호와가 먼저 유다 장막을 구원하리니 이는 다윗의 집의 영광과 예루살렘 주민의 영광이 유다보다 더하지 못하게 하려 함이니라 8 그날에 여호와가 예루살렘 주민을 보호하리니 그 중에 약한 자가 그날에는 다윗 같겠고 다윗의 족속은 하나님 같고 무리 앞에 있는 여호와의 사자 같을 것이라 9 예루살렘을 치러 오는 이방 나라들을 그날에 내가 멸하기를 힘쓰리라"

12장 1절은 9장 1절과 마찬가지로 첫 서두에 '맛싸'(משא)로 시작한다. 이것은 12-14장이 세부 독립 단락임을 암시해 주며, 12-14장이 이스라엘을 향한 여호와의 계획과 관련이 있음을 말해 준다. 흥미롭게도 유다가 아닌 이스라엘이라는 명칭으로 첫 단락이 시작한다는 점은 온 민족의 종말론적인 연합과 회복의 암시를 간접적으로 전달하고 있다. 주목할 점은 9장 1절에서 '맛싸'가 "여호와의 말씀"으로 번역되었으나 여기서는 "여호와의 경고의 말씀"으로 번역되고 있다는 것이다. 9장 1절에서와 같이 '맛싸'라는 동일한 히브리어 단어가 등장하는 12장 1절에서 "경고"라는 표현이 더 추가되었음을 발견할 수 있다. 그러나 동일한 단어를 이렇게 다르게 번역하는 것은 바람직하지 않은 것 같다. 9장 1절에서와 같이 12장 1절에서도 번역의 일관성을 위해 '말씀'으로 동일하게 번역하는 것이 더 적절해 보인다.

12장의 첫 시작부터 스가랴는 말씀의 선포자를, 하늘과 땅과 인류를 만드신 창조주로 묘사함으로써 피조세계를 주관하는 여호와의 능력을 부각시킨다. 더욱이 창조와 관련된 '펴다'נטה, '세우다'יסד, '짓다'יצר라는 동사들이 여호와의 새 창조의 역사를 강조하는 시편과 이사야서에도 집중적으로 반영되고 있음은 주목해 볼만하다[시104:2; 사34:11; 사43:1, 7, 21; 49:5].[139] 다시 말해, 이사야서와 마찬가지로 스가랴서 역시 창조주로서의 여호와의 속성을 부각시킴으로써 새로운 창조 질서의 회복, 즉 새 창조의 구속의 시대를 예고하고 있는 것이다.

이와 같은 종말의 새 창조와 구속은 예루살렘과 유다의 승리를 통해 이루어질 것이다. 2절은 장차 예루살렘과 유다가 사방으로 몰려드는 열방들로부터 공격을 받을 것이나 오히려 열방을 심판하는 도구가 될 것임을 선언한다. 특히 1-9절은 사방으로 에워싼 열방들에 대한 예루살렘과 유다의 승리는 다양한 그림 언어로 비유한다. ① 예루살렘은 "취하게 하는 잔"סף־רעל으로 간주된다[2절]. 비록 동일한 단어는 아니지만 "잔"כוס이라는 표현들은 이사야서 51장 17절, 22절, 예레미야서 25장 15-16절과 같은 본문에서 여호와의 진노를 설명할 때 사용되기도 한다.[140] 그렇다면 2절은 열방의 백성들이 예루살렘을 공격하여 이 도성을 단숨에 들이마시겠지만, 그 결과는 예루살렘을 공격한 열방의 백성들이 도리어 비틀거리며 정신을 잃게 될 것임을 알려 준다. 즉 예루살렘을 공격하는 열방 민족들은 술잔을 마시고 휘청거리는 자들처럼, 예루살렘으로 인해 심판을 경험하게 될 것이다. ② 예루살렘은 "무거운 돌"이 될 것이다[3절]. 이 표현은 4장에서 집중적으로 부각되었던 성전의 기초석 이미지를 연상시킨다. 비록 열방의 백성들이 예루살렘을 공격하겠지만, 그들은 심각한 타격을 받게 될 것이다. "상하다"라는 히브리어 동사 '사라트'שׂרט는 '베다', '자르다'라는 의미를 지니며, 이방 교도들의 의식 가운데 몸을 자해하는 행위를 가리킬 때 사용된다[레21:5; 참조 왕상18:28].[141] 이것은 열방의 백성들이 입게 될 타격의 심각성을 잘 묘사해 준다. 즉 열방의 백성들이 피흘림의 고통과 같은 심각한 심판을 경험하게 될 것임을 예고해 준다. ③ 여호와께서는 열방의 기갑부대의 공격으로부터 유다를 보호해 주실 것이다4-5절. 여호와께서는 열방의 기갑부대를 "놀라게 하며" "미치게 하며" "눈멀게 하신 것이다".

흥미롭게도 4절에 동시에 등장하는 "놀람", "미침", "눈 멈"이라는 세 히브리어 단어 '티마혼'תִּמָּהוֹן, '쉬가온'שִׁגָּעוֹן, '이바론'עִוָּרוֹן은 신명기 28장 28절에 열거된 언약 파기자들의 저주들을 가리킬 때 사용된 명사들이다.[142] 그렇다면 이 단어들은 열방의 기마 부대들의 철저한 좌절과 멸망을 암시해 준다. ④ 유다의 지도자들은 불길처럼 열방을 멸망시킬 것이며, 유다의 영광이 회복될 것이다6-7절. 여기서 유다의 지도자들은 나무를 태우는 "화로"와 곡식단을 태우는 "횃불"에 비유되는 반면, 대적들은 불타는 "나무"와 "곡식단"으로 비유된다. 곡식단을 태우는 "횃불"의 이미지는 블레셋 사람들을 철저하게 파멸시킨 삼손의 전투를 연상시킨다삿15장.[143] 또한 이 불의 이미지는 스가랴서 2장 1-5절에 묘사된 불성곽을 떠올리게 한다. 이와 마찬가지로, 본문은 유다의 지도자들이 그들을 공격하는 열방의 군사들을 완전히 섬멸시킬 것이며, 외부로부터 유다의 안전이 보장될 것임을 예고한다. 흥미롭게도 본문은 예루살렘과 다윗의 집보다는 유다의 승리와 영광을 더욱 우선시한다.[144] 즉 저자는 승리의 범위를 다윗 왕조가 다스리는 예루살렘 도성으로 국한시키지 않고, 유다 전 영역으로 확장시키고 있다. '영광'을 뜻하는 히브리어 명사 '티프에레트' תִּפְאֶרֶת는 예루살렘 성전사60:7; 63:15; 시96:6, 법궤시78:61, 대제사장의 의복출28:2, 40, 제왕의 왕관사28:5; 잠4:9; 사62:3; 렘13:18; 겔16:12의 아름다움과 위엄을 나타낼 때 사용된다. 또한 이 단어는 여호와의 속성을 나타내기도 한다시71:8; 대상 29:11.[145] 이것은 승리한 유다의 영광스러운 위치와 상태를 잘 반영해 준다.

⑤ 넘어진 자들은 일어서서 다윗처럼 될 것이며, 다윗 족속은 하나님과 같이 될 것이다. 개역개정에 "약한 자"로 번역된 히브리어 '하니크샬'הַנִּכְשָׁל은 '넘어지다', '비틀거리다'는 뜻을 지닌 히브리어 동사 '카샬'כָּשַׁל에서 파생된

말로서 '넘어지는 자'로 번역되는 것이 더 바람직하다. 구약의 선지자들은 예루살렘과 유다의 백성들의 심판을 경고할 때 이 단어를 사용한 바 있다사3:8; 렘6:21; 호4:5.[146] 즉 예루살렘과 유다의 백성들은 영적인 분별력을 상실한 체 비틀거림으로써 심판을 초래하고 말았다. 그러나 넘어진 예루살렘은 이제 영광의 왕으로서 적군을 섬멸하는 다윗과 같이 다시 일어설 것이다. 비록 장정은 넘어지더라도 여호와를 앙망하는 자는 새 힘을 얻듯이사40:30-31, 예루살렘의 백성들은 그 영광을 회복할 것이다. 나아가 "다윗 족속은 하나님 같고"라는 표현은 포로귀환 백성들이 다윗언약의 수혜자들임을 암시한다. 이제 다윗의 왕권을 수행할 유다의 백성들은 여호와의 대리자로서 그분의 왕권을 수행하게 될 것이다.[147] 이런 약속은 다윗 언약의 보편성을 강조한 이사야서 55장 3절을 연상시킨다.

> "너희는 귀를 기울이고 내게 나아와 들으라 그리하면 너희의 영혼이 살리라 내가 너희를 위하여 영원한 언약을 맺으리니 곧 다윗에게 허락한 확실한 은혜니라"

아담과 하와는 하나님의 말씀을 거역하며 하나님과 같이 되려고 했으나 결국 실패하고 말았다. 그러나 여호와께서는 그 날에 그분의 백성들을 그분과 같은 자들이 되도록 변화시켜 주실 것이다. 이것은 그들이 다시 하나님의 온전한 형상으로 회복될 것임을 의미하며, 다윗 시대의 번영과 영광이 다시 구현될 것임을 상징해 준다. 나아가 "무리 앞에 있는 하나님의 사자와 같이"라는 표현은 광야를 지나 약속의 땅을 향해 진군하는 이스라엘 지파들의 행진에 앞서 그들을 이끄는 여호와의 사자의 역할을 연상시켜 준다출14:19; 15:3.[148] 그러므로 예루살렘을 공격하는 무리들은 파멸당할 수밖에 없으며, 예루살렘은 여호와의 든든한 보호처소가 될 것이다.

B. 고난 당한 자를 위한 애통 12:10-3:1

"¹⁰ 내가 다윗의 집과 예루살렘 주민에게 은총과 간구하는 심령을 부어 주리니 그들이 그 찌른 바 그를 바라보고 그를 위하여 애통하기를 독자를 위하여 애통하듯하며 그를 위하여 통곡하기를 장자를 위하여 통곡하 듯하리로다 ¹¹ 그날에 예루살렘에 큰 애통이 있으리니 므깃도 골짜기 하다드림몬에 있던 애통과 같을 것이라 ¹² 온 땅 각 족속이 따로 애통하되 다윗의 족속이 따로 하고 그들의 아내들이 따로 하며 나단의 족속이 따로 하고 그들의 아내들이 따로 하며 ¹³ 레위의 족속이 따로 하고 그들의 아내들이 따로 하며 시므이의 족속이 따로 하고 그들의 아내들이 따로 하며 ¹⁴ 모든 남은 족속도 각기 따로 하고 그들의 아내들이 따로 하리라 ³:¹ 그날에 죄와 더러움을 씻는 샘이 다윗의 족속과 예루살렘 주민을 위하여 열리리라"

12장 10절은 백성들에게 부어지는 은총과 간구하는 심령을 강조하며, 이스라엘 백성들이 찌른 자를 위한 애통을 부각시키고 있다. 심령에 해당하는 히브리어 '루아흐'רוח는 '호흡', '바람', '영'과 같은 의미로서 쓰인다. 그렇다면 본문에서는 어떤 의미로 사용되고 있는가? ① 메릴은 이 단어를 여호와의 영이라는 의미로 이해해서는 안 된다고 주장한다. 그는 본문에 등장하는 '루아흐'를 삼위 하나님의 제3격인 성령으로 해석하는 견해에 부정적인 입장을 취한다. 오히려 그는 이 단어를 "행동의 과정을 촉진시키는 여호와로부터 오는 확신 혹은 신념"으로 이해한다.[149] 맥코미스키와 같은 학자도 메릴의 입장과 같이 이 단어를 인간의 심리적 측면으로 해석한다.[150] ② 반면에 보다는 이 '루아흐'를 여호와의 영으로 이해한다.[151] 특히 그는 영을 '부어주다'라는 히브리어 동사 '샤파크'שפך의 용법에 집중한다. 이 동사는 구약의 다른 선지서 본문에 등장하는데, 이 곳에서도 '루아흐'는 '여호와의 영'으로 소개되고 있다. 이런 관점에서 볼 때, 보다는 본문에 등장하는 '루아흐'는 인간의 심리적 측면보다는 여호와의 영으로 해석하는 것이 바람직하다고 본다. 필자 역시 ②의 해석에 더 무게를 두고 싶다. 특히 이 여호와의 영은 '은총'와 '간구'의 영으로 묘사된다. '은총' 혹은 '긍휼'을 뜻하는 히브리어 '헨'(חֵן)은 스가랴서 11장 4-7절에서 여호와와의 언약적 단절을 상징하기 위해 사용된 선지자의 막대기를 연상시킨다. 다시 말해, 스가랴서 11장 4-7절에서는 이 막대기가 부러짐으로써 은총의 자리가 사라지지만, 스가랴서 12장 10절에서는 이 은총이 다시 주어짐으로써 이전의 상태가 다시 반전됨을 알 수 있다. '간구'를 뜻하는 히브리어 '타하누님'(תַּחֲנוּנִים)은 하나님께 은혜를 구하는 행위를 암시한다시28:2, 6.[152] 또한 이 단어는 백성들의 참회하는 태도 혹은 반응과도 밀접한 연관성이 있다대하6:21; 31:9; 단9:3, 17, 18, 23.[153] 이런 관점에서 볼 때, 이 두 단어는 하나님의 영의 사역과 그 측면들을 강조해 준다. 즉 회복된 관계를 통해 그분의 백성들에게 은혜를 허락하시며, 그들이 회개로 반응하도록 간섭하시는 성령의 역사를 부각시킨다.

이제 우리는 "그 찌른 자"좀더 정확하게 말하면, 찔림을 당한 자의 정체에 대해 논의해 볼 필요가 있다. 과연 "그 찌른 자"는 누구를 가리키는가? 학자들은 이 질문에 대한 해답을 제시하기 위해 다양한 접근을 시도해 왔다. ① 피터센은 이 찔림 받은 자를 희생제물로 바쳐진 아이들로 해석한다.[154] 그에 따르면, 실제로 이스라엘 안에서도 유아 희생제사가 있었으며왕하16:3; 17:31; 23:10, 12장 10절에 나타난 죽음은 살인 행위가 아닌 백성들에 의해 자행된 것이며, 결국 탄식과 애통을 수반하게 된다는 것이다. 하지만 본문의 배경은 여호와의 예루살렘 회복과 구원에 있기 때문에, 이런 해석은 본문의 배경과 다소 부합하지 않는다. ② 올렌버거는 이 찔림 당한 자의 정체를 정확하게 규정할 수는 없으나, 요시야나 그달리야처럼 무참히 살해당하는 한 왕족으로 이해한다.[155] ③ 스위니는 이 찔림 당한 자의 정체가 성전 건축자인 '스룹바벨'을 가리킬 수 있다고 추측한다. ④ 어떤 학자들은 이 찔림 당한 자의 죽음과 애곡의 의식을, 바알 의식과 연결시킨다.¹⁵⁶ 하닷 림몬이 '암몬의 아들'을 잘못 표기한 단어라면, 이 단어는 바알의 아람어식 표현일 수 있다. 하지만 본문은 여호와의 구원을 강조하기 때문에, 바알의 의식의 갑작스런 등장은 본문의 맥락과 잘 부합하지 않는다. ⑤ 메릴은 이 찔림 당한 자를, 여호와로 해석한다. 그러므로 여호와께서 찔림을 당한다는 표현은 이스라엘 백성들의 불순종으로 인해 그의 성품이 훼손당했음을 묘사해 주는 일종의 메타포가 된다.¹⁵⁷ ⑥ 메이어스와 메이어스는 이 본문에 등장하는 백성들이 여호와와 찔림을 당한 자를 동시에 바라본다고 이해한다.¹⁵⁸ 필자는 ②, ③, ⑤의 입장을 긍정적으로 수용한다. 즉 이 찔림 당한 자는 요시야 왕 혹은 스룹바벨과 같은 여호와의 메시아적 인물로 간주될 수 있으며, 그는 여호와의 대리자이기 때문에 그의 고난은 바로 여호와의 고난과도 동일시될 수 있다. 다시 말해, 백성들이 이 사람을 핍박하고 찌르는 행위는 여호와를 핍박하고 여호와를 향해 공격하는 행위와 다를 바 없는 것이다. '그들이 그 찌른 바 그를 바라보고'라는 개역개정의 번역은 다소 모호하다. 원문의 표현대로 "그들이 찔렀던 자, 나를 바라보고"וְהִבִּ֥יטוּ אֵלַ֖י אֵ֣ת אֲשֶׁר־דָּקָ֑רוּ라고 번역해야 더 정확하다. 다시 말해, 원문은 화자를 여호와로 간주하고 있으며, 찔림을 당한 자를 여호와 자신을 가리키는 1인칭 화법의 '나'라고 묘사하고 있다. 그러나 곧 이어 이 찔림을 받은 자는 3인칭으로 묘사되며, 백성들의 애곡의 대상으로 나타나고 있다. 그러므로 필자는 이 찔림 당한 자의 정체를 다윗 왕족에 속하는 여호와의 대리자적 인물¹⁵⁹로 해석하며, 이 인물의 고난과 죽음은 여호와의 고난과 죽음과 동일시되고 있다고 이해한다.

'찌르다'라는 히브리어 동사 '다카르' דָּקַר는 전투에서 칼이나 무기로 찌르는 행위를 묘사하고 있으며민25:8; 삿9:54; 삼상31:4; 사13:15; 렘37:10; 51:4, 치명적인 상처나 죽음을 초래하는 행위까지도 포함하고 있다.¹⁶⁰ 그러므로 이 "찔림을 받은 자"는 큰 상처에 의해 죽임을 당한 자임을 추측할 수 있다. 독자나 장자의 죽음을 애통하듯이, 백성들은 이 사람의 죽음을 슬퍼하며 심히 애통해 할 것이다. 특히 예루살렘의 애통은 므깃도 골짜기 하다드림몬의 애통과 같을 것이다. 어떤 학자들은 하다드림몬을 바알신의 아람어식 표현으로 해석하여 가나안 의식과 연결시키고자 하지만, 하다드림몬은 곡을 하던 장소로 해석하는 것이 바람직하다.[161] 아마도 이 곳은 스위니의 제안대로 요시야 왕이 애굽에 의해 무참히 죽음을 당했던 므깃도 골짜기와 깊은 관련이 있는 듯하다.[162] 역대하 35장 24-25절은 요시야의 죽음을 애도하는 백성들과 예레미야 선지자의 탄식을 소개하고 있으며, 상복을 입고 요시야의 죽음에 대해 곡을 하는 남자들과 여인들을 언급하고 있다. 아마도 이 찔림 당한 자의 죽음은 요시야의 죽음처럼 많은 이들로부터 슬픔과 애통을 안겨다 줄 것이다. 12-13절은 통곡하는 자들의 부류를 네 가지 족속, 즉 다윗 족속, 나단 족속, 레위 족속 및 시므이 족속으로 나눈다. 아마도 이 족속들은 예루살렘의 대표적인 족속들을 가리키는 듯하다.[163] 다윗 족속은 왕족을 대표하며, 나단 족속은 대표적인 선지자의 족속을 상징하는 듯하며,[164] 레위 족속은 예루살렘 성전의 사역을 주관하는 제사장 계열을 대표하며, 시므이 족속은 성전 음악을 담당하는 레위 족속을 대표하는 듯하다. 14절은 나머지 모든 족속들이 이 찔림 당한 자의 죽음을 애도하며 통곡할 것임을 강조한다.

13장 1절은 전형적인 종말론적 공식, "그 날에"יוֹם הַהוּא라는 표현으로 시작한다. 즉 종말에 도래할 주님의 날에 일어날 구원의 시대를 암시해 준다. 여기서 새 시대에 일어날 놀라운 일은 예루살렘이 정화될 것이라는 점이다. 이것은 정결 혹은 정화가 애통과 참회의 결과로 나타날 것임을 암시해 준다. "샘"으로 번역된 히브리어 '마콜'מָקוֹר은 종종 성적 문란, 질병, 부정 상태를 정화시킬 때 사용된다(레22:1-9). 이처럼 백성들의 참회와 회개는 그들의 죄악을 씻어주며, 그들의 심령을 정결케 만들어 줄 것이다. 특히 "샘"의 이미지는 성전에서 흘러나오는 물 이미지(겔47장)와 유사하기 때문에, 아마도 이 "샘"은 성전과 깊은 연관성이 있는 듯하다.[165] 만약 그렇다면 예루살렘의 죄악은 회복시키는 하나님의 임재의 정화 작업에 의해 정결케 될 것이다.

C. 예루살렘의 정결 13:2-6

"2 만군의 여호와가 말하노라 그날에 내가 우상의 이름을 이 땅에서 끊어서 기억도 되지 못하게 할 것이며 거짓 선지자와 더러운 귀신을 이 땅에서 떠나게 할 것이라 3 사람이 아직도 예언할 것 같으면 그 낳은 부모가 그에게 이르기를 네가 여호와의 이름을 빙자하여 거짓말을 하니 살지 못하리라 하고 낳은 부모가 그가 예언할 때에 칼로 그를 찌르리라 4 그 날에 선지자들이 예언할 때에 그 환상을 각기 부끄러워할 것이며 사람을 속이려고 털옷도 입지 아니할 것이며 5 말하기를 나는 선지자가 아니요 나는 농부라 내가 어려서부터 사람의 종이 되었노라 할 것이요 6 어떤 사람이 그에게 묻기를 네 두 팔 사이에 있는 상처는 어찌 됨이냐 하면 대답하기를 이는 나의 친구의 집에서 받은 상처라 하리라"

13장 2절에서 여호와께서는 이스라엘의 문제점들을 지적하며 그것들을 제거하실 것임을 천명하신다. 이스라엘이 안고 있는 심각한 죄악의 요소들은 무엇인가? 본문은 이 요소들을 우상의 이름과 거짓 선지자와 부정한 영으로 소개하고 있다. 먼저 여호와께서는 우상의 이름을 제거하실 것이다. 아마도 포로기 후의 이스라엘 공동체 가운데에도 여전히 포로기 전 혹은 포로기 시대에 만연했던 우상 숭배가 자행되었던 것 같다. 그러므로 스가랴는 포로기 전 혹은 포로기 시대의 선지자들처럼 오직 여호와만을 경배할 것을 촉구하고 있는 것이다. 또한 "이름"을 제거한다는 것은 그 신을 기억 못하게 만든다는 뜻을 함축한다. 예를 들면, 인간은 이름을 남겨 후손들에게 기억하도록 만든다신25:5-10. 더욱이 신 역시 이름을 가질 수 있으며, 그 이름은 후대에도 기억되었던 것 같다. 그러므로 스가랴는 오직 여호와의 이름만이 기억되도록 모든 신들의 이름이 제거될 것임을 강조하고 있다.

둘째, 여호와께서는 우상뿐만 아니라 거짓 선지자와 더러운 귀신을 제거하실 것이다. 3절은 부정한 영의 영향을 입어 거짓을 예언하는 선지자들의 심각성을 지적하며, 이 거짓 선지자의 운명을 예고한다. 즉 거짓 선지자는 부모의 권위 아래 죽임을 당할 것이다신21:18-21. 신명기 21장 18-21절에 의하면, 거짓을 예언한 선지자는 장로들의 판결에 따라[166] 죽임을 당하였지만, 본문은 부모의 판단에 의해 즉각적으로 처결될 것임을 강조한다13:3절. 특히 거짓을 예언한 자의 죄목은 여호와의 이름을 망령되이 일컫는 십계명의 죄악과 동일시되고 있음은 주목해 볼만하다출20:7. 한편 보다의 주장대로 이런 거짓 선지자의 행위들은 우상숭배와 직결되었을 것이다신13장. 그러므로 본문은 거짓 선지자들의 행위들과 그 죄악은 즉시 제거되어야 마땅함을 강조하고 있다.[167]

4절은 거짓 선지자들에 대한 비난을 더욱 가속화시켜 나간다. 선지자들은 자신의 이상을 부끄러워할 것이며, "털 옷"을 입지 않을 것이다. 이 "털 옷"을 입지 않을 것이라는 말은 무엇을 의미하는가? 아마도 거짓 선지자들은 엘리야의 옷을 연상시키는 이 "털 옷"을 입어 스스로를 참 선지자처럼 포장했던 것 같다. 이런 관점에서 볼 때, 이 "털 옷"은 이삭의 눈을 속여 에서의 털 옷을 입은 야곱의 거짓된 태도를 연상시킨다창25:25.[168] 이처럼 스가랴는 이런 위선적인 태도에 대해 비난의 메시지를 던지고 있으며, 종말의 "그 날"이 이르면 이런 위선된 태도들이 모두 사라질 것임을 강조한다. 5절에서 선지자들은 "나는 선지자가 아니요 나는 농부라"라고 말하면서 자신의 선지자적 신분을 부정한다. 이러한 선지자들의 자기 부인 형식은 아모스 선지자의 이야기를 연상시킨다.[169] 벧엘에서 예언하지 말고 유다로 돌아가라는 벧엘의 제사장 아마샤의 도전에 대해 아모스는 다음과 같이 대답한 바 있다.

"14 아모스가 아마샤에게 대답하여 이르되 나는 선지자가 아니며 선지자의 아들도 아니라 나는 목자요 뽕나무를 재배하는 자로서 15 양 떼를 따를 때에 여호와께서 나를 데려다가 여호와께서 내게 이르시기를 가서 내 백성 이스라엘에게 예언하라 하셨나니"암7:14-15

이러한 아모스의 진술은 자신이 선포한 메시지의 선지자적 권위를 강조하기 위함이었다. 다시 말해, 아모스는 자신이 전통적인 선지자 계열이 아님에도 선지자들과 동일한 하나님의 예언적 권위를 부각시킨다. 그러나 스가랴서 13장 5절의 진술은 아모스의 상황과는 정반대가 된다. 다시 말해, 스가랴서 13장 5절의 진술은 거짓 선지자들이 예언적 권위를 상실한 것임을 강조한다. 6절은 이 거짓 선지자들의 실상을 더욱 분명하게 보여 준다. 이들은 두 팔 사이에 상처를 입는다. 이 상처는 이교도의 우상 숭배 의식과 깊은 관련이 있다.[170] 예를 들면, 칼로 몸을 베는 의식은 바알 종교 제의의 일부분이었을 것이다왕상18:28. 그런데 이 상처는 "친구의 집"에서 받은 상처로 소개된다. 그렇다면 이 친구의 집은 우상 숭배하는 자들을 가리키는 표현이라고 말할 수 있다. 비록 거짓 선지자는 이교도의 의식으로 상처가 난 몸을 속이기 위해 옷으로 그 상처를 가리겠지만, 그들의 상처는 드러나고 말 것이다.

(3) 현대적 적용

1) 목자와 종의 고난

스가랴서 12장 10절에서 찔림 당한 자는 3인칭과 1인칭으로 반복적으로 묘사된다. 다시 말해, 이 찔림 당한 자는 3인칭으로 간주되는 여호와의 '대리자'로 소개되지만, 1인칭으로 묘사되는 '여호와' 자신으로 묘사되기도 한다. 그러므로 스가랴는 이스라엘 백성들로부터 고난을 받아 죽음에 이르는 한 목자의 고난을 여호와의 고난으로 동일시한다. 우리는 이사야서 52장 13절-53장 12절에서 이스라엘로부터 배척을 받아 버림을 당하는 이와 유사한 한 익명의 종을 만날 수 있다. 이 종은 찔림을 받으며, 상함을 입으며, 징계를 받음으로써 평화와 치유를 가져다 준다.

> "그가 찔림은 우리의 허물 때문이요 그가 상함은 우리의 죄악 때문이라 그가 징계를 받으므로 우리는 평화를 누리고 그가 채찍에 맞으므로 우리는 나음을 받았도다"사53:5

나아가 이사야는 악인의 죄악이 이 종의 희생적인 죽음으로 성취될 것임을 예고한다.

> "그러므로 내가 그에게 존귀한 자와 함께 몫을 받게 하며 강한 자와 함께 탈취한 것을 나누게 하리니 이는 그가 자기 영혼을 버려 사망에 이르게 하며 범죄자 중 하나로 헤아림을 받았음이니라 그러나 그가 많은 사람의 죄를 담당하며 범죄자를 위하여 기도하였느니라"사53:12

흥미롭게도 고난을 받아 죽음에 이르는 이 고난의 종은 스가랴서에 묘사된 찔림 받은 고난의 목자와 사뭇 유사하다. 이사야서 53장에 등장하는 고난의 종이 그의 죽음으로 백성들의 죄악을 담당하듯이, 스가랴서 12장 1절-13장 6절에 묘사된 목자의 고난은 백성들의 죄를 깨닫게 하며 회개에 이르게 한다. 다시 말해, 목자의 고난 뒤에 백성들의 탄식과 회개가 뒤따르듯이, 그리스도의 고난과 죽음은 그리스도를 거부하던 민족들의 회개를 불러일으킨다. 요한계시록 1장 7절은 스가랴서 12장 10절에 등장하는 애통하는 자들처럼, 그리스도를 찌른 자들의 눈물과 탄식을 보여 준다. 스코비C. H. H. Scobie는 그리스도를 찌른 자들의 애통을 "참회"의 관점으로 해석한다.

> 인자로서 재림하는 그리스도는 찔림을 당하여 고난 받아 죽었던 그 그리스도이다. 마지막 완성의 날에 모든 사람들이 그를 볼 것이며 그를 죽음으로 내 몰았던 자들도 그를 볼 것이다. 그들의 애통과 애곡의 이유는 그들이 자행했던 행위와 그들을 기다리고 있는 운명 때문으로 해석되어 왔다. 그러나 아마도 그들의 눈물은 참회의 눈물로 해석되는 것이 더 타당하다. 요한의 환상이 의미하는 바는, 그리스도의 재림 때 예수를 죽음으로 몰아넣은 자들조차도 자신의 죄를 애통해 하며 회개할 수 있는 기회를 얻게 될 것이라는 점이다.[171]

놀랍게도 스가랴서는 이 목자의 찔림을 하나님 자신의 찔림으로 간주한다. 실로 스가랴서는 하나님께서 인간의 고난에 참여하심으로써 백성들의 회개를 불러일으키실 것이라는 이해불가능한 메시지를 전달한다. 어떻게 하나님께서 인간의 고난을 맛보실 수 있는가? "근본 하나님의 본체시나 하나님과 동등됨을 취할 것으로 여기지 아니하시고 오히려 자기를 비어 종의 형체를 가지사 사람들과 같이 되셨고 사람의 모양으로 나타나사 자기를 낮추시고 죽기까지 복종하신"빌 2:6-8 그리스도의 성육신만이 이 질문의 유일한 해답이 될 수 있다.

2) 찌른 자들의 애통

앞서 살펴보았듯이 스가랴는 찔림을 당한 자의 정체를 여호와 자신혹은 여호와를 대변하는 자로 규정하고 있다. 그런데 요한은 예수의 고난과 죽음을 묘사할 때 스가랴서 12장 10절을 인용한다. 이것은 요한이 스가랴서 12장 10절에 묘사된 "찔림 당한 자"의 정체를 예수 그리스도로 규정하고 있음을 시사해 준다요19:37. 즉 요한은 예수 그리스도의 죽음이 스가랴서 12장 10절의 예언을 성취하고 있으며, 예수님이야말로 구약에 예언된 바로 그 메시아적 인물임을 천명하고 있는 것이다.[172] 한편 요한은 메시아를 찌른 로마 군인의 회개요19:33-35도 강조하는 바, 아마도 이 부분을 다룰 때 스가랴서 12장 10절에 나타난 찌른 자의 회개 사상을 염두에 두고 있는 듯하다. 또한 요한은 주님의 강림을 목격할 자들의 대상 가운데 "메시아를 찌른 자"를 언급하고 있다계1:7. 아마도 요한은 주님의 강림의 때를 스가랴서 12장 10절의 맥락과 연결시키고 있는 듯하다. 다시 말해, 찔림을 당한 자로 인해 애통하며 회개하는 일들이 주님의 강림의 때에 일어날 것임을 시사해 준다.

"볼지어다 그가 구름을 타고 오시리라 각 사람의 눈이 그를 보겠고 그를 찌른 자들도 볼 것이요 땅에 있는 모든 족속이 그로 말미암아 애곡하리니 그러하리라 아멘"계1:7

예수님을 찌르고 회개하는 이방의 로마 병사를 가리키기 위해 스가랴서 12장 10절을 인용했던 요한요19:37은 이 "찌른 자"의 대상 범위를 이방인에게로 확대시킨다. 비일의 진술처럼, 요한계시록 1장 7절에서 "스가랴의 본문은 두 가지 방식으로 변경된다. 즉 '각인의 눈'과 '땅'이라는 표현이 추가되어 원 의미가 보편화된 것이다."[173] 그는 계속해서 다음과 같이 주장한다.

하나님께서 보내신 자를 거절함과 그에 따른 회개의 애통함은 이스라엘에게로만 제한되지 않고 모든 족속에게로 확대된다. 애통하는 자들은 실제로 예수님을 십자가에 못박은 자들뿐만 아니라 예수님을 거절하여 죄책감을 느끼는 자들도 포함한다. 요한계시록 1장 7절에 묘사된 족속들은 자신들 때문이 아닌 예수님 때문에 애통해 하며, 이런 맥락은

심판보다는 회개의 관점과 잘 부합한다.[174]

그러므로 스가랴서 12장 10절에 묘사된 '이스라엘 민족'의 애통은 '회개하는 믿음의 족속들'의 애통으로 확대되며, 이는 계시록에서 예수 그리스도를 믿는 족속들이 참된 이스라엘로 이해되고 있음을 의미한다. 이러한 성경 신학적 맥락은 마태복음 24장 30-31절에도 발견된다.

> "30 그때에 인자의 징조가 하늘에서 보이겠고 그때에 땅의 모든 족속들이 통곡하며 그들이 인자가 구름을 타고 능력과 큰 영광으로 오는 것을 보리라 31 그가 큰 나팔소리와 함께 천사들을 보내리니 그들이 그의 택하신 자들을 하늘 이 끝에서 저 끝까지 사방에서 모으리라"

여기서 마태는 스가랴서 12장 10절에 묘사된 찌른 자의 대상을 모든 족속으로 확대시킨다. 다시 말해, 마태는 모든 족속들이 예수님을 찌른 자로서 애통해 할 것이라고 말한다. 여기서 마태가 언급한 "통곡"은 분명 스가랴서 12장 10절에 묘사된 통곡을 암시한다.[175] 그렇다면 스가랴서 12장 10절을 사상적 배경으로 삼고 있는 마태복음 24장 30절은 심판과 멸망의 이미지보다는 '돌이킴' 혹은 '회개'의 사상을 더욱 부각시켜 준다.[176] 그러나 프랑스R. T. France는 스가랴서 12장 10절을 인용하는 신약 본문의 '애통'을 회개의 관점이 아닌, 죄책과 절망을 나타내는 표현으로 해석한다.[177] 다시 말해, 프랑스는 신약의 저자가 스가랴의 '회개'의 관점을 '죄책 혹은 절망'의 관점으로 새롭게 발전시켰다고 이해한다. 그렇지만 신약의 저자가 스가랴의 의도를 변경시켰다고 볼 수는 없으며, 오히려 스가랴서 12장 10절의 '회개' 모티브가 신약 본문에도 그대로 반영되고 있다고 보는 것이 적절해 보인다. 그러므로 스가랴서 12장 10절에 등장하는 '찌른 자의 애통'은 구약 시대에는 이스라엘 민족의 애통을, 예수님 시대에는 예수님을 찌른 로마 병사의 애통을, 종말에는 예수님을 거절하여 죄책을 느끼는 모든 족속들의 애통으로 적용된다.

3) 회개의 영

스가랴는 이스라엘 백성들이 찔림을 당한 자로 인해 애통해 하며 슬퍼할 것임을 예고한다. 특히 스가랴는 찔림 당한 자의 죽음을 독자 혹은 장자의 죽음과 비교한다10절. 이것은 장자의 죽음 때문에 큰 통곡이 발생했던 애굽의 마지막 재앙을 연상시킨다. 또한 이 표현은 죽음 앞에 직면한 사랑하는 독자에 대한 아브라함의 비애를 느끼게 한다. 그러나 이와 같은 참회와 통곡의 눈물은 어떻게 가능한가? 스가랴는 이 놀라운 반전이 성령의 감동으로 가능케 된다는 점을 분명히 지적하고 있다. 백성들이 자신의 죄악된 행위, 좀더 구체적으로 말하면 어떤 이를 핍박하고 고난을 가한 죄악에 대해 참회하는 기적은 오직 성령의 역사로 이루어진다. 성령에 의한 전인적 변화의 역사는 이미 이사야, 예레미야, 에스겔 그리고 요엘과 같은 선지자들을 통해 이미 예견된 바 있다사32:15; 겔39:29; 욜2:28-32. 그러나 스가랴는 성령의 사역에 의한 회개의 측면을 보다 더 부각시키고 있다. 즉 스가랴는 뉘우치고 깨닫고 죄를 고백하는 것조차도 하나님의 성령의 감동이 없이는 불가능함을 간접적으로 시사해 주고 있다. 그러므로 스가랴는 성령의 감동으로 회개의 역사가 일어나는 새 시대를 고대했던 것이다. 신약의 기자들은 바로 이 새 시대의 날이 오순절 성령의 강림으로 성취된다고 선언한다. 특히 그들은 죄에 대한 회개를 위해 무엇보다도 성령의 역할이 결정적임을 강조하고 있다. 예를 들면, 누가는 예수님을 십자가의 죽음으로 이끈 유대인들이 성령의 역사를 통해 그들의 죄를 깨닫게 되었다는 메시지를 분명하게 전달한다.

"36 그런즉 이스라엘 온 집은 확실히 알지니 너희가 십자가에 못 박은 이 예수를 하나님이 주와 그리스도가 되게 하셨느니라 하니라 37 그들이 이 말을 듣고 마음에 찔려 베드로와 다른 사도들에게 물어 이르되 형제들아 우리가 어찌할꼬 하거늘 38 베드로가 이르되 너희가 회개하여 각각 예수 그리스도의 이름으로 세례를 받고 죄 사함을 받으라 그리하면 성령의 선물을 받으리니 39 이 약속은 너희와 너희 자녀와 모든 먼 데 사람 곧 주 우리 하나님이 얼마든지 부르시는 자들에게 하신 것이라 하고"행2:36-39

누가는 구약, 특히 요엘서에 약속된 성령의 부어주심이 지금 성취되고 있으며33절 이러한 성령의 역사가 유대인들로 하여금 회개에 이르도록 이끌고 있음에 주목한다. 실로 베드로의 메시지를 듣던 유대인들은 그들이 예수님을 십자가의 죽음으로 내몰았다고 고백한다. 그러나 자신들의 실상과 죄악을 깨달은 유대인들은 마침내 새 이스라엘 공동체의 회원이 되며, 초대 교회의 밑거름이 된다. 예수님의 고난과 죽음을 바라보며 어떻게 우리의 죄를 깨달을 수 있는가? 오직 성령의 감동으로만 가능하다. 하나님께서는 하나님의 아들을 거부하는 완고한 백성들을 성령의 감동으로 참 회개에 이르게 하시며 그들을 언약의 새 백성으로 불러모아 새 창조의 역사를 완성해 나가신다.

4) 정결의 샘

스가랴는 죄를 씻는 "샘"이 흘러나와 백성들의 부정한 죄악들이 정결케 될 것임을 예고한다. 이 "샘"은 에스겔서 47장에 묘사된 성전에서 흘러나오는 물을 연상시키며, 계시록에 등장하는 영혼을 소생시키는 생명수와도 연결되는 듯하다계22:1-3. 흥미롭게도 예수 그리스도께서는 부정한 죄악을 깨끗이 씻어주는 이 "샘"이 자신으로부터 흘러나온다고 선언하심으로써 자신을 그 종말의 성전과 동일시하신다. 그리하여 예수 그리스도께서는 "누구든지 목마르거든 내게로 와서 마시라 나를 믿는 자는 성경에 이름과 같이 그 배에서 생수의 강이 흘러나오리라"요7:37b-38라고 말씀하신 바 있다. 놀랍게도 요한은 "이는 그를 믿는 자들이 받을 성령을 가리켜 말씀하신 것이라"요7:39라고 언급하면서 예수님께로부터 흘러나오는 이 생수를 "성령"으로 이해한다. 즉 예수 그리스도께서 보내시는 성령은 죄를 씻어주며 죄악된 영혼을 정결케 해 준다. 그러므로 죄를 씻어주는 스가랴의 "샘"은 그리스도께서 보내시는 생수, 즉 정결의 성령을 통해 이루어진다. 스가랴는 스가랴서 1장 1-6절에서 포로 귀환 공동체를 향해 회복의 열쇠로서 '회개'가 절실함을 역설한 바 있으며, 종말의 회복도 역시 '회개'가 선행되어야 함을 거듭 강조한다. 이사야는 "내가 또 내 손을 네게 돌려 네 찌꺼기를 잿물로 씻듯이 녹여 청결하게 하며 네 혼잡물을 다 제하여 버리고 내가 네 재판관들을 처음과 같이, 네 모사들을 본래와 같이 회복할 것이라 그리한 후에야 네가 의의 성읍이라, 신실한 고을이라 불리리라"라고 말하면서 하나님과의 회복을 위해 죄를 씻는 정결이 선행되어야만 함을 강조한 바 있다사1:25-26. 오늘 우리의 신앙 공동체 역시 예외가 될 수 없다. 죄를 씻는 "샘"이 우리의 찌꺼기와 혼잡물을 청결케 하지 않는 한, 참된 회복은 있을 수 없다. 그러나 어떻게 더러운 찌꺼기와 혼잡물을 버리고 순결한 남은 자로 변화될 수 있는가? 그것은 오직 죄를 씻는 "샘"으로 오신 성령의 역사로만 가능하다.

B′.
목자의 고난 13:7-9

(1) 개요

　목자와 양들의 운명을 다루는 13장 7-9절은 목자와 양들의 이미지를 사용하는 11장 4-7절을 연상시킨다.[178] 이런 이유로 많은 학자들은 13장 7-9절을 11장 4-17절과 연결시켜 이해해왔다.[179] 그러나 몇몇 학자들은 11장 4-17절의 후반부에 등장하는 어리석은 목자의 심판과 13장 7-9절에서 찔림을 당하는 목자를 동일하게 취급해서는 안 되기 때문에, 13장 7-9절을 반드시 11장 4-17절과 연결시킬 필요는 없다고 주장한다.[180] 필자가 앞서 제시한 12장 1절-13장 9절의 구조 분석은 후자의 입장을 지지한다. 즉 13장 7-9절은 독자적으로 분리시켜 11장 4-17절과 연결시키기보다는 13장 2-6절과의 연장선상에서 이해되어야만 한다. 본문은 목자의 고난으로 흩어질 양 떼들의 운명과 그 고난을 통과할 남은 자들의 회복을 예고하고 있다.

(2) 본문 분석

1) 13장 7-9절

"7 만군의 여호와가 말하노라 칼아 깨어서 내 목자, 내 짝 된 자를 치라 목자를 치면 양이 흩어지려니와 작은 자들 위에는 내가 내 손을 드리우리라 8 여호와가 말하노라 이 온 땅에서 삼분의 이는 멸망하고 삼분의 일은 거기 남으리니 9 내가 그 삼분의 일을 불 가운데에 던져 은 같이 연단하며 금 같이 시험할 것이라 그들이 내 이름을 부르리니 내가 들을 것이며 나는 말하기를 이는 내 백성이라 할 것이요 그들은 말하기를 여호와는 내 하나님이시라 하리라"

본 단락은 스가랴서의 고난 받는 목자 이미지의 절정을 제시하고 있다. 여기서 목자는 칼에 죽임을 당하며, 그의 죽임의 결과로서 양 떼들이 흩어지게 된다. 특히 신약 기자들이 예수님의 고난을 이 본문과 연결시키고 있기 때문에, 더 많은 관심이 이 본문에 쏠리게 되었다. 그러나 본 단락은 여러 해석들을 양산시키며, 때로는 숱한 혼란을 가중시켜왔다. 과연 이 고난 받는 목자는 타락한 지도자 혹은 악한 목자인가 아니면 선한 목자인가? 이 목자의 정체에 대해 학자들은 다양한 입장들을 피력해 왔다. ① 스위니는 이 목자를 페르시아 제국의 제왕, 특히 고레스로 해석한다. 그렇다면 본 단락은 여호와께서 페르시아 제국의 왕에 대한 심판을 다루고 있는 것이다.[181] ② 보다는 이 목자가 "페르시아 통치자들 아래서 예후드를 다스리며, 여호와의 신앙을 더럽힌 페르시아 종교를 취했던 유대인들"을 가리킨다고 보았다.[182] ③ 메이슨은 이 목자의 정체를 어떤 특정한 계층으로 규명하기보다는 심판 받아 마땅한 악한 지도자들로 해석한다.[183] ④ 콘래드는 이 목자가 스가랴의 동료로서 13:7 이웃을 기만하는 자처럼 주님께 기만하며 대적했던 어떤 한 선지자로 해석한다.[184] 이처럼 ①, ②, ③, ④의 입장은 이 목자의 정체를 부정적으로 간주한다. 반면에 어떤 학자들은 이 목자를 긍정적인 모습으로 평가한다. ⑤ 올렌버거는 이 고난 받는 목자를 이스라엘 공동체의 한 회원으로 보며, 그의 고난과 죽음으로 인해 이스라엘의 구원이 이루어지기 때문에 그의 대속적 죽음을 강조한다. 그러므로 이 목자는 악한 목자가 아닌 선한 목자로 해석되어야 한다고 본다.[185] ⑥ 스툴무엘러 역시 이 목자를 고난 받는 선한 목자로 해석하며, 그의 고난은 죄와 상관없는 것이라고 주장한다.[186] 그러므로 이 본문은 승리와 구원의 메시아적 메시지를 담고 있으며, 종말론적 사상을 내포하고 있다고 본다. ⑦ 웹은 이 본문을 이사야서 53장 10절의 고난 받는 종과 연관지어 해석한다. 그는 이 목자가 심판받아야 할 죄를 짓지 않았지만, 다른 사람들의 죄악을 대신 담당하는 자로 보아야 한다고 주장한다. 특히 그는 이 본문은 이사야서로부터 영향을 받았으며, 궁극적으로 메시야적 사상을 전달하고 있다고 본다.[187]

이상으로 스가랴서 13장 7-9절에 등장하는 목자의 정체에 대한 다양한 견해를 간략히 정리해 보았다. 필자는 본문의 목자를 악한 목자로 해석하는 전자의 입장보다는, 선한 목자로 해석하는 후자의 입장이 타당하다고 생각한다. 왜냐하면 본문에는 이 목자에 대한 부정적인 이미지들이 전혀 나타나지 않기 때문이다. 오히려 이 목자는 여호와로부터 "내 짝된 자"עֲמִיתִי로 소개되고 있다. '짝된 자'라는 뜻을 지닌 히브리어 명사 '아미트'עֲמִית는 구약에서 오직 레위기에만 11회 등장한다. 여기서 이 단어는 이웃간의 상호 관계성 속에서 살아가는 한 공동체의 회원을 암시해 준다[레19:11; 25:17]. 그렇다면 우리는 이스라엘 백성들이 서로 친밀한 관계성 속에 있었듯이, 이 목자를 여호와와 친밀한 관계를 맺고 있었던 자로 이해할 수 있을 것이다. 그러나 여호와께서는 이 목자를 공격하시며, 양 떼들을 흩어버리실 것이다. 여기서 "칼"이라는 표현과 "깨어라"라는 명령형은 군사적 전투를 암시하는 말이며, 매우 공격적인 뉘앙스를 던져 준다. 이 군사적 전투와 심판의 이미지는 피터센의 주장처

럼 예레미야서 47장 6절과 에스겔서 21장 16절을 연상시킨다.[188]

"오호라 여호와의 칼이여 네가 언제까지 쉬지 않겠느냐 네 칼집에 들어 가서 가만히 쉴지어다"
"칼아 모이라 오른쪽을 치라 대열을 맞추라 왼쪽을 치라 향한 대로 가라"

특히 흩어진 양들의 문제를 에스겔의 관점을 설명하는 메릴의 분석은 주목해 볼만하다. 특히 칼의 심판을 강조하는 에스겔서 5장, 특히 에스겔서 5장 12절의 이미지는 본문의 심판의 이미지를 연상시킨다.[189]

"너희 가운데에서 삼분의 일은 전염병으로 죽으며 기근으로 멸망할 것이요 삼분의 일은 너의 사방에서 칼에 엎드러질 것이며 삼분의 일은 내가 사방에 흩어 버리고 또 그 뒤를 따라 가며 칼을 빼리라"겔5:12

여기서 온역과 기근으로 죽는 삼분의 일은 예루살렘 도성 안에서 죽은 자들을, 사방에서 칼로 엎드러질 삼분의 일은 예루살렘 침략자들에 의해 죽임 당한 자들을, 그리고 바람에 흩어지는 삼분의 일은 포로로 잡혀가는 자들이 당할 심판과 연결된다. 즉 에스겔은 삼분의 일만 살아 남아 혹독한 포로기의 고통을 당할 것이라고 말한다. 이와 마찬가지로, 스가랴 역시 삼분의 이는 모두 멸절당할 것이며, 오직 삼분의 일만 살아남을 것임을 예고한다. 에스겔서 5장 12절에서 마지막 남은 삼분의 일에게 칼의 환란이 뒤따르듯이, 스가랴서 13장 8-9절에서도 마지막으로 살아남은 삼분의 일은 혹독한 시련과 연단을 맛보게 된다.[190] 그러나 그들의 연단은 마치 은과 금이 뜨거운 불 속에서 깨끗이 정제되듯이, 그들을 새롭게 정화시키는 결과를 가져다 줄 것이다. 이와 같은 연단을 통한 정화작업은 앞서 소개했던 이사야의 정화를 통한 회복의 메시지사1:25-26를 연상시켜 준다. 이와 같은 정화작업은 마침내 하나님과 그분의 백성 사이의 언약 관계를 다시 온전히 회복시켜줄 것이다. 혹독한 연단을 통해 정결케 된 하나님의 백성들은 하나님을 찾을 것이며, 하나님께서는 그분의 백성들에게 응답하실 것이다. 다시 말해, 관계의 회복은 기도와 응답으로 나타난다. 또한 이스라엘은 하나님을 향해 "내 하나님"이라고 고백하며, 여호와는 이스라엘을 향해 "내 백성"이라고 부를 것이다. 이것이야말로 여호와와 이스라엘 사이의 언약 관계회복에 대한 확증인 것이다.

(3) 현대적 적용

1) 종말의 남은 자

스가랴는 하나님의 백성들이 목자와 같은 지도자를 잃어버리며, 혹독한 심판을 경험할 것이며, 이러한 심판의 과정을 통해 남은 자들이 출현할 것이라고 선언한다. 더욱이 스가랴는 혹독한 시련을 통과한 자들을 새로운 언약 백성, 즉 남은 자들로 묘사한다. 이처럼 언약 백성들을 향한 심판은 새로운 신실한 공동체의 출현을 고대하게 만든다. 창세기의 홍수 재앙은 인류를 향한 하나님의 심판이었지만, 노아와 그의 가족을 남은 자로 선택하시는 하나님의 은혜를 보여주며, 이 남은 자들은 하나님의 창조 명령을 다시 수립하게 위해 인류의 역사를 새롭게 시작한다. 이세벨 왕비가 다스리던 때에 엘리야는 모든 이스라엘 백성들이 여호와를 떠나고 오직 자신만이 남았다고 탄식한다왕상19:14. 그러나 하나님께서는 바알에게 무릎을 꿇지 않은 7000명을 남겨 두셨다고 말씀하신다왕상19:18. 즉 구약에서 남은 자는 심판과 환란 가운데서도 오직 여호와를 신실하게 따르는 언약 백성들로 간주된다. 아모스와 이사야는 여호와의 심판의 날에도 불구하고 하나님께서 이스라엘을 위해 남은 자를 보전해 주실 것임을 약속한다암5:15; 사6:13. 특히 이사야는 "이스라엘이여 네 백성이 바다의 모래 같을지라도 남은 자만 돌아오리니 넘치는 공의로 파멸이 작정되었음이라"사10:22고 선포하면서 오직 남은 자만이 심판에서 벗어나 하나님의 회복에 참여할 것임을 강조한다. 흥미롭게도 바울은 남은 자를 언급하는 이사야 10장 22절을 인용하면서 예수 그리스도를 믿는 교회 공동체를 이스라엘의 "남은 자"로 간주한다. 스코비는 교회를 남은 자의 신약적 성취로 이해하는 바울의 입장을 다음과 같이 설명한다.

> 교회와 이스라엘 간의 관계성에 대한 가장 철저한 논의는 로마서 9-11장에 발견된다. 이 본문에서 바울은 매우 심각한 문제로 보이는 것들에 대한 여러 가지 접근들을 살펴본다. 비록 전 백성들이 응답하지 않더라도 여전히 신실한 남은 자들이 있을 것이라는 (구약의) 하나님의 약속을 회상시키는 바울은 "그들 가운데 남은 자가 돌아올 것이다"라는 이사야의 예언을 인용한다롬9:27=사10:22; cf. 롬9:29=사1:9. 그리고 바울은 또한 엘리야와 바알에게 무릎을 꿇지 않은 7000명에 대한 이야기를 인용한다롬11:2-4. 바울은 "지금 현재에도 은혜로 선택받은 남은 자가 있다"라고 주장한다. 전체 이스라엘이 그리스도 사건에 반응하지 않았기 때문에, 하나님께서는 신실한 남은 자인 교회를 통해 일하시고자 하신다.[191]

다시 말해, 바울은 구약에 예언된 신실한 남은 자 공동체의 출현이 교회를 통해 성취된다고 이해한다. 또한 바울과 베드로는 여호와와 남은 자 공동체 간의 언약 공식"이는 내 백성이라 할 것이요 그들은 말하기를 여호와는 내 하나님이시라 하리라"을 교회에 적용시킴으로써 신약의 교회야말로 남은 자의 약속에 대한 궁극적 성취임을 확증시키고 있다.

"하나님의 성전과 우상이 어찌 일치가 되리요 우리는 살아계신 하나님의 성전이라 이와 같이 하나님께서 이르시되 내가 그들 가운데 거하며 두루 행하여 나는 그들의 하나님이 되고 그들은 나의 백성이 되리라"고후6:16

"너희가 전에는 백성이 아니더니 이제는 하나님의 백성이요 전에는 긍휼을 얻지 못하였더니 이제는 긍휼을 얻은 자니라"벧전 2:10

2) 가혹한 사랑

스가랴는 남은 자 공동체가 연단을 통해 여호와의 새로운 언약 백성들이 될 것임을 약속한다. 부정한 백성들에게 하나님의 연단은 필연적인 과정이다. 대개 이 연단의 과정은 심판의 단계를 거친다. 여호와께서는 세상에 죄악이 관영함을 보시고 인류를 향해 홍수의 심판을 행하신다9장. 그러나 이 심판은 의로운 한 가정, 즉 남은 자 공동체를 출현케 하며, 이 남은 자들은 죄로부터 정결한 자들로서 새롭게 하나님과 언약을 체결한다. 하나님께서는 바벨탑을 쌓던 교만한 자들을 세상으로 흩어버리셨으나 아브라함의 가정을 남은 자 공동체로 세워 그들과 언약을 체결한다창15장; 17장. 특별히 가나안에 정착한 이스라엘은 하나님의 언약 백성들로서 그분의 계명에 순종해야만 했지만, 오히려 우상을 섬기며 사회적 불의를 일삼아 하나님과 맺은 언약을 깨뜨리고 말았다. 이 불의한 백성들을 향해 하나님께서는 바벨론 유수라는 혹독한 심판을 행하신다왕하17장. 예를 들면, 이사야는 장차 발생할 바벨론 유수와 그에 따른 결과를 다음과 같이 예고한다.

"12 여호와께서 사람들을 멀리 옮기셔서 이 땅 가운데에 황폐한 곳이 많을 때까지니라 13 그 중에 십분의 일이 아직 남아 있을지라도 이것도 황폐하게 될 것이나 밤나무와 상수리나무가 베임을 당하여도 그 그루

터기는 남아 있는 것 같이 거룩한 씨가 이 땅의 그루터기니라 하시더라"사6:12-13

그럼에도 불구하고 하나님의 심판의 목적은 이스라엘 백성들을 멸망시키는 데 있지 않다. 오히려 하나님께서는 심판을 통해 이스라엘 백성들이 그들의 죄악에서 돌이켜 다시 여호와께로 나아오기를 원하신다레26:40~45. 이사야의 고백처럼, 주님께서 행하시는 "심판하는 영과 소멸하는 영"은 그의 백성들의 "더러움을 씻으며" "청결케 하기 위함이다"사4:4. 그러므로 여호와의 심판은 죄악된 백성들을 돌이키기 위한 하나님의 연단 방식임에 틀림없다. 이처럼 하나님의 심판은 죄로부터 정화된 남은 자들의 출현을 가능케 해 준다. 다시 말해, 혹독한 연단의 과정 속에서 자신의 죄를 깨닫고 여호와께로 돌아오는 자들은 부정함을 씻겨낸 남은 자들이 될 것이다. 비록 연단의 과정은 힘들고 고통스럽지만, 하나님의 백성들을 새롭게 회복시키기 원하시는 하나님의 사랑을 보여 준다. 그럼에도 불구하고 그 사랑은 힘들고 괴로운 과정을 수반하기에 가혹한 사랑이다. 그러나 부정한 백성들이 다시 회복될 수 있는 유일한 길은 오직 이 가혹한 사랑밖에는 없다.

기독교 상담가 데잇 씨멘즈는 이런 하나님의 가혹한 사랑을 설명하기 위해 자신의 가족의 뼈아픈 이야기를 소개한다.[192] 그의 아들 스티브는 태어날 때 기형의 발을 갖게 되었고, 산후 48시간 이내에 교정을 받아야만 했다. 그러나 인도 선교사였던 그는 이틀이 걸려서야 비로소 정형외과 의사를 만날 수 있었고, 장로교 병원까지는 거의 한 달이 걸렸다. 결국 그의 아들의 발은 똑바로 교정하기까지 몇 년이 걸렸으며, 고통스런 교정의 단계를 거쳐야 했다. 그 교정은 굽어진 그 아들의 다리를 반대 방향으로 굽혀야 하는 힘든 과정이었다. 그는 매일 저녁마다 스티브의 다리를 반대쪽으로 최대한 굽히는 일을 해야만 했고, 그때마다 아이는 제발 그만두라고 애원하며 아빠를 원망

했다. 그러나 이 가혹한 과정은 마침내 아이의 다리를 온전하게 만들어 주었다. 씨멘즈는 자신의 이러한 체험을 통해 하나님께서도 때로는 우리들에게 가혹하리만치 힘든 고통의 시간을 허락하시지만 그 고통의 시간은 우리들을 더욱 아름답게 빚으시는 과정이라고 역설한다. 그렇다! 하나님의 가혹한 사랑만이 비뚤어진 우리의 문제를 고칠 수 있다.

A′.
열방의 심판과 예루살렘의 회복 14:1-21

(1) 개요

앞서 살펴보았던 12-14장의 구조는 14장이 종말의 심판과 회복에 초점을 두고 있음을 시사해 준다. 뿐만 아니라 14장은 12-14장의 결론뿐만 아니라 스가랴서 전체의 결론으로 작용하고 있음도 쉽게 파악할 수 있다. 제1부에서 소개되는 8개의 환상은 포로 귀환 공동체의 회복에 초점을 두고 있지만, 제2부는 포로 귀환 공동체의 심각한 문제를 강조함으로써 제1부의 회복이 아직 성취되지 못했음을 암시해 준다. 그러나 제3부는 이스라엘을 향한 궁극적인 회복을 묘사하고 있으며 특히 14장은 그 회복의 절정을 보여 준다. 그러므로 14장은 제3부의 결론일 뿐만 아니라 스가랴서 전체의 결론으로 작용하고 있음을 확인할 수 있다.

특히 14장은 "그 날에"라는 종말론적 표현을 9회에 걸쳐 집중적으로 사용하며, 온 열방이 예루살렘에 참여하는 초민족적 예배 공동체를 극적인 방식으로 묘사하고 있다. 그러나 14장의 구조에 대해서는 학자들마다 견해가 다양하다.[193] 대체로 학자들은 14장이 종말론적 전투와 새 창조를 암시하는 1-8

절과 왕의 도래에 초점을 두는 9-21절로 크게 구분될 수 있다고 본다. 그러나 필자는 스가랴서 14장을 여호와의 전투에 초점을 두는 14장 1-15절과 열방의 장막절 준수를 강조하는 14장 16-21절로 구분하고자 한다. 필자는 버터워스의 입장을 따라 14장의 구조를 다음과 같은 교차대구로 본다.

    A. 예루살렘에서의 전투(14:1-15)[194]
      a. 심판과 여호와의 간섭(1-3)
        b. 지리적인 격변들(4-5)
          c. 이상적인 조건들: 여호와는 왕이다(6-9)
        b'. 지리적인 격변들(10-11)
      a'. 심판과 여호와의 간섭(12-15)
    B. 열방의 순례여행과 초막절 준수(14:16-21)

(2) 본문 분석

A. 예루살렘에서의 전투 14:1-15

a. 심판과 여호와의 간섭 14:1-3

"**1** 여호와의 날이 이르리라 그날에 네 재물이 약탈되어 네 가운데에서 나누이리라 **2** 내가 이방 나라들을 모아 예루살렘과 싸우게 하리니 성읍이 함락되며 가옥이 약탈되며 부녀가 욕을 당하며 성읍 백성이 절반이나 사로잡혀 가려니와 남은 백성은 성읍에서 끊어지지 아니하리라 **3** 그때에 여호와께서 나가사 그 이방 나라들을 치시되 이왕의 전쟁 날에 싸운 것 같이 하시리라"

14장은 "여호와의 날이 이르리라"라는 종말론적인 표현으로 시작한다. 아쉽게도 개역개정은 "보라"라는 히브리어 '힌네'의 의미를 생략시켰다. 히브리어 '힌네'의 등장은 12장 2절에서의 등장과 같이 새로운 단락의 시작을 예고한다. 특히 14장 1-3절은 '거룩한 전투'를 연상시켜 주는 단어들을 사용하여 외부의 공격에 노출된 예루살렘의 형편을 묘사해 주고 있다. 예를 들면, "약탈물"שָׁלָל, "나뉨"חָלַק, "전투"מִלְחָמָה, "사로잡힘"לָכַד, "끊어짐"כָּרַת과 같은 표현들은 전투적 이미지를 강하게 반영해 준다. 좀 더 구체적으로 말하면, 본문은 예루살렘이 약탈과 사로잡힘과 끊어짐의 대상이 될 것임을 선언한다. 이것은 여호와께서 예루살렘에 대해 불 성곽이 되실 것이라는 스가랴서 2장 4-5절의 약속과 극명한 대조를 보인다. 그럼에도 불구하고 본문은 예루살렘의 재난이 궁극적으로 열방의 심판과 새로운 구원의 시대를 열어준다고 강조한다. 다시 말해, 이 고난은 여호와의 승리와 구원을 위해 선행되어야 할 필연적인 과정이 된다. 우리는 이와 같은 하나님의 백성들의 대환란에 대한 유사한 사상들을 다른 선지서 본문들에서도 발견할 수 있다.

더욱이 메릴에 의하면, 본문의 이미지는 아모스서, 요엘서, 이사야서, 미가서와 같은 선지서들의 이미지를 연상시킨다.[195] 예를 들면, 선지자 아모스는 멸망을 선포하면서도 뒤이어 남은 자의 생존과 무너진 다윗 장막의 재건, 즉 다윗 왕국의 부활을 예고한다암9:8-15. 요엘 역시 멸망의 날 이후에 나타날 하나님의 구원을 깨닫고 있다욜1:15-2:11. 이사야도 시온이 연단을 받은 후 그 결과 높임을 받으며 여호와의 주권을 인정하게 될 것임을 선포한다1:24-31; 2:2-4. 미가도 여호와께서 고난당한 그분의 백성들을 불러모으실 것이며, 장차 우주적 왕권을 수립하실 것임을 약속한다미4:6-8. 특히 스가랴서 14장 1-3절에 묘사되는 하나님의 백성들의 환란은 잘 알려진 다니엘서 12장 1절에 언급된 종말의 대환란을 연상시킨다.[196] 여호와의 날은 반드시 도래할 것이며, 그분의 우주적인 왕권은 온 땅 위에 수립될 것이다. 그러나 하나님의 백성들의 연단과 환란의 때가 선행될 것이다. 이사야서 13장 16절에 묘사된 예루살렘의 멸망처럼, 하나님의 도성은 사로잡힐 것이며, 도성의 거민들은 그 소유를 잃을 것이며,[197] 여인들은 수취를 당하게 될 것이다. 오직 남은 자들만 살아남을 것이다. 그러나 스가랴서 14장 3절은 예루살렘을 공격한 열방에 대한 여호와의 전투를 묘사하고 있다.

b. 지리적인 격변들 14:4-5

"4 그날에 그의 발이 예루살렘 앞 곧 동쪽 감람 산에 서실 것이요 감람 산은 그 한 가운데가 동서로 갈라져 매우 큰 골짜기가 되어서 산 절반은 북으로, 절반은 남으로 옮기고 5 그 산 골짜기는 아셀까지 이를지라 너희가 그 산 골짜기로 도망하되 유다 왕 웃시야 때에 지진을 피하여 도망하던 것 같이 하리라 나의 하나님 여호와께서 임하실 것이요 모든 거룩 한 자들이 주와 함께 하리라"

흥미롭게도 14장 4-5절에서 여호와의 강림은 전형적인 신현론적 표현으로 묘사되고 있다. 주로 구약에 등장하는 여호와의 현현은 종종 산들을 그 배경으로 삼고 있다출19:18; 신33:1-5; 시50:2-3.[198] 본문에 등장하는 여호와께서도 옛적 원수들을 물리치듯이 대적을 멸하시기 위해 감람 산에 강림하실 것이다. 이 예루살렘 동쪽 "감람 산"מהר הזתים이란 단어는 구약에서 오직 이 곳에서만 언급된다. 이 곳은 예루살렘의 기드론 골짜기 건너편의 한 산 언덕으로서 에스겔서 11장 23절에 언급된 예루살렘 동편의 산을 연상시킨다.[199]

"여호와의 영광이 성읍 가운데에서부터 올라가 성읍 동쪽 산에 머무르고"

에스겔은 그룹들이 예루살렘을 떠나 예루살렘 동편의 산 위에 머무는 것을 본다. 추측컨대 하나님의 영광이 머물렀던 이 예루살렘 동편의 산이 스가라서의 언급하는 감람 산과 동일한 장소일 수도 있다.²⁰⁰ 하나님께서 이 감람 산에 강림하실 때 놀라운 일이 벌어질 것이다. 남과 북으로 뻗은 산이 동과 서로 나누어져 골짜기가 생기며, 이 골짜기는 아셀까지 이를 것이다. "아셀"אָצַל이라는 지명은 구약에서 오직 이 곳에만 등장한다.²⁰¹ 이 지명이 고유 명사로 해석되든 혹은 일반명사로 해석되든 간에, 분명한 것은 지진의 범위가 동쪽으로까지 확대되고 있다는 점이다.

특히 산이 나누어져 골짜기가 생겨나는 이 사건은 그 옛날 홍해를 가르며 출14-15장, 요단강을 멈추어 서게 하신 여호와수3장의 사역을 연상시켜 준다.²⁰² 예루살렘의 백성들은 웃시야 왕 때 발생한 지진²⁰³과 같은 재난이 발생할 때 동편에 있는 이 산 골짜기로 도피하게 될 것이다.²⁰⁴ 역사적으로 볼 때, 다윗과 시드기야의 경우처럼 예루살렘 동편은 재빨리 피난할 수 있는 곳이었다삼하15:16, 23, 30.²⁰⁵ 한편 이 지진으로 발생한 골짜기는 왕이신 여호와께서 예루살렘으로 귀환하는 길을 마련해 줄 것이다. 여호와께서 승리의 왕으로서 예루살렘으로 귀환하실 때, 모든 거룩한 자들이 예루살렘과 함께 할 것이다. 개역개정은 모든 거룩한 자들이 "주"와 함께 할 것이라고 번역하지만, 원문에는 3인칭 단수가 아닌 2인칭 여성 단수형עִמָּךְ으로 소개되기 때문에, "주"가 아닌 "너"로 번역하는 것이 타당하다. 아마도 "너"는 예루살렘을 가리키는 듯 하다. "거룩한 자들"로 번역된 히브리어 '케도쉼'קְדֹשִׁים은 여호와의 천사들을 가리킬 때 사용되며,²⁰⁶ 특히 여호와의 전투를 수행하는 천상의 군대들을 의미할 수도 있다시89:5, 7.²⁰⁷ 그러므로 본문은 지진으로 도피했던 예루살렘의 남은 자들이 왕이신 여호와와 함께 다시 예루살렘으로 귀환할 것이며, 여호와의 천상 군대들이 그들을 보호해 줄 것임을 시사하고 있다.

c. 이상적인 조건들: 여호와는 왕이시다!14:6-9

"6 그날에는 빛이 없겠고 광명한 것들이 떠날 것이라 7 여호와께서 아시는 한 날이 있으리니 낮도 아니요 밤도 아니라 어두워 갈 때에 빛이 있으리로다 ⁸ 그날에 생수가 예루살렘에서 솟아나서 절반은 동해로, 절반은 서해로 흐를 것이라 여름에도 겨울에도 그러하리라 ⁹ 여호와께서 천하의 왕이 되시리니 그날에는 여호와께서 홀로 한 분이실 것이요 그의 이름이 홀로 하나이실 것이라"

이제 본문은 종말에 나타날 새 예루살렘의 회복으로 관심의 방향을 돌린다. 먼저 6절은 전형적인 주의 날의 특징을 반영해 준다. 즉 본문은 주의 날이 임할 때 빛이 사라질 것이라고 말한다.[208] 피터센의 주장대로 빛의 부재는 창조의 반전을 이루며창1:1-5, 아모스서와 이사야서와 같은 선지서에 나타난 여호와의 심판의 날의 이미지를 반영해 준다.[209] 예를 들면, 심판의 날을 빛이 없는 날로 간주하는 아모스는 다음과 같이 말한다.

"화 있을진저 여호와의 날을 사모하는 자여 너희가 어찌하여 여호와의 날을 사모하느냐 그날은 어둠이요 빛이 아니라"암5:18

이사야 역시 주님의 날을 빛이 없는 날로 다음과 같이 묘사한다.

"9 보라 여호와의 날 곧 잔혹히 분냄과 맹렬히 노하는 날이 이르러 땅을 황폐하게 하며 그 중에서 죄인들을 멸하리니 10 하늘의 별들과 별 무리가 그 빛을 내지 아니하며 해가 돋아도 어두우며 달이 그 빛을 비추지 아니할 것이로다"사13:9-10

또한 요엘도 어둠의 날에 대해 많은 부분을 할애하고 있다욜2:2; 10; 31; 3:15. 이처럼 스가랴는 여호와의 날이 도래할 때, 빛이 사라지며 그 결과로 온기가 없는 세상이 될 것임을 예고한다.[210] 하지만 본문은 곧바로 새로운 빛의 날의 출현을 예고한다7절. 흥미롭게도 본문은 옛 창조의 낮과 밤의 주기와는 다른 새로운 창조 개념을 소개한다. 즉 여호와께서 창조하실 새 날은 밤이 없고 빛만 비추는 날이 될 것이다. 이것은 낮과 밤으로 특징지어지는 옛 창조 형태와는 다른, 여호와께서 이루실 새 창조의 이미지를 반영해 준다. 이와 같은 새 창조의 이미지는 이사야서 60장 19-20절의 표현을 연상시킨다.[211]

"**19** 다시는 낮에 해가 네 빛이 되지 아니하며 달도 네게 빛을 비추지 않을 것이요 오직 여호와가 네게 영원한 빛이 되며 네 하나님이 네 영광이 되리니 **20** 다시는 네 해가 지지 아니하며 네 달이 물러가지 아니할 것은 여호와가 네 영원한 빛이 되고 네 슬픔의 날이 끝날 것임이라"

요한 역시 새 창조의 이미지를 묘사할 때 이와 유사한 방식을 사용한다.

"**22** 성 안에서 내가 성전을 보지 못하였으니 이는 주 하나님 곧 전능하신 이와 및 어린양이 그 성전이심이라 **23** 그 성은 해나 달의 비침이 쓸데 없으니 이는 하나님의 영광이 비치고 어린양이 그 등불이 되심이라 **24** 만국이 그 빛 가운데로 다니고 땅의 왕들이 자기 영광을 가지고 그리로 들어가리라 **25** 낮에 성문들을 도무지 닫지 아니하리니 거기에는 밤이 없음이라"계21:22-25

나아가 본문은 새 창조의 또 다른 이미지를 제시한다. 8절에서 예루살렘은 생수의 근원지로 묘사되고 있다. 이 생수의 이미지는 에스겔서 47장 1-20절, 요엘서 3장 18절 혹은 창세기 2장 10-14절과 연관이 있는 듯하다.[212] 예루살렘에서 흘러나오는 강물은 동쪽과 서쪽으로 흘러 들어갈 것이다. 역사적으로 볼 때, 예루살렘 아래의 기드론 골짜기에 있었던 기혼의 수돗가는 예루살 렘 도성의 식수를 제공해 주었던 것 같다왕하20:20. 그래서 히스기야는 기혼의 물을 성벽 안으로 끌어들이기 위해 터널을 건축했으나 그것만으로는 충분치 못했던 것 같다. 더욱이 적들이 예루살렘을 침략할 때마다 그들은 예루살렘의 식수원을 차단하기 위해 이 곳을 집중적으로 공격했던 것 같다. 실제로 아람-북 이스라엘 동맹군의 침략에 직면했던 아하스 왕이 이사야를 만났던 곳은 바로 수돗가였다사7장. 아마도 아하스 왕은 침략에 대비하여 식수를 점검하고 있었던 것 같다. 하지만 본문은 예루살렘 안에서 생겨난 생수가 예루살렘뿐만 아니라 그 밖의 지역, 즉 동편의 사해와 서편의 지중해 연안으로 흘러내려 갈 것이라고 말한다. 이것은 예루살렘이 하나님께서 채워 주시는 궁극적인 필요와 공급의 원천이 될 것임을 상징해 준다.

또한 본문은 다른 본문들과는 달리, 이 예루살렘의 물줄기가 계절과 상관없이 흘러 넘칠 것이라고 말한다. 아마도 이스라엘의 강 혹은 물줄기는 뜨거운 여름의 계절이 오면 마르거나 줄어들었을 것이다. 그러므로 이스라엘의 농경 사회는 메마른 여름이 지나고 비가 오는 우기 때에 풍성한 결실과 수확을 거둘 수 있었을 것이다. 그렇다면 계절의 변화와 상관없이 물이 계속해서 공급된다는 것은 이스라엘의 번영과 축복의 영속성을 상징해 준다.

여호와의 승리의 귀환이 이루어질 때, 그 다음 어떤 결과들이 나타나는가? ① 여호와께서는 온 땅의 왕으로, 그리고 홀로 한 분 하나님으로 높임을 받으실 것이다. 여호와께서 온 땅의 왕이 되실 것이라는 스가랴의 선포는 여호와의 왕권을 강조하는 시편의 노래들을 연상시킨다. 예를 들면, 시편 93편, 96편, 97편 99편과 같은 본문들은 여호와의 통치와 그의 왕권을 찬양하고 있다.[213] 특히 시편 47편 8-9절은 다음과 같이 여호와를 왕으로 묘사한다.

"6 찬송하라 하나님을 찬송하라 찬송하라 우리 왕을 찬송하라 7 하나님은 온 땅의 왕이심이라 지혜의 시로 찬송할지어다 8 하나님이 뭇 백성을 다스리시며 하나님이 그의 거룩한 보좌에 앉으셨도다"시47:6-8

또한 여호와를 한 분 하나님으로 강조하는 스가랴의 선언은 한 분이신 여호와의 말씀을 듣고 사랑할 것을 촉구하는 신명기 6장 4-5절의 쉐마를 연상시킨다.[214]

"4 이스라엘아 들으라 우리 하나님 여호와는 오직 유일한 여호와이시니 5 너는 마음을 다하고 뜻을 다하고 힘을 다하여 네 하나님 여호와를 사랑하라"

그렇다면 이와 같은 여호와의 우주적인 통치와 왕권은 다윗 왕조의 회복을 거부하는 것인가? 피터센은 본문의 저자가 페르시아의 통치 아래에서 이방 신과 이방 통치자의 영향을 받던 이스라엘 사람들에게 오직 여호와만이 우주의 주관자이심을 강조한다고 말한다. 그러므로 그는 본문이 유다 왕조의 회복을 철저하게 거부한다고 주장한다.[215] 그러나 여호와의 우주적 통치와 다윗 왕조의 회복은 서로 모순적이지 않으며, 새 창조의 다양한 관점으로 이해되는 것이 바람직하다. 여호와께서 다시 왕으로 다스리실 새 창조의 시대가 도래하면, 그분의 통치를 수행할 새로운 다윗 왕이 도래할 것이다사11장.

b'. 지리적인 격변들 14:10-11

"10 온 땅이 아라바 같이 되되 게바에서 예루살렘 남쪽 림몬까지 이를 것이며 예루살렘이 높이 들려 그 본처에 있으리니 베냐민 문에서부터 첫 문 자리와 성 모퉁이 문까지 또 하나넬 망대에서부터 왕의 포도주 짜는 곳까지라 11 사람이 그 가운데에 살며 다시는 저주가 있지 아니하리니 예루살렘이 평안히 서리로다"

10절은 우주적인 격변을 더욱 구체적으로 묘사해 준다. 게바에서 림몬에 이르는 온 땅이 아라바처럼 낮아질 것이다. "아라바"는 갈릴리 바다에서 홍해까지 뻗어 있는 단층 계곡을 뜻하는 말_{신3:17; 왕하14:25}로서, 주변 땅보다는 낮고 평평하여 대개 '평지'라는 의미를 함축하고 있다. '게바'라는 지역은 예루살렘에서 북쪽으로 6마일 떨어진 곳으로서 유다의 북방 경계지역이었으며_{왕상15:22}, '림몬'은 예루살렘 남서방향으로 35 마일 떨어진 곳으로서 유다의 남방 경계지역이었다_{수15:32; 19:7}.[216] 그러므로 본문은 유다의 온 땅이 평지로 변화될 것임을 강조하고 있다. 유다의 온 땅이 낮아지는 반면, 예루살렘은 높이 솟아오를 것이다. 베냐민의 문, 첫 문, 모퉁이 문, 하나넬 망대 그리고 왕의 포도주 짜는 곳은 8세기 예루살렘 도성의 범위를 알려 주는 중요한 장소였다. 아마도 하나넬 망대와 왕의 포도주 짜는 곳은 최북단과 최남단에 위치하며, 나머지 문들은 중간에 위치했던 것 같다. 이것은 전체 예루살렘의 규모를 시사해주며, 미래 예루살렘의 회복을 강조한다. 그렇다면 본문은 예루살렘이 온 유다 땅에서 높이 들리움을 받을 것이며, 여호와의 우주적 통치의 중심지가 될 것임을 나타내 준다.

예루살렘이 우주적 왕권의 중심지가 되어 존귀함을 얻을 때, 더 이상 심판의 대상이 되지 않을 것이다_{10절}. 개역개정에서 "저주"로 번역된 히브리어 '헤렘'חרם은 '멸망' 혹은 '심판'의 의미가 더 강하다. 이 헤렘은 하나님께서 보시기에 가증한 행위에 대한 그분의 심판을 의미한다. 이런 관점에서 볼 때, 여호수아의 가나안 정복은 우상 숭배로 타락한 가나안 백성들에 대한 하나님의 심판, 즉 헤렘으로 볼 수 있는 것이다_{수6:17-18}. 그러나 이 헤렘의 대상은 가나안뿐만 아니라 이스라엘에게도 해당된다. 이스라엘 백성들이 우상 숭배를 하여 하나님 앞에 가증스런 죄악을 범할 때, 하나님께서는 그들에게도 이와 같은 심판을 행하신다. 그러나 본문은 새롭게 회복될 예루살렘에는 그와 같은 죄악이 더 이상 존재하지 않기 때문에 여호와의 헤렘이 필요치 않음을 말해 준다. 또한 이스라엘을 위협하던 열방의 침략도 더 이상 발생하지 않을 것이며, 예루살렘의 안전이 확실히 보장될 것이다. 역사상 이스라엘은 항상 여호와를 의지하기보다는 외교적 정치적 수단을 통해 열방의 침략을 극복하려 했다. 그러나 그들의 외교 정책은 궁극적으로 실패로 끝났으며, 결국 참담한 결과를 맞이하고 말았다. 그렇지만 회복될 새 예루살렘은 더 이상 외교 정책으로 생존을 연명하는 도시가 되지 않을 것이다. 오히려 새 예루살렘은 여호와께서 친히 왕으로 임재하시는 곳이 될 것이며, 온 열방으로부터 공격을 당하는 곳이 아닌, 온 열방을 다스리는 우주적 통치의 중심지가 될 것이다.

a′. 심판과 여호와의 간섭 14:12-15

"12 예루살렘을 친 모든 백성에게 여호와께서 내리실 재앙은 이러하니 곧 섰을 때에 그들의 살이 썩으며 그들의 눈동자가 눈구멍 속에서 썩으며 그들의 혀가 입 속에서 썩을 것이요 13 그날에 여호와께서 그들을 크게 요란하게 하시리니 피차 손으로 붙잡으며 피차 손을 들어 칠 것이며 14 유다도 예루살렘에서 싸우리니 이때에 사방에 있는 이방 나라들의 보화 곧 금 은과 의복이 심히 많이 모여질 것이요 15 또 말과 노새와 낙타와 나귀와 그 진에 있는 모든 가축에게 미칠 재앙도 그 재앙과 같으리라"

14장 12-15절은 열방에게 임할 여호와의 심판을 집중적으로 묘사하고 있다. ① 열방의 민족들은 전염병으로 고통받을 것이다. 개역개정에서 "재앙"으로 번역된 히브리어 '마게파'(מַגֵּפָה)는 무서운 질병을 가리키는 표현이라고 할 수 있다. 살과 눈과 혀가 썩는 이 질병에 대한 묘사는 출애굽의 재앙에서 나타나듯이, 여호와께서 바로 왕이 다스렸던 애굽을 포함한 모든 열방을 다스리는 분이시며, 우주의 주관자이심을 보여 준다. 특히 '썩다'라는 히브리어 동사 '마카크' מקק가 세 번씩이나 반복해서 사용되고 있음은 질병의 심각성을 강조해 준다. ② 예루살렘을 쳐들어온 이방 족속들은 혼란에 빠져 서로를 공격하게 될 것이다. 이러한 현상은 기드온의 삼백 명의 용사들이 나팔을 불자 미디안 군사들은 서로 놀라 자기들까지 칼날로 싸움을 하고 말았던 기드온의 전투를 연상시킨다삿7:19-25.[217] 또한 법궤와 함께 전쟁에 임했던 사울과 그 군대들도 이와 동일한 현상을 경험한다.[218]

"18 사울이 아히야에게 이르되 하나님의 궤를 이리로 가져오라 하니 그 때에 하나님의 궤가 이스라엘 자손과 함께 있음이니라 사울이 제사장에게 말할 때에 블레셋 사람들의 진영에 소동이 점점 더한지라 19 사울이 제사장에게 이르되 네 손을 거두라 하고 20 사울과 그와 함께 한 모든 백성이 모여 전장에 가서 본즉 블레셋 사람들이 각각 칼로 자기의 동무들을 치므로 크게 혼란하였더라"삼상14:18-20

이처럼 예루살렘을 공격하는 이방 족속들을 향해 여호와께서는 질병과 혼란을 통해 그들을 철저하게 응징하실 것이다. ③ 나아가 유다도 이 전투에 참여할 것이며,[219] 그 결과로서 전투의 약탈물들이 거두어 모아질 것이다. 14장 1절에서 하나님의 백성들의 재물들은 대적들에 의해 약탈되어 나누어졌으나, 본문은 그 반전을 보여 준다. 이제 하나님의 백성들이 대적의 약탈물을 취하게 될 것이다. 특히 말, 노새, 약대와 진영에 있는 모든 가축들도 재앙을 당할 것이다. 말, 노새, 약대와 같은 짐승들은 고대의 운송 수단으로서 매우 중요한 역할을 하였다. 이 짐승들이 재앙을 당한다는 것은 군대들의 도피가 불가능함을 암시해 준다. 여호와의 심판으로부터 벗어날 자는 아무도 없을 것이다.

B. 열방의 순례여행과 초막절 준수 14:16-21

"16 예루살렘을 치러 왔던 이방 나라들 중에 남은 자가 해마다 올라와서 그 왕 만군의 여호와께 경배하며 초막절을 지킬 것이라 17 땅에 있는 족속들 중에 그 왕 만군의 여호와께 경배하러 예루살렘에 올라오지 아니하는 자들에게는 비를 내리지 아니하실 것인즉 18 만일 애굽 족속이 올라오지 아니할 때에는 비 내림이 있지 아니하리니 여호와께서 초막절을 지키러 올라오지 아니하는 이방 나라들의 사람을 치시는 재앙을 그에게 내리실 것이라 19 애굽 사람이나 이방 나라 사람이나 초막절을 지키러 올라오지 아니하는 자가 받을 벌이 그러하니라 20 그날에는 말 방울에까지 여호와께 성결이라 기록될 것이라 여호와의 전에 있는 모든 솥이 제단 앞 주발과 다름이 없을 것이니 21 예루살렘과 유다의 모든 솥이 만군의 여호와의 성물이 될 것인즉 제사 드리는 자가 와서 이 솥을 가져다가 그것으로 고기를 삶으리라 그날에는 만군의 여호와의 전에 가나안 사람이 다시 있지 아니하리라"

예루살렘을 공격한 열방들은 여호와의 심판으로 패배할 것이며, 이 심판에서 살아남은 열방의 족속들은 여호와를 경배하는 자들과 여호와를 찾지 않는 두 부류의 그룹으로 분리될 것이다. 전자는 돌이켜 예루살렘으로 올라가 여호와를 경배하기 위해 초막절에 참여할 것이다. 초막절은 애굽에서 구출해 주실 뿐만 아니라 그분의 백성들에게 풍성한 수확으로 채워 주신 여호와께 감사드리는 절기이다 신16:13-17. 다시 말해, 초막절은 여호와를 구속자요 창조자로서 경축하는 매우 중요한 신앙 고백적 절기라고 할 수 있다. 종말의 그 날에 열방의 백성들은 여호와를 왕으로 송축하며, 그분을 한 분 하나님으로 섬기게 될 것이다. 반면, 여호와를 찾지 않는 자들은 비의 결핍으로 인해 수확을 거두지 못할 것이다. 특히 나일 강을 의지함으로써 비의 유무에 큰 영향을 받지 않았던 애굽 사람들은 재앙으로 고통받게 될 것이다. 여기서 애굽의 재앙이 다시 언급되고 있음은 그 옛날 출애굽의 사건을 다시 회상시켜 주며, 출애굽의 구원을 기념하는 초막절의 중요성을 일깨워 주고 있는 듯하다.

더욱이 본문은 초막절의 참여 대상뿐만 아니라, 기존의 거룩의 대상 범위를 더욱 확대시켜 나간다. ① 말 방울에 "여호와께 성결"이라는 문구가 새겨질 것이다. 원래 "여호와께 성결"לֵיהוָה קֹדֶשׁ 이라는 말은 대제사장의 관에 새겨져 있었다출39:28-30. 이것은 대제사장이 이스라엘 백성들 가운데 특별히 구별된 자였고, 거룩한 신분으로 인식되었음을 반영해 준다. 그러나 이 문구가 부정한 짐승으로 여겨졌던 말레11:1-8의 장식구에 기록될 것이라는 말은 거룩의 범위가 특별한 대상에게만 제한되지 않을 것이며, 오히려 과거에 부정하게 여겨졌던 모든 것들에게로 확대될 것임을 의미한다. 과거의 부정한 것들이 이제는 정결한 것들로 인정받게 될 것이다. ② 솥과 같은 일반 요리 기구들이 성전의 구별된 거룩한 기구들과 동일하게 거룩한 것으로 인식될 것이다. 원래 제사의 희생 제물들은 성전에서 정해진 그릇에 삶겨져야 했다. 예를 들면, 레위기 6장 24-30절은 고기 삶는 그릇 사용의 규정을 잘 제시하고 있다.

> "24 여호와께서 모세에게 일러 가라사대 25 아론과 그 아들들에게 고하여 이여호와께서 모세에게 말씀하여 이르시되 아론과 그의 아들들에게 말하여 이르라 속죄제의 규례는 이러하니라 속죄제 제물은 지극히 거룩하니 여호와 앞 번제물을 잡는 곳에서 그 속죄제 제물을 잡을 것이요 26 죄를 위하여 제사 드리는 제사장이 그것을 먹되 곧 회막 뜰 거룩한 곳에서 먹을 것이며 27 그 고기에 접촉하는 모든 자는 거룩할 것이며 그 피가 어떤 옷에든지 묻었으면 묻은 그것을 거룩한 곳에서 빨 것이요 28 그 고기를 토기에 삶았으면 그 그릇을 깨뜨릴 것이요 유기에 삶았으면 그 그릇을 닦고 물에 씻을 것이며 29 제사장인 남자는 모두 그것을 먹

을지니 그것은 지극히 거룩하니라 30 그러나 피를 가지고 회막에 들어가 성소에서 속죄하게 한 속죄제 제물의 고기는 먹지 못할지니 불사를 지니라"

이처럼 그러므로 희생 제물의 고기를 삶은 일은 오직 제사장의 책임 아래 이루어졌다. 그러나 본문은 여호와를 경배하고자 하는 자는 누구든지 고기를 삶을 수 있다고 말한다. 또한 성전에서 정해진 그릇이 아닌 어떤 솥이든지 고기 삶는 기구로 사용될 수 있다. 이것은 지금까지 엄격하게 적용되었던 거룩의 구분이 무너지고, 그 범위가 보편적으로 확대될 것임을 강조해 준다. ③ 성전에 가나안 사람이 사라질 것이다. "가나안 사람"의 정체는 무엇인가? 첫째, 어떤 학자들은 이 단어의 히브리어כנעני를 문자적 의미로 해석해서 물건을 사고 파는 '상인' 혹은 '장사꾼'사23:8; 잠31:24으로 해석한다. 만약 이렇게 해석하면, 이 사람은 성전에서 장사를 하던 자들을 가리킨다.[220] 둘째, 어떤 이들은 이 가나안 사람을, 여호수아 정복 이전부터 가나안에 살았던 이방인을 가리키는 표현예를 들면, 창 12:6으로 해석한다.[221] 만약 이런 입장을 취하면, 본문은 이스라엘과 이방인의 구분이 철폐된 새로운 예배 공동체를 강조해 주는 것이다. 필자는 두 입장 가운데 전자의 입장을 취한다. 아마도 본문은 예루살렘 성전의 역사적 상황과 관련이 있어 보인다. 구약 시대의 제사는 오직 정해진 거룩한 제사장의 역할과 책임에 의존했기 때문에, 결국 성전은 제사장과 상인들의 이익을 챙겨주는 수단으로 전락하게 되었던 것 같다. 그러나 본문은 이제 제사장과 성전 기구의 독점적인 역할이 사라짐으로써 더 이상 성전을 이익의 도구로 삼는 상인들도 사라질 것임을 강조하고 있다. 이제 여호와를 향한 예배는 누구에게나 개방된다. 여호와께 경배하고자 하는 자는 누구든지 환영받을 것이다. 오직 우주의 왕 여호와를 경배하는 자들은 누구든지 하나님의 백성이 될 것이다.

(3) 현대적 적용

1) 종말의 열방의 순례여행과 복음의 역설

스가랴 14장은 열방의 순례여행 사상의 절정을 보여준다. 앞서 살펴본 열방의 백성들이 초막절을 지키기 위해 예루살렘을 향해 나아오는 극적인 장면들14:16은 구약의 다른 본문들, 특히 이사야서에서 매우 중요한 주제로 다루어진다. 예를 들면, 이사야 2장 1-4절은 먼 곳으로부터 열방의 백성들이 여호와의 말씀이 흘러나오는 시온을 향하여 순례여행을 하는 놀라운 광경을 소개한다. 나아가 이사야서는 후반부에 이르러서도 이와 같은 열방의 순례여행 사상을 계속해서 강조한다. 무엇보다도 이사야서의 마지막을 장식하는 66장은 열방의 백성들이 여호와의 이름을 구하기 위해 빈손이 아닌, 예물을 들고 찾아오는 장면을 다음과 같이 묘사한다.

"20 나 여호와가 말하노라 이스라엘 자손이 예물을 깨끗한 그릇에 담아 이스라엘 자손이 예물을 깨끗한 그릇에 담아 여호와의 집에 드림같이 그들이 너희 모든 형제를 뭇 나라에서 나의 성산 예루살렘으로 말과 수레와 교자와 노새와 낙타에 태워다가 여호와께 예물로 드릴 것이요 21 나는 그 가운데에서 택하여 제사장과 레위인을 삼으리라 여호와의 말이니라"사 66:20-21

여기서 이사야 선지자는 종말의 시온이 열방의 순례여행의 목적지가 될 것이며, 이방인들이 이 곳으로 예물을 들고 나아와 하나님을 예배할 것임을 예고한다. 흥미롭게도 신약의 복음서는 스가랴와 이사야가 예고한 그 종말의 순례여행이 예수 그리스도와 교회의 사역을 통해 성취되고 있음을 선언한다. 예를 들면, 예수 그리스도의 탄생에 대한 이야기로 시작하는 마태복음은 동방으로부터 온 이방인들의 순례여행을 자세히 소개한다. 무엇보다도 동방박사들이 아기 예수께 경배하기 위해 예물을 들고 오는 장면에 주목해 볼 필요가 있다.

"9 박사들이 왕의 말을 듣고 갈새 동방에서 보던 그 별이 문득 앞서 인도하여 가다가 아기 있는 곳 위에 머물러 서 있는지라 10 그들이 별을 보고 매우 크게 기뻐하고 기뻐하더라 11 집에 들어가 아기와 그의 어머니 마리아가 함께 있는 것을 보고 엎드려 아기께 경배하고 보배합을 열어 황금과 유향과 몰약을 예물로 드리니라"마 2:9-11

동방박사들이 아기 예수께 경배하며 예물을 드리는 이 장면은 분명 열방의 백성들이 예물을 들고 왕이신 여호와를 예배하기 위해 시온으로 찾아올 것을 예언하는 스가랴서 14장의 종말의 초막절 제사의 비전을 상기시킨다. 마태복음의 서두에 위치한 동방박사의 순례 여행 이야기는 예수 그리스도를 믿고 회개하여 하나님께로 돌아오는 모든 이방인들이 새 시대의 하나님 나라에 참여하게 될 것임을 미리 암시한다.

특히 마태복음의 동방박사 이야기는 이방인 출신 여인들의 등장으로 눈길을 사로잡는 예수의 족보와 함께 앞으로 펼쳐질 복음서에 나타나는 하나님 나라의 역설적 측면과 아이러니를 미리 예고한다. 왜 마태는 동방박사의 순례여행 이야기를 서두에 위치시키고 있을까? 마태는 독자들에게 예수의 탄생을 먼저 알게 된 자들이 유대인이 아닌, 이방인임을 강조한다. 좀 더 구체적으로 말하자면, '박사'라는 호칭이 별을 보고 점을 치는 점성가들을 가리킨다는 점을 고려해 볼 때, 마태는 메시아의 탄생을 먼저 깨닫고 그를 경배한 자들이 다름아닌 이방인 출신의 점성가들이었음을 부각시킨다. 실로 유대인들은 메시아의 탄생장소에 대한 정확한 지식을 공유하고 있었으나 정작 그 메시아가 탄생할 때에는 그를 메시아로 전혀 인지하지 못한다. 반면에 메시아의 탄생에 대해 전혀 무지할 것이라고 예상했던 이방인들이 오히려 메시아의 탄생을 먼저 인지하고 그를 만나기 위해 먼 여행을 감행한다. 그토록 기다렸던 메시아가 탄생했어도 그를 알아차리지 못하는 무지한 유대인들과, 메시아의 탄생을 깨닫고 먼 곳에서 그를 찾아와 예물을 드리며 경배하는 이방인들의 대조적인 모습은 앞으로 전개될 복음서의 이야기 속에서 누가 하나님 나라에 합당한지를 미리 예고한다. 예수를 배척하는 교만한 유대인들예를 들면 바리새인들은 하나님 나라에 참여하지 못하지만, 예수 앞에 무릎꿇는 겸손한 이방인들예를 들면, 수로보니게 여인은 하나님의 나라의 백성으로 환영받게 될 것이다. 그러므로 신약성경의 첫 시작부터 동방박사의 순례여행이 이런 복음의 역설을 미리 예고하고 있음은 놀라운 일이 아닐 수 없다. 하나님 나라의 복음은 이런 역설의 이야기들로 채워진다. 예수께서 부르시는 자들은 의인들이 아니라 죄인들이다막 2:17. 예수께서 부르시는 이 죄인들의 구성원은 버림받고 소외당한 유대인들 뿐만 아니라 부정하다 여겨지는 이방인들도 포함되고 있음은 의심의 여지가 없다. 실로 하나님은 "세상의 미련한 것들을 택하사 지혜 있는 자들을 부끄럽게 하려 하시고 세상의 약한 것들을 택하사 강한 것들을 부끄럽게"고전 1:27 하신다. 지금도 하나님은 자격없는 죄인들을 그리스도의 피로 깨끗케 하시며 왕되신 그리스도를 위해 영광스런 하나님 나라의 복음의 사역을 감당하게 하신다.

2) 초막절의 왕 예수, 그리고 생수의 성령

스가랴서 14장은 구약의 대표적인 절기 가운데 초막절의 제사에 초점을 둔다. 스가랴 선지자는 종말의 날에 열방의 백성들이 초막절 제사를 위해 왕이신 하나님께로 나아올 것이라고 예언한다. 더욱이 초막절의 여호와를 왕으로 묘사하는 스가랴 선지자의 메시지는 종말의 날이 이르면 열방의 백성들이 여호와를 왕으로 예배할 것임을 예고한다. 원래 초막절은 속죄일이 지난 5일 후에 시작되는데, 날짜로는 일곱째 달 15일에 해당된다. 원래 초막절의 절기는 출애굽의 구원과 광야의 삶 속에서 이스라엘을 보호하고 인도하신 하나님의 은혜를 기억하기 위해 지켜졌다. 학사 에스라가 포로에서 귀환한 이스라엘 백성들에게 중단된 초막절 절기를 다시 준수할 것을 명령한 것은 과거의 은혜를 기억하지 못하고 망각한 삶이야말로 그들의 실패의 원인이었음을 시사해준다는 8:13-18. 안타깝게도 이와 같은 초막절의 정신은 지속되지 않았으며, 이스라엘의 은혜의 망각과 실패의 악순환은 역사속에서 멈추지 않았다. 아이러니하게도 앞서 살펴본대로 스가랴 선지자는 이런 종말의 초막절의 비전이 열방의 백성들의 참여를 통해 궁극적으로 성취될 것임을 예고한 바 있다. 특히 신약의 복음서는 이 종말의 초막절의 제사와 예루살렘에서 솟아나는 생수의 확장이 예수 그리스도 안에서 성취되고 있음을 역설한다. 예를 들면, 예수는 초막절에 이르러 자신으로부터 생수가 흘러나올 것이며, 이 생수를 마시는 자는 영원히 목마르지 않을 것이라 선언하신다.

> "37 명절 끝날 곧 큰 날에 예수께서 서서 외쳐 이르시되 누구든지 목마르거든 내게로 와서 마시라 38 나를 믿는 자는 성경에 이름과 같이 그 배에서 생수의 강이 흘러나오리라하시니 39 이는 그를 믿는 자들이 받을 성령을 가리켜 말씀하신 것이라" 요 7:37-39

여기서 요한은 예수야말로 종말에 부어질 초막절의 생수의 공급자로 묘사한다. 인류의 영적인 목마름을 해결해 줄 수 있는 유일한 길은 무엇인가? 영적인 고갈로 목말라하는 인간들에게 참된 생명의 물은 어디서 오는가? 예수는 스가랴서 14장에 예고된 종말의 초막절의 생수는 오직 자신으로부터 나오는 물이며, 이 생수야말로 영혼의 목마름을 해결해 줄 수 있다고 선언하신다. 더욱이, 요한에 의하면, 스가랴서 14장에 그려진 종말에 솟아날 초막절의 생수는 예수 그리스도를 통해서 흘러나오는 성령을 가리킨다요 7:34-44. 예수는 끝없이 솟아나는 생수와 같은 성령이 모든 믿는 자들에게로 흘러 들어 갈 것임을 약속하신다. 누가는 예수의 승천 이후 그가 약속한 바로 그 성령을 기다리며 기도하는 사도들의 모습으로 사도행전을 시작한다행 1:4-5. 그리고 약속하신 그 성령이 도래하고 성령의 충만함을 받은 사도들은 땅 끝까지 증인이 되라고 명령하신 예수님의 말씀에 순종하여 담대히 복음을 선포한다. 예수의 승천 이후에 임한 생수의 성령은 이방인들이 회개하여 주께로 돌아오는 일을 가능하게 한다. 더욱이 신약의 저자들은 스가랴서 14장에 예고된 종말의 초막절의 생수는 바로 성령이며, 이 성령의 사역은 열방의 백성들이 주께로 돌아오도록 이끌 것이다. 그러므로 스가랴 선지자와 신약의 저자들은 우리로 하여금 영혼의 목마름으로 절망하는 열방의 백성들이 오직 초막절의 왕 예수께 나아올 때 목마르지 않는 생수를 맛보며 영혼의 갈증에서 해방되어 초막절의 예배의 참된 기쁨을 향유하게 될 것임을 일깨워준다.

3) 종말의 거룩의 확장과 복음의 제사장 나라

스가랴서 14장은 종말의 시대가 도래할 때 거룩한 제사장으로서의 이스라엘의 정체성이 온 땅으로 확장될 것임은 예고한다. 스가랴서 14장 20-21절에 나타나듯이 "여호와께 성결"이라는 글씨가 부정한 짐승으로 대변되는 말의 방울에까지 기록된다는 것은 거룩한 제사장 나라로서의 이스라엘의 정체성이 이스라엘 이라는 지역을 띄어 넘어 여호와를 경배하는 모든 이방인들에게까지 확장될 것임을 암시한다. 나아가 주방에 사용되는 '솥'이 성전의 거룩한 기구들과 같이 여호와의 '성물'이 될 것이라는 스가랴의 메시지14:21는 장차 거룩의 정체성과 그 범위가 이스라엘이라는 민족과 그 지형을 넘어 온 열방으로 확장될 것임을 알려준다. 이와 같은 거룩의 확장은 다음과 같은 말라기 선지자의 메시지를 환기시킨다.

> "만군의 여호와가 이르노라 해 뜨는 곳에서부터 해 지는 곳까지의 이방 민족중에서 내 이름이 크게 될 것이라 각처에서 내 이름을 위하여 분향하며 깨끗한 제물을 드리리니 이는 내 이름이 이방 민족 중에서 크게 될 것이니라"말 1:11

놀랍게도 신약의 저자들은 거룩한 제사장으로 규정되었던 구약의 언약 백성의 정체성이 신약의 교회로 확장된다고 선언한다. 특히 베드로는 예수 그리스도를 믿는 언약 백성으로서의 교회를 향해 "너희는 택하신 족속이요 왕 같은 제사장들이요 거룩한 나라"벧전 2:9로 간주하면서 구약 시대 언약 백성의 제사장 나라로서의 정체성을 교회의 정체성으로까지 확대시킨다. 이와 같은 베드로의 진술은 그가 고넬료의 집을 방문할 때 보았던 부정한 짐승에 관한 환상에 담긴 깊은 뜻과 무관하지 않다. 베드로는 이 환상을 통해 부정한 짐승으로 대변되는 이방인들이 예수 그리스도 안에서 정한 백성이 될 것임을 깨닫게 되었다행 10:1-23. 그러므로 신약시대에 이르러 이제 구약의 제사장 나라로서의 지위와 영역은 더 이상 민족 이스라엘과 그들의 팔레스타인 지역으로만 제한되지 않는다. 오히려 언약 백성의 제사장 나라로서의 통치는 예수 그리스도를 믿는 모든 이들과 그들이 살고 있는 전 영역으로 확장된다. 이것은 구약 시대 제사장 나라로서의 이스라엘의 역할이 이제 교회를 통해 성취됨을 의미한다. 어떤 이들은 이와 같은 신약 교회의 성취적 관점을 '대체신학'이라고 규정하면서 현재 이스라엘의 독특한 지위를 거부한다고 비판한다. 그러나 이런 비판은 믿음 안에서 모든 이들이 아브라함의 자손이 된다는 바울과 다른 신약 저자들의 가르침롬 4:16; 갈 3:14, 29; 벧전 2:5에 근거해 볼 때

설득력을 상실한다. 비록 바울 자신은 그가 속한 민족 이스라엘의 구원을 간절히 고대하지만 그들의 구원 역시 예수 그리스도를 믿는 믿음 안에서 이루어 진다는 점을 거듭 천명한다롬 9:8-13. 좀 더 구체적으로 말하자면, 바울은 과거 이스라엘 민족의 구별된 지위롬 9:4-5에 주목하지만, 그들도 역시 예수 그리스도께 나아와 회개하고 죄사함을 받아야 함을 거듭 강조한다. 그리하여 바울은 구원의 문제에 있어서 어느 누구도 차별이 없음을 인식하면서 예수 그리스도를 믿는 믿음의 중요성을 다음과 같이 강조한다.

"11 성경에 이르되 누구든지 그를 믿는 자는 부끄러움을 당하지 아니하리라 하니 12 유대인이나 헬라인이나 차별이 없음이라 한 분이신 주께서 모든 사람의 주가 되사 그를 부르는 모든 사람에게 부요하시도다 13 누구든지 주의 이름을 바르는 자는 구원을 받으리라"롬 10: 11-13

그런 점에서 예수 그리스도의 피로 세워진 새 언약에 참여하는 자들, 즉 믿음의 교회가 이제는 참 아브라함의 자손이 되며, '새 이스라엘'이 된다. 그렇다면 우리가 '새 이스라엘'이 되었다는 것은 무엇을 의미하는가? 그것은 온 열방을 예수 그리스도께로 인도해야 할 제사장적 사명이 우리에게 주어졌음을 의미한다. 그러므로 우리는 "여호와를 아는 지식이 세상에 충만"사 11:9해 지는 그 날까지, 열방을 향한 복음의 거룩한 제사장이 되어 "이방인을 제물로 드리는"롬 15:16 '새 이스라엘'로서의 사명을 충실히 감당해 나가야 할 것이다. 장차 거룩한 도성 새 예루살렘이 새 하늘과 새 땅에 도래하여 온 땅이 하나님의 거룩하심으로 충만하게 될 그 날계 21:1-2을 고대하면서!

주(註)

개론

1. Ralph I. Smith, *Micah-Malachi* (Texas: Words, 1984), 167.
2. 예를 들면, Eugene H. Merrill, *Haggai, Zechariah, Malachi* (Chicago: Moddy Press, 1994), 93을 보라.
3. Joyce G. Baldwin, *Haggai, Zechariah, Malachi*, TOTC (Downers Grove: IVP, 1972), 88.
4. Kenneth L. Barker, "Zechariah", *The Expository Bible Commentary: Daniel ~ Malachi*, (eds.) Tremper Longman III & David E. Garland (Grand Rapids: Zondervan, 2008), 736.
5. Eugene H. Merrill은 역대하 24장의 스가랴를, 예수님께서 언급하신 스가랴와 동일시한다. 그에 따르면, 여호야다 제사장은 바라갸라는 아들이 있고, 그의 아들이 스가랴였는데 이 스가랴가 죽임을 당했다고 추론한다. 즉 예수님께서는 구약의 정경의 순서에 따라 창세기의 순교자 아벨에서 역대기의 마지막 순교자 스가랴를 언급하고 계신다는 것이다. 그의 책, *Haggai, Zechariah, Malachi*, 95를 보라.
6. 이런 해석을 주장하는 가장 대표적인 학자는 Marvin A. Sweeney이다. 그의 "Zechariah," *The Twelve Prophets: Vol. 2* (Minnesota: The Liturgical Press, 2000), 569-570을 보라.
7. Andrew E. Hill, *Haggai, Zechariah and Malachi*, TOTC (Nottingham: IVP, 2012), 유창걸, 『학개 스가랴 말라기』, 틴데일 구약주석 시리즈 28 (서울: CLC, 2014), 142.
8. 페르시아 시대 초기의 역사에 대한 간략한 개관으로는 Wolter H. Rose, *Zemah and Zerubbabel: Messianic Expectations in the Early Postexilic Period* (JSOTSup 304, Sheffield: Sheffield Academic Press, 2000), 23-26을 보라.
9. 다리우스 1세 시대의 역사적 상황에 대해서는 John Bright, *A History of Israel*, 3rd edition (Philadelphia: Westminster Press, 1981), 박문재 역, 『이스라엘 역사』(서울: 크리스챤 다이제스트, 1993), 506-507을 보라. 어떤 학자들은 스가랴서 9-14장의 역사적 배경과 저작 시기를 헬라 시대로 간주하지만, 스가랴서 9-14장의 역사적 시기를 초기 페르시아 시대로 보는 전통적 견해를 뒤집을 만한 결정적인 증거는 없다. 스가랴서 9-14장의 역사적 시기에 대한 전통적인 입장을 살펴보려면 Mark J. Boda, *Haggai, Zechariah*, NIVAC (Grand Rapids: Zondervan, 2004), 29-32를 보라.
10. Thomas Edward McComiskey, "Zechariah," *The Minor Prophets* (ed.) Thomas Edward McComiskey (Grand Rapids: Baker Academic, 1998),1004-1005.
11. 예후드가 사마리아 자치 구역의 한 일부인지 아니면 독자적인 행정 자치 구역인지는 논란의 여지가 있다. 그러나 학자들은 대체로 예후드를 독자적인 행정 구역으로 간주한다. 이에

대한 논의로는 Wolter H. Rose, *Zemah and Zerubbabel: Messianic Expectations in the Early Postexilic Period*, 30-33; H. G. M. Williamson, "Persian Administration", *ABD V*, 81-86; J. M. Cook, "Darius", *The Oxford Companion to the Bible* (eds.) Bruce M. Metzger & Michael D. Coogan (Oxford: Oxford University Press, 1993), 152-153을 보라.

12. 포로기 후 공동체의 문제에 관해서는 John Bright, 『이스라엘의 역사』, 501-506을 보라.
13. John Bright, 『이스라엘의 역사』, 502.
14. 묵시적 장르에 대한 논의로는 Mark J. Boda, "Majoring on the Minors: Recent Research on Haggai and Zechariah", *CBR* 2.1 (2003), 37-46; John N. Oswalt, "Recent Studies in Old Testament Apocalyptic," in *The Face of Old Testament Studies: A Survey of Contemporary Approaches*, (eds.) David W. Baker and Bill T. Arnold (Grand Rapids: BakerBooks, 1999), 369-390; D. Brent Sandy, *Plowshares & Pruning Hooks: Rethinking the Language of Biblical Prophecy and Apocalyptic* (Leicester: InterVarsity Press, 2002); Paul D. Hanson, *The Dawn of Apocalyptic: The Historical and Sociological Roots of Jewish Apocalyptic Eschatology* (Philadelphia: Fortress, 1979); idem, "Apocalypses and Apocalypticism", in *ABD*. Vol. I, 279-282; S. Niditch, *The Symbolic Vision in Biblical Tradition* (Chico, Calif.: Scholars Press, 1983)을 보라.
15. Joyce Baldwin, *Haggai, Zechariah, Malachi*, 72-73.
16. John J. Collins는 묵시를 다음과 같이 정의한다: "묵시는 한 내러티브 형태를 지닌 계시적 문학 장르로서, 이 내러티브 형태에는 계시가 다른 세계의 존재에 의해 인간 수신자에 중재된다." John J. Collins, "Early Jewish Apocalyticism," in *ABD* Vol. I, 283을 보라. 또한 idem, "Apocalyptic Literature," in *Early Judaism and Its Modern Interpreters* (eds. Robert A. Kraft & George W. E. Nickelsburg, Atlanta: Scholars Press, 1986), 345-370도 참고하라. N. K. Gottwald도 이와 유사한 정의를 내린다. "묵시는 종말의 심판과 구원에 관한 혹은 천상계에 관한 계시가 다른 세계에 속한 메신저에 의해 인간 존재에게 전달되는 내러티브 형식을 취하는 계시적 문학의 한 유형이다". N. K. Gottwald, *The Hebrew Bible: A Socio-Literary Introduction* (Philadelphia: Fortress, 1985), 584.
17. 몰트만의 묵시에 대한 이해를 다루는 John N. Oswalt, "Recent Studies in Old Testament Apocalyptic," in *The Face of Old Testament Studies: A Survey of Contemporary Approaches* (eds. David W. Baker & Bill T. Arnold, Grand Rapids: Baker Books, 1999), 374-376을 보라.
18. John N. Oswalt, "Recent Studies in Old Testament Apocalyptic", 376-377.
19. Paul D. Hanson, *The Dawn of Apocalyptic* (Philadelphia: Fortress, 1979).
20. D. Brent Sandy, *Plowshares & Pruning Hooks: Rethinking the Language of Biblical Prophecy and Apocalyptic*, 109.
21. D. Brent Sandy, *Plowshares & Pruning Hooks: Rethinking the Language of Biblical*

Prophecy and Apocalyptic, 109.
22. D. Brent Sandy, *Plowshares & Pruning Hooks: Rethinking the Language of Biblical Prophecy and Apocalyptic*, 108.
23. D. Brent Sandy, *Plowshares & Pruning Hooks: Rethinking the Language of Biblical Prophecy and Apocalyptic*, 108.
24. J. Baldwin, *Haggai, Zechariah, Malachi*, 7-74.
25. Andrew E. Hill, 『학개 스가랴 말라기』, 153.
26. Mark J. Boda, *Haggai, Zechariah*, 204-5, 494-498.
27. William A. VanGemeren, *Interpreting the Prophetic Word*, 김의원 & 이명철 역, 『예언서 연구』 (서울: 엠마오, 1990), 333-334.
28. 이 글은 필자의 논문, "최근 스가랴서의 통일성 연구 동향", 『국제신학』(2006): 227-252를 대폭 개정한 것임을 밝힌다.
29. R. L. Smith, *Micah-Malachi*, 242-243.
30. R. L. Smith, *Micah-Malachi*, 170-171.
31. 이에 대한 논의로는 Mark J. Boda, *The Book of Zechariah*, NICOT (Grand Rapids: Eerdmans, 2016), 33-34를 보라.
32. Mark J. Boda, "From Fasts to Feasts: The Literary Function of Zechariah 7-8", *CBQ* 39 (2003), 390; James A. Hartle, "The Literary Unity of Zechariah," *JETS* 35/2 (June 1992), 145.
33. 예를 들면, 비평학자들은 스가랴서 9장 13절에 나오는 "헬라"라는 표현은 헬레니즘 시대를 반영한다고 보았다.
34. Mark J. Boda, "From Fasts to Feasts: The Literary Function of Zechariah 7-8," 390.
35. Paul D. Hanson, *The Dawn of Apocalyptic: The Historical and Sociological Roots of Jewish Apocalyptic Eschatology* (Philadelphia: Fortress, 1979).
36. C. L. Meyers and E. M. Meyers, *Haggai, Zechariah 1-8* (New York: Doubleday, 1987), xliv를 보라. 이런 스가랴서의 연구 동향에 대한 것으로는 Mark J. Boda, "Majoring on the Minors: Recent Research on Haggai and Zechariah," *Currents Biblical Research* 2/1 (2003), 33-68을 보라.
37. James D. Nogalski, *Introduction to the Hebrew Prophets* (Nashville: 2018), 150.
38. J. E. Tollington, *Tradition and Innovation in Haggai and Zechariah 1-8*, JSOTsup 150 (Sheffield: JSOT Press, 1993), 23, 33-34, 47.
39. Paul Redditt, "Zechariah 9-14: The Capstone of the Book of the Twelve," *Bringing Out the Treasure: Inner Biblical Allusion and Zechariah 9-14*, (eds.) Mark J. Boda & Michael H. Floyd, JSOTSup 304 (Sheffield: Sheffield Academic Press, 2003), 305-332.
40. 최근 비평학적 입장에 대한 간략한 논의로는 Mark J. Boda, *The Book of Zechariah*,

NICOT (Grand Rapids: Eerdmans, 2016), 31-37; Gordon McConville, *Exploring the Old Testament: Prophets*, Vol. 4 (London: SPCK, 2002), 243-244을 보라.

41. 보수적인 입장을 대변하는 견해로는 D. Baron, *Visions and Prophecies of Zechariah* (Grand Rapids: Kregel, 1972), 272-282; G. L. Archer, Jr., *A Survey of Old Testament Introduction* (Chicago: Moody, 1974), 433-438; E. J. Young, *An Introduction to the Old Testament* (Grand Rapids: Eerdmans, 1964), 278-281을 보라.
42. Joyce G. Baldwin, *Haggai, Zechariah and Malachi*, 69-70.
43. Barry G. Webb, *The Message of Zechariah, The Bible Speaks Today* (Leicester: IVP, 2003), 43-46.
44. Joyce G. Baldwin, Haggai, *Zechariah and Malachi*, 85-86. 몇몇 보수주의 신학자들은 볼드윈의 교차대구법을 대체로 수용하고 있다. 예를 들면, Hassell Bullock, *An Introduction to the Old Testament Prophetic Books* (Chicago: Moody Press, 1986), 류근상 역, 『구약선지서 개론』(서울: 크리스챤 출판사, 2001), 433-434을 보라.
45. James A. Hartle, "The Literary Unity of Zechariah", *JETS* 35/2 (June 1992), 145-157; Meredith G. Kline, "The Structure of the Book of Zechariah", *JETS* 34/2 (June 1991), 179-193.
46. James A. Hartle, "The Literary Unity of Zechariah," 145-157.
47. Meredith G. Kline, "The Structure of the Book of Zechariah," 179-184.
48. Meredith G. Kline, "The Structure of the Book of Zechariah," 191-192.
49. 하지만 클라인의 구조분석은 7-8장의 역할과 중요성을 다소 간과하고 있어 아쉬움을 남긴다. 비록 클라인은 7-8장을 9-14장의 서론으로서 논의하고 있지만, 그 역할과 중요성에 대한 논증은 구체적으로 제시하지 않는다. 또한 1장 7-17절은 두 환상으로 나누어지는데, 클라인은 이 두 환상을 하나의 단락으로 처리하고 있다. 이는 아마도 9-14장의 교차대구와 대응시키기 위한 임의적인 시도로 이해된다.
50. Brevard S. Childs, *Introduction to the Old Testament as Scripture* (Philadelphia: Fortress, 1979), 481-486.
51. Ibid., 486.
52. Ibid., 483.
53. Rex A. Mason, "The Relation of Zech 9-14 to Proto-Zechariah," *ZAW* 88 (1976): 227-239. 또한 메이슨(Mason)의 학문적 업적을 기리는 Mark Boda and Michael H. Floyd (eds.), *Bringing Out the Treasure: Inner Biblical Allusion and Zechariah 9-14*, JSOTSup 370(Sheffield: Sheffield Academic Press, 2003)을 보라.
54. 메이슨의 입장에 대한 반론으로는 Mike Buttrworth, *Structure and the Book of Zechariah*, JSOTSup 130 (Sheffield: Sheffield Academic Press, 1992), 291-297을 보라.
55. Marvin A. Sweeney, *The Prophetic Literature* (Nashville: Abingdon, 2005), 204.

56. Ibid. 또한 idem, *The Twelve Prophets*, vol. 2 (Collegeville: Liturgical Press, 2000), 566-567을 보라.
57. Marvin A. Sweeney, "Zechariah's Debate with Isaiah," in *The Changing Face of Form Criticism for the Twenty-First Century*, (eds.) Marvin A. Sweeny & Ehud Ben Zvi (Grand Rapids: Eerdmans, 2003), 340.
58. Ibid.
59. 이 구조분석은 Marvin A. Sweeney, *The Prophetic Literature*, 204-205에 소개된 구조분석을 보다 축소시킨 것이다.
60. Edgar W. Conrad, *Zechariah* (Sheffield: Sheffield Academic Press, 1999), 131.
61. Edgar W. Conrad, *Zechariah*, 39.
62. 12선지서에 나타난 여호와의 사자의 출현에 관해서는 Edgar W. Conrad, *Zechariah*, 22-39를 보라.
63. 예를 들면, David J. Clark, "Discourse Structure in Zechariah 7:1-8:23", *BT* 36 (1985), 328-335; Mike Butterworth, *Structure and the Book of Zechariah*, 149-165; Mark J. Boda, "From Fast to Feasts: The Literary Function of Zechariah 7-8," *CBQ* (2003), 390-407을 보라.
64. 스가랴서의 서론으로서의 1:1-6의 기능에 관한 최근의 연구로는 Heiko Wenzel, *Reading Zechariah with Zechariah 1:1-6 as the Introduction to the Entire Book*, Contributions to Biblical Exegesis & Theology (Leuven: Peeters, 2011)을 보라.
65. Mark J. Boda, "From Fast to Feasts: The Literary Function of Zechariah 7-8", 403.
66. R. David Moseman, "Reading the Two Zechariahs As One," *Review and Expositor* 97 (2000), 491.
67. Mark J. Boda, , "From Fast to Feasts: The Literary Function of Zechariah 7-8", 403-405.
68. R. David Moseman, "Reading the Two Zechariahs As One", 490.
69. Mark J. Boda, "From Fasts to Feasts: The Literary Function of Zechariah 7-8", 405.
70. Mark J. Boda, "From Fasts to Feasts: The Literary Function of Zechariah 7-8", 406.
71. 이에 대한 구체적인 논의는 스가랴서 9장의 분석을 살펴보라.
72. Richard Weis, "A Definition of the Genre מַשָּׂא in the Hebrew Bible" (Ph.D. diss., Claremont Graduate School, 1986); idem, "Oracle," in ABD, 5., 28-29; Michael H. Floyd, *Minor Prophets*, Parts 2 (FOTL 22; Grand Rapids: Eerdmans, 2000); idem, "The מַשָּׂא as a Type of Prophetic Book", *JBL* 121 (2002), 401-422; idem, "Deutro-Zechariah and Types of Intertextuality", in *Bringing Out the Treasure*, 225-244.
73. 7-8장의 구조에 대한 상세한 연구로는 Mike Butterworth, *Structure and the Book of Zechariah*, 149-165를 보라.

74. Mark J. Boda, *Haggai, Zechariah*, 59-63.
75. 신약의 구약 인용 혹은 해석에 관한 대표적인 연구서로는 Greg K. Beale, *The Right Doctrine from the Wrong Text?* (Grand Rapids: Baker, 1994); Richard B. Hays, *The Conversion of the Imagination: Paul As Interpreter of Israel's Scripture* (Grand Rapids: Eerdmans, 2005); idem, *Echoes of Scripture in the Letters of Paul* (New Haven: Yale University, 1989); Richard N. Longenecker, *Biblical Exegesis in the Apostolic Period* (Grand Rapids: Eerdmans, 1999); Steve Moyise, *The Old Testament in the New: An Introduction (London: Continuum, 2001)*을 보라.
76. Roland E. Murphy, "The Relationship Between the Testaments", *CBQ* 26 (1964), 349-359; Claus Westermann, *The Old Testament and Jesus Christ* (Minneapolis: Augsburg, 1970); Charles H. H. Scobie, *The Ways of Our God: An Approach to Biblical Theology* (Grand Rapids: Eerdmans, 2003), 88-92.
77. Geerhardus Vos, *Biblical Theology* (Grand Rapids: Eerdmans, 1948); George Eldon Ladd, *A Theology of the New Testament* (Grand Rapids: Eerdmans, 1974); Gerhard Von Rad, *Old Testament Theology* (2 vols. Edinburgh: Oliver & Boyd, 1965), 2:319-429.
78. Walter Eichrodt, "Is Typological Exegesis an Appropriate Method?" *Essays on Old Testament Hermeneutics* (ed.) Claus Westermann (Richmond: John Knox Press, 1963), 224-245.
79. Steve Moyise, "The Old Testament in the New: A Reply to Greg Beale", *Irish Biblical Studies* 21 (1999), 54-58; G. K. Beale, "Questions of Authorial Intent, Epistemology, and Presuppositions and Their Bearing on the Study of the Old Testament in the New: A Rejoinder to Steve Moyise," *Irish Biblical Studies* 21 (1999), 152-180.
80. G. K. Beale, *The Temple and the Church's Mission: A Biblical Theology of the Dwelling Place of God* (Downers Grove: IVP, 2004), 377-378.
81. Steve Moyise, "The Old Testament in the New: A Reply to Greg Beale", 57.
82. (eds.) Kenneth Berding & Jonathan Lunde, *Three Views on the New Testament Use of the Old Testament* (Grand Rapids: Zondervan, 2007).
83. G. K. Beale, *The Temple and the Church's Mission: A Biblical Theology of the Dwelling Place of God*, 377-378.

제1부

1. 스미스는 다른 선지서의 표제와 비교해 볼 때 스가랴서 1장 1절의 표제에 독특한 특징이 있다고 말한다. 그는 스가랴서 1장 1절의 연도 소개가 다른 선지서 본문에는 잘 나타나지 않는 특징으로 이해한다. 대개 선지서 본문의 표제들은 선지자가 사역하던 당시에 다스렸던 왕들의 이름만을 언급하지만(예를 들면, 아모스, 호세아, 이사야, 미가, 예레미야 등등), 스가랴서 1장

1절은 학개서(학1:1, 15; 2:1, 10, 20)와 유사하게 정확한 계시의 때를 소개함으로써 매우 독특성을 부각시켜 주고 있다. Ralph L. Smith, *Micah-Malachi*, 183을 보라.
2. 더 구체적인 논의를 위해 David L. Petersen, *Haggai & Zechariah 1-8*, OTL (London: SCM Press, 1985), 129-130을 참조하라.
3. 피터센은 2절의 역할을 다음과 같이 세 가지로 요약한다: (1) 과거 이스라엘과 이스라엘 간의 관계를 요약해 준다 (2) 세대 사이를 연결해 준다 (3) 여러 세대들이 여호와와 맺은 관계의 차이점을 제공해 준다. David L. Petersen, *Haggai & Zechariah 1-8*, 130을 보라.
4. David L. Petersen, *Haggai & Zechariah 1-8,* 130.
5. Andrew E. Hill, 『학개 스가랴 말라기』, 172.
6. C Marvin Pate., et. al., *The Story of Israel: A Biblical Theology* (Downers Grove: IVP, 2004), 93-95.
7. C Marvin Pate., et. al., *The Story of Israel: A Biblical Theology*, 93.
8. Andrew E. Hill, "Zechariah", *Minor Prophets: Hosea-Malachi*, Tyndale Connerstone Biblical Commentary, (eds.) Richard D. Patterson and Andrew E. Hill (Illinois: Tyndale House Publishers, 2008), 534.
9. Andrew E. Hill, "Zechariah", 532.
10. Andrew E. Hill, "Zechariah", 534.
11. William J. Dumbrell, *The Search for Order*, 『언약신학과 종말론』, 장세훈 역 (서울: 기독교문서선교회, 2001), 204-5.
12. John H. Sailhamer, *The Pentateuch as Narrative: A Biblical-Theological Approach* (Grand Rapids: Zondervan, 1992) 424.
13. Bernhard Anderson, *Out of the Depths: The Psalms Speak for Us Today* (revised edition; Philadelphia: Westminster Press, 1983) 53-54.
14. David L. Petersen, *Haggai & Zechariah 1-8*, 138.
15. 개역성경에서 '홍색'으로, 개역개정판에는 '붉은 색'으로 번역된 히브리어 '아돔'(אדם)은 실제 '붉은 색'을 뜻하지만, 말의 색깔을 가리킬 때는 '갈색' 혹은 '밤색'을 나타낼 수도 있다. 실제로 이 단어는 갈색의 동물, 노란 적갈색의 식물, 붉은 피, 혹은 와인 혹은 육체의 살갗의 색깔을 나타낼 때 다양하게 사용된다. Mark J. Boda, *Haggai, Zechariah*, 194-195를 보라.
16. 개역성경에서 '자색'으로 번역되었고 개역개정판에는 '자줏빛'으로 번역된 '싸로크'(שׂרק)는 NIV, NRSV, NKJV의 번역처럼 적색과 흰색이 혼합된 '밤색'(brown, sorrel)을 가리킨다. 그러므로 이 단어는 '밤색'으로 번역되는 것이 적절해 보인다.
17. Paul L. Redditt, *Haggai, Zechariah and Malachi*, NCBC (Grand Rapids: Eerdmans, 1995), 52; Ralph L. Smith, *Micah-Malachi*, 189.
18. Kenneth L. Barker, "Zechariah", *The Expositor's Bible Commentary: Daniel-Malachi*, (eds.) Tremper Longman III & David E. Garland (Grand Rapids: Zondervan, 2008),

741.
19. Thomas Edward McComisky, "Zechariah", 1036.
20. Thomas Edward McComisky, "Zechariah", 1035.
21. 예를 들면, David L. Petersen, *Haggai & Zechariah 1-8*, 139; Ralph L. Smith, *Micah-Malachi*, 190을 보라.
22. 예를 들면, Barry G. Webb, *The Message of Zechariah*, BST (Downers Grove: IVP, 2003), 67을 보라.
23. 이 나무에 대한 정보는 Marvin A. Sweeney, "Zechariah", *The Twelve Prophets*, Vol. II (Collegeville: Liturgical Press, 2000), 576-577의 내용에 의존하고 있음을 밝힌다.
24. 에스더의 히브리 이름은 바로 이 나무의 이름에 근거하고 있는 듯하다(에2:7).
25. Kenneth L. Barker, "Zechariah", 741.
26. Thamas Edward McComiskey, "Zechariah", 1034.
27. Marvin A. Sweeney, "Zechariah", 577.
28. Marvin A. Sweeney, "Zechariah", 577.
29. Paul L. Redditt, *Haggai, Zechariah and Malachi*, 53; Joyce G. Baldwin, *Haggai, Zechariah, Malachi*: 95.
30. David L. Petersen, *Haggai & Zechariah 1-8*, 142; Joyce G. Baldwin, *Haggai, Zechariah, Malachi*, 138-140.
31. David L. Petersen, *Haggai & Zechariah 1-8*, 141.
32. Thamas Edward McComisky, "Zechariah", 1034.
33. David L. Petersen, *Haggai & Zechariah 1-8*, 142.
34. Thamas Edward McComisky, "Zechariah", 1034-1035.
35. Barry G. Webb, *The Message of Zechariah*, 68-69.
36. Barry G. Webb, *The Message of Zechariah*, 69; Joyce G. Baldwin, *Haggai, Zechariah, Malachi*, 95.
37. David L. Petersen, *Haggai & Zechariah 1-8*, 144-145.
38. 히브리어로는 "히네 콜 하아레쯔 요세베트 베쇼카테트"(הִנֵּה כָל־הָאָרֶץ יֹשֶׁבֶת וְשֹׁקָטֶת)이며 문자적으로 해석하면 '온 땅이 고요하고 평온하다'라는 뜻이 된다.
39. David L. Petersen, *Haggai & Zechariah 1-8*, 144-145.
40. Ben C. Ollenburger, "The Book of Zechariah", 752.
41. Marvin A. Sweeney, "Zechariah", 578-579; Ben C. Ollenburger, "The Book of Zechariah", 752.
42. Petersen은 "칠십 년"이라는 표현이 성경 외에 고대 근동 문헌에도 나타난다고 주장한다. 예를 들면, 고대 근동 문헌 가운데 이 표현은 바벨론 신 말둑이 바벨론을 향해 노여워한 기간을 묘사하기 위해 사용되었다. 자세한 설명을 살펴보려면, David L. Petersen, *Haggai*

& *Zechariah 1-8*, 149-150을 보라. 또한 이 표현에 대한 논의로는 Barry G. Webb, *The Message of Zechariah*, 71도 참고하라.

43. Mark J. Boda, *Haggai, Zechariah*, 198. 이 70년에 대한 여러 가지 입장들에 대해서는 Ralph L. Smith, *Micah-Malachi*, 191을 보라.
44. Ben C. Ollenburger, "The Book of Zechariah", 752; Thomas Edward McComiskey, "Zechariah", 1039. 개역개정판(1313면)도 이런 입장을 취한다.
45. Andrew E. Hill, "Zechariah", 537.
46. Marvin A. Sweeney, "Zechariah", 580.
47. P. Scalise, "Zechariah", *Minor Prophets II*, NIBC (Peabody: Hendrickson Publishers, 2009), 205.
48. Mark J. Boda, *Haggai, Zechariah*, 201.
49. James A. Brooks, *Mark*, NAC (Nashville: Broadman, 1991), 192.
50. James A. Brook, *Mark*, 193.
51. Robert H. Mounce, *The Book of Revelation*, NICOT(Grand Rapids: Eerdmans, 1977), 159.
52. Robert H. Mounce, *The Book of Revelation*, 159.
53. David L. Petersen, *Haggai & Zechariah 1-8*, 162-163.
54. Barry G. Webb, *The Message of Zechariah*, 74-75. Marvin Sweeney는 네 뿔이 이스라엘 제단의 네 뿔을 가리킨다고 본다(Marvin A. Sweeney, "Zechariah", 581-582). 특히 그는 네 뿔을 여호와의 권능과 연관시킨다. 그러므로 그는 이스라엘의 멸망은 여호와의 계획과 권능으로 이루어진 사건으로 본다. 하지만 첫째 환상에서 열방에 대한 심판이 암시되고 있음을 고려해 볼 때, 네 뿔은 심판 받아야 할 열방을 가리킨다고 보아야 할 것이다.
55. 예를 들면, 열왕기하 24장 16절에서 '공장'을 뜻하는 히브리어 '마스겔'(מַסְגֵּר)은 '하라스'(חָרָשׁ)와 구별되고 있다. 또한 에스겔서 21장 31절에서도 히브리어 '하라스'(חָרָשׁ)는 숙련된 자의 의미를 지니고 있다.
56. David L. Petersen, *Haggai & Zechariah*, 164.
57. Marvin A. Sweeney, "Zechariah", 583.
58. 개역개정에서 "떨어뜨리다"로 번역된 히브리어 동사 '야도트'(יָדוֹת)는 동사 '야다'(יָדָה)의 피엘형으로 소개된다. RSV는 이 동사를 "strike down"으로 번역한다.
59. Paul L. Redditt, *Haggai, Zechariah and Malachi*, 57.
60. 심판의 의미를 갖고 있는 에스겔서 21장 31절에서도 히브리어 '하라스'(חָרָשׁ)가 등장하고 있음은 본 단락과 그 맥락을 같이하고 있다.
61. 예를 들면, Eugene H. Merrill, *Haggai, Zechariah, Malachi*, 201을 보라.
62. Thomas Edward McComiskey, "Zechariah", 1049.
63. 예를 들면, Mark J. Boda, *Haggai, Zechariah*, 221-248; David L. Petersen, *Haggai &*

Zechariah 1-8, 166-186을 보라.
64. Marvin A. Sweeney, "Zechariah", 584.
65. Paul L. Redditt, Haggai, Zechariah and Malachi, 58; David L. Petersen, Haggai & Zechariah 1-8, 169.
66. Marvin A. Sweeney, "Zechariah", 585.
67. Kenneth L. Barker, "Zechariah", 748.
68. Andrew E. Hill, Haggai, 『학개 스가랴 말라기』, 193.
69. 히브리어 '호이'(הוֹי)는 심판이나 탄식의 단락에 가장 흔히 등장하는 감탄사이다(예를 들면, 암6:1). 하지만 이 단어는 후속 단락에 관심을 집중시키기 위해 사용되기도 한다(사1:24; 17:12; 18:1; 55:1; 렘47:6). 이 두 용법에 있어서, 이 단어는 대개 직설적인 선언을 담고 있는 한 수사적 단위의 서두에 등장한다(David L. Petersen, Haggai & Zechariah 1-8, 174). 이런 관점에서 볼 때, 히브리어 '호이'의 등장은 첫 단락의 시작을 알려 준다.
70. Marvin A. Sweeney, "Zechariah", 587.
71. Barry G. Webb, The Message of Zechariah, 81-82.
72. Marvin A. Sweeney, "Zechariah", 587.
73. Mark J. Boda, Haggai, Zechariah, 233.
74. Andrew E. Hill, 『학개 스가랴 말라기』, 195.
75. "북방"의 용법에 대한 구체적인 논의로는 David L. Petersen, Haggai & Zechariah 1-8, 174-175을 보라.
76. Mark J. Boda, Haggai, Zechariah, 234.
77. 어떤 학자들은 이 메시지가 포로 귀환자들에게 주어지고 있기 때문에, "북방"을 바벨론으로 규정하는 것은 본문의 종말론적 의미를 놓치고 있다고 지적한다. 그러나 필자가 보기에 본문의 "북방" 혹은 "사방 바람"이라는 표현은 '바벨론'을 묘사하던 예레미야의 표현 방식을 빌리고 있기 때문에 역사적 맥락에서 해석하는 것이 타당해 보인다.
78. Andrew E. Hill, 『학개 스가랴 말라기』, 196.
79. Marvin A. Sweeney, "Zechariah", 589-590.
80. Paul L. Redditt, Haggai, Zechariah and Malachi, 9-10; Eugene H. Merrill, Haggai, Zechariah, Malachi, 212-213.
81. Eugene H. Merrill, Haggai, Zechariah, Malachi, 212-213.
82. 예를 들면, '아할 카보드'(אַחַר כָּבוֹד)에 대한 다양한 해석들은 다음과 같다.

한글개역/개역개정/Eugene E. Merrill	영광을 위하여(for glory)
NIV	after he has honored me(영화롭게 한 후)
NKJV	after glory(영광 이후)
NRSV	after his glory(그의 영광 이후)

Marvin A. Sweeney	영광의 등(the back of glory)
Mark J. Boda	심판 이후에(after God's judgment)
Joyce Baldwin	집요하게(with insistence)

83. Mark J. Boda, *Haggai, Zechariah*, 237.
84. Kenneth L. Barker, "Zechariah", 750.
85. Mark J. Boda, *Haggai, Zechariah*, 238.
86. David L. Petersen, *Haggai & Zechariah 1-8*, 183.
87. David L. Petersen, *Haggai & Zechariah 1-8*, 184.
87. 윌리엄 덤브렐, 『언약신학과 종말론』, 199-200.
89. 존 칼빈, 『칼빈성경주석: 학개·스가랴』, 제26권 (서울: 성서 교재간행사), 144.
90. David L. Petersen, *Haggai & Zechariah 1-8*, 187.
91. 여덟 개 환상들의 구조적 주제적 통일성은 서론에서 이미 다루진 바 있다. 서론을 참조하라.
92. Ralph L. Smith, *Micah-Malachi*, 199.
93. Meyers and Meyers는 3장 1-10절을 3장 1-7절과 3장 8-10절로 나누고, 3장 8-10절이 3장 1-7절에 대한 후대의 추가 삽입으로 해석한다(*Haggai, Zechariah 1-8*, 222). Ralph L. Smith 와 같은 학자는 이 단락을 3장 1-7절과 3장 8-10절로 구분한다(*Micah-Malachi*, 198). 그는 3장 6-7절이 환상의 일부라고 이해한다. 그러나 3장 6절은 여호와의 사자의 선언으로 시작하기 때문에 새로운 세부 단락의 시작으로 보는 것이 더 적절해 보인다. 즉 3장 6-10절을 하나의 세부 단락으로 보는 것이 더 문맥적으로 적절해 보인다.
94. 직역하면 "그 위대한 제사장"이란 뜻이 된다. 어떤 학자들은 이런 호칭이 포로기 이후 본문에 빈번히 사용되고 있음(학1:1, 12, 14; 2:2, 4; 슥3:1, 8; 6:11)은 대제사장의 영적 정치적 권위가 높아졌음을 뜻한다고 말한다. 예를 들면, Ralph L. Smith, *Micah-Malachi*, 199; David L. Petersen, *Haggai & Zechariah 1-8*, 189를 보라.
95. 에스라-느헤미야 시대의 대제사장으로 사역했던 엘리아십은 아마도 여호수아의 손자인 듯 하다(느12:10). 여호수아의 족보에 대한 논의로는 Marvin A. Sweeney, "Zechariah", 595를 보라.
96. 이 글은 필자의 논문 "다윗의 인구조사에 대한 재고찰: 역대상 21장 1절을 중심으로", 『교회와 문화』 (2005): 29-46의 일부를 수정한 것임을 밝힌다.
97. Victor P. Hamilton, "Satan", *The Anchor Bible Dictionary*, vol. 5 (New York: Doubleday, 1992), 985.
98. 예를 들면, 사무엘하 19장 23절의 경우는 고소나 비난의 부정적인 의미를 띄지 않는다.
99. Victor P. Hamilton, "Satan", 986.
100. 그러므로 여기서 정관사는 '한 특정한 존재'(a certain one of)로 해석될 수 있을 것이다.
101. H. G. M. Williamson, *1 and 2 Chronicles*, 143-144; Victor P. Hamilton, "Satan", 986-

987; Leslie C. Allen, *1, 2 Chronicles*, The Communicator's Commentary (Waco: Word Books, 1987), 139.
102. Sara Japhet, *I & II Chronicles*, 374-375; Marvin E. Tate, "Satan in the Old Testament," *Review & Expositor* 98.04 (2001), 464-466; John W. Wright, "The Innocence of David in 1 Chronicles 21," 92-95.
103. Sara Japhet, *I & II Chronicles*, 375.
104. John W. Wright, " Innocence of David in 1 Chronicles 21", 93.
105. 예를 들면, 대하20:23; 26:18.
106. 세일헤머, 『구약신학개론: 정경적 접근』, 525-27.
107. Robert B. Chisholm Jr., "Does God Deceive?", *Bibliotheca Sacra* 155 (1998), 22.
108. Thomas Edward McComisky는 스가랴서 3장 1절의 '하 사탄'을, 고유명사인 '사탄'(Satan)으로 성급하게 결론 내려서는 안 된다고 지적한다. 그는 단지 이 단어를 '대적자'로 해석하는 것이 바람직하다고 제안한다. 그의 *The Minor Prophets*, 1069을 보라.
109. Ben C. Ollenburger는 이 화자의 정체에 대해 말할 때, '여호와'와 '여호와의 사자'를 구별하지 않는다. 그의 주석서, "The Book of Zechariah", 764를 보라.
110. 예를 들면, David L. Petersen, *Haggai & Zechariah 1-8*, 190-192; Robert B. Chisholm, Jr., *Interpreting the Minor Prophets* (Grand Rapids: Zondervan, 1990), 244-245를 보라.
111. Thomas Edward McComisky는 이 화자를 여호와의 사자로 간주하지만, 이 사자가 여호와의 대변자에 불과하다고 본다. 그의 "Zechariah", *The Minor Prophets*, 1069을 보라. Baldwin 역시 이와 같은 입장을 취한다. 그녀의 책, *Haggai, Zechariah, Malachi*, 113을 보라.
112. Eugene H. Merrill 역시 여호와의 사자가 여기서 여호와의 대리자로 등장하기 때문에, 여호와의 사자와 여호와를 엄격하게 구별할 필요가 없다고 본다. 그의 책, *Haggai, Zechariah, Malachi*, 222을 보라. 김희보 박사도 2, 3절의 화자인 여호와가 1, 5, 6절에는 "여호와의 사자"로 묘사된다고 주장하면서 여호와와 여호와의 사자를 엄격하게 구별하지 않는다. 그의 책, 『구약 스가랴 주해(상)』(서울: 총신대출판부, 1998), 129을 보라.
113. Mark J. Boda, *Haggai, Zechariah*, 252.
114. David L. Petersen, *Haggai & Zechariah 1-8*, 192-193.
115. Andrew E. Hill, 『학개 스가랴 말라기』, 202-203.
116. David L. Petersen, *Haggai & Zechariah 1-8*, 194-195.
117. David L. Petersen, *Haggai & Zechariah 1-8*, 194-195.
118. Thomas E. McComiskey, "Zechariah", 1071.
119. Thomas E. McComiskey, "Zechariah", 1071.
120. Marvin A. Sweeney는 '짜니프'(צָנִיף)와 '미쩨네페트'(מִצְנֶפֶת)가 동일한 어근에서 파생되었기 때문에, 이 두 단어의 차별성을 강조할 필요는 없다고 본다. 단지 차이가 있다면, '짜니프'는 일반적인 용어인 반면, '미쩨네페트'는 전문적인 용어일 뿐이라고 본다. 그

의 "Zechariah", in *The Twelve Prophets*, 597-598을 보라. 하지만 Thomas Edward McComiskey는 '짜니프'(צָנִיף)가 제사장의 관을 뜻하는 말로 발전했다는 증거는 어디에서도 찾을 수 없다고 주장한다. 그의 "Zechariah", 1073을 보라.

121. Andrew E. Hill, 『학개 스가랴 말라기』, 203.
122. Joyce Baldwin, *Haggai, Zechariah, Malachi*, 115.
123. Ben C. Ollengurger, "The Book of Zechariah", 765.
124. Mark J. Boda, *Haggai & Zechariah 1-8*, 254.
125. Mark J. Boda, *Haggai & Zechariah 1-8*, 254.
126. Thomas E. McComiskey, "Zechariah", 1074.
127. Thomas E. McComiskey, "Zechariah", 1074.
128. Thomas E. McComiskey, "Zechariah", 1074.
129. David L. Petersen, *Haggai & Zechariah 1-8*, 207.
130. Andrew E. Hill, 『학개 스가랴 말라기』, 205.
131. Thomas E. McComiskey, "Zechariah", 1077.
132. Ralph L. Smith, *Micah-Malachi*, 200.
133. 이런 입장은 Marvin A. Sweeney에 의해 대변되고 있다. 그의 "Zechariah", 601-602을 보라.
134. David L. Petersen, *Haggai & Zechariah 1-8*, 208-209.
135. 하지만 여기서 이 다윗과 같은 인물은 스가랴서 3장 8절의 '쩨마흐'(צֶמַח)가 아닌 '네쩨르'(נֵצֶר)로 소개되고 있다.
136. 또한 에스겔서 34장 24절과 37장 24절도 참조하라.
137. David L. Petersen, *Haggai & Zechariah 1-8*, 210.
138. 예를 들면, Sweeney는 이 표현을 포로기 이후의 비왕권 운동과 연결시키며, 편집 비평적 관점에서 해석하는 Redditt은 이 표현이 스룹바벨을 가리키지만 후대의 편집자가 여호수아를 '쩨마흐'로 적용시켰다고 해석한다.
139. 예를 들면, 맥코미스키는 이 표현을 장차 나타날 미래의 메시아로 해석해야만 한다고 주장한다. 특히 최근에 '쩨마흐'의 정체를 미래의 인물로 해석해야 한다는 입장은 화란의 성경신학자 로즈(Wolter H. Rose)의 논지를 통해 계속 견지되고 있다. Wolter H. Rose, *Zemah and Zerubbabel: Messianic Expectations in the Early Postexilic Period*, JSOTSup 304 (Sheffield: Sheffield Academic Press, 2000)를 참조하라.
140. 대표적으로 이런 입장을 취하는 학자로는 Ralph L. Smith와 Thomas E. McComiskey등이 있다.
141. Andrew E. Hill, 『학개 스가랴 말라기』, 207.
142. 특히 스위니는 일곱 금 촛대의 빛에 반사된 금패의 돌의 빛깔로 해석한다. Marvin A. Sweeney, "Zechariah", 603을 보라.
143. Ralph L. Smith, *Micah-Malachi*, 200-201.

144. Mark J. Boda, *Haggai, Zechariah*, 258.
145. Marvin A. Sweeney, "Zechariah", 604.
146. 윌리엄 덤브렐, 『언약신학과 종말론』, 415.
147. 예를 들면, 드라이버(S. R. Driver)는 벨하우젠의 입장을 따라 4장의 순서를 다음과 같이 배열한다. 4장 1-4, 6a, 10b-14, 6b-10a절. 시카고 대학교의 M. P. Smith가 편집한 AT(The American Translation)도 드라이버의 입장을 취한 바 있다(Ralph L. Smith, *Micah-Malachi*, 204-5를 보라). Paul L. Redditt는 4장 6b-10a절을 6장 14절 이후에 위치시킨다. 그의 책 *Haggai, Zechariah and Malachi*, 67-71을 보라. David L. Petersen 역시 4장 6b-10a절을 14절 이후에 독립적으로 분리시킨다. 그의 책 *Haggai & Zechariah 1-8*, 237-44을 보라.
148. 여기서 '다시 오다'라는 문장의 동사, '바아쇼브'(וַיָּ֖שָׁב)의 용법에 대해 두 가지 해석이 가능하다. 어떤 이들은 이 동사를 반복적인 행위, 즉 잠자는 스가랴를 계속해서 깨웠다는 의미로 해석한다. 만약 이런 용법으로 해석하면, 스가랴는 이 환상을 보기 전에 잠을 자고 있었으며, 환상의 때에 천사를 통해 잠에서 깨어난 것으로 볼 수 있다. 때때로 환상은 잠자는 때에 주어지기도 한다(예를 들면, 민12:6; 신13:1-5; 삼상3장; 사29:7; 렘23:23-40; 31:26; 슥10:2). 한편 어떤 이들은 이 동사를 '돌아오다'라고 해석한다. 여기서 천사의 재 등장은 3장 이전과 같은 환상이 다시 계속될 것임을 암시해 준다. 즉 이제 관심의 대상은 3장의 여호수아에서 다시 스가랴에게로 옮겨지고 있는 것이다. 한편, 천사가 스가랴를 깨우는 장면은 3장 이전의 환상과 차별성을 부각시켜 준다. 그런 관점에서 보면, 4장은 3장과 함께 1-2장의 환상과 구별될 수도 있다.
149. Thomas E. McComiskey, "Zechariah", 1082.
150. 히브리어 '우르'의 용법에 대해 살펴보려면, Edgar W. Conrad, *Zechariah*, 101을 보라.
151. 히브리어 '굴라'는 대접 혹은 큰 잔을 뜻한다(전12:6; 수15:19). '굴라'는 물, 기름 혹은 포도주와 같은 류의 액체를 저장하거나 보관하는 데 쓰이는 둥근 그릇 혹은 기구에 사용되는 단어이다. 그러므로 이 '굴라'의 용법은 스가랴의 순금 등잔대가 성막 혹은 솔로몬 성전의 금 촛대와는 극명한 차이가 있음을 암시해 준다. David L. Petersen, *Haggai & Zechariah 1-8*, 219-220을 보라.
152. 히브리어 '무짜코트'의 등장 역시 스가랴의 순금 등잔대를 성막 혹은 솔로몬 성전의 금 촛대와 구별시켜 준다.
153. 예를 들면, 성막의 등잔대(히, *메노라*)는 마치 나무 가지처럼 6개의 가지를 갖고 있다. 이런 이미지는 스가랴가 본 순금 등잔대와는 큰 차이점이 있다.
154. Ralph Smith, *Micah-Malachi*, 205.
155. Ralph Smith, *Micah-Malachi*, 205.
156. Ben C. Ollenburger, "The Book of Zechariah", 769-770.
157. Ben C. Ollenburger, "The Book of Zechariah", 770.

158. 예를 들면, Ralph L. Smith, *Micah-Malachi*, 204-205; Carroll Stuhlmueller, *Rebuilding with Hope, A Commentary on the Books of Haggai and Zechariah* (Grand Rapids: Eerdmans, 1988), 84-85; David L. Petersen, *Haggai & Zechariah 1-8*, 219-222을 보라.

159. Carroll Stuhlmueller, *Rebuilding with Hope, A Commentary on the Books of Haggai and Zechariah*, 85.

160. 이에 대한 논의로는 Joyce G. Baldwin, *Haggai, Zechariah, Malachi*, 119; Carroll Stuhlmueller, *Rebuilding with Hope, A Commentary on the Books of Haggai and Zechariah*, 85을 참고하라.

161. 이런 고고학적 유물에 대한 구체적인 논의로는 David L. Petersen, *Haggai & Zechariah 1-8*, 219-222를 보라.

162. Joyce G. Baldwin, *Haggai, Zechariah, Malachi*, 120.

163. Carroll Stuhlmueller, *Rebuilding with Hope: A Commentary on the Books of Haggai and Zechariah*, 85; Ralph L. Smith, *Micah-Malachi*, 204-205.

164. 이런 견해를 취하는 Paul L. Redditt, *Haggai, Zechariah, Malachi*, 67을 보라.

165. Ralph L. Smith, *Micah-Malachi*, 205.

166. Barry G. Webb, *The Message of Zechariah*, 92; Elizabeth Achtemeier, *Nahum-Malachi*, Interpretation (Atlanta: JohnKnox Press, 1986), 124.

167. Carroll Stuhlmueller도 이 점을 지적하고 있다. 그의 책, *Rebuilding with Hope: A Commentary on the Books of Haggai and Zechariah*, 85를 보라.

168. Marvin A. Sweeney, "Zechariah", 613.

169. McComisky, *The Minor Prophets*, 1086; R. B. Chisholm, Jr., *Interpreting the Minor Prophets*, 247.

170. Joyce G. Baldwin, *Haggai, Zechariah, Malachi*, 124.

171. Joyce G. Baldwin, *Haggai, Zechariah, Malachi*, 120.

172. 히브리어 전치사 '알'의 용법은 다소 모호하다. 이 단어는 '곁에' 혹은 '위에'라는 뜻으로 해석된다. 대부분은 전자의 입장을 취한다. 하지만 어떤 이들은 후자의 해석을 주장한다. 예를 들면, Petersen이나 Baldwin과 같은 학자들은 감람나무 가지의 위치가 등잔대보다 높다고 주장한다. David L. Petersen, *Haggai & Zechariah 1-8*, 224; Joyce G. Baldwin, *Haggai, Zechariah, Malachi*, 120.

173. 또한 문법적인 구조의 관점에서 볼 때에도, "이것들"은 두 감람나무를 지칭한다고 볼 수 있다. 히브리어 '조트'가 아닌 '엘레'가 사용되고 있음은 눈여겨 볼 만하다.

174. Ben C. Ollenburger, "The Book of Zechariah", 770; 또한 Eugene H. Merill, *Haggai, Zechariah, Malachi*, 242도 보라.

175. Andrew E. Hill, 『학개 스가랴 말라기』, 214-215.

176. David L. Petersen, *Haggai & Zechariah 1-8*, 240-241을 보라.

177. Thomas E. McComiskey, "Zechariah", 1088.
178. Andrew E. Hill, 『학개 스가랴 말라기』, 215-216.
179. Marvin A. Sweeney, "Zechariah", 609.
180. Meyers and Meyers, *Haggai, Zechariah 1-8*, 9-13. 또한 Ben C. Ollenburger, "The Book of Zechariah", 770을 보라.
181. 첫 번째의 입장은 Petersen의 번역에 잘 반영되어 있다. 10절을 번역한 그의 해석은 다음과 같다. "작은 일의 날이라고 멸시하는 이들은 누구든지 스룹바벨의 손에 있는 납 비문을 볼 때 기뻐할 것이다(10a절). 이 일곱은 여호와의 눈이다; 이 일곱은 온 세상을 두루 감찰한다(10b절)." David L. Petersen, *Haggai & Zechariah 1-8*, 215-238.
182. '멸시하다'라는 히브리어 동사 '부즈'(בוז)는 단수로 소개되지만, '보다', '기뻐하다'라는 히브리어 동사 '라아'(ראה)와 '사마흐'(שׂמח)는 모두 복수형으로 나타나기 때문에 안타깝게도 NIV, JB, JPSV, NEB 역본들은 '보다', '기뻐하다'의 주어를 단수형인 '작은 일의 날이라고 멸시하는 자'로 선택하지만, RV, NASB, KJV, NKJV, RSV 역본들은 '기뻐하다'의 주어를 복수형으로 취급한다.
183. Marvin A. Sweeney, "Zechariah", 611.
184. David L. Petersen, *Haggai & Zechariah 1-8*, 243.
185. 예를들면, Andrew E. Hill, 『학개 스가랴 말라기』, 218을 보라.
186. 각주 30번에 소개된 Petersen의 번역이 이를 잘 대변해 준다. 각주 30번을 참조하라.
187. Joyce G. Baldwin, *Haggai, Zechariah, Malachi*, 123.
188. 이 구절은 악인의 운명을 상징적으로 표현하기 위해 감람나무를 비유적으로 사용하고 있다.
189. David L. Petersen, *Haggai & Zechariah 1-8*, 235-236.
190. 여기서는 메시아적 인물과 관련된 '기름 붓다'라는 히브리어 동사 '마샤'(משח)가 등장하지는 않는다. 그래서 Petersen과 같은 학자들은, 왕들이 기름 부음 받는 의식에 사용된 기름을 가리키는 단어는 히브리어 '쉐멘'(שמן)인 반면, 스가랴서 4장 14절의 기름을 나타내는 단어는 히브리어 '이쯔하르'(יצהר)이기 때문에, 스가랴서 4장 14절의 기름을 메시아와 결부시켜서는 안 된다고 주장한다. 그의 주석 *Haggai & Zechariah 1-8*, 230-231을 보라.
191. G. K. Beale, *The Temple and The Church's Mission*, 322-326.
192. 이 점에 관해서는 김세윤, 『예수와 바울』(서울: 두란노 서원, 2001), 183-209를 보라.
193. Joel B. Green, *The Gospel of Luke* (Grand Rapids: Eerdmans, 1997), 171-172.
194. 존 칼빈, 『학개, 스가랴』, 191.
195. Edgar W. Conrad, *Zechariah*, 113-114.
196. Marvin A. Sweeney, "Zechariah", 616. 또한 이 입장을 취하는 대표적인 학자들로는 Meyers and Meyers를 들 수 있다. 그들의 책 *Haggai, Zechariah 1-8*, 280을 보라.
197. Marvin A. Sweeney, "Zechariah", 616.
198. Ralph L. Smith, *Micah-Malachi*, 208.

199. Paul L. Reditt, *Haggai, Zechariah, Malachi*, 72.
200. David L. Petersen, *Haggai & Zechariah 1-8*, 247.
201. David L. Petersen, *Haggai & Zechariah 1-8*, 248.
202. David L. Petersen, *Haggai & Zechariah 1-8*, 248.
203. 예를들면, Andrew E. Hill, 『학개 스가랴 말라기』, 223.
204. 예를 들면, NIV는 "will be banished", NKJV은 "shall be expelled", RSV는 "shall be cut off"로 번역한다.
205. 대표적으로 Marvin A. Sweeny, David L. Petersen, Edgar W. Conrad와 같은 이들이 이런 입장을 취한다.
206. Mark J. Boda, *Haggai, Zechariah*, 295.
207. Andrew T. Loncoln, *Ephesians*, WBC vol. 42 (Dallas: Word Books, 1990), 304-305.
208. Peter T. O'brien, *The Letter to the Ephesians* (Leicester: Apollos, 1999), 342.
209. Ibid.
210. Eugene H. Merrill, *Hggai, Zechariah, Malachi*, 261.
211. 한 에바는 대략 20.8쿼터에 해당되는 양이며, 액체를 측량하는 바트라는 단위와도 대략 일치한다(겔45:11, 14). 이 측량 단위에 대한 구체적인 논의로는 R. Fuller, "אֵיפָה," *NIDOTTE*, 1:385를 보라.
212. 예를 들면, David L. Petersen, *Haggai & Zechariah 1-8*, 255; J. Baldwin, *Haggai, Zechariah, Malachi*, 128을 보라.
213. 이와 같은 해석은 70인경과 아람역본을 통해 지지를 받아왔으며, NIV, NRSV, NEB, JB와 같은 역본들에도 잘 반영되어 있다. 볼드윈은 다음과 같은 이유를 제시하며 이런 수정작업의 정당성을 분명히 한다. (ㄱ) 70인경과 아람어 역본이 이것을 지지한다. (ㄴ) 히브리어 자음 '요드'는 '바브'와 쉽게 상호 교체되기도 한다. (ㄷ) 수정된 단어는 본문의 의미를 더 발전시킨다. J. Baldwin, *Haggai, Zechariah, Malachi*, 128을 보라.
214. Eugene H. Merrill, *Hggai, Zechariah, Malachi*, 260-262.
215. Marvin A. Sweeney, "Zechariah", 619-620.
216. Ben C. Ollenburger, "The Book of Zechariah", 778-789.
217. 스가랴서 6장 10절에 나오는 여호와의 눈이 온 세상을 다스리는 여호와의 통치를 의미하기 때문에, 스가랴서 5장 6절의 "눈"은 여호와를 대적하는 이방 제국의 세력을 의미할 수 있다.
218. 실제로 다리오 왕은 자신이 다스리는 거대한 지역에 무거운 세금을 부과했으며, 유다 백성들은 페르시아 제국으로부터 무거운 세금을 부과받았으며, 아마도 에바로 측량된 곡물과 작물들을 세금으로 바쳤을 것이다(느9:36-37). 특히 페르시아 관료들의 부정직한 세금 약탈은 이스라엘 백성들의 짐을 더욱 무겁게 했다(느5:7). 더욱이 농경 작물의 소출로 생계를 이어가는 유다 백성들에게 가뭄과 기근이 엄습해 올 때, 그들의 세금납부는 더욱 큰 짐이 되었다. 그렇다면 이 눈은 에바를 속여 세금을 더욱 부가시킨 페르시아의 악한 행위를 가리

킬 수도 있다.

219. David L. Petersen, *Haggai & Zechariah 1-8*, 257-278.
220. Joyce G. Baldwin, *Haggai, Zechariah, Malachi*, 128-129.
221. Ralph L. Smith, *Micah-Malachi*, 210-211.
222. Marvin A. Sweeney, "Zechariah", 620.
223. Ben C. Ollenburger, "The Book of Zechariah", 779.
224. Eugene H. Merrill, *Haggai, Zechariah, Malachi*, 265.
225. Ralph L. Smith, *Micah-Malachi*, 211.
226. Marvin A. Sweeney, "Zechariah", 622.
227. Andrew E. Hill, 『학개 스가랴 말라기』, 223; Ralph L. Smith, *Micah-Malachi*, 211.
228. 또한 어떤 학자들은 "학"의 히브리어, '하시야'는 '경건한 혹은 헌신적인 자'라는 뜻의 히브리어 '하시드'와 매우 유사한 발음을 지니고 있기 때문에, 스가랴가 "학"이라는 단어를 사용하여 바벨론 여신의 우상숭배와 그 헌신적인 열정을 풍자하고 있다고 주장한다. 예를 들면, Marvin A. Sweeney, "Zechariah", 622을 보라.
229. Ralph L. Smith, *Micah-Malachi*, 211.
230. Eugene H. Merrill, *Haggai, Zechariah, Malachi*, 272.
231. Eugene H. Merrill, *Haggai, Zechariah, Malachi*, 273.
232. Ralph L. Smith, *Micah-Malachi*, 213.
233. Mark J. Boda, *Haggai, Zechariah*, 318-319; David L. Petersen, *Haggai & Zechariah 1-8*, 267-268.
234. Mark J. Boda, *Haggai, Zechariah*, 318-319; David L. Petersen, *Haggai & Zechariah 1-8*, 267.
235. Marvin A. Sweeney, "Zechariah", 624.
236. 맛소라 본문은 '수심 베루딤 아무찜'(סוּסִים בְּרֻדִּים אֲמֻצִּים)으로 소개한다.
237. 이 문제에 대한 논의로는 Marvin A. Sweeney, "Zechariah", 625; Meyers and Meyers, *Haggai, Zechariah 1-8*, 322을 보라.
238. 이에 대한 논의로는 Mark J. Boda, *Haggai, Zechariah*, 321를 보라.
239. Marvin A. Sweeney, "Zechariah", 624.
240. Thomas McComisky, "Zechariah", 1106.
241. Eugene H. Merrill, *Haggai, Zechariah, Malachi*, 186.
242. Ralph L. Smith, *Micah-Malachi*, 214; Eugene H. Merrill, *Haggai, Zechariah, Malachi*, 185.
243. Mark J. Boda, *Haggai, Zechariah*, 320; Marvin A. Sweeney, "Zechariah", 624.
244. Mark J. Boda, *Haggai, Zechariah*, 321.
245. Eugene H. Merrill, *Haggai, Zechariah, Malachi*, 185-186.

246. 또 히브리어 '*아하레헴*'을 '그들 뒤편에'라는 뜻으로 해석할 수 있으며, 대개 '뒤편'은 태양의 동쪽 뒤편을 뜻하는 '서쪽'을 의미하기 때문에 '*아하레헴*'은 '서쪽을 향하다'로 번역해도 문제가 없다고 보는 견해도 있다.
247. Eugene H. Merrill, *Haggai, Zechariah, Malachi*, 186.
248. David L. Petersen, *Haggai & Malachi*, 264에 소개되는 논의를 참조하라.
249. Paul L. Redditt, *Haggai, Zechariah and Malachi*, 78.
250. Thomas E. McComisky, "Zechariah", 1109.
251. David L. Petersen, *Haggai & Zechariah 1-8*, 272; 차준희, "스가랴에게 보여진 하나님의 환상: 스가랴 5장 1-21절 주해와 적용", 『그 말씀』 vol. 7 (2003), 67.
252. 1장에서 논의한 대로, 바벨론의 지정학적 위치는 이스라엘의 동편이지만 여러 가지 지리적인 어려움 때문에 바벨론은 이스라엘의 북쪽을 통해 이스라엘로 접근하였다. 그러므로 이스라엘에게 바벨론은 북쪽에서 오는 대적으로 이해되었다.
253. 이 문제에 대한 다양한 해석들을 살펴보려면 Mark J. Boda, *Haggai, Zechariah*, 321-322를 보라.
254. Marvin A. Sweeney, "Zechariah", 627, Eugene H. Merrill, *Haggai, Zechariah, Malachi*, 186.
255. Ben C. Ollenburger, "The Book of Zechariah", 784.
256. Grant R. Osborne, *Revelation* (Grand Rapids: Baker Academic Press, 2002), 274.
257. G. K. Beale, *The Book of Revelation, A Commentary on the Greek Text* (Grand Rapids: Eerdmans, 1999), 370-71; Wilfrid J. Harrington, *Revelation* (Collegeville: The Liturgical Press, 1993), 90-91.
258. G. K. Beals, *The Book of Revelation*, 370-371.
259. Robert H. Mounce, *The Book of Revelation*, NICNT (Grand Rapids: Eerdmans, 1997), 152.
260. Robert H. Mounce, *The Book of Revelation*, 372.
261. 개역개정에는 "능력을 베푸소서"라고 표현되어 있지만, 원문상으로 볼 때 "능력의 옷을 입으소서"라고 번역되어야 한다.
262. 6장 1-8절은 전형적인 환상의 형식을 취하지만, 6장 9-15절은 상징 행위를 소개하는 신탁의 형식으로 구성되어 있다.
263. 이 문제에 관해서는 David L. Petersen, *Haggai & Zechariah 1-8*, 278; Marvin A. Sweeney, "Zechariah", 633을 보라.
264. Joyce G. Baldwin, *Haggai, Zechariah, Malachi*, 133.
265. Joyce G. Baldwin, *Haggai, Zechariah, Malachi*, 133.
266. Joyce G. Baldwin, *Haggai, Zechariah, Malachi*, 133.
267. Meyers and Meyers, *Haggai, Zechariah 1-8*, 349-355.

268. Marvin A. Sweeney, "Zechariah", 630.
269. 제사장의 관을 뜻하는 히브리어는 주로 '네제르', '미쯔네페트' 혹은 '짜니프'(슥3:5)가 사용된다. 이에 대해서는 Eugene H. Merrill, *Haggai, Zechariah, Malachi*, 284를 보라.
270. 예를 들면, Marvin A. Sweeeny, "Zechariah", 629; J. Baldwin, *Haggai, Zechariah, Malachi*, 133-134를 보라.
271. Mark J. Boda, *Haggai, Zechariah*, 338; David L. Petersen, *Haggai & Zechariah 1-8*, 275.
272. Joyce G. Baldwin, *Haggai, Zechariah, Malachi*, 134.
273. Mark J. Boda, *Haggai, Zechariah*, 338.
274. 물론 이 상징적 행위는 왕궁에서의 대제사장의 역할과 그 권위를 나타내 준다고 볼 수 있다.
275. Wellhause의 노선을 따르는 비평학자들은 이 "싹"이 여호수아를 가리킨다고 이해한다. 그들에 의하면, 원래 이 "싹"은 스룹바벨을 지칭하는 말이었으나, 다윗 왕가의 복원이 사실상 실패하게 되자 본문의 서기관은 이 "싹"을 여호수아에게로 적용시킨 것이다. Mark J. Boda, *Haggai, Zechariah*, 338; J. Baldwin, *Haggai, Zechariah, Malachi*, 133-134.
276. Marvin A. Sweeney, "Zechariah", 631.
277. Eugene H. Merrill, *Haggai, Zechariah, Malachi*, 199.
278. David L. Petersen, *Haggai & Zechariah 1-8*, 278.
279. Joyce G. Baldwin, *Haggai, Zechariah, Malachi*, 137.
280. Marvin A. Sweeney, "Zechariah", 634.
281. David L. Petersen, *Haggai & Zechariah 1-8*, 279-280.
282. Mark J. Boda, *Haggai, Zechariah*, 342; Paul L. Redditt, *Haggai, Zechariah and Malachi*, 78.
283. Barry G. Webb, *The Message of Zechariah*, 109.
284. 더욱이 "여호와께서 나를 네게 보내신 줄 알리라"라는 표현이 2장 11절과 6장 15절에 모두 등장하고 있음은 2장 11절과 6장 15절과의 연관성을 더욱 강화시켜 준다.
285. Thomas E. McComiskey, "Zechariah", 1121.
286. Paul R. House, *Old Testament Theology* (Downers Grove: IVP, 1998), 장세훈 역, 『구약신학』(서울: 기독교문서선교회, 2001), 701-702.

제2부

1. 7-8장의 구조에 대한 보다 구체적인 연구로는 Mike Butterworth, *Structure and the Book of Zechariah*, 149-165을 보라.
2. 개역개정은 1장 1절 및 7절의 다리오를 왕으로 소개하지만, 맛소라 본문은 다리오의 이름만 소개한다.
3. 2절에 등장하는 이들의 정체에 대해 역본들마다 다른 입장을 취한다. 대표적인 맛소라 사본, NIV 그리고 Petersen과 같은 학자의 입장을 비교하면 다음과 같다.

사본명	2절 내용
맛소라	"그리고 벧엘은 여호와 앞에 은혜를 구하고자 사레셀과 레겜멜렉과 그의 사람들을 보내었다" וַיִּשְׁלַח בֵּית־אֵל שַׂר־אֶצֶר וְרֶגֶם מֶלֶךְ וַאֲנָשָׁיו לְחַלּוֹת אֶת־פְּנֵי יְהוָה
NIV	"벧엘 사람들은 주님께 은혜를 구하고자 사레셀과 레겜멜렉을 그의 사람들과 함께 보내었다" (The people of Bethel had sent Sharezer and Regem-Melech, together with their men, to entreat thr Lord)
Petersen의 번역	벧엘사레셀과 레겜멜렉, 그리고 그의 사람들은 여호와께 도움을 구하고자 보내었다. (Bethelsarezer and Regemmelek, and their men, sent to seek help from Yahweh)

4. 먼저 파송의 주체를 벧엘사레셀과 레겜멜렉으로 해석하는 NEB의 입장은 "벧엘사레셀"(베트엘 사르에쩨르, בֵּית־אֵל שַׂר־אֶצֶר)을 한 개인의 이름으로 취급한다. 아카드어로 '샤르'는 '왕'을, '우수르'는 '지키다'는 의미를 지니기 때문에, '사르에쩨르'는 '왕을 지키다'라는 뜻이 된다. 그러므로 '베트엘 사르에쩨르'(בֵּית־אֵל שַׂר־אֶצֶר)는 '베트엘'과 '샤르에쩨르'가 결합된 바벨론식 이름을 의미한다. 예레미야 39장 3절에서 바벨론 왕의 관료 가운데 한 사람도 '네르갈'과 '샤르에쩨르'(שַׂר־אֶצֶר)가 결합된 '네르갈사레셀'이라는 이름을 갖고 있었다. 그러므로 NEB와 같은 역본들은 '베트엘 샤르에쩨르'(בֵּית־אֵל שַׂר־אֶצֶר)를 한 개인의 이름으로 본다. 하지만 '베트엘 샤르에쩨르'를 한 개인의 이름으로 보는 것은 불가능하다. 왜냐하면 레겜멜렉이라는 이름은 '그리고'라는 '바브'(וְ) 전치사와 함께 시작하며, 이것은 파송의 주체가 복수임을 의미하기 때문이다. '보내다'라는 동사, '바이쉬라흐'(וַיִּשְׁלַח)는 단수형이기 때문에 파송의 주체는 복수가 아닌 단수가 되어야 한다. 만약 '베트엘 사르에쩨르'를 한 개인의 이름으로 취급하면 파송의 주체는 복수가 되기 때문에 문법상의 불일치가 초래되고 만다.

5. Mark J. Boda, *Haggai, Zechariah*, 355-356.
6. Mark J. Boda, *Haggai, Zechariah*, 356.
7. Mark J. Boda, *Haggai, Zechariah*, 356.
8. David L. Petersen, *Haggai & Zechariah 1-8*, 282.
9. 개역성경은 1인칭 복수형 질문으로 취급하지만, 히브리 본문은 1인칭 단수형을 취한다.
10. 이 도표는 Mark J. Boda, *Haggai, Zechariah*, 357에서 가져온 것이다.
11. Mark J. Boda, *Haggai, Zechariah*, 360.
12. Marvin A. Sweeney, "Zechariah", 643.
13. Ralph L. Smith, *Micah-Malachi*, 227.
14. Marvin A. Sweeney, "Zechariah", 645.
15. David L. Petersen, *Haggai & Zechariah 1-8*, 294-295.
16. David L. Petersen, *Haggai & Zechariah 1-8*, 295.
17. James A. Brooks, *Mark*, NAC (Nashville: Broadman, 1991), 64.

18. James A. Brooks, *Mark*, 64.
19. Peter Adam, *Hearing God's Words: Exploring Biblical Spirituality (*Dowers Grove: IVP, 2004), 45.
20. Andrew E. Hill, 『학개 스가랴 말라기』, 261-262.
21. Ben C. Ollenburger, "The Book of Zechariah", 795.
22. Mark J. Boda, *Haggai, Zechariah*, 380.
23. 이 단어에 대한 용례에 관해서는 Marvin. A. Sweeney, "Zechariah", 648을 보라.
24. Mark J. Boda, *Haggai, Zechariah*, 381.
25. Andrew E. Hill, 『학개 스가랴 말라기』, 264.
26. David L. Petersen, *Haggai & Zechariah 1-8*, 304-305.
27. Marvin A. Sweeney, "Zechariah", 649.
28. "선지자의 입으로부터"라는 표현은 선포된 말씀보다는 기록된 말씀을 가리키는 말이다. 즉 이것은 받아쓰기(dictation)를 의미하는 관용적 표현이다. 예를 들면, 예레미야서 36장 4, 6, 17, 18, 27, 32절에서 이 표현은 바룩이 예레미야의 예언을 받아쓴 두루마리와 깊은 관련이 있다. 이에 대한 논의로는 Edgar W. Conrad, *Zechariah*, 145-146을 보라.
29. Andrew E. Hill, 『학개 스가랴 말라기』, 267-268.
30. Marvin A. Sweeney, "Zechariah", 651-652.
31. Mark J. Boda, *Haggai, Zechariah*, 385.
32. 한글개역개정은 "유다의 족속아 이스라엘의 족속아"라고 번역하고 있으나, 맛소라 본문은 "유다의 집, 이스라엘의 집"으로 소개한다.
33. David L. Petersen, *Haggai & Zechariah 1-8*, 310.
34. Mark J. Boda, *Haggai, Zechariah*, 394-395.
35. David L. Petersen, *Haggai & Zechariah 1-8*, 311.
36. Mark J. Boda, *Haggai, Zechariah*, 395.
37. Mark J. Boda, *Haggai, Zechariah*, 396.
38. David L. Petersen, *Haggai & Zechariah 1-8*, 317.
39. P. Scalise, "Zechariah", 264.

제3부

1. 한글개역성경에서 9장 1절의 '맛싸'(מַשָּׂא)는 "경고"로 번역되었으나, "선포" 혹은 "선언"이라는 표현으로 번역되는 것이 더 적절해 보인다. 1-8장과 9-14장의 이런 차이점으로 인해 비평학자들은 1-8장과 9-14장을 다른 저자의 작품으로 이해한다. 이런 비평적 입장에 대한 간략한 논의로는 James D. Nogalski, *Introduction to the Hebrew Prophets* (Nashville: Abingdon Press, 2018), 158을 보라. 반대로 1-8장과 9-14장의 연속성을 주장하는 입장으로는 Andrew E. Hill, 『학개 스가랴 말라기』, 145-146을 보라.

2. 비평학자들은 다섯 번째의 문제로 인해 9-14장을 스가랴 사후의 저자, 소위 신명기적 스가랴의 저작으로 간주한다. 하지만 서론에서 논의했듯이 '맛싸'의 역할과 기능은 1-8장과 9-14장을 서로 연결시켜 주며, 스가랴서 1-14장을 하나의 본문으로 읽도록 이끌어 준다.
3. Mark J. Boda, *Haggai, Zechariah*, 42, 480.
4. David L. Petersen, *Zechariah 9-14 & Malachi*, 24-25; Mark J. Boda, *Haggai, Zechariah*, 42.
5. Mike Butterworth, *Structure and the Book of Zechariah*, 166-237.
6. 9-14장의 관계성에 대해서는 Mike Butterworth, *Structure and the Book of Zechariah*, 166-237을 보라. 또한 서론에서 다룬 '맛싸'의 기능은 9-11장과 9-14장을 분리하지 않고 연결해서 보도록 이끈다.
7. Ralph L. Smith, *Micah-Malachi*, 252-253.
8. David L. Petersen, *Zechariah 9-14 & Malachi*, 43.
9. Andrew E. Hill, 『학개 스가랴 말라기』, 279.
10. Ben C. Ollenburger, "The Book of Zechariah", 804.
11. 9장 1b절의 주요 이슈는 다음과 같이 요약될 수 있다. ① 눈이 여호와를 보는 것인가 아니면 여호와께 속하는 것인가? ② 히브리어 '에인 아담'(עֵין אָדָם)을 사람의 눈으로 직역을 해야 하는가 아니면 NRSV의 번역처럼 '아람의 수도'로 의역을 해야 하는가? ①의 문제와 관하여 필자는 전자의 입장을 취하고자 한다. ②의 이슈에 관하여 필자는 전자의 입장을 취한다.
12. Andrew E. Hill, 『학개 스가랴 말라기』, 280.
13. Andrew E. Hill, 『학개 스가랴 말라기』, 280.
14. Marvin A. Sweeney, "Zechariah", 659.
15. Mark J. Boda, *Haggai, Zechariah*, 412.
16. David L. Petersen, *Zechariah 9-14 & Malachi*, 47.
17. Eugene H. Merrill, *Haggai, Zechariah, Malachi*, 244.
18. 에그론이 중심으로 자리 잡고 있음은 에그론의 위치 때문인 듯하다. 본문에 언급된 블레셋의 세 도시 중 내륙에 위치하고 있는 도시는 에그론이다.
19. Mark J. Boda, *Haggai, Zechariah*, 413.
20. Marvin A. Sweeney, "Zechariah", 659.
21. Ibid., 660.
22. Mark J. Boda, *Haggai, Zechariah*, 413; Eugene H. Merrill, *Haggai, Zechariah, Malachi*, 245.
23. Ralph L. Smith, *Micah-Malachi*, 253.
24. Eugene H. Merrill, *Haggai, Zechariah, Malachi*, 245.
25. Andrew E. Hill, 『학개 스가랴 말라기』, 281.
26. 개역개정과 NIV는 '알루프'(אַלּוּף)를 '두목' 혹은 '지도자들'(leaders)로 번역하지만, NRSV

는 '족속'(a clan)으로 번역한다. 히브리어 '알루프'는 때때로 '두목', '우두머리'를 뜻하기도 하고, 때로는 '족속', '가문'을 가리킬 수도 있다. 아마도 본문은 후자의 의미를 가리키는 듯 하다. 미가서 5장 2절이 좋은 예가 될 것이다.

27. David L. Petersen, *Zechariah 9-14 & Malachi*, 52.
28. Andrew E. Hill, 『학개 스가랴 말라기』, 285.
29. 어떤 학자들은 이 수동형 동사를 의역하여 "그가 대적으로부터 구원을 받아 승리할 것이다"라는 의미로 해석한다. 예를 들면, Thomas E. McComisky가 이런 입장을 취한다. 그의 "Zechariah", 1166를 보라.
30. Ben C. Ollenburger, "The Book of Zechariah", 807.
31. Ben C. Ollenburger, "The Book of Zechariah", 807.
32. Mark J. Boda, *Haggai, Zechariah*, 419.
33. Mark J. Boda, *Haggai, Zechariah*, 419.
34. Andrew E. Hill, 『학개 스가랴 말라기』, 288.
35. Eugene H. Merrill, *Haggai, Zechariah, Malachi*, 259.
36. Ralph L. Smith, *Micah-Malachi*, 259; Mark J. Boda, *Haggai, Zechariah*, 419.
37. Andrew E. Hill, 『학개 스가랴 말라기』, 289.
38. David L. Petersen, *Zechariah 9-14 & Malachi*, 63.
39. David L. Petersen, *Zechariah 9-14 & Malachi*, 63.
40. Marvin A. Sweeney, "Zechariah", 666; David L. Petersen, *Zechariah 9-14 & Malachi*, 63.
41. Eugene H. Merrill, *Haggai, Zechariah, Malachi*, 261.
42. David L. Petersen, *Zechariah 9-14 and Malachi*, 64.
43. Andrew E. Hill, 『학개 스가랴 말라기』, 292; Marvin A. Sweeney, "Zechariah", 666-667.
44. Eugene H. Merrill, *Haggai, Zechariah, Malachi*, 262-263.
45. David L. Petersen, *Zechariah 9-14 & Malachi*, 65; Ben C. Ollenburger, "The Book of Zechariah", 810.
46. 대부분의 역본들은 "피"라는 말을 언급하지만, 맛소라 본문에는 "피"라는 말이 없다.
47. Andrew E. Hill, 『학개 스가랴 말라기』, 294.
48. Eugene H. Merrill, *Haggai, Zechariah, Malachi*, 264.
49. Paul L. Redditt, *Haggai, Zechariah and Malachi*, 117; Marvin A. Sweeney, "Zechariah", 668.
50. Thomas E. McComiskey, "Zechariah", 1174.
51. Marvin A. Sweeney, "Zechariah", 668.
52. R. T. France, *Matthew*, TNTC (Grand Rapids: Eerdmans, 1985), 298-299.
53. N. T. 라이트, 『예수와 하나님의 승리』, 박문재 역 (고양: 크리스챤다이제스트, 2004), 900.

54. 팔머 로벗슨, 『계약신학과 그리스도』, 김의원 역 (서울: 기독교문서선교회, 1983), 23.
55. 팔머 로벗슨, 『계약신학과 그리스도』, 21.
56. Paul L. Redditt, *Haggai, Zechariah and Malachi*, 118.
57. 10장의 구조에 있어서 학자들마다 일치된 견해가 없다. 어떤 이들은 10장 1-2절과 10장 3-12절을 엄격하게 구분해서 다루어야 한다고 주장하는 반면, 혹자는 10장 1-12절과 11장 1-3절을 같이 다루어 10장 1절-11장 3절을 하나의 단락으로 취급해야 한다고 말한다. 하지만 필자는 10장 1-12절을 독립 단락으로 취급하고자 한다.
58. Mark J. Boda, *Haggai, Zechariah*, 437.
59. Andrew E. Hill, 『학개 스가랴 말라기』, 297-298.
60. Paul L. Redditt, *Haggai, Zechariah and Malachi*, 119.
61. Mark J. Boda, *Haggai, Zechariah*, 438.
62. David L. Petersen, *Zechariah 9-14 and Malachi*, 71-72.
63. Marvin A. Sweeney, "Zechariah", 670.
64. David L. Petersen, *Zechariah 9-14 & Malachi*, 72-73; Marvin A. Sweeney, "Zechariah", 670-671; Eugene Merrill, *Haggai, Zechariah, Malachi*, 270-271.
65. David L. Petersen, *Zechariah 9-14 & Malachi*, 72; Mark J. Boda, *Haggai, Malachi*, 482-483.
66. Marvin A. Sweeney, "Zechariah", 670-671.
67. David L. Petersen, *Zechariah 9-14 and Malachi*, 72-73.
68. David L. Petersen, *Zechariah 9-14 and Malachi*, 72-73.
69. Andrew E. Hill, 『학개 스가랴 말라기』, 299.
70. 개역성경에서 '권고하다'로 번역된 히브리어 '파카드'(פָּקַד)에 대해, NKJV은 visit로, NRSV와 NIV는 care로 번역하고 있다. 여기서 필자는 후자의 입장을 선호한다.
71. Mark J. Boda, *Haggai, Malachi*, 440.
72. Andrew E. Hill, 『학개 스가랴 말라기』, 300.
73. Marvin A. Sweeney, "Zechariah", 671.
74. Mark J. Boda, *Haggai, Zechariah*, 442.
75. Marvin A. Sweeney, "Zechariah", 673.
76. Marvin A. Sweeney, "Zechariah", 673-674.
77. Mark J. Boda, *Haggai, Zechariah*, 446.
78. Marvin A. Sweeney, "Zechariah", 675.
79. Craig L. Blomberg, *Matthew*, NAC (Nashville: Broadman Press, 1992), 166.
80. Ulrich Luz, *Matthew 8-20* (Minneapolis: Fortress Press, 2001), 64-65.
81. 덤브렐, 『언약신학과 종말론』, 203.
82. David E. Holwerda, *Jesus and Israel: One Covenant or Two?*, 류호영 역, 『예수와 이스

엘』(서울: 기독교문서선교회, 1993), 64. 또한 William J. Dumbrell, 『언약신학과 종말론』, 203을 보라.
83. 덤브렐, 『언약신학과 종말론』, 271-272.
84. 주로 이런 입장을 취하는 자들의 해석을 '세대주의'로 분류할 수 있다.
85. R. T. France, *Matthew*, 287-288.
86. Robert H. Mounce, *The Book of Revelation*, 390.
87. G. K. Beale, *The Book of Revelation* (Grand Rapids: Eerdmans, 1999), 1070.
88. G. K. Beale, *The Book of Revelation*, 1070.
89. Ralph L. Smith, *Micah-Malachi*, 267.
90. 11장 4-17절의 장르 규정에 대한 다양한 의견을 살펴보려면 Rex Mason, "The Use of Earlier Biblical Material in Zechariah 9-14: A Study in Inner Biblical Exegesis", *Bring Out The Treasure: Inner Biblical Allusion in Zechariah 9-14*, (eds.) Mark J. Boda & Michael H. Floyd, JSOTSup 370 (Sheffield: Sheffield Academic Press, 2003), 93-94; David L. Petersen, *Zechariah 9-14 and Malachi*, 89를 보라.
91. Ben C. Ollenburger, "The Book of Zechariah", 820. 11장 4-17절의 구조에 대한 구체적인 논의로는 David L. Petersen, *Zechariah 9-14 and Malachi*, 89-90을 보라.
92. Eugene H. Merrill, *Haggai, Zechariah, Malachi*, 286.
93. 구체적으로 Sweeney는 이 목자들을, 페르시아 제국의 통치자들로 간주한다.
94. Marvin A. Sweeney, "Zechariah", 676-677.
95. Thomas E. McComiskey, "Zechariah", in *The Minor Prophets*, 1188.
96. Carol L. Meyers & Eric M. Meyers, *Zechariah 9-14*, 246.
97. Carol L. Meyers & Eric M. Meyers, *Zechariah 9-14*, 246.
98. Ben C. Ollenburger, "The Book of Zechariah", 821.
99. 4-5절에 등장하는 목자와 양 매매자들의 정체는 학자들마다 매우 다양하게 해석되어 왔다. 이들의 입장은 다음과 같이 간략하게 정리될 수 있다.

	목자(들)	양들의 매매자들
H. G. Mitchell		프톨레미 통치 아래 세금을 징수하던 유대인들
D. R. Jones	이스라엘 지도자들	이방 통치자들
Horst	정치 종교적 지도자들	이스라엘의 상류층
Gaide	이스라엘 왕들	거짓 선지자들과 제사장들
R. B. Chisholm, jr.	포로기 후 시대의 이스라엘 통치자들 (목자들/양 파는 자들)	이방의 왕들(양 사는 자들)

위의 논의를 살펴보려면 Rex Mason, "The Use of Earlier Biblical Material in Zechariah 9-14: A Study in Inner Biblical Exegesis," 99-100을 보라.

100. Carol L. Meyers & Eric M. Meyers, *Zechariah 9-14*, 251-252.
101. Thomas E. McComiskey, "Zechariah", 1191-1192.
102. Mark J. Boda, *Haggai, Zechariah*, 462.
103. Robert B. Chisholm, Jr., *Interpreting the Minor Prophets* (Grand Rapids: Zondervan, 1990), 266.
104. Marvin A. Sweeney, "Zechariah", 679.
105. Paul L. Redditt, *Haggai, Zechariah and Malachi*, 124.
106. 7절에 등장하는 히브리어 '라켄'(לָכֵן)의 용법은 다양한 해석을 양산시켰다. 대표적인 해석으로는 다음과 같은 두 가지 입장이 있다. 첫째, 70인경은 '켄'(כֵּן)과 그 뒤의 단어 '아니'(עֲנִי)를 결합시켜 כנעניי을 '가나안'으로 해석하였다. 둘째, BDB 사전은 כנעניי을 '상인'으로 해석하였으며, NRSV가 이런 제안을 수용하고 있다. 하지만 필자는 맛소라 본문의 순서를 그대로 취하는 것이 좋다고 생각한다.
107. Mark J. Boda, *Haggai, Zechariah*, 463.
108. Andrew E. Hill, 『학개 스가랴 말라기』, 316. 이런 관점에서 볼 때, 이 단어를 'Bonds'로 해석하는 NKJV의 입장이 더 타당해 보인다.
109. 역사적 입장에 대한 구체적인 논의로는 Paul L Redditt, "The Two Shepherds in Zechariah 11:4-17", *CBQ* 55.04 (1993), 676-686을 보라.
110. Eugene E. Merrill, *Haggai, Zechariah, Malachi*, 293.
111. Marvin A. Sweeney, "Zechariah", 680.
112. 주전 2세기의 유다 지도자들에 대한 다양한 해석으로는 J. G. Baldwin, *Haggai, Zechariah and Malachi*, 181-182를 보라.
113. Barry G. Webb, *The Message of Zechariah*, 149.
114. Mark J. Boda, *Haggai, Zechariah*, 463-464.
115. C. L. Meyers & E. M. Meyers, *Zechariah 9-14*, 264-265.
116. Andrew E. Hill, 『학개 스가랴 말라기』, 317.
117. "모든 백성들"로 번역된 '콜 하암밈'(כָּל־הָעַמִּים)은 대개 이방의 민족들을 가리킬 때 사용되는 표현이다(대상16:24; 왕상4:34; 에1:16; 3:8; 합2:5). 그러나 여기서 이 표현은 이스라엘 전체를 가리킨다고 볼 수 있다. 예를 들면, 창세기 27장 29절과 48장 4절에서 야곱은 자신의 자손의 번성에 대한 축복을 묘사할 때 이 표현을 사용하고 있으며, 이스라엘의 지도자들에 대한 심판을 선포하는 이사야 3장 13절에서도 이 표현이 사용되고 있다. 보다 구체적인 논의로는 C. L. Meyers & E. M. Meyers, *Zechariah 9-14*, 270-271을 보라.
118. Mark J. Boda, *Haggai, Zechariah*, 464.
119. '말을 지키다'라고 번역된 히브리어 동사 '샤마르'(שָׁמַר)는 언약과 관련된 전문용어이기 때문에(출19:5; 20:6; 레18:4; 26:3; 신4:2, 40; 5:10; 6:2, 17; 11:1, 8; 수23:6; 시89:32; 겔11:20; 17:14; 암2:4), 이 양 떼들은 언약을 준수하던 자들이었음을 짐작할 수 있다.

120. 세겔이라는 단위는 300 그램 혹은 1/3 킬로그램에 해당하는 분량을 가리킨다.
121. Mark J. Boda, *Haggai, Zechariah*, 464-465.
122. Ben C. Ollenburger, "The Book of Zechariah", 822.
123. "토기장이"로 번역된 히브리어 '*하 요쩨르*'(הַיּוֹצֵר)는 아람역본에서 재물을 보관하는 금고를 뜻하는 '*하 오짜르*'(הָאוֹצָר)로 수정되어 있다. 또한 NRSV도 아람 역본을 수용하여 이 단어를 'treasury'로 번역하고 있다. 그래서 Meyers & Meyers는 이 단어가 서기관의 실수에서 비롯되었음을 인정하여 아람역본과 같이 수정해서 해석해야 한다고 주장한다(그들의 책, *Zechariah 9-14*, 279-280을 보라). 하지만 맛소라 본문의 의미를 그대로 살려서 "토기장이"라고 해도 무방해 보인다.
124. 스위니는 "토기장이"로 번역된 히브리어 명사 '*하 요쩨르*'(הַיּוֹצֵר)가 토기장이를 가리킬 수도 있으나(사29:16; 41:25; 렘18:4, 6), 만드는 자, 조성하는 자, 즉 여호와의 창조 행위를 가리키는 표현일 수도 있다고 주장한다(창2:7, 8; 사27:11; 43:1, 21; 44:21; 45:7, 9, 11). 그러므로 스위니의 해석에 따르면, 선지자는 은 삼십 세겔을 창조주이신 성전의 여호와께 바친 것이 된다. 비록 스위니의 입장은 독창적인 해석을 제시하고 있으나, 그리 설득력이 있는 제안은 아닌 듯하다. 오히려 원문의 의미를 그대로 살려서 '*하 요쩨르*'를, 성전에서 일하는 토기장이로 해석하는 것이 가장 바람직해 보인다. Marvin A. Sweeney, "Zechariah", 681-682를 보라.
125. Marvin A. Sweeney, "Zechariah", 682.
126. 개역개정이나 NKJV은 "어리석은 목자의 기구들"로 번역하고 있으나, 원문은 복수형이 아닌 단수형으로 되어 있다. 그러므로 "어리석은 목자의 기구"로 번역하는 것이 바람직하다.
127. Mark J. Boda, *Haggai, Zechariah*, 466.
128. Carol L. Meyers & Eric Meyers, *Zechariah 9-14*, 284.
129. Carol L. Meyers & Eric Meyers, *Zechariah 9-14*, 284.
130. Carol L. Meyers & Eric Meyers, *Zechariah 9-14*, 284.
131. Thomas E. McCosmiskey, "Zechariah", 1205.
132. Eugene H. Merrill, *Haggai, Zechariah, Malachi*, 303.
133. Ralph L. Smith, *Micah-Malachi*, 271을 보라.
134. 유다의 배신을 다룰 때 스가랴의 본문을 인용한 마태는 이 스가랴 본문을 문자적인 성취가 아닌, 주제적 예표적 성취의 관점에서 이해하고 있는 듯하다. 이 점에 관해서는 W. D. Davies & D. C. Allison, *The Gospel According to Saint Matthew*, Vol. III, ICC(London: T&T Clark, 2004), 570-572을 보라.
135. Andreas J. Köstenberger, *John*, ECNT (Grand Rapids: Baker Academic, 2004), 303.
136. Mark J. Boda, *Haggai, Zechariah*, 42.
137. 대개 학자들은 12장 1절-13장 6절 혹은 12장 1절-13장 9절을 단일 단락으로 취급하는 경향이 있다. 그러나 이 단락을 세분화할 때는 서로 다른 견해를 피력한다. 예를 들면, Saebo는

12장 1절-13장 9절을, 12장 1절, 12장 2절-13:6절, 13장 7-9절로 나누는 반면, Hanson은 12장 1절-13장 6절과 13장 7-9절로 나누며, 13장 7-9절을 11장과 대치시킨다. Rudolph는 12장 1-14절, 13장 1-6절, 13장 7-9절로 나누며 13장 7-9절을 11장과 같이 다룬다. Otzen은 12장 1절, 12장 2-7절, 12장 8절-13장 1절, 13장 2-6절, 13장 7-9절로 세분화한다. 이 논의에 대한 설명으로는 David L. Petersen, *Zechariah 9-14 and Malachi*, 109-110을 보라.

138. Marvin A. Sweeney는 12장 1절-13장 9절을 12장 1절, 2-3절, 4-5절, 6-7절, 8-10절, 11-14절, 13장 1-9절로 나눈다. 특히 그는 12장 2-14절을 '바음 하후'(בַּיּוֹם־הַהוּא)에 따라 세분화 시킨다. 그의 "Zechariah", 684-685를 보라.

139. Andrew E. Hill, 『학개 스가랴 말라기』, 326.

140. Andrew E. Hill, 『학개 스가랴 말라기』, 327; Eugene H. Merrill, *Haggai, Zechariah, Malachi*, 312-313.

141. Mark J. Boda, *Haggai, Zechariah*, 483.

142. Andrew E. Hill, 『학개 스가랴 말라기』, 329; Marvin A. Sweeney, "Zechariah", 686.

143. David L. Petersen, *Zechariah 9-13 and Malachi*, 116.

144. David L. Petersen은 "유다의 장막"이라는 표현을 "예루살렘" 혹은 "다윗의 집"이라는 표현과 구별하기보다는, 예루살렘을 포함하는 개념으로 해석한다. 즉 유다의 승리는 예루살렘의 승리까지도 포함하고 있다고 본다. 그의 책, *Zechariah 9-14 and Malachi*, 117을 보라.

145. Marvin A. Sweeney, "Zechariah", 687.

146. Mavin A. Sweeney, "Zechariah", 686.

147. Andrew E. Hill, 『학개 스가랴 말라기』, 332-333.

148. Andrew E. Hill, 『학개 스가랴 말라기』, 333.

149. Eugene E. Merrill, *Haggai, Zechariah, Malachi*, 318.

150. Thomas E. McComiskey, "Zechariah", 1214.

151. Mark J. Boda, *Haggai, Zechariah*, 485.

152. Andrew E. Hill, 『학개 스가랴 말라기』, 335.

153. Mark J. Boda, *Haggai, Zechariah*, 485.

154. David L. Petersen, *Zechariah 9-14 and Malachi*, 121.

155. Ben C. Ollenburger, "Zechariah", 828-829.

156. 이에 대한 설명으로는 Mark J. Boda, *Haggai, Zechariah*, 486-487을 보라.

157. Eugene E. Merrill, *Haggai, Zechariah, Malachi*, 320-322.

158. Carol L. Meyers & Eric M. Meyers, *Zechariah 9-14*, 337.

159. 어떤 이들은 이 메시아적 인물의 정체를 정확하게 규명하려고 시도한다. 예를 들면, 이 메시아적 인물은 이사야의 고난 받는 종, 우리야, 요시야, 그달리야, 예레미야, 스룹바벨, 오니아스 3세, 시몬 마카비, 유다 마카비와 같은 다양한 지도자들로 이해되어 왔다. Marvin A. Sweeney, "Zechariah", 689; Mark J. Boda, *Haggai, Zechariah*, 488을 보라.

160. Marvin A. Sweeney, "Zechariah", 688.
161. Andrew E. Hill, 『학개 스가랴 말라기』, 338-339.
162. Marvin A. Sweeney, "Zechariah", 689.
163. Marvin A. Sweeney, "Zechariah", 691.
164. 어떤 이들은 이 나단 족속을, 다윗의 아들 나단의 계열로 해석하려 한다. 예를 들면, Eugene E. Merrill, *Haggai, Zechariah, Malachi*, 325를 보라.
165. Andrew E. Hill, 『학개 스가랴 말라기』, 342.
166. Marvin A. Sweeney, "Zechariah", 693.
167. Mark J. Boda, *Haggai, Zechariah*, 491.
168. David L. Petersen, *Zechariah 9-14 and Malachi*, 127.
169. Andrew E. Hill, 『학개 스가랴 말라기』, 345.
170. Eugene H. Merrill, *Haggai, Zechariah, Malachi*, 331-332.
171. Charles H. H. Scobie, *The Ways of Our God: An Approach to Biblical Theology* (Grand Rapids: Eerdmans, 2003), 435.
172. Andreas J. Köstenberger, *John* (Grand Rapids: Baker Academic, 2004), 554.
173. G. K. Beale, *The Book of Revelation*, 196-197.
174. G. K. Beale, *The Book of Revelation*, 196-197.
175. Craig L. Blomberg, *Matthew*, NAC (Nashville: Broadman Press, 1992), 362.
176. 마태복음 24장 30절에 등장하는 "통곡"이 회개인지 아니면 후회인지는 분명치 않다. 그러나 스가랴서 12장 10절의 문맥과 연결시킨다면 '회개'의 관점으로 보는 것이 타당한 듯하다.
177. R. T. France, *Jesus and the Old Testament* (Downer Groves: IVP, 1971), 218.
178. 또한 이 두 본문은 목자를 치는 칼 이미지, 금속 제련 그리고 언약 사상도 함께 반영하고 있다. Mark J. Boda, *Haggai, Zechariah*, 511을 보라.
179. Mike Butterworth, *Structure and the Book of Zechariah*, 198-212.
180. Mike Butterworth, *Structure and the Book of Zechariah*, 198.
181. Marvin A. Sweeney, "Zechariah", 696.
182. Mark J. Boda, Haggai, Zechariah, 514.
183. Rex Mason, "The Use of Earlier Biblical Material in Zechariah 9-14: A Study in Inner Biblical Exegesis," 126.
184. Edgar W. Conrad, *Zechariah*, 189.
185. Ben C. Ollenburger, "The Book of Zechariah", 833.
186. Carroll Stuhlmueller, *Rebuilding with Hope: A Commentary on the Books of Haggai and Zechariah*, 152.
187. Barry G. Webb, *The Message of Zechariah*, 168-69.
188. David L. Petersen, *Zechariah 9-14 and Malachi*, 130.

189. Eugene H. Merrill, *Haggai, Zechariah, Malachi*, 337-338을 보라.
190. Eugene H. Merrill, *Haggai, Zechariah, Malachi*, 337.
191. Charles H. H. Scobie, *The Ways of Our God*, 494.
192. 데이빗 A. 씨멘즈, 『어린아이의 일을 버리라』, 윤병하 역 (서울: 두란노, 1996), 108-110.
193. 14장의 세부 구조 분석에 대한 다양한 견해를 살펴보려면, David L. Petersen, *Zechariah 9-14 and Malachi*, 137-139를 보라.
194. 마크 버터워스, "스가랴", 『IVP 성경주석: 구약』(서울: IVP, 2005), 1208-1209.
195. Eugene H. Merrill, *Haggai, Zechariah, Malachi*, 344.
196. "그 때에 네 민족을 호위하는 큰 군주 미가엘이 일어날 것이요 또 환난이 있으리니 이는 개국 이래로 그 때까지 없던 환난일 것이며 그 때에 네 백성 중 책에 기록된 모든 자가 구원을 받을 것이라 땅의 티끌 가운데서 자는 자 중에 많은 사람이 깨어나 영생을 받는 자도 있겠고"(단21:1)
197. Mark J. Boda, *Haggai, Zechariah*, 523.
198. Mark J. Boda, *Haggai, Zechariah*, 523.
199. Andrew E. Hill, 『학개 스가랴 말라기』, 356.
200. 더욱이 에스겔은 이 동편의 산과 우상숭배의 죄악을 연결시키고 있는 듯하다(겔8:5-18). 실제로 이스라엘 역사상 수많은 우상 숭배의 죄악들은 대개 예루살렘 동쪽에서 자행된 바 있다(왕상11:7; 왕하23:13).
201. 이 지명에 대해 다양한 견해들이 제시되어 왔다. ① 어떤 이들은 이 단어를 고유명사에서 일반명사로 수정시킨다. 예를 들면, "그 동편"(the side of it)이라는 표현으로 수정시킨다. ② 어떤 학자들은 이 곳을 "벧에셀"(미1:11)로 해석한다. ③ 한편 이 지명은 기드론의 지류인 와디 야소울(Wadi Yasoul)로 이해되곤 한다. Mark J. Boda, *Haggai, Zechariah*, 524를 보라.
202. Marvin A. Sweeney, "Zechariah", 699.
203. 웃시야 시대의 지진은 아모스서 1장 1절에 언급된 지진을 가리키는 듯하다.
204. NIV와 NIB 역본은 70인 역에 따라 נִסְתַּם을 "(my mountain valley) will be blocked up", 즉 "(나의 산 골짜기)가 멈추어 설 것이다"로 번역한다. 그러나 NKJV과 NRSV의 입장처럼 이 단어는 "you will flee", 즉 "너희들은 도피할 것이다"로 번역하는 것이 더 적절하다.
205. Andrew E. Hill, 『학개 스가랴 말라기』, 356.
206. Andrew E. Hill, 『학개 스가랴 말라기』, 358.
207. Mark J. Boda와 같은 학자는 "거룩한 자들"을 "남은 자"로 해석하지만, 오히려 이 단어를 여호와의 천상 군대들로 보는 것이 더 적절해 보인다.
208. 맛소라 본문에서 6절에 등장하는 히브리어 동사 '카파'(קָפָא)와 '야카르'(יְקָר)의 명사형은 각각 남성과 여성으로 다른 성을 취하기 때문에 성의 일치를 보이지 못한다. 그래서 맛소라 본문은 '카파'(קָפָא)의 남성 동사형을 여성 명사형으로 바꾼 케레의 방식도 함께 소개하

고 있다.

209. David L. Petersen, *Zechariah 9-14 and Malachi*, 144.
210. 개역성경의 "광명한 자들이 떠날 것이다"라는 표현은 적절치 않으며, 오히려 개역개정의 "광명한 것들이 떠날 것이다"로 해석하는 것이 더 바람직하다.
211. David L. Petersen, *Zechariah 9-14 and Malachi*, 144.
212. David L. Petersen, *Zechariah 9-14 and Malachi*, 146.
213. Andrew E. Hill, 『학개 스가랴 말라기』, 361.
214. Mark J. Boda, *Haggai, Zechariah*, 526.
215. David L. Petersen, *Zechariah 9-14 & Malachi*, 148-149.
216. Mark J. Boda, *Haggai, Zechariah*, 527.
217. Marvin. A. Sweeney, "Zechariah", 704.
218. David L. Petersen, *Zechariah 9-14 and Malachi*, 153.
219. 14절의 בִּירוּשָׁלַ͏ִם을 "예루살렘을 대항하여"로 해석해야 하는가 아니면 "예루살렘에서" 혹은 "예루살렘 안에서"로 해석해야 하는가 하는 문제는 학자들의 주요 논의 대상이 되어 왔다. Marvin A. Sweeney나 David L. Petersen과 같은 학자들은 전자의 입장을 취하는 반면, Joyce G. Baldwin이나 Thomas E. McComiskey와 같은 학자들은 후자의 견해를 위한다. 문맥상 유다와 예루살렘이 적대적인 관계로 나타나지 않기 때문에, 전자의 입장보다는 후자의 입장을 취하는 것이 더 적절해 보인다.
220. Ben C. Ollenburger, "Zechariah", 839; Mark J. Boda, *Haggai, Zechariah*, 529.
221. Eugene H. Merrill, *Haggai, Zechariah, Malachi*, 366.
222. 존 브라이트, 『이스라엘 역사』, 583-584.
223. James A. Brooks, *Mark* (Nashville: Broadman Press, 1991), 212.
224. C. Marvin Pate, et al., *The Story of Israel: A Biblical Theology*, 274.
225. G. K. Beale, *The Temple and The Church's Mission*, 195.

참고 문헌

한글 자료

김세윤, 『예수와 바울』, 서울: 두란노 서원, 2001.
김희보, 『구약 스가랴 주해』(상, 하), 서울: 총신대 출판부, 1998.
류호준, 「우리의 희망, 대제사장 여호수아(슥3장)」, 『그말씀』(2003/7): 36-46.
박철우, 「스가랴서의 구조와 신학」, 『그말씀』(2003/6): 38-52.
송병현, 「여호와께로 돌아오라 그리하면(슥1장)」, 『그말씀』(2003/7): 18-27.
조 휘, 「성전 건축은 곧 하나님의 사역(슥4장)」, 『그말씀』(2003/7): 47-57.
차준희, 「스가랴가 바라보는 새 시대의 여명 (슥6장)」, 『그말씀』(2003/7): 65-71.

영문 자료

Achtemeier, Elizabeth., *Nahum-Malachi*, Interpretation. Atlanta: JohnKnox Press, 1986.

Adam, Peter., *Hearing God's Words: Exploring Biblical Spirituality*. Dowers Grove: IVP, 2004.

Allen, Leslie C., *1, 2 Chronicles*, The Communicator's Commentary. Waco: Word Books, 1987.

Anderson, Bernhard., *Out of the Depths: The Psalms Speak for Us Today* (revised edition; Philadelphia: Westminster Press, 1983.

Archer Jr., G. L., *A Survey of Old Testament Introduction*. Chicago: Moody, 1974.

Baker, David W. & Arnold, Bill T. (eds.), *The Face of Old Testament Studies: A Survey of Contemporary Approaches*. Grand Rapids: BakerBooks, 1999.

Baldwin, Joyce G., *Haggai, Zechariah and Malachi*. Leicester: IVP, 1972.

Barker, Kenneth L., "Zechariah", *Daniel-Malachi*, The Expositor's Bible Commentary, (eds.) Tremper Longmann III & David E. Garland (Grand Rapids: Zondervan, 2008), 723-833.

Baron, D., *Visions and Prophecies of Zechariah*. Grand Rapids: Kregel, 1972.

Beale, G. K., *The Temple and the Church's Mission: A Biblical Theology of the Dwelling Place of God*. Downers Grove: IVP, 2004.

_____, "Questions of Authorial Intent, Epistemology, and Presuppositions and Their Bearing on the Study of the Old Testament in the New: A Rejoinder to Steve Moyise," *Irish Biblical Studies* 21(1999): 152-180.

_____, G. K. Beale, *The Book of Revelation*, A Commentary on the Greek Text. Grand

Rapids: Eerdmans, 1999.

Beale, Greg K. (ed.), *The Right Doctrine from the Wrong Text?*. Grand Rapids: Baker, 1994.

Blomberg, Craig L., *Matthew*, NAC. Nashville: Broadman Press, 1992.

Boda, Mark J., *The Book of Zechariah*, NICOT Grand Rapids: Eerdmans, 2016.

_____, *Haggai, Zechariah*, The NIV Application Commentary. Grand Rapids: Zondervan, 2004.

_____, "From Fasts to Feasts: The Literary Function of Zechariah 7-8", *CBQ* 65 (2003): 390-407.

_____, "Majoring on the Minors: Recent Research on Haggai and Zechariah", *Currents Biblical Research* 2/1 (2003): 33-68.

Boda, Mark J. & Floyd, Michael H. (eds.), *Bringing Out the Treasure: Inner Biblical Allusion and Zechariah 9-14*, JSOTSup 304. Sheffield: Sheffield Academic Press, 2003.

Bright, John., *A History of Israel*, 3rd edition (Philadelphia: Westminster Press, 1981), 박문재 역, 『이스라엘 역사』. 서울: 크리스챤 다이제스트, 1993.

Brooks, James A., *Mark*, NAC. Nashville: Broadman, 1991.

Bullock, Hassell., *An Introduction to the Old Testament Prophetic Books*. Chicago: Moody Press, 1986, 류근상 역, 『구약선지서 개론』.서울: 크리스챤 출판사, 2001.

Butterworth, Mike., "스가랴", 『IVP 성경주석: 구약』.서울: IVP, 2005, 1208-1209.

_____, *Structure and the Book of Zechariah*, JSOTSup 130. Sheffield: Sheffield Academic Press, 1992.

Childs, Brevard S., *Introduction to the Old Testament as Scripture*. Philadelphia: Fortress, 1979.

Chisholm, Robert B., Jr., *Interpreting the Minor Prophets*. Grand Rapids: Zondervan, 1990.

Clark, David J., "Discourse Structure in Zechariah 7:1-8:23," *BT* 36 (1985): 328-335.

Conrad, Edgar W., *Zechariah*. Sheffield: Sheffield Academic Press, 1999.

Davies W. D. & Allison, D. C., *The Gospel According to Saint Matthew*, Vol. III, ICC. London: T&T Clark, 2004.

Dumbrell, William J., *The Search for Order*, 장세훈 역, 『언약신학과 종말론』, 서울: 기독교 문서선교회, 2000.

Fisher, Bettina., "The Lord Has Remembered: Dialogic Use of the Book of Zechariah in the Discourse of the Gospel of Luke," *Journal of the New Testament Society of South Africa*, Vol. 37 (2003): 199-220.

Floyd, Michael H., "The aC;mas a Type of Prophetic Book," *JBL* 121 (2002): 401-422.

____, *Minor Prophets*, Parts 2. FOTL 22; Grand Rapids: Eerdmans, 2000.
France, R. T., *Matthew*, TNTC. Grand Rapids: Eerdmans, 1985.
Gottwald, N. K., *The Hebrew Bible: A Socio-Literary Introduction*. Philadelphia: Fortress, 1985.
Green, Joel B., *The Gospel of Luke*. Grand Rapids: Eerdmans, 1997.
Hamilton, Victor P., "Satan." *ABD*, vol. 5. New York: Doubleday, 1993, 985-986.
Hanson, Paul D., *The Dawn of Apocalyptic: The Historical and Sociological Roots of Jewish Apocalyptic Eschatology*. Philadelphia: Fortress, 1979.
Hartle, James A., "The Literary Unity of Zechariah", *JETS* 35/2 (June 1992): 145-157.
Hays, Richard B., *The Conversion of the Imagination: Paul As Interpreter of Israel's Scripture*. Grand Rapids: Eerdmans, 2005.
____, *Echoes of Scripture in the Letters of Paul*. New Haven: Yale University, 1989.
Hill, Andrew E., *Haggai, Zechariah and Malachi*, TOTC. Nottingham, 2012, 유창걸 역, 『학개 스가랴 말라기』. 서울: 기독교문서선교회, 2014.
____, "Zechariah", *Minor Prophets: Hosea-Malachi*, TCBC (eds.) Richard D. Patterson & Andrew E. Hill. Illinois: Tyndale House Publishers, 2008, 519-608.
Holwerda, David E., *Jesus and Israel: One Covenant or Two?*, 류호영 역, 『예수와 이스라엘』. 서울: 기독교문서선교회, 1993.
House, Paul R., *Old Testament Theology*, 장세훈 역, 『구약신학』. 서울: 기독교문서선교회, 2001.
Huey Jr., F. B., *Jeremiah, Lamentations*, NAC. Nashville: Broadman Press, 1993.
Japhet, Sara., *I and II Chronicles*, OTL. Louisville: Westminster/John Knox Press, 1993.
Kaiser Jr., Walter C., *The Messiah in the Old Testament*. 류근상 역, 『구약성경신학: 구약에서의 메시야』. 서울: 크리스챤 출판사, 2001.
____, *The Uses of the Old Testament in the New*. Chicago: Moody, 1985.
Kline, Meredith G., "The Structure of the Book of Zechariah", *JETS* 34/2 (June 1991): 179-193.
Kstenberger, Andreas J., *John*, ECNT. Grand Rapids: Baker Academic, 2004.
Ladd, George Eldon., *A Theology of the New Testament*. Grand Rapids: Eerdmans, 1974.
Lincoln, Andrew T., *Ephesians*, WBC vol. 42. Dallas: Word Books, 1990.
Longenecker, Richard N., *Biblical Exegesis in the Apostolic Period*. Grand Rapids: Eerdmans, 1999.
Longman III, Tremper & Reid, Daniel., *God is a Worrior*, 성종현 역, 『거룩한 용사』. 서울: 기독교 문서선교회, 1996.
Luz, Ulrich., *Matthew 8-20*. Minneapolis: Fortress Press, 2001.

Mason, Rex A., "The Relation of Zech 9-14 to Proto-Zechariah", *ZAW* 88 (1976): 227-239.

McComiskey, Thomas Edward., "Zechariah", *The Minor Prophets: An Exegetical and Expository Commentary*, vol. 3, Zephaniah, Haggai, Zechariah, and Malachi. Grand Rapids: BakerBooks, 1998.

McConville, Gordon., *Exploring the Old Testament: Prophets*, Vol. 4. London: SPCK, 2002.

Merrill, Eugene H., *Haggai, Zechariah, Malachi*. Chicago: Moody Press, 1994.

Meyers, C. L. & Meyers, E. M., *Zechariah 9-14*, The Anchor Bible. New York: Doubleday, 1993.

_____, *Haggai, Zechariah 1-8*. New York: Doubleday, 1987.

Moseman, R. David., "Reading the Two Zechariahs As One," *Review and Expositor* 97 (2000): 487-498.

Mounce, Robert H., *The Book of Revelation*, NICOT. Grand Rapids: Eerdmans, 1977.

Moyise, Steve., *The Old Testament in the New: An Introduction*. London: Continuum, 2001.

_____, "The Old Testament in the New: A Reply to Greg Beale," *Irish Biblical Studies* 21 (1999): 54-58.

Murphy, Roland E., "The Relationship Between the Testaments," *CBQ* 26 (1964): 349-359.

Niditch, S., *The Symbolic Vision in Biblical Tradition*. Chico, Calif.: Scholars Press, 1983.

Nogalski, James D., *Introduction to the Hebrew Prophets*. Nashville: Abingdon Press, 2018.

O'brien, Peter T., *The Letter to the Ephesians*. Leicester: Apollos, 1999.

Ollenburger, Ben C. "The Book of Zechariah." *The New Interpreter's Bible*. Leander E. Keck (ed.). Nashville: Abingdon, 1996, 733-840.

Osborne, Grant R., *Revelation*. Grand Rapids: Baker Academic Press, 2002.

Petersen, David L., *Zechariah 9-14 & Malachi*, OTL. Louisville: Westmister/John Knox Press, 1995.

_____, *Haggai & Zechariah 1-8*, OTL. London: SCM Press, 1985.

Rose, Wolter H., *Zemah and Zerubbabel: Messianic Expectations in the Early Postexilic Period*, JSOTSup 304. Sheffield: Sheffield Academic Press, 2000.

Redditt, Paul L., *Haggai, Zechariah and Malachi*. NCB. London: M. Pickering/Harper Collins, 1995.

Sailhamer, John H., *The Pentateuch as Narrative: A Biblical-Theological Approach*. Grand Rapids: Zondervan, 1992.

Sandy, D. Brent., *Plowshares & Pruning Hooks: Rethinking the Language of Biblical*

　　　　Prophecy and Apocalyptic. Leicester: Inter-Varsity Press, 2002.
Scalise, P., "Zechariah", *Minor Prophets II*, NIBC. Peabody: Hendrickson Publishers, 2009.
Scobie, Charles H. H., *The Ways of Our God: An Approach to Biblical Theology*. Grand Rapids: Eerdmans, 2003.
Smith, R. L., *Micah-Malachi*, WBC 32. Texas: Word Books, 1984.
Stuhlmueller, Carroll., *Rebuilding with Hope: A Commentary on the Books of Haggai and Zechariah*. Grand Rapids: Eerdmans, 1988.
Sweeney, Marvin A., *The Prophetic Literature*. Nashville: Abingdon, 2005.
_____, *The Twelve Prophets*, vol. 2. Collegeville: Liturgical Press, 2000.
Tollington, J. E., *Tradition and Innovation in Haggai and Zechariah 1-8*, JSOTsup 150. Sheffield: JSOT Press, 1993.
VanGemeren, William A., *Interpreting the Prophetic Word*, 김의원 & 이명철 역, 『예언서 연구』. 서울: 엠마오, 1990.
Von Rad, Gerhard., *Old Testament Theology*, 2 vols. Edinburgh: Oliver & Boyd, 1965.
Vos, Geerhardus., *Biblical Theology*. Grand Rapids: Eerdmans, 1948.
Webb, Barry G., *The Message of Zechariah,* The Bible Speaks Today. Leicester: IVP, 2003.
Weis, Richard., "Oracle," *ABD*, 5: 28-29.
Wenzel, Heiko., *Reading Zechariah with Zechariah 1:1-6 as the Introduction to the Entire Book*. Contributions to Biblical Exegesis & Theology. Leuven: Peeters, 2011.
Westermann, Claus., *The Old Testament and Jesus Christ*. Minneapolis: Augsburg, 1970.
Williamson, H. G. M., "Persian Administration," *ABD*, vol. 5. New York: Doubleday, 1993, 81-86.
_____, *1 and 2 Chronicles*, New Century Bible Commentary. Grand Rapids: Eerdmans, 1982.
Wright, N. T., *Jesus and the Victory of God*, 박문재 역, 『예수와 하나님의 승리』. 고양: 크리스챤다이제스트, 2004.
Young, E. J., *An Introduction to the Old Testament*. Grand Rapids: Eerdmans, 1964.

스가랴

스가랴서 주해와 현대적 적용